质量专业技术人员职业资格

（中级）

第 2 版

上 海 市 质 量 协 会
上海质量教育培训中心 编著

中国质检出版社
中国标准出版社
北 京

图书在版编目(CIP)数据

质量专业技术人员职业资格应试指南:中级/上海市质量协会,上海质量教育培训中心编著.—2版.—北京:中国标准出版社,2013.5

ISBN 978-7-5066-7152-1

Ⅰ.质… Ⅱ.①上…②上… Ⅲ.①质量管理-工作人员-资格考试-自学参考资料 Ⅳ.①F273.2

中国版本图书馆CIP数据核字(2013)第072868号

中国质检出版社
中国标准出版社 出版发行

北京市朝阳区和平里西街甲2号(100013)

北京市西城区三里河北街16号(100045)

网址 www.spc.net.cn

总编室:(010)64275323 发行中心:(010)51780235

读者服务部:(010)68523946

中国标准出版社秦皇岛印刷厂印刷

各地新华书店经销

*

开本 787×1092 1/16 印张 27.75 字数 620 千字

2013年5月第二版 2013年5月第五次印刷

*

定价 **75.00** 元

编者的话

工程系列质量专业从2001年开始实行全国统一的职业资格考试制度以来，逐渐成为科学、公正地选拔质量专业人才，加强质量专业技术人员队伍建设的有效途径。

这项制度的建立在全国引起了强烈反响，广大从事或热心于质量管理工作的专业技术人员踊跃报名参加考试，并进行认真的复习准备，表现出巨大的热情和积极性。为了满足考生的应试需要，2001年至今我们每年都组织编写《质量专业技术人员职业资格考试复习参考资料》，帮助广大考生全面掌握大纲要求，突出重点，提高复习效率，效果显著。

为了进一步满足广大质量工作者的应试需要，我们组织多年从事质量专业技术人员职业资格考试研究的专家和资深辅导培训教师在2009年出版《质量专业技术人员职业资格应试指南(中级)》基础上重新修改编写了全国质量专业技术人员职业资格考试辅导资料——《质量专业技术人员职业资格应试指南(中级)(第2版)》。重新修订这本辅导资料的基本依据是2013年全国质量专业技术人员职业资格考试专用教材的主要内容和《质量专业技术人员职业资格考试大纲》所规定的基本要求。在编写过程中同时参考了上海质量管理科学研究院对美国注册质量工程师考试培训研究成果、近几年质量工程师考试趋势分析研究成果以及在质量工程师考试培训试点工作中所建立的“题库”等有关资料。本书在注重资格考试辅导的同时，还增加了统计软件运用知识，旨在注重提高考生实际运用能力。

考生考试复习应以统编教材和大纲为准，本书仅供参考。

上海市质量协会

上海质量教育培训中心

2013年3月

目　录

上篇　质量专业综合知识

下篇 质量专业理论与实务

质量专业综合知识

本篇导读：上篇内容是按照《质量专业技术人员职业资格考试大纲》（以下简称《考试大纲》）和全国质量专业技术人员职业资格考试专用教材——《质量专业综合知识（中级）》（以下简称《考试专用教材》）展开编写的，主要由三部分组成：

第一部分：质量专业综合知识考试大纲知识要点

围绕《考试大纲》和《考试专用教材》的要求，对知识要点逐一进行分析和解释，帮助考生掌握知识重点；通过例题和试题的详细解答，帮助考生理解考试难点。

第二部分：质量专业综合知识练习题

按照《考试大纲》和《考试专用教材》的要求，参照考试的题型编制了练习题，帮助考生进行系统练习和复习，并在第八部分给出了参考答案。

第三部分：质量专业综合知识模拟试题

按照《考试大纲》和《考试专用教材》的要求，参照考试的题型和题量编制了模拟试题，帮助考生进行综合练习，同样在第八部分给出了参考答案。

第一部分

质量专业综合知识
考试大纲知识要点

第一章　质量管理概论

第一节　质量的基本知识

一、质量的概念

1. 质量

掌握质量的概念(含相关术语:组织、过程、产品、要求、顾客、体系、质量特性等)

考试大纲

(1) 质量的概念

根据 GB/T 19000—2008 的定义,质量是一组固有特性满足要求的程度。

质量概念的理解要点:

第一,“固有特性”,从特性的定义(可区分的特性)开始分析,到特性有“固有”和“赋予”的分类,最后定位在“固有特性”;

第二,“要求”,掌握要求是指“明示的、通常隐含的或必须履行的需求或期望”,并且可以由不同的相关方提出。

(2) 质量的特点

质量的特点反映在四个方面:经济性、广义性、时效性和相对性。

例题和习题分析(教材 P67～P71)

【1-1】(单项选择题 7):“质量”定义中的“特性”指的是(　　)。

A. 固有的　　　　B. 赋予的

C. 潜在的　　　　D. 明示的

答案及分析:选择 A,这是质量的定义中对特性的理解。

【1-2】(单项选择题 12):下列论述中错误的是(　　)。

A. 特性可以是固有的或赋予的

B. 完成产品后因不同的要求而对产品所增加的特性是固有特性

C. 产品可能具有一类或多类别的固有特性

D. 某些产品的赋予特性可能是另一些产品的固有特性

答案及分析:选择B,因为A是质量的定义中对特性的正确理解;C说明了产品的特性是一组固有特性,可以是一类或多类别的固有特性;D解释了比如彩色电视机的"价格"这个对于彩色电视机生产公司来说是赋予特性,而对家电销售公司来讲就是固有特性;而B的解释却是关于赋予特性的。

【1-3】(多项选择题25):对于质量定义中要求所指的"明示的、通常隐含的或必须履行的需求或期望",下列说法正确的是(　　)。

A. "明示的"可以理解为是规定的要求

B. "通常隐含"是指组织、顾客和其他相关方的惯例或不言而喻的需求或期望

C. "必须履行的"是指顾客或相关方强烈要求的

D. 要求可以是由不同的相关方提出

答案及分析:选择A、B、D,因为A是定义中对"明示的"的正确理解;B是定义中对"通常隐含"的正确理解;D是定义中关于要求的第四个解释。C中"必须履行的"应该理解为法律法规或者强制性标准要求的。

2. 与质量相关的概念

掌握质量的概念(含相关术语、组织、过程、产品、顾客、体系、质量特性等) **考试大纲**

GB/T 19000—2008标准给出如下术语的定义:

(1) 组织是指职责、权限和相互关系得到安排的一组人员及设施。

例如:公司、集团、商行、社团、研究机构或上述组织的部分或组合。

(2) 过程是指将输入转化为输出的相互关联或相互作用的一组活动。

过程有三要素:输入、输出、相关活动。资源是过程的必备条件。

(3) 产品是指过程的结果。

产品有四种类别:硬件、软件、流程性材料、服务。

(4) 顾客是指接受产品的组织或个人。

例如:消费者、委托人、最终使用者、零售商、受益者和采购方。

(5) 顾客满意是指顾客对其要求已被满足程度的感受。

(6) 相关方是指与组织的业绩或成就有利益关系的个人或团体。

(7) 体系是指相互关联或相互作用的一组要素。

(8) 质量特性是指与要求有关的,产品、过程或体系的固有特性。

① 硬件:

内在特性,如结构、性能、精度等;

外在特性,如外观、形状、色泽、气味、包装等;

经济特性,如使用成本、维修时间和费用等;

其他方面的特性,如安全、环保、美观等。

② 服务质量特性：

可靠性，准确地履行服务承诺的能力；

响应性，帮助顾客并迅速提供服务的愿望；

保证性，员工具有的知识、礼节以及表达出自信与可信的能力；

移情性，设身处地地为顾客着想和对顾客给予特别的关注；

有形性，有形的设备、设施、人员的统一着装等。

③ 软件的质量特性有功能性、可靠性、易使用性、效率、可维护性和可移植性。

④ 流程性材料质量特性有定量的，如强度、黏性、速度、抗化学性等特性；也有定性的，如色彩、质地或气味等特性。

例题和习题分析（教材 P67～P71）

【1-4】（多项选择题 24）：下列关于产品的说法正确的是（　　）。

A. 产品是过程的结果　　B. 产品有四种通用的类别

C. 产品通常是有形的　　D. 复杂产品可以由不同类别的产品构成

E. 产品类别的区分取决于其主导成分

答案及分析：A 是关于产品的定义；B 是关于产品的注释；C 是硬件和流程性产品通常是有形的，而服务和软件通常是无形的；D 是复杂产品可以由不同的类别构成，如汽车，既有硬件、又有软件、流程性材料和服务；E 是产品类别的区分取决于产品的主导成分。如电视，主导成分是硬件，尽管其还有软件成分。由此，应选择 A、B、D、E。

3. 常用的质量特性

熟悉质量特性的内涵　　**考试大纲**

常用的质量特性分三类：

（1）关键的质量特性，若不满足规定的特性值要求，会直接影响产品安全性或产品整机功能丧失的质量特性。

（2）重要的质量特性，若不满足规定的特性值要求，将造成产品部分功能丧失的质量特性。

（3）次要的质量特性，若不满足规定的特性值要求，暂不影响产品功能，可能会引起产品功能逐渐丧失的质量特性。

例题和习题分析（教材 P67～P71）

【1-5】（单项选择题 8）：若超过规定的特性值要求，将造成产品部分功能丧失的质量特性为（　　）。

A. 关键质量特性　　B. 重要质量特性

C. 次要质量特性　　D. 一般质量特性

答案及分析：质量特性的分类是根据对顾客满意的影响程度分成关键、重要和次要三类。若超过规定的特性值要求，将造成产品部分功能丧失，应定义为重要特性。因此应选择 B。

4. 质量概念的发展

熟悉质量概念的发展 **考试大纲**

(1) 符合性质量的概念

它以符合现行标准的程度作为衡量依据，是从生产方角度考虑提出的。

(2) 适用性质量的概念

它以适合顾客需要的程度作为衡量的依据，是从顾客角度考虑提出的。

(3) 广义质量的概念

即质量是一组固有特性满足要求的程度。

例题和习题分析

【1-6】(单项选择题)：(　　)的质量概念，要求人们从“使用要求”和“满足程度”两个方面去理解质量的实质。

A. 适用性　　　　B. 符合性

C. 广义性　　　　D. 狭义性

答案及分析：适用性质量的概念是质量专家朱兰提出来的，它从适用顾客需要的程度来衡量质量，好坏让顾客评说，根据题意，本题选 A。

第二节　质量管理的基本知识

一、管理概述

1. 管理的职能

掌握管理的职能(计划、组织、领导、控制) **考试大纲**

(1) 管理是指指挥和控制组织的协调的活动。

(2) 管理的主要职能是计划、组织、领导、控制。

① 计划——确立组织目标、制定实现目标的策略；

② 组织——确定组织机构，分配人力资源；

③ 领导——激励并管理员工，组建团队；

④ 控制——评估执行情况，控制组织的资源。

例题和习题分析

【1-7】(单项选择题)：对管理职能之间的关系的理解正确的是(　　)。

A. 先计划，继领导，再组织，后控制

B. 先计划，继而组织，然后领导，最后控制

C. 先领导，继而计划，然后组织，最后控制

D. 先控制，继而领导，然后计划，最后组织

答案及分析：从逻辑关系来看应选择B。从作用来看，计划是前提，组织是保证，领导是关键，控制是手段。

2. 管理层次和技能

熟悉管理层次和技能 **考试大纲**

(1) 管理幅度

管理幅度是指管理者直接领导下属的数量。

(2) 管理层次

可以分为高层管理、中层管理、基层管理三个层次。

(3) 管理技能

包括三种技能，即：

① 技术技能，某一专业领域的技术、知识和经验完成组织活动的能力；

② 人际技能，处理人际关系的技能，理解、激励他人，与他人共事，主要包括领导能力、影响能力和协调能力；

③ 概念技能，综观全局，认清为什么要做某事的能力，洞察企业与环境相互影响的复杂能力，理解事物相关性，找出关键问题能力，协调方方面面关系的能力等。

例题和习题分析(教材P67～P71)

【1-8】(单项选择题4)：管理者的“综观全局，认清为什么要做某事的能力”是(　　)。

A. 技术技能　　B. 人际技能

C. 概念技能　　D. 组织技能

答案及分析：通常情况下，作为一名管理者应具备三个管理技能，即技术技能、人际技能和概念技能，对于高层领导，“综观全局，认清为什么要做某事”的能力是概念技能。故本题应选C。

二、质量管理

掌握质量管理的定义(含相关术语：质量方针、质量目标、质量策划、质量控制、质量保证、质量改进) **考试大纲**

1. 质量管理

质量管理是指在质量方面指挥和控制组织的协调的活动。

2. 质量方针和质量目标

质量方针是指由组织的最高管理者正式发布的该组织总的质量宗旨和质量方向。

质量目标是组织在质量方面所追求的目的，是质量方针的具体体现。

3. 质量策划

质量策划是质量管理的一部分，致力于制定质量目标并规定必要的运行过程和相关资源以实现质量目标。

4. 质量控制

质量控制是质量管理的一部分，致力于满足质量要求。

5. 质量保证

质量保证是质量管理的一部分,致力于提供质量要求会得到满足的信任。

6. 质量改进

质量改进是质量管理的一部分,致力于增强满足质量要求的能力。

例题和习题分析(教材 P67～P71)

【1-9】(单项选择题 3):致力于满足质量要求,是(　　)的目的,它是质量管理的一部分。

A. 质量保证　　B. 质量策划

C. 质量控制　　D. 质量改进

答案及分析:由质量控制的定义可知,质量控制是质量管理的一部分,致力于满足质量要求。根据题意应选择 C。质量控制是确保生产出来的产品满足要求的过程。

【1-10】(单项选择题 6):致力于制定质量目标,并规定必要的运行过程和相关资源以实现质量目标,称之为(　　)。

A. 质量管理　　B. 质量策划

C. 质量保证　　D. 质量控制

答案及分析:致力于制定质量目标,并规定必要的运行过程和相关资源以实现质量目标,称之为质量策划。本题应选 B。质量策划包括质量管理体系策划、产品实现策划以及过程运行策划。

三、质量管理的发展

1. 质量管理发展阶段

熟悉质量管理的发展　　**考试大纲**

质量管理的发展经历了三个阶段:

(1) 质量检验阶段

最初人们对质量的认识只局限于质量检验,用职责检验客观质量把关。

(2) 统计质量控制阶段

休哈特将数理统计原理运用到质量管理中来,发明了控制图,道奇与罗米格发明了抽样方法,并推广应用于生产,对产品质量起到预防控制作用。

(3) 全面质量管理阶段

1961 年美国质量专家菲根堡姆提出全面质量管理的概念,但是在实践过程中,日本的企业做得最好,他们在价值工程、运筹学、系统工程中总结,提炼了所谓新老七种工具,充实了全面质量管理的内容。

例题和习题分析(教材 P67～P71)

【1-11】(单项选择题 1):世界上第一张控制图是由(　　)提出来的。

A. 休哈特　　B. 戴明

C. 朱兰　　D. 石川馨

答案及分析：世界上第一张控制图是由休哈特提出来的，因此国际上也把他提出的控制图称为“休哈特图”。故本题选 A。

【1-12】（多项选择题 37）：如果按阶段划分，现代质量管理大致经历了（　　）阶段。

A. 质量检验　　B. 质量保证

C. 质量策划　　D. 全面质量管理

E. 统计质量控制

答案及分析：现代质量管理大致经历了质量检验阶段，统计质量控制阶段，全面质量管理阶段。因此应该选择 A、D、E。

【1-13】（多项选择题 32）：有关全面质量管理的含义论述正确的有（　　）。

A. 全面质量管理以全面质量为中心

B. 建立质量体系是质量管理的主要任务

C. 全面质量管理是组织进行管理的途径，别无其他

D. 将质量概念扩充为全部管理目标

答案及分析：全面质量管理是对一个组织的管理途径，将“质量”概念扩充为全部管理目标，即“全面质量”；它是以全面质量为中心，全员参与为基础。并由菲根堡姆首次提出质量体系问题，提出质量管理的主要任务是建立质量管理体系。因此应选择 A、B、D。

2. 质量管理专家的质量理念

熟悉质量管理专家的质量理念（休哈特、戴明、朱兰、石川馨等关于质量的理念）

考试大纲

（1）休哈特的质量理念

产品质量不是检验出来的，而是生产出来的。

基本思想：

① 质量波动有二个分量，即偶然波动和异常波动；

② 异常波动可以发现并剔去，偶然波动不会消失，除非改变过程；

③ 基于 3σ 限的控制图可以区分偶然波动和异常波动。

PDCA 循环由休哈特第一个提出来。

（2）戴明的质量理念

主要观点：

引起效率低下和不良质量的原因主要在公司的管理层而不在员工，并总结了 14 条原则。他是日本经济腾飞背后的巨人，日本人崇敬他，把质量奖称为戴明奖，把 PDCA 循环称为戴明环。

（3）朱兰的质量理念

1951 年主编出版《质量控制手册》，1999 年改名为《朱兰质量手册》，其对质量的定义是：

① 质量是指满足顾客要求，让顾客感到满意的“产品特性”。

② 质量意味着无缺陷，没有返工、故障，顾客不满意等现象。

质量管理三步曲：

质量策划、质量控制、质量改进。

(4) 石川馨

质量管理小组的奠基人之一。也是因果图发明者。他认为质量是广义的质量，全面质量管理在日本就是全公司的质量管理、全过程的管理、全员的管理，质量"始于教育，终于教育"。他把质量归纳为：

① 质量第一；

② 面向消费者；

③ 下道工序是顾客；

④ 用数据、事实讲话；

⑤ 尊重人的经营；

⑥ 机能管理。

例题和习题分析(教材 P67～P71)

【1-14】(单项选择题 11)：认为应"消除不同部门之间的壁垒"的质量管理原则的质量专家是(　　)。

A. 朱兰　　B. 戴明

C. 石川馨　　D. 克劳斯比

答案及分析：考试用书介绍的戴明的质量理念主要是 14 条原则；朱兰的质量理念一是关于质量，二是质量管理三步曲；石川馨的质量理念主要是讲广义上的质量管理，即所有部门都参加的质量管理，全员参加的质量管理，综合性的质量管理。克劳斯比的理念本书没有介绍，主要是：①质量是免费的；②质量是不流泪的。"消除不同部门之间的壁垒"是戴明 14 条原则中的第 9 条。因此应选择 B。

【1-15】(单项选择题 15)：(　　)认为，产品质量不是检验出来的，而是生产制造出来的，质量控制的重点应放在制造阶段，从而将质量控制从事后把关提前到制造阶段。

A. 休哈特　　B. 戴明

C. 朱兰　　D. 石川馨

答案及分析：休哈特是现代质量管理的奠基者，被人们尊称为"统计质量控制之父"。1931 年出版《产品制造质量的经济控制》一书，认为产品质量不是检验出来的，而是生产出来的，质量控制的重点应放在制造阶段，从而将质量管理从事后把关提前到事前控制。因此应选择 A。

【1-16】(单项选择题 18)：美国质量管理专家朱兰博士提出的"质量管理三部曲"包括质量策划、质量控制和(　　)。

A. 质量保证　　B. 质量检验

C. 质量改进　　D. 质量监督

答案及分析：美国质量管理专家朱兰博士提出的"质量管理三部曲"包括质量策划、质量控制和质量改进，因此应选择 C。

【1-17】(单项选择题 19)：认为"引起效率低下和不良质量的原因主要在公司的管理系统

而不在员工”的质量专家是(　　)。

A. 戴明　　B. 朱兰

C. 石川馨　　D. 克劳斯比

答案及分析：戴明的主要观点是“引起效率低下和不良质量的原因主要在公司的管理系统而不在员工”，因此应选择A。

第三节　方针目标管理

一、方针目标管理的基本知识

1. 方针目标管理的概念

掌握方针目标管理的概念　**考试大纲**

方针目标管理在日本叫方针管理，在美国叫目标管理，由美国管理专家德鲁克提出。

方针目标管理是企业为实现以质量为核心的中长期和年度经营方针目标，充分调动员工积极性，通过个体与群体的自我控制与协调，以实现个人目标，从而保证实现共同成就的一种科学管理方法。

2. 方针目标管理的原理

熟悉方针目标管理的原理　**考试大纲**

方针目标管理的理论依据是行为科学和系统理论。它的基本原理就是运用行为科学的激励理论来激发、调动人的积极性，对企业实行系统管理，在实施方针目标管理的全过程中，抓住系统管理和调动人员的积极性这两条主线。

3. 方针目标管理的作用

熟悉方针目标管理的作用　**考试大纲**

(1) 是实现企业经营目的、落实经营决策的根本途径；

(2) 是调动员工参加管理积极性的重要手段；

(3) 是提高企业整体素质的有效措施。

例题和习题分析(教材P67～P71)

【1-18】(多项选择题33)：方针目标管理作为一种科学管理方法具有(　　)等特点。

A. 强调系统管理　　B. 强调重点管理

C. 注重例外管理　　D. 注重措施管理

答案及分析：方针目标管理的特点是强调系统管理、强调重点管理、注重措施管理、注重自我管理，因此应选择A、B、D。

二、方针目标管理的实施

1. 方针目标制定的依据和程序

掌握方针目标制定的依据和程序 **考试大纲**

(1) 制定的依据：

① 顾客需求和市场状况；

② 企业对顾客、公众、社会的承诺；

③ 国家的法令、法规与政策；

④ 行业竞争对手的情况；

⑤ 经济发展动向和宏观管理要求；

⑥ 企业中长期发展规范和经营目标；

⑦ 企业质量方针；

⑧ 上一年度未实现的目标及存在的问题点。

(2)制定的程序

① 宣传教育；

② 搜集资料，提出报告；

③ 确定问题点；

④ 起草建议草案；

⑤ 组织评议；

⑥ 审议通过。

例题和习题分析(教材 P67～P71)

【1-19】(单项选择题 2)：方针目标制定的程序为(　　)。

① 搜集资料，提出报告；　② 组织评议；　③ 确定问题点；

④ 审议通过；　⑤ 宣传教育；　⑥ 起草建议草案；

A. ⑤①②③⑥④　　B. ①③④⑤②⑥

C. ①③⑤②④⑥　　D. ⑤①③⑥②④

答案及分析：方针目标管理制定的程序为宣传教育；搜集资料，提出报告；确定问题点；起草建议草案；组织评议；审议通过，根据题意应选择 D。

【1-20】(多项选择题 34)：以下哪些方面是企业制定方针目标的主要依据(　　)。

A. 市场需求和顾客要求

B. 竞争对手情况

C. 国际标准化信息

D. 社会经济发展动向和有关部门宏观管理要求

答案及分析：企业制定方针目标主要根据顾客及市场需求、企业承诺、法律法规、竞争对手、宏观要求、中长期规划、质量方针、上年度未完成的目标及问题点。因此应该选择 A、B、D。

2. 方针目标制定的要求

熟悉制定方针目标的要求 **考试大纲**

(1) 企业方针目标是由总方针、目标和措施构成的有机整体；

(2) 企业方针目标的内容较多,可归结为质量、品种、效益、成本、技术、环保、员工福利、管理改进等；

(3) 目标应有挑战性,至少不低于现有水平；

(4) 在指导思想上体现长远目标与当前目标并重、社会效益与企业效益并重、发展生产和提高员工福利并重。

3. 方针目标展开

熟悉方针目标展开的要求 **考试大纲**

(1) 展开的要求

① 搞好方针、目标、措施三层次的衔接；

② 纵向按管理层次展开；

③ 坚持用数据说话；

④ 一般方针展开到企业和部门两级,目标和措施展开到考核层为止；

⑤ 每一部门要结合本部门的问题点展开。

熟悉方针目标展开的程序 **考试大纲**

(2) 展开的程序

第一步:横向展开,主要方法用矩阵图；

第二步:纵向展开,一般采用系统图；

第三步:开展协调活动；

第四步:规定、方针目标实施情况的经济考核办法；

第五步:举行签字仪式。

例题和习题分析(教材 P67～P71)

【1-21】(单项选择题 10):方针目标横向展开应用的主要方法是(　　)。

A. 系统图　　B. 矩阵图

C. 亲和图　　D. 因果图

答案及分析:方针目标横向按关联部门展开,纵向按管理层次展开,展开的方法,横向主要是通过矩阵图,纵向主要是通过系统图。因此应选择 B。

4. 方针目标管理评价的主要内容

掌握方针目标管理评价的主要内容 **考试大纲**

评价内容主要包括:

(1) 方针执行情况评价;
(2) 目标实现情况评价;
(3) 对措施实施情况评价;
(4) 对问题点的评价;
(5) 对各职能部门和人员协调工作的评价;
(6) 对主管部门工作评价;
(7) 对整个方针目标管理工作的评价。

例题和习题分析

【1-22】(多项选择题):对方针目标的考核正确的是(　　)。
A. 考核是在执行过程中进行的
B. 考核是在过程结束后进行的
C. 评价是把全过程的综合情况与结果联系起来,进行综合评价
D. 评价是在执行过程中进行的

答案及分析:方针目标的考评包括考核、评价、诊断,考核是在执行过程中进行的,而评价是在每年年终进行一次,是对全过程的综合评价,本题选A、C。

5. 方针目标管理考核

熟悉方针目标管理考核的对象和内容　　**考试大纲**

(1) 考核的对象
考核的对象包括企业的基层单位、职能部门、班组及个人。
(2) 考核的内容
考核两个方面,一是根据目标展开的要求,对目标、措施的进度、工作态度、协作精神的考核;二是对规章制度执行情况的考核。一般可按月或按季度考核。

6. 方针目标管理诊断

了解方针目标管理诊断的概念　　**考试大纲**

方针目标管理诊断是对企业方针目标的制定、展开、动态管理和考核四个阶段的全部或部分工作的指导思想、工作方法和效果进行诊察,提出改进建议和忠告,并在一定条件下帮助实施,使企业的方针目标管理更加科学、有效的管理活动。

第四节　质量经济性分析

一、质量的经济性

1. 质量的经济性

了解质量与经济性的关系　　**考试大纲**

质量与经济性的关系密切，质量要求汇集了价值的表现。顾客需要的是价廉物美，物有所值，虽然顾客和组织关注质量的角度不同，但对经济性的考虑是一样的，高质量意味着最少的投入、获得最大的收益的产品。

2. 从利润与成本两个方面考虑质量经济性问题

熟悉从利润与成本两个方面考虑质量经济性问题 **考试大纲**

（1）从利益方面考虑：对顾客而言，必须考虑减少费用，改进适用性；对组织而言，则需考虑提高利润和市场占有率。

（2）从成本方面考虑：对顾客而言，必须考虑安全性、购置费、运行费、保养费、停机损失和修理费以及可能的处置费用；对组织而言，必须考虑由识别顾客需要和设计中的缺陷，包括不满意的产品返工、返修、更换、重新加工、生产损失、担保和现场修理等发生的费用，以及承担产品责任和索赔风险等。

3. 质量经济性管理

熟悉质量经济性管理 **考试大纲**

质量经济性管理的核心是综合考虑顾客满意和组织的过程成本，综合考虑顾客和组织的利益，从中寻找最佳结合点。

例题和习题分析（教材 P67～P71）

【1-23】（多项选择题 26：）反映顾客忠诚的标志有（　　）。

A. 回头客　　B. 说服亲友购买

C. 向生产者反映和交流意见　　D. 对生产者提供的产品满意

答案及分析：反映顾客忠诚的标志有：回头客、说服亲友购买，向生产者反映和交流意见等，根据题意，本题应选 A、B、C。

【1-24】（多项选择题 31）：质量经济性管理程序中，从组织的角度识别和（或）评审过程主要包括（　　）。

A. 识别过程活动　　B. 监控费用

C. 识别影响顾客满意度的因素　　D. 编制顾客满意度报告

答案及分析：在质量经济性管理程序中，从组织的角度来识别和（或）评审过程主要有识别过程活动、监控费用、编制过程成本报告等。因此应选择 A、B。

二、质量成本

1. 质量成本的概念

熟悉质量成本的概念 **考试大纲**

美国质量管理专家费根堡姆第一个提出质量成本的概念。

质量成本是指为确保和保证满意的质量而导致的费用以及没有获得满意的质量而

导致的有形的和无形的损失。

2. 质量成本的PAF模式

掌握质量成本的PAF(预防、鉴定和故障成本)模式	**考试大纲**

按PAF模式,质量成本分为预防成本、鉴定成本和故障(损失)成本。

(1) 预防成本:为预防故障所支付的费用;

(2) 鉴定成本:为评定质量要求是否被满足而进行试验、检验和检查所支付的费用;

(3) 内部故障成本:产品在交付前不能满足质量要求所造成的损失;

(4) 外部故障成本:产品在交付后不能满足质量要求所造成的损失。

3. 质量成本的过程模式

熟悉质量成本的过程(符合性和非符合性)模式	**考试大纲**

(1) 符合性成本:在现行过程无故障情况下完成所有明确的和隐含的顾客要求所支付的费用;

(2) 非符合性成本:由于现行过程的故障造成的损失。

4. 质量成本模型

熟悉质量成本模型	**考试大纲**

(1) 故障成本。当产品符合性质量水平提高时,故障成本会降低。当产品100%满足要求时故障成本为零。

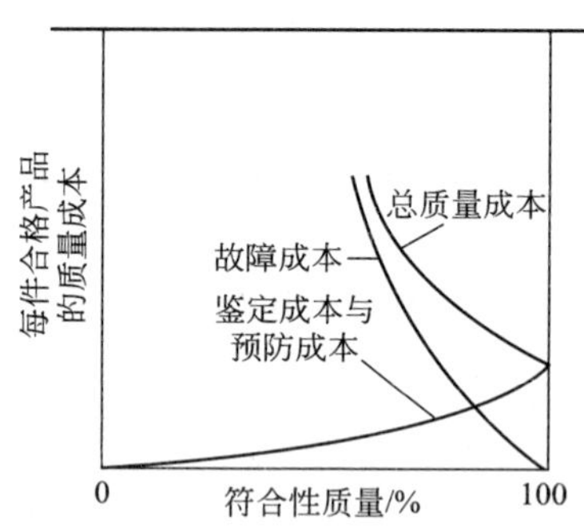

(2) 鉴定和预防成本。这类成本是为使产品满足确定的质量要求而投入的成本,随着鉴定和预防成本的提高,产品的符合性质量水平应会有所提高。

(3)总质量成本曲线是故障成本曲线和鉴定成本与预防成本曲线之和,代表每个合格产品的总质量成本。

5. 质量成本管理

了解质量成本管理	**考试大纲**

(1) 确定过程,初步用成本评估;

(2) 确定步骤,列出每个步骤或功能的流程图和程序,确定目标和时间;

（3）确定质量成本项目；

（4）核算质量成本；

（5）编制质量成本报告。

6. 质量成本指标分析方法

熟悉质量成本指标分析方法　**考试大纲**

（1）结构比

$$\text{预防成本率}=\frac{\text{预防成本}}{\text{质量成本}}$$

$$\text{鉴定成本率}=\frac{\text{鉴定成本}}{\text{质量成本}}$$

$$\text{故障(损失)成本率}=\frac{\text{故障(损失)成本(内部+外部)}}{\text{质量成本}}$$

（2）相关比

$$\text{质量成本占销售额比例}=\frac{\text{质量成本}}{\text{销售额}}$$

例题和习题分析（教材P67～P71）

【1-25】（多项选择题36）：下列费用应计入质量成本的有（　　）。

A. 营销宣传费　　B. 产品设计鉴定费

C. 外购材料的检验费　　D. 返工或返修损失

答案及分析：对于产品设计鉴定费、外购材料的检验费，返工或返修损失应计入质量成本。因此应选择B、C、D。

【1-26】（多项选择题29）：质量成本是指（　　）。

A. 生产成本

B. 为确保和保证满意的质量而导致的费用

C. 没有获得满意的质量而导致的有形的和无形的损失

D. 人工成本

E. 原材料成本

答案及分析：质量成本是指为确保和保证满意的质量而导致的费用和没有获得满意的质量而导致的有形的和无形的损失。因此应选择B、C。

三、质量成本构成

1. 预防成本的构成

掌握预防成本的构成　**考试大纲**

（1）质量策划费用；

（2）过程控制费用；

（3）顾客调查费用；

(4) 质量培训费用及提高工作能力的费用;
(5) 产品设计鉴定/生产前预评审费用;
(6) 质量体系的研究和管理费用;
(7) 供应商评价费用;
(8) 其他预防费用,如零缺陷计划、厂房设备维护等预防措施费用。

2. 鉴定成本的构成

掌握鉴定成本的构成 **考试大纲**

(1) 外购材料的试验和检验费用;
(2) 实验室或其他计量服务费用;
(3) 检验费;
(4) 试验费;
(5) 核对工作费;
(6) 试验、检验装置的调整费;
(7) 试验、检验的材料与小型质量设备的费用;
(8) 质量审核费用;
(9) 外部担保费用;
(10) 顾客满意调查费;
(11) 产品工程审查和装运发货的费用;
(12) 现场试验费;
(13) 其他鉴定费用,如供应商认证费等。

3. 内部故障成本

掌握内部故障(损失)成本的构成 **考试大纲**

(1) 报废损失费;
(2) 返工或返修损失费;
(3) 降级损失费;
(4) 停工损失费;
(5) 产品质量事故处理费;
(6) 内审、外审等的纠正措施费;
(7) 其他内部故障费用,如输入延迟、重新设计、资源闲置等费用。

4. 外部故障成本

掌握外部故障(损失)成本的构成 **考试大纲**

(1) 投诉费;
(2) 产品售后服务及保修费;
(3) 产品责任费;
(4) 其他外部损失费,如付款延迟及坏账、库存。

例题和习题分析(教材 P67～P71)

【1-27】(单项选择题 5):顾客满意调查费用应计入(　　)。

A. 鉴定成本　　B. 预防成本

C. 内部故障成本　　D. 外部故障成本

答案及分析:PAF 分类有预防成本、鉴定成本、内部故障成本、外部故障成本,顾客满意调查费用应计入鉴定成本之中,本题应选 A。

【1-28】(单项选择题 16):顾客需求调查费应计入(　　)。

A. 鉴定成本　　B. 预防成本

C. 内部故障成本　　D. 外部故障成本

答案及分析:顾客需求调查费应计入预防成本,因此本题应选择 B。

【1-29】(单项选择题 17):内审和外审的纠正措施费应计入(　　)。

A. 预防成本　　B. 鉴定成本

C. 内部故障成本　　D. 外部故障成本

答案及分析:内审和外审的纠正措施费应计入内部故障成本,因此应选择 C。

【1-30】(多项选择题 30):下列哪些费用为预防成本(　　)。

A. 过程控制费用　　B. 供应商评价费用

C. 质量审核费用　　D. 零缺陷计划费用

答案及分析:预防成本包括过程控制费用、供应商评价费用、零缺陷计划费用,因此应选择 A、B、D。

【1-31】(多项选择题 35):下列费用应计入鉴定费用的有(　　)。

A. 返工后的所有检验费　　B. 外部担保费

C. 顾客投诉处理费　　D. 供应商认证费

答案及分析:外部担保费、供应商认证费应计入鉴定费用中去,因此应该选择 B、D。

【1-32】(综合分析题 44):某企业实施质量成本管理,统计 2000 年度质量成本费用,质量培训费 20 万元,生产前预评审费用 10 万元,供应商评价费 10 万元,外购材料检验费 20 万元,顾客投诉问题分析返工返修检验费 5 万元,鉴定费 20 万元,顾客满意调查费 10 万元,返工返修的费用 50 万元,内部质量审核费 2 万元,内部纠正措施费 5 万元,顾客退货损失 50 万元。

(1) 该企业鉴定成本费用是(　　)。

A. 40 万元　　B. 57 万元

C. 62 万元　　D. 52 万元

(2) 该企业符合性成本费用为(　　)。

A. 72 万元　　B. 40 万元

C. 92 万元　　D. 55 万元

(3) 该企业非符合性成本费用为(　　)。

A. 100 万元　　B. 130 万元

C. 120 万元　　D. 110 万元

(4) 若要反映该企业的质量管理水平,可采用(　　)。

A. 非符合性成本　　　　B. 鉴定成本率
C. 质量成本与销售额的比例　　　　D. 符合性与非符合性成本的比例

答案及分析：根据题意，鉴定费用包括外购材料检验费 20 万元，鉴定费 20 万元，顾客满意调查费 10 万元，内部质量审核费 2 万元，一共 52 万元，因此(1)应该选择 D。符合性成本指在现行过程无故障情况下完成所有明确的和隐含的顾客要求所支付的费用，包括质量培训费 20 万元，生产前预评审费用 10 万元，供应商评价费 10 万元，外购材料检验费 20 万元，鉴定费 20 万元，顾客满意调查费 10 万元。内部质量审核费 2 万元，一共 92 万元。因此(2)应该选择 C。非符合性成本指由于现行过程的故障所造成的损失，包括顾客投诉问题分析返工返修检验费 5 万元，返工返修的费用 50 万元，内部纠正措施费 5 万元，顾客退货损失 50 万元，一共为 110 万元。因此(3)应选择 D。若要反映该企业的质量管理水平，可采用质量成本占销售额的比例，因此(4)应该选择 B、C。

四、劣质成本

1. 劣质成本的概念及组成

熟悉劣质成本的概念及组成　　**考试大纲**

劣质成本又叫不良质量成本，是指不增值的质量成本。它包括非符合性成本和符合性成本中不增值的部分。

2. 劣质成本分析的步骤

(1) 识别劣质成本的工作；
(2) 收集劣质成本数据；
(3) 分析劣质成本信息；
(4) 建立改进计划；
(5) 选择改进过程；
(6) 识别改进机会；
(7) 实施质量改进。

第五节　质量信息管理

一、质量信息

1. 质量信息和信息流的概念

掌握质量信息和信息流的概念　　**考试大纲**

质量信息是指在质量方面有意义的数据。

信息流是伴随物流产生的，它反映了物流状态，通过它控制、调节、改进物流。

二、质量信息系统

了解质量信息系统的构成　　**考试大纲**

组织有三种活动:作业活动、战术活动和战略计划活动。

(1) 作业活动层面信息的特点:重复性、可预见性、历史性、详细性、内部化、形式结构化、高精确度;

(2) 战术活动层面信息的特点:汇总性、不可预见性、阶段性、可比性、概要性、内部及外部信息源;

(3) 战略计划活动层面信息的特点:随机性、异常信息、预测性、概要性、数据外部化、形式非结构化、主观性。

三、质量信息管理

熟悉质量信息管理的要求　**考试大纲**

对质量信息进行管理,应当:

(1) 识别信息需求;

(2) 识别并获得内部和外部的信息来源;

(3) 将信息转换为组织有用的知识;

(4) 利用数据、信息、知识来确定实现组织的战略目标;

(5) 确保适宜的安全性、保密性;

(6) 评估收益,对信息、知识管理进行改进。

例题和习题分析(教材 P67~P71)

【1-33】(单项选择题 20):质量信息传递大体由(　　)组成。

A. 信源-信道-信宿　　B. 信源-信道-反馈

C. 信源-信道-新信源　　D. 信源-信道-信源

答案及分析:质量信息传递大体由信源-信道-信宿组成,因此应选择 A。

【1-34】(单项选择题 21):质量信息系统的作业层的特点之一是(　　)。

A. 不可预见性　　B. 阶段性

C. 概要性　　D. 可预见性

答案及分析:质量信息系统的作业层的特点是重复性、可预见性、历史性、详细性、来源内部化、形式结构化(表式)及高精确度。因此应选择 D。

第六节　质量教育培训

一、质量教育培训的内容

掌握质量教育培训的内容　**考试大纲**

1. 培训的内容包括三个方面:

(1) 质量意识教育,重点要求各级员工理解本岗工作的作用和意义;

(2) 质量知识教育,进行分层的教育培训;

(3) 技能教育,主要考虑直接为保证和提高产品质量所需的专业技术和操作技能。

例题和习题分析(教材 P67～P71)

【1-35】(多项选择题 28):质量管理培训内容包括(　　)。

A. 质量意识培训　　B. 统计技术培训

C. 质量知识的培训　　D. 技能培训

答案及分析:质量教育培训有三个方面:意识、知识和技能培训。因此选择 A、C、D。

二、质量教育培训的范围

熟悉质量教育培训的范围及各层次培训的目的　　**考试大纲**

1. 培训的范围

培训范围应包括组织自高层领导到一线员工的所有人员。

2. 各层次培训的目的

(1) 高层领导的培训主要是了解质量的重要性,自己在质量方面担当的责任,并要身体力行推进质量管理活动,提高效率和效益;

(2) 管理人员及关键岗位员工的培训主要是对质量的共同理解,分享经验,启动质量改进,提高效率和经济效益;

(3) 特殊部门人员的培训主要是明确质保的影响因素和所需技能,在本部门开展质量改进和质量控制;

(4) 一般员工培训主要是为了建立对质量的认识,掌握质量的基本知识,使之能在本岗位开展质量保证和质量改进活动。

三、质量教育培训的实施

掌握组织选择和实施教育培训的阶段和主要活动　　**考试大纲**

根据国际标准 ISO 10015《质量管理　培训指南》,组织选择、实施培训一般包括四个阶段的活动:确定培训需求、设计和策划培训、提供培训、评价培训效果。

1. 识别培训需求

了解培训需求识别的方法　　**考试大纲**

首先明确本岗工作目标,对人员知识能力的要求,考虑未来发展和人员能力提高需要,评价人员实际工作水平,对岗位要求与现有人员能力差距对比来识别所需的培训。

2. 设计和策划培训

熟悉设计策划培训的含义和控制的制约条件　　**考试大纲**

（1）培训计划

根据培训需求制定培训计划，确定培训内容，明确培训的制约条件、选择培训方式、培训讲师、培训资料和培训时间、评价培训有效性的准则等。

（2）培训的制约条件

组织的制度、人力资源方针、财务考虑、培训时间和周期要求、培训对象的态度和水平，提供培训的内外部资源情况等。

（3）培训方式和考虑因素

熟悉常用培训方式和选择培训方式应考虑的因素　**考试大纲**

培训方式可以是“走出去”，参加外部公开班、专题讲座、研讨会等；也可以是内部的专题讲座、研讨、专项技能训练、师傅带教学徒、工作辅导、自学、参加远程学习等。

考虑因素：时间和地点、设施设备、费用开支、培训目标、学员的基本情况、持续的培训时间、实施顺序、评估、评价和注册的形式等。

3. 提供培训

熟悉培训实施过程管理的主要活动　**考试大纲**

提供培训即质量教育培训的具体实施过程，可以分为培训前、培训中、培训后。

（1）培训前主要是教学双方的沟通、支持、向学员介绍信息、本次培训目标等；

（2）培训中要为教学双方提供工具、教室、设备、文件、软件、食宿、提供培训、掌握技能；

（3）培训后应从教育双方收集反馈信息，以改进培训工作。

4. 评价培训结果

掌握评价培训效果的方式　**考试大纲**

（1）短期方面

评价学员获得知识技能情况采用三种方式：自我评价、培训者训后评价（考试、考核等）、管理者跟踪评价。

（2）长期方面

一年半载，评价学员工作业绩和效率改进程度。

例题和习题分析

【1-36】（多项选择题）：根据ISO 10015培训指南标准实施培训，包括确定培训需求，还有（　　）。

A. 设计策划培训　　B. 专题讲座

C. 提供培训　　D. 评价培训有效性

答案及分析：ISO 10015给出了培训指南，分四阶段，即确定培训需求、设计策划培训、提供培训、评价培训的有效性，而专题讲座是培训的方式之一，故本题选择A、C、D。

【1-37】（多项选择题）：企业对员工提供培训正确的是（　　）。

A. 提供培训即质量教育培训的具体实施过程

B. 培训前要教学双方沟通支持

C. 培训中要为教学双方人员提供有关工具、教室、设备、文件等

D. 培训后要从学员单方面收集反馈信息

答案及分析:提供培训可以分为培训前、培训中、培训后三个阶段,培训后要从教员、学员双方收集反馈信息,根据本题意,正确的是A、B、C。

第七节 质量与标准化

一、我国标准的体制

1. 标准分级

掌握国家标准、行业标准、地方标准和企业标准的概念 **考试大纲**

所谓标准分级就是根据标准适用范围的不同,将其划分为若干不同的层次。我国标准分四级,即国家标准、行业标准、地方标准和企业标准。又增设补充了国家标准化指导性技术文件。

(1) 国家标准:指由国家的官方标准化机构或国家政府授权的有关机构批准、发布,在全国范围内统一和适用的标准;

(2) 行业标准:指中国全国性的各行业范围内统一的标准;

(3) 地方标准:在某个省、自治区、直辖市范围内需要统一的标准;

(4) 企业标准:指企业所制定的产品标准和在企业内需要协调、统一的技术要求和管理、工作要求所制定的标准。

2. 标准性质

掌握我国强制性标准的概念和法律地位 **考试大纲**

按标准的性质分为:强制性标准和推荐性标准。

(1) 强制性标准

所谓强制性标准是指具有法律属性,在一定范围内通过法律、行政法规等强制手段加以实施的标准。

(2) 强制性标准形式

熟悉强制性标准形式 **考试大纲**

强制性标准还可以分为全文强制与条文强制两种形式。

(3) 强制性标准的范围

了解强制性标准的范围 **考试大纲**

其范围包括:

① 有关国家安全的技术要求；
② 保障人体健康，人身财产安全的要求；
③ 产品生产、储运、使用中的安全、卫生、环保、电磁兼容等技术要求；
④ 工程建设中的质量、安全、卫生、环保要求等；
⑤ 污染物排放和环境要求；
⑥ 保护动植物生命健康安全的要求；
⑦ 保护消费者权益的要求；
⑧ 国家需要控制的重要产品的技术要求。

(4) 推荐性标准

熟悉推荐性标准的概念 **考试大纲**

推荐性标准是非强制执行的标准，它是指生产、交换、使用等方面，通过经济手段调节而自愿采用的一类标准，又称自愿性标准。

(5) 推荐性标准的作用

了解推荐性标准的作用 **考试大纲**

对于推荐性标准任何单位有权决定是否采用。违反此类标准，不承担经济或法律方面的责任，但是一经接受采用，各方同意纳入合同，则成为各方共同遵守的技术依据，具有法律上的约束力，各方必须严格执行。

二、标准的制定

1. 制定标准的基本原则

掌握制定标准的基本原则 **考试大纲**

(1) 认真贯彻国家有关法律法规和方针政策；
(2) 充分考虑使用要求，并兼顾全社会的综合效益；
(3) 合理利用国家资源，推广先进成果；
(4) 相关标准要协调配套；
(5) 有利于保障社会安全和人民身体健康，保护消费者利益，保护环境；
(6) 积极采用国际标准和国外先进标准。

2. 制定标准的对象

熟悉制定标准的对象 **考试大纲**

(1) 国家标准：对八个方面的技术要求可制定为国家标准(见《考试专用教材》P41)；
(2) 行业标准：对七个方面的技术要求可制定为行业标准；(见《考试专用教材》P42)；
(3) 地方标准：工业产品安全、卫生要求、药品、兽药、食品卫生等，其他法律法规规定要求；

(4) 企业标准:企业的产品,对国标、行标的补充,对工艺、工装等技术要求,严于国标、行标、地方标准的产品标准。

3. 标准制定的程序

熟悉标准制定的一般程序、备案和复审 **考试大纲**

(1) 预备阶段:提出新工作项目建议;
(2) 立项阶段:提出新工作项目;
(3) 起草阶段:编制草案征求意见稿;
(4) 征求意见阶段:向有关单位、专家征求意见;
(5) 审查阶段:以会议或函件评审方式审查;
(6) 批准阶段:对标准草案报批稿审查、批准和编号;
(7) 出版阶段:提供标准出版物;
(8) 复审阶段:定期对标准进行复审;
(9) 废止阶段:宣布某项标准废止。

4. 标准的备案

所谓标准的备案是指一项标准发布以后,在规定期限内,申请备案单位按照备案要求和程序,将标准文本送到受理机构进行备案。

5. 标准的复审

标准复审通常不超过 5 年,其结果有三种:
(1) 标准继续有效;
(2) 标准予以修订;
(3) 标准废止。

三、标准化的常用形式

比较常用的有简化、统一化、通用化与系列化四种。

熟悉简化、统一化、通用化、系列化的概念 **考试大纲**

1. 简化

简化是指在一定范围内缩减对象(事物)的数目,使之在既定时间内足以满足一般需要的标准化形式。

2. 统一化

统一化是把同类事物两种或两种以上的表现形态归并为一种或限定在一个范围内的标准化形式。

3. 通用化

通用化是指在互相独立的系统中,选择和确定具体功能互换性或尺寸互换性的子系统或功能单元的标准化形式。

4. 系列化

系列化是对同一类产品中的一组产品同时进行标准化的一种形式。

例题和习题分析

【1-38】(多项选择题):标准化常见的形式有(　　),还有系列化、通用化。

A. 简化　　B. 统一化

C. 互换性　　D. 文件化

答案及分析:标准化常见形式除了通用化、系列化,还有简化、统一化,没有文件化,故本题应选择A、B。

四、企业标准化

1. 企业标准化的基本任务

熟悉企业标准化的基本任务　　**考试大纲**

(1) 贯彻有关标准化中的法律、法规、规章和方针政策;

(2) 贯彻实施技术法规、国家标准、行业标准、地方标准以及上级标准;

(3) 正确制定、修订和贯彻实施企业标准;

(4) 积极承担上级标准的制修订任务;

(5) 建立和健全企业标准体系使之正常、有效运行;

(6) 对各种标准的贯彻实施监督和检验。

2. 企业标准体系的构成

熟悉企业标准体系的构成　　**考试大纲**

企业标准体系构成有技术标准、管理标准、工作标准,以技术标准为主体。

3. 企业标准的贯彻与监督

了解企业标准的贯彻与监督　　**考试大纲**

(1) 强制性标准企业必须严格执行;

(2) 企业生产的产品必须按标准组织生产、验收;

(3) 企业开发新产品、改进老产品,要进行标准化审查;

(4) 企业应当接受上级对口部门的监督检查。

例题和习题分析

【1-39】(多项选择题):企业制定的产品标准属于(　　)。

A. 技术标准　　B. 管理标准

C. 工作标准　　D. 企业标准

答案及分析:企业制定的产品标准属于企业标准,企业标准构成中有技术标准、管理标准、工作标准,而企业的产品标准隶属于技术标准。因此本题应选择A、D。

【1-40】(多项选择题):企业标准是标准的重要组成部分,(　　)。

A. 企业标准只能是产品标准

B. 企业标准由企业制定，由企业法人代表批准、发布

C. 企业标准由企业制定，由当地标准化行政主管部门审批、发布

D. 在有相应的国家、行业、地方标准时，不允许企业制定企业标准

E. 企业标准不能违背相应的强制性标准

答案及分析：企业标准是指企业所制定的产品标准和在企业内需要协调、统一的技术要求和管理、工作要求所制定的标准。企业标准由企业制定，由企业法人代表或法人代表授权的主管领导批准、发布。企业标准不应违反相应的强制性标准。因此应选择B、E。

五、采用国际标准化和国外先进标准

1. 国际标准和国外先进标准

掌握国际标准和国外先进标准的概念 **考试大纲**

（1）国际标准是指ISO、IEC、ITU三大组织制定的标准，以及由ISO组织确认并公布的其他国际组织制定的标准；

（2）国外先进标准是指未经ISO确认并公布的其他国际组织，发达国家的国家标准、区域性组织的标准、国际上有权威的团体标准和企业(公司)标准中的先进标准。

2. 国际标准采用的程度及表示方法

熟悉采用国际标准的程度及表示方法 **考试大纲**

采用的程度为：

（1）等同采用，IDT；

（2）修改采用，MOD。

3. 采用国际标准的基本原则和一般方法

熟悉采用国际标准的基本原则和一般方法 **考试大纲**

（1）采用国际标准应符合我国法律法规的要求；

（2）制定我国标准应当以国际标准为基础；

（3）尽可能等同采用国际标准；

（4）我国一个标准尽可能对应一个国际标准；

（5）与国际标准同步采用；

（6）国际标准应用同我国技术引进、企业技术改造相结合；

（7）采用国际标准应该规范化；

（8）没有相应国际标准，则采用国外先进标准。

一般方法有认可法、封面法、完全重印法、翻译法、重新起草法，包括(引用)法等六种。

例题和习题分析

【1-41】(多项选择题):以下(　　)是国外先进标准。

A. 美国标准与试题协会标准　　B. 日本工业标准

C. 世界卫生组织发布的标准　　D. 英国石油学会标准

答案及分析:国外先进标准包括发达国家的国标,国际上有权威的团体标准等,根据本题意,世界卫生组织发布的标准属国际标准,不属于国外先进标准。根据本题意应选择 A、B、D。

六、世界贸易组织与贸易技术壁垒(WTO/TBT)协议

1. WTO/TBT 协议的主要内容

了解 WTO/TBT 协议的主要内容　　**考试大纲**

TBT 协议构成有 15 个条款,3 个附件,分为如下 4 个部分:

(1) 名词和术语部分;

(2) 技术法规、标准和合格评定部分;

(3) 信息和协调部分;

(4) 机构、磋商和解决争端部分。

2. WTO/TBT 协议的基本原则

熟悉 WTO/TBT 协议的基本原则　　**考试大纲**

(1) 避免不必要的贸易技术壁垒原则;

(2) 非歧视原则;

(3) 标准协调原则;

(4) 同等效力原则;

(5) 相互承认原则;

(6) 透明度原则。

例题和习题分析(教材 P67～P71)

【1-42】(单项选择题 14):WTO/TBT 协议给予各成员的权利和义务是(　　)。

A. 保护本国产业不受外国竞争的影响

B. 保护本国国家安全

C. 保证各企业参与平等竞争的条件和环境

D. 保证各成员之间不引起竞争

答案及分析:WTO/TBT 协议给予各成员的权利和义务不是保护本国产业不受外国竞争的影响,而是保证各企业参与平等竞争的条件和环境。因此选择 C。

【1-43】(多项选择题 41):WTO/TBT 协议规定,当各成员在制定技术法规和合格评定程序时,遇到(　　)情况必须向其他成员通报。

A. 对其他成员贸易有重大影响　　B. 与其他成员的国家标准不一致

C. 相应的国际标准不存在　　　　　　　D. 与相应的国际标准不一致

答案及分析：根据 TBT 协议对“通报”的规定，第一，相应国际标准不存在，或与相应国际标准不一致；第二，对其他成员的贸易有重大影响。必须向 WTO 通报。因此应选择 A、C、D。

第八节　卓越绩效评价准则

一、标准制定的目的、意义和适用范围

掌握标准制定的目的、意义和适用范围　　**考试大纲**

1. 标准制定的目的

GB/T 19580《卓越绩效评价准则》制定目的有两个：

(1) 用于国家质量奖的评价；

(2) 用于组织自我学习，引导组织追求卓越绩效，提高产品、服务和经营质量，增强竞争优势，促进组织持续发展。

2. 标准制定的意义

标准制定参照国外模式，标准制定和实施可帮助国内组织提高其整体绩效和能力，为组织的相关方创造价值，为组织获得长期成功、分享成功经验，理解、管理绩效并指导组织规划、获得学习机会。

3. 适用范围

GB/T 19580 与 GB/Z 19579 是一对标准，适用于追求卓越的各类组织。

例题和习题分析(教材 P67～P71)

【1-44】(多项选择题 43)：GB/T 19580《卓越绩效评价准则》和 GB/Z 19579《卓越绩效评价准则实施指南》制定的目的在于(　　)。

A. 评定国家质量奖企业

B. 引导组织追求卓越绩效，提高产品、服务和经营质量，增强竞争优势

C. 要求企业规范和夯实其基础管理，确保产品和服务质量

D. 获得国际承认

答案及分析：GB/T 19580《卓越绩效评价准则》和 GB/Z 19579《卓越绩效评价准则实施指南》制定的目的一是用于国家质量奖的评价，二是用于组织的自我学习，引导组织追求卓越绩效，提高产品、服务和经营质量，增强竞争优势，并通过评定获奖组织，树立典范并分享成功的经验。故应选 A、B。

二、卓越绩效评价准则的基本理念

熟悉《卓越绩效评价准则》的基本理念　　**考试大纲**

基本理念：

(1) 远见卓识的领导；

(2) 战略导向；

(3) 顾客驱动；

(4) 社会责任；

(5) 以人为本；

(6) 合作共赢；

(7) 重视过程与关注结果；

(8) 学习、改进与创新；

(9) 系统管理。

例题和习题分析(教材 P67～P71)

【1-45】(多项选择题 44)：属于《卓越绩效评价准则》基本理念的有(　　)。

A. 快速反应　　B. 过程导向

C. 战略导向　　D. 聚焦产品与服务

E. 以人为本

答案及分析：选择 C、E。GB/T 19580—2012 引言中增加了 0.3 基本理念，吸收欧美经验，结合中国实际，提出 9 项基本理念，从中选择。

三、卓越绩效评价准则的主要结构

熟悉《卓越绩效评价准则》的主要结构　**考试大纲**

七大类目：领导、战略、顾客与市场、资源、过程管理、测量分析和改进、经营成果。过程旨在结果，结果通过过程取得。卓越模式旨在通过卓越过程得到卓越的结果。

例题和习题分析(教材 P67～P71)

【1-46】(单项选择题 23)：以下属于卓越绩效评价准则七大类目的是(　　)。

A. 社会责任　　B. 价值创造过程

C. 经营结果　　D. 产品与服务

答案及分析：卓越模式七大类目包括领导、战略、顾客与市场、资源、过程管理、测量分析和改进、经营成果，因此答案为 C。

四、卓越绩效评价准则的内容概要

熟悉《卓越绩效评价准则》的内容概要　**考试大纲**

1. 内容概要

(1) 领导

评价高层领导在价值观、发展方向、目标、对相关方的关注、激励员工、创新、学习等方面的作为，以及组织治理和社会责任情况。

(2) 战略

评价组织的战略目标和战略规划的制定、部署及其进展情况。

(3) 顾客与市场

评价组织确定顾客和市场的需求、期望和偏好的方法，建立顾客关系测量和改进顾客满意度的过程。

(4) 资源

评价高层领导确保战略目标实现，过程管理所配置的资源，包括人力资源、财务、基础设施、相关方关系、技术、信息和知识等其他资源。

(5) 过程管理

评价组织过程管理的主要方面，包括价值创造过程和支持过程。

(6) 测量分析和改进

评价组织选择、收集、分析和管理数据、信息和知识的方法，充分灵活使用数据、信息和知识，改进组织的绩效情况。

(7) 经营结果

评价组织主要经营方面的绩效与改进，当前水平、发展趋势，与竞争对手、标杆对比的结果。

例题和习题分析

【1-47】(多项选择题)：卓越绩效评价准则中所说的资源有人力资源、基础设施，还包括(　　)。

A. 技术和信息　　B. 环境

C. 财务资源　　D. 相关方的关系

答案及分析：这里的资源共有六项：人力资源、基础设施、技术、信息、财务、相关方的关系，故选择 A、C、D。

五、卓越绩效评价准则的评价方法

了解《卓越绩效评价准则》的评价方法　　**考试大纲**

在自我评价与质量奖评价时，自评小组或评审小组按规定从过程、结果两方面进行评价，共 1000 分，评价组织经营管理的成熟度。

1. 对过程的评价

从方法、展开、学习、整合四个要素评价。

2. 对结果的评价

评价要点：水平、趋势、对比、整合四个要素。

3. 评价过程概要

通过评价，对 23 个评分项写下定性的评语，对过程、结果评出具体的分数，最后编写综合评价报告。

第九节 《产品质量法》和职业道德规范

一、《产品质量法》

1.《产品质量法》的立法原则

熟悉《产品质量法》的立法原则 **考试大纲**

(1) 有限范围的原则;

(2) 统一立法,区别管理的原则;

(3) 实行行政区域统一管理,组织协调的属地化原则;

(4) 奖优罚劣原则。

2.《产品质量法》的适用范围

掌握《产品质量法》的适用范围 **考试大纲**

《中华人民共和国产品质量法》(本书简称《产品质量法》)的适用范围是以销售为目的,通过工业加工,手工制作等生产方式所获得的具有特定使用性能的产品。初级农产品(如小麦、水果)等,初级畜禽产品、建筑工程等不适用本法规定,未投入流通领域的自用产品,赠予产品等也不适用本法规定。

3. 产品质量责任的概念

熟悉产品质量责任的概念 **考试大纲**

产品质量责任指生产者、销售者以及其他对产品质量负有责任的人违反产品质量法规定的产品义务所应当承担的法律责任。产品质量责任是一种综合的法律责任,包括违反产品质量法规定的行政责任、刑事责任,以及不履行保证产品质量义务的民事责任。

4. 判断产品质量责任的依据

掌握判断产品质量责任的依据 **考试大纲**

(1) 国家法律、行政法规明确规定的对产品质量必须满足的条件。

(2) 明示采用的产品标准。

(3) 产品缺陷。

5. 产品质量担保责任制度

熟悉产品质量担保责任制度 **考试大纲**

产品质量担保责任是产品销售者、生产者不履行产品质量担保义务,应当承担的法律责任,属于买卖合同的范畴。

产品质量担保责任制度是依据《产品质量法》、《中华人民共和国消费者权益保护法》(以下简称《消费者权益保护法》)等法律建立的产品质量民事责任制度。

6. 《产品质量法》对企业质量管理的要求

掌握《产品质量法》中对企业质量管理的要求 **考试大纲**

《产品质量法》中对企业质量管理提出了法定的基本要求，即生产者、销售者应当健全内部产品质量管理制度，严格实施岗位质量规范、质量责任及相应的考核办法。

7. 生产者、销售者的产品质量义务

掌握生产者、销售者的产品质量义务 **考试大纲**

(1) 生产者的产品质量义务

① 保证产品内在质量；

② 保证产品标识符合法律规定的要求；

③ 产品包装必须符合规定要求；

④ 严禁生产假冒伪劣产品等。

(2) 销售者的产品质量义务

① 严格执行进货检查验收制度；

② 保持产品原有质量；

③ 保证销售产品的标识符合法律规定要求；

④ 严禁销售假冒伪劣产品。

8. 《产品质量法》明令禁止的产品质量欺诈行为

熟悉《产品质量法》明令禁止的产品质量欺诈行为 **考试大纲**

(1) 禁止伪造冒用认证标志等质量标志；

(2) 禁止伪造产品的产地；

(3) 产品或其包装上标注的厂名、厂址必须真实，禁止伪造或者冒用他人的厂名、厂址；

(4) 禁止在生产销售的产品中掺杂、掺假，以假充真，以次充好。

9. 《产品质量法》对企业及产品质量的监督管理和激励引导措施

熟悉《产品质量法》对企业及产品质量的监督管理和激励引导措施 **考试大纲**

(1) 推行企业质量管理体系认证制度；

(2) 推行产品质量认证制度；

(3) 实行产品质量监督检查制度；

(4) 鼓励推行科学的质量管理方法；

(5) 实行奖励制度。

例题和习题分析(教材 P67～P71)

【1-48】(单项选择题 22)：售出的产品，在产品质量保证期内出现了质量问题，销售者应

当承担(　　)。

A. 产品质量责任　　B. 产品责任

C. 产品瑕疵担保责任　　D. 产品质量担保责任

答案及分析：售出的产品，在产品质量保证期内出现了质量问题，销售者应当承担产品质量担保责任，产品质量担保责任的基本形式是修理、更换、退货和赔偿损失。本题应选D。

【1-49】(多项选择题39)：《产品质量法》规定的认定产品质量责任的依据有(　　)。

A. 法律、法规规定的产品质量必须满足的条件

B. 产品缺陷

C. 明示采用的产品标准

D. 上级有关指导性文件

答案及分析：《产品质量法》规定的认定产品质量责任的依据有法律、法规规定的产品质量必须满足的条件，明示采用的产品标准、产品缺陷。因此应选择A、B、C。

二、职业道德与专业能力要求

1. 职业道德行为的基本要求

熟悉质量专业技术人员职业道德行为的基本要求　　**考试大纲**

(1) 行为准则

① 坚持党的基本路线，坚持四项基本原则，为我国质量事业作出贡献；

② 诚实、公正、全心全意为组织、顾客、公众服务；

③ 认真学习，刻苦钻研，提高专业水平；

④ 运用知识和技能，增进社会公益、产品安全性和可靠性；

⑤ 加强社会主义法制观念，国家利益、人民利益高于一切。

(2) 相关要求

① 处理好公共关系；

② 处理好与组织、顾客的关系；

③ 处理好与同事的关系。

2. 专业能力的基本要求

熟悉质量专业技术人员专业能力的基本要求　　**考试大纲**

从两方面提出要求：

(1) 在组织内部担当质量专业人员的要求

① 质量评定

对重要的质量标准、关键过程、体系审核能客观的评价。

② 质量检验

对质量检验能给予指导并实施监督。

③ 产品开发和质量改进

对质量管理体系建立、实施，产品开发的质量改进等活动给予指导。

④ 能对产品审核，质量管理体系审核(内审)。

⑤ 对重大安全设施和环境设施的质量状态进行鉴定。

(2) 在社会中介担当质量专业人员的要求

① 对企业的产品质量、服务质量能够作出客观科学的认定，出具有关的技术报告；

② 根据企业委托，对产品、服务的结果进行有效监督并出具报告；

③ 对供需双方的质量纠纷，能作为第三方给出权威性仲裁意见；

④ 对企业质量体系建立、实施、认证、培训等咨询活动，给出增值服务，提供有价值的咨询报告。

第二章　供应商质量控制与顾客关系管理

第一节　供应商选择与质量控制

一、供应商的产品质量对企业的影响

了解供应商对于产品质量的重要意义　　**考试大纲**

供应商所提供的零部件质量在很大程度上直接决定着企业产品的质量和成本，影响顾客对企业的满意度，供应商提供的产品和服务对于企业的发展起着十分重要的作用。

二、企业与供应商关系的典型形式

1. 两种典型的关系模式

熟悉企业与供应商关系的典型形式　　**考试大纲**

(1) 传统的竞争关系；

(2) 合作伙伴关系，又叫互利共赢关系。

2. 特征

(1) 传统的竞争关系主要是价格驱动，其特征表现在制造商同时向多家供应商购货，对不同的供应商分配采购数量对其加以控制，二者的关系是短期合同，信息交流较少，选择供应商只限于投标。

(2) 合作伙伴关系的特征表现在给予供应商技术支持等帮助，供应商积极参与制造商的新产品开发工作，建立互帮互信，降低交易成本，形成长期稳定合作，双方沟通交流信息，主动寻找优秀的供应商。

例题和习题分析(教材 P106～P109)

【2-1】(多项选择题 22)：合作伙伴关系模式是一种互利共赢的关系，有(　　)特征。

A. 制造商同时向多家供应商购货，通过供应商之间的竞争获得价格好处

B. 制造商与供应商的信息交流少

C. 供应商参与制造商的早期新产品开发

D. 长期的稳定的紧密合作取代短期的合同

E. 制造商通过在供应商之间分配采购数量来加强对供应商的控制

答案及分析：合作伙伴关系模式是一种互利互赢的关系，其特征包括供应商参与制造商的早期新产品开发；长期的稳定的紧密合作取代短期的合同。因此应该选择C、D。

3. 互利的供应商关系

了解互利的供应商关系对企业的益处 **考试大纲**

互利的供应商关系对供需双方可以带来的好处有：

（1）提高产品质量；

（2）降低合同成本；

（3）实现数量折扣；

（4）交付及时可靠；

（5）降低库存资金；

（6）缩短新产品开发周期；

（7）降低检验费用等。

三、供应商选择

选择合适的供应商是对供应商进行质量控制最有效的手段，只有选择得当才能事半功倍。

1. 自产与外购的选择

熟悉企业自产—外购的决策影响因素 **考试大纲**

① 要进行经营环境分析；

② 市场供应情况分析；

③ 企业自身情况分析。

2. 供应商的分类

了解供应商的重要性分类 **考试大纲**

可以从供应商提供的原材料、零部件在企业产品组成中的重要性，以及对企业生产的产品质量影响程度来分类。

（1）第Ⅰ类供应商：供应商所提供的产品对企业生产的产品质量有非常重要的影响，且仅一家或少数供应商可以供应；

（2）第Ⅱ类供应商：供应商所提供的产品对企业生产的产品质量有重要的影响或合格供应商为数不多；

(3) 第Ⅲ类供应商：供应商所提供的产品对企业生产的产品质量有一般的影响且同级别供应商较多。

例题和习题分析(教材 P106～P109)

【2-2】(单项选择题 6)：供应商重要性分类的主要依据是(　　)。

A. 供应商的实力

B. 供应商的规模

C. 供应商提供产品对组织产品的重要程度

D. 供应商提供产品的质量

答案及分析：由于产品组成中各种原材料或零部件的重要性不同，因而决定了企业与不同供应商的关系密切程度不同，企业对不同供应商的质量控制的宽严程度不同，这就需要对供应商进行分类管理。企业可以按照供应商提供零部件对产品影响的重要程度来分类。因此应选择 C。

3. 供应商的基本情况调查

掌握供应商调查的主要内容　**考试大纲**

① 供应商的基础信息；

② 生产设备与检测设备；

③ 过程能力与供货能力；

④ 主要原材料来源；

⑤ 主要顾客及其反馈信息；

⑥ 遵纪守法情况；

⑦ 信息化水平。

例题和习题分析

【2-3】(多项选择题)：企业在考虑自产与外购时必须考虑的综合因素有(　　)。

A. 经营环境分析　　B. 市场供应情况

C. 企业自身情况　　D. 员工的情绪

答案及分析：从企业的角度要进行内外部环境分析，了解市场与顾客，不仅知彼还要知己，所以要分析企业自身情况，才能有的放矢搞好外购、外包活动。因此应选择 A、B、C。

四、对供应商审核的时机和分类

了解供应商审核的分类和时机　**考试大纲**

1. 对待选供应商的审核时机

一般在批量供货之前对待选供应商进行审核。这里要注意，对于第Ⅰ类供应商的审核可以提前到产品试制阶段；对特别重要、投资额巨大的产品可以在产品设计开发初期对供应商进行审核。

2. 对原有供应商的审核时机

分两种情况：例行审核和特殊情况下的审核。

(1) 例行审核是根据供需双方规定的时间间隔定期进行的审核。

(2) 特殊情况下的审核是指供应商提供的产品质量特性波动较大，经常出现不合格；顾客对企业提供的产品有抱怨或投诉，经过分析，这些抱怨或投诉与供应商提供的产品或服务有关；企业的经营有重大变化或外部市场有重大变化，需要供应商进行比较大的改进等时机。

3. 审核的分类

对待供应商审核一般分为产品审核、过程审核和质量管理体系审核三类。

(1) 产品审核主要内容包括对产品功能审核、外观审核、包装审核；

(2) 过程审核对制造厂家来说又叫工序审核，尤其是关键过程、特殊过程，才有必要进行过程审核；

(3) 质量管理体系审核，由于是对供方的审核又叫第二方审核，ISO 9001 作为审核准则。

4. 审核的顺序

一般来说先进行产品审核，再进行过程审核，最后进行质量管理体系的审核。但要注意，不是三种审核都必须的，具体情况具体对待、处理，有时只进行一种或两种审核。

例题和习题分析(教材 P106～P109)

【2-4】(单项选择题 4)：企业对原有供应商的审核一般分为(　　)和特殊情况下审核两种。

A. 过程审核　　B. 例行审核

C. 产品审核　　D. 质量体系审核

答案及分析：企业对原有供应商的审核一般分为例行审核和特殊情况下的追加审核。例行审核是根据双方规定的时间间隔，定期对供应商进行的审核。根据题意应选择 B。

【2-5】(多项选择题 18)：对供应商审核的时机，有可能选在(　　)。

A. 产品设计开发初期　　B. 产品试制阶段

C. 批量供货之前　　D. 市场调研阶段

答案及分析：对供应商审核是在初选的基础上为了更好地选择确定供应商，时机一般可选择产品设计开发初期，产品试制阶段或批量供货之前，因此应选 A、B、C。

【2-6】(多项选择题 23)：对供应商的产品审核，主要包括(　　)。

A. 价格　　B. 功能

C. 外观　　D. 包装

答案及分析：对供应商提供的产品审核主要是确认供应商的产品质量，必要时可以要求供应商改进产品质量以符合企业的要求。产品审核的主要内容包括：产品的功能性审核、产品的外观审核和产品的包装审核等。因此应选择 B、C、D。

五、对供应商评价的基本原则

熟悉供应商评价的基本原则 **考试大纲**

供应商评价的基本原则：

(1) 全面兼顾与突出重点原则，对供应商评价和选择要综合考虑；

(2) 科学性原则，评价指标体系要适当，把握一个度，适用就好；

(3) 可操作性原则，评价指标体系要有足够的灵活性和可操作性。

例题和习题分析(教材 P106～P109)

【2-7】(多项选择题 16)：评价与选择供应商应坚持的基本原则有(　　)。

A. 全面兼顾与突出重点原则　　B. 科学性原则

C. 可操作性原则　　D. 可追溯性原则

E. 经济性原则

答案及分析：评价与选择供应商的基本原则有三个，即全面兼顾与突出重点原则，科学性原则，可操作性原则。故本题应选 A、B、C。

六、对供应商评价的一般程序

了解供应商评价的一般程序 **考试大纲**

对供应商评价的一般程序：

(1) 建立评选供应商的小组、成员的组成来自不同的职能部门；

(2) 确定候选名单，通过提交的材料逐个筛选；

(3) 对供应商提供的产品要进行质量检验；

(4) 评选小组派员到现场考察，提出书面报告；

(5) 评选小组对评价结果进行综合分析。

七、供应商选择的常用方法

掌握供应商选择的常用方法 **考试大纲**

1. 选择供应商的常用方法

(1) 直观判断法。直观判断法是根据征询和调查所得的资料并结合人员的分析判断对供应商进行分析、评价的一种方法。

(2) 招标法。企业提出招标条件，供应商进行竞标，然后由企业决标，与提出最有利条件的供应商签订合同或协议。

(3) 协商选择法。企业先选出几个较好的供应商，同他们分别进行协商，再确定适当的供应商。

（4）采购成本比较法。通过计算分析针对各个不同供应商的采购成本选择采购成本较低的供应商的一种方法。

（5）层次分析法。根据具有递阶结构的目标、子目标、约束条件等评价供应商，采用两两比较的方法确定判断矩阵，然后把判断矩阵的最大特征相对应的特征向量的分量作为相应的系数，最后综合给出各方案的权重。

（6）基于质量和价格的选优法。在供应商提供的产品质量都能达到企业要求时，采用比价采购的方式来选择供应商，并考虑质量损失的不同，综合考虑价格和质量损失来选择供应商。

例题和习题分析（教材 P106～P109）

【2-8】（多项选择题 21）：选择供应商的方法较多，目前较常用的方法有直观判断法、（　　）、采购成本比较法、层次分析法和质量与价格综合选优法等。

A. 质量检验法　　B. 招标法

C. 协商选择法　　D. 正交试验法

答案及分析：选择供应商的方法较多，一般要根据可选供应商的数量多少、对供应商的了解程度以及企业对所购原材料或零部件的重要程度和时间紧迫程度来确定。目前较常用的方法有直观判断法、招标法、协商选择法、采购成本比较法和层次分析法，质量和价格综合选优法等。因此应选择 B、C。

八、产品质量要求信息与质量协议

熟悉产品质量要求信息和质量协议的基本内容　　**考试大纲**

（1）采购产品的质量要求信息有两方面：其一是企业给供应商的技术文件，即技术设计图纸、产品技术标准、企业标准、样品及技术规范；其二是国家法律法规要求和强制标准。

（2）质量协议是供需双方达成的质量管理契约，规定双方在产品质量上的权利和义务。内容包括：质量管理、质量管理监督、验收检验程序、不合格品的处理方式、过程控制、质量保证和责任区分、质量指标约定及违约责任争议的处理等。

九、对供应商的质量控制方法

掌握对供应商的质量控制方法　　**考试大纲**

（一）产品设计和开发阶段对供应商的质量控制

1. 设计和开发策划阶段对供应商的质量控制

（1）邀请供应商参与产品的早期设计与开发；

（2）对供应商进行培训。

2. 试制阶段对供应商的质量控制

（1）与供应商共享技术和资源；

（2）对供应商提供的样件的质量检验；

（3）对供应商质量保证能力的初步评价；

（4）产品质量问题的解决。

（二）批量生产阶段对供应商的质量控制

主要包括监控供应商的过程能力指数、过程性能指数，监控供应商的测量系统，审核供应商的质量管理体系，进货质量检验，推动供应商的质量改进，对供应商不合格品的处置，质量问题的解决等活动。

例题和习题分析

【2-9】（多项选择题）：设计和开发阶段对供应商的要求与批量生产阶段对供应商的要求是不同的，以下（　　）是正确的。

A. 设计开发阶段，更加强调价格的适当

B. 大批量生产阶段，更加强调及时供货

C. 设计开发阶段，更加强调及时供货

D. 大批量生产阶段，更加强调价格的适当

答案及分析：选择 C、D。因为在确保质量的大前提下，设计开发阶段强调时间，缩短周期，准时交货，更加强调供应商及时供货；批量生产阶段，为降低成本，更加强调价格的适当。

【2-10】（多项选择题）：企业在批量生产过程中对供应商的质量控制主要包括监控供应商的过程能力指数和过程性能指数，监控供应商的测量系统等，请问监控的目的是（　　）。

A. 防止供应商的质量保证能力下降

B. 防止供应商的产品数量下降

C. 与供应商共同发现改进机会

D. 与供应商搞好合作关系

答案及分析：选择 A、C，因为批量生产阶段，供应商提供的产品或服务的质量直接决定了企业向顾客提供的最终产品质量特性，企业要与供应商就监控的要求达成一致，并按标准程序进行，防止供应商的质保能力下降，督促供应商不断、持续改进。

【2-11】（多项选择题）：在批量生产阶段，企业可以采用（　　）等方法对供应商进行质量控制。

A. 监控供应商的过程能力指数和过程性能指数

B. 监控供应商的测量系统

C. 评价供应商生产能力

D. 进货质量检验

E. 检验供应商提供的样件

答案及分析：根据题意，选择 A、B、D，因为检验供应商提供的样件是试制阶段的质量控制。

【2-12】（多项选择题）：企业在试制阶段要加强对供应商控制，在与供应共享技术和资源

时，你认为（　　）是正确的。

A. 首先与选定的供应商签订试制合同

B. 提供详细的技术文件

C. 供应商学习、掌握技术要求

D. 帮助供应商具备特殊资源

E. 对供应质保能力初步评价

答案及分析：根据题意，选择 A、B、C、D，因为答案 E 不是共享资源内容。

第二节　供应商动态管理

一、供应商的业绩评定

对供应商进行业绩评定是企业进行供应商质量控制的重要内容，也是企业对供应商进行动态管理的依据和前提。

二、供应商选择评价和业绩评定的区别

了解供应商选择评价和供应商业绩评定的区别　**考试大纲**

供应商选择评价的目的在于选择合适的合作伙伴，评价时手头资料少，缺乏供货原始记录，重点要考虑供应商的规模实力、质量管理体系、设备、供应商的顾客反馈、原材料来源、样品的质量水平，对这些因素评价来推断未来满足企业需要的能力。

而供应商业绩评定是为了肯定优秀的，鞭策合格的，淘汰不合格供应商。通过手中已掌握的第一手资料，如供应商的产品及服务质量、供货及时性、订货满足率等方面作出综合评价，并根据绩效分等。

三、供应商评定的主要指标

掌握供应商业绩评定的主要指标　**考试大纲**

1. 评定指标

需要什么、测量什么，对供应商的评定同样需要测量，要有指标来衡量。评价指标是根据供应商提供的产品质量、服务质量、满足企业订货的情况、及时交付产品的情况来确定的。

2. 评价指标种类

从以下四方面考虑指标：

（1）产品质量指标包括产品的实物质量水平、检验质量、投入使用质量、产品寿命；

（2）服务质量包括售前服务、售中服务、售后服务；

（3）订货满足率；

（4）供货及时率。

例题和习题分析(教材 P106～P109)

【2-13】(多项选择题 20):企业对供应商业绩评定的主要指标包括(　　)等。

A. 产品质量指标　　B. 利润指标

C. 供货准时率　　D. 订货满足率

答案及分析:企业对供应商业绩评价的主要指标包括产品质量指标、服务质量指标、供货准时率、订货满足率等,本题应选 A、C、D。

【2-14】(多项选择题):企业在评价供应商的服务质量时,经常会考虑到售前、售中、售后服务质量,在具体测量的售后服务质量时,要考虑(　　)。

A. 供应商的反应　　B. 处理态度和问题解决的结果

C. 提供维护、保养、技术支持等　　D. 探讨零部件技术参数

答案及分析:在具体考虑供应商的售后服务时,要衡量供应商的敏感性、态度、技术支撑等活动内容,而探讨零部件技术参数活动应在售前服务考虑的内容,因而本题应选择 A、B、C。

四、供应商业绩的评定方法

熟悉供应商业绩的评定方法　　**考试大纲**

对供应商的评定方法:

通常有三种评定方法,即不合格评分法、综合评分法、模糊综合评价法。

(1) 不合格评分法:根据供应商提供不合格品对企业产成品的影响程度定期进行不合格分级评定。

(2) 综合评分法:定期调查供应部门和销售部门的主管,对该供应商质量稳定性、售后服务水平、供货及时性、供货量的保证能力等进行综合评价。

(3) 模糊综合评价法:运用模糊集合理论对供应商业绩进行综合评价的一种方法。将供应商的客观表现与评价者的主观判断结合起来,是一种定量与定性相结合的有效方法,适合于数据不全,定量与定性指标都需评价的场合。此外模糊综合评价法同样也适用于供应商的选择评价。

例题和习题分析(教材 P106～P109)

【2-15】(单项选择题 5):模糊综合评价法可用于对供应商业绩的综合评价,它是一种(　　)的方法。

A. 定性　　B. 定量

C. 定性与定量相结合　　D. 数理统计

答案及分析:对供应商的业绩评价方法通常有不合格评分法、综合评分法和模糊综合评价法。对模糊综合评价法来说,它主要用模糊集合理论对供应商业绩进行综合评价,采用主客观的形式,是一种定量与定性相结合的有效方法。根据本题意应选 C。

五、供应商的动态分级及动态管理

了解供应商的动态分级及动态管理 **考试大纲**

1. 供应商动态分级

根据对供应商的业绩评价，将供应商分为A、B、C、D四级。

(1) A级供应商，优秀的供应商，首先对其要肯定，感谢；

(2) B级供应商，良好的供应商，较好地满足企业的要求；

(3) C级供应商，合格供应商，能够满足合同约定的当前运作要求；

(4) D级供应商，不合格供应商，不能满足企业的基本采购要求。

2. 供应商动态管理

从定点个数为1、2、3三种情形考虑。

(1) 对于定点个数为1的情况，A级供应商的订单分配为100%，继续维持关系；B级供应商的订单分配为100%，但需开发该外购件的新供应商：如果此供应商为C、D级，应尽快更换供应商。

(2) 对于供应商定点个数为2的情况，订单分配与管理对策如下：

A、B组合，订单分配60%对40%，继续维持这两家供应商的关系；

A、C组合，订单分配80%对20%，促进C级供应商提高质量；

B、C组合，订单分配70%对30%，在督促供应商质量提高时，寻求更好的供应商；

A、A组合，订单分配55%对45%，根据排名分配订单；

B、B组合，订单分配55%对45%，根据排名分配订单，并督促提高；

C、C组合，订单分配55%对45%，根据排名分配订单，尽早寻找优秀供应商。

(3) 对于定点个数为3的情况订单分配与管理对策参见《考试专用教材》。

无论定点个数多少，D级供应商都应及时淘汰。

例题和习题分析(教材P106～P109)

【2-16】(单项选择题10)：对于供应商定点个数为2的情况，如两家供应商分别为B、C类，可采取的管理对策为在督促供应商提高质量的同时，(　　)。

A. 处罚C类供应商　　B. 处罚这两家供应商

C. 寻求优秀供应商　　D. 淘汰这两家供应商

答案及分析：对于供应商定点个数为2的情况，如果两家供应商分别为B级和C级，可采取的管理对策为在督促供应商提高质量的同时，寻求优秀的供应商。因此应该选择C。

六、供应商发展

了解供应商发展的作用 **考试大纲**

优秀供应商是企业健康发展的保障，除了选择优秀的供应商作为自己的合作伙伴，还要帮助现有供应商提高业绩水平和能力，使其成为优秀供应商。

供应商发展的重点不在于企业帮助供应商迅速解决问题，重点在于提升供应商的能力。常见做法：①成立支持团队；②配备专职技术和管理人员；③提供培训；④协助解决问题；⑤减少各种消费；⑥提供工具和技术支持；⑦分享改进效益。

第三节　顾客满意

一、顾客

掌握顾客的类型　**考试大纲**

1. 定义

顾客是指接收产品的组织或个人，可以是一个组织，也可以是指组织内部的一部分。此定义来自 GB/T 19000—2008。

示例：消费者、委托人，最终使用者、零售商、受益者和采购方。

2. 类型

顾客是指接收产品的组织或个人，可以是一个组织，也可以是指组织内部的一部分。

(1) 按接收产品的所有者情况分有内部顾客和外部顾客两类。

内部顾客：指组织内部的依次接受产品或服务的部门和人员；

外部顾客：指组织内部接收产品或服务的组织和个人。

(2) 按接收产品的顺序情况分有过去顾客、目标顾客和潜在顾客三类。

过去顾客：已接受过组织的产品的顾客；

目标顾客：正在接受组织的产品的顾客；

潜在顾客：尚未接收组织产品的顾客或者是竞争者的顾客。

例题和习题分析

【2-17】(多项选择题)：以顾客为关注的焦点是质量管理八项原则之一，对企业而言，假如按照接受产品的所有者来分，顾客的类别有(　　)。

A. 外部顾客　　　　B. 中间顾客

C. 内部顾客　　　　D. 最终顾客

答案及分析：顾客的分类方法较多，可以把顾客按所有者分类，也可以按接受产品的时间顺序来划分，根据本题意是按接收产品的所有者来分的，那应该选择 A、C 二项。另外注意，内部顾客的观念由日本质量专家石川馨提出的，即“下一流程就是内部顾客”，即过程输出的接受者就是顾客。

二、相关方

了解相关方的含义　**考试大纲**

依据 GB/T 19000—2008，相关方的定义为："与组织的业绩或成就有利益关系的个人或团体"，通常，相关方通常包含：顾客、员工、股东、供方和合作伙伴、社会等。

例题和习题分析（教材 P106～P109）

【2-18】（单项选择题 15）：对于某个组织而言，与其有投资借贷关系的银行是（　　）。

A. 外部顾客　　B. 相关方

C. 供方　　D. 合作伙伴

答案及分析：应选 B，因为有投资借贷关系，意味着与组织有密切关系，组织的绩效好坏会影响到该银行。

三、顾客满意的概念和特性

掌握顾客满意的概念和特性　　**考试大纲**

1. 概念

依据 GB/T 19000—2008，顾客满意是指"顾客对其要求已被满足的程度的感受"。要注意：顾客抱怨是一种满意程度低的最常见的表达方式，没有抱怨并不一定表明顾客很满意。

还要注意，即使规定的顾客要求符合顾客的愿望并得到满足，也不一定确保顾客很满意。

2. 基本特征

顾客满意的基本特征有四种，即主观性、层次性、相对性、阶段性。

（1）主观性，顾客满意程度是建立在其对产品和服务的体验上，感受的对象是客观的，而结论是主观的；

（2）层次性，处于不同层次需求的人对产品和服务的评价标准不同，因而不同地区、不同阶层的人或一个人在不同条件下对某个产品或某项服务的评价不尽相同；

（3）相对性，顾客对于购买的产品和以前的经验作比较，对产品的技术和经济指标是否熟悉，满意不满意具有相对性；

（4）阶段性，产品具有寿命周期，服务也有时间性，顾客对产品和服务满意程度来自过去的体验，是逐渐形成的，因而呈现出阶段性。

例题和习题分析（教材 P106～P109）

【2-19】（单项选择题 12）：下列关于顾客满意的论述不正确的是（　　）。

A. 顾客满意是顾客对其要求已被满足的程度的感受

B. 满意水平是可感知的效果和期望之间的差异函数

C. 如果顾客不满意，就会产生抱怨，因此没有投诉，即可认为顾客满意

D. 顾客满意度是对顾客满意程度的定量化描述

答案及分析：顾客满意是顾客对其要求已被满足的程度的感受，但是顾客不满意有的会抱怨，甚至投诉，有的顾客不满意但不投诉。根据题意，该题应选 C。

【2-20】(单项选择题13):顾客对产品和服务的满意程度来自于过去的使用体验,是逐渐形成的,这反映了顾客满意的(　　)。

A. 主观性　　B. 层次性

C. 相对性　　D. 阶段性

答案及分析:顾客满意的基本特性包括,主观性、层次性、相对性和阶段性。顾客对产品和服务的满意程度来自于过去的使用体验,是逐渐形成的,因而呈现出阶段性。本题应选D。

【2-21】(单项选择题14):顾客满意是顾客对其要求已被满足的程度的感受,如果可感知效果低于顾客期望,顾客就会(　　)。

A. 满意　　B. 投诉

C. 抱怨　　D. 访问

答案及分析:顾客满意是顾客对其要求已被满足的程度的感受,如果可感知效果低于顾客期望,顾客就会不满意,甚至抱怨。根据题意,本题应选C。

【2-22】(多项选择题27):下列关于"顾客满意"的陈述,正确的是(　　)。

A. 顾客对其要求已被满足程度的感受

B. 如果顾客可感知效果低于期望,顾客就满意

C. 如果顾客可感知效果超过期望,顾客就忠诚

D. 当对顾客的抱怨采取积极措施,可能会赢得顾客满意乃至产生忠诚

答案及分析:顾客满意是顾客对其要求已被满足的程度的感受,如果顾客的可感知效果超过期望,顾客就会高度满意,直至忠诚;对顾客的抱怨或不满采取积极主动的措施,可能会重新唤起顾客的满意乃至产生忠诚,做回头客。本题应选A、C、D。

四、Kano模型

熟悉Kano模型的涵义　　**考试大纲**

Kano模型的构成:

日本质量专家Kano(狩野纪昭)把质量依照顾客的感受及满足顾客要求的程度分成三种:理所当然质量、一元质量和魅力质量。

(1) 理所当然质量,当其特性不充足时,顾客很不满意;当其特性充足时,无所谓满意不满意,顾客充其量是满意。

(2) 一元质量,当其特性不充足时,顾客不满意,充足时,顾客就满意。越不充足,越不满意,越充足越满意。

(3) 魅力质量,当其特性不充足时,无关紧要或顾客无所谓,当其特性充足时,顾客就十分满意。

例题和习题分析(教材P106～P109)

【2-23】(单项选择题1):下列关于魅力质量的说法正确的是(　　)。

A. 当其特性不充足时不会使人产生不满意,但如果充足的话会使人产生满足甚至惊喜

B. 当其特性不充分时会引起强烈不满意，充分提供也不会使顾客感到特别兴奋和满意
C. 当其特性越不充分就越使人产生不满意，提供得越充分就越能导致满意
D. 随着时间流逝，魅力质量和必须特性可以相互转化
答案及分析：魅力质量是指当其特性不充足时，无关紧要顾客无所谓，当其特性充足时，顾客十分满意。故本题答案选A。

五、顾客要求的识别与确认

熟悉顾客要求的识别与确认　**考试大纲**

1. 顾客要求的识别与确认

顾客的要求就是顾客的需求和期望，通常比较难以识别和确认。我们可以通过使用过程方法如SIPOC识别和确认顾客的要求。

2. SIPOC过程方法

SIPOC是供方、输入、过程、输出和顾客的第一个英文字母的缩写。SIPOC经常被用在六西格玛管理中，也经常作为主要顾客、产品和业务实现过程的识别和确认的首选方法。SIPOC图有以下两种：

（1）概要分析图，通过分析，确认出关键的顾客，从顾客的认知和组织的感知两方面比较，从而识别出顾客要求；

（2）详细分析图。

3. 输出要求

过程输出的要求，也就是产品或者服务的要求。与产品要求相比，服务要求更主观更具有情景适应性，可以借助"真实的瞬间"，来识别服务要求，进而对过程提出要求，保证顾客要求的实现。当然输出要求还要陈述清楚，以确保顾客要求的识别与确认。

例题和习题分析

【2-24】（多项选择题）：识别顾客的要求可以借助（　　）。
A. 针对顾客的大规模满意度调查
B. 提供产品或服务后跟踪调查
C. 对失去的顾客作分析
D. 质量把关，不合格的产品不出厂交付
答案及分析：识别顾客的要求要倾听顾客的声音，通过满意度调查，跟踪服务，对原来的顾客群作分析等手段，来确定顾客的要求。根据本题的题意，应选择A、B、C。

六、顾客满意度指标

熟悉顾客满意度指标　**考试大纲**

顾客满意度指标的确定应做到：

(1) 确定的绩效指标必须是重要的，当然是对顾客来说的；

(2) 绩效指标必须是能够控制的，当然是对企业来说的；

(3) 绩效指标必须是具体和可测量的，便于调查和统计、分析。

例题和习题分析

【2-25】(多项选择题)：制定顾客满意度绩效指标的目的是要达到(　　)。

A. 测量顾客满意的程度　　B. 测量顾客不满意的程度

C. 找出满意和不满意的内在原因　　D. 企业认为重要的方面

答案及分析：顾客满意度的测量通过指标体系来实现，当然这些指标应由顾客定义并且企业可以控制，目的是测量顾客满意的程度，找出满意和不满意的内在原因，作持续改进。根据题意选择 A、C。

七、中国顾客满意指数基本模型及模型要素

了解中国顾客满意指数基本模型及模型要素的含义　**考试大纲**

1. 中国顾客满意指数基本模型

中国顾客满意指数是一种宏观经济指标和质量评价指标，也是我国宏观质量指标评价体系中的一项重要指标。其基本模型是一个因果关系模型，该模型包含六个结构变量：品牌形象、预期质量、感知质量、感知价值、顾客满意度和顾客忠诚。

2. 模型要素的含义

(1) 品牌形象是指顾客在接受企业的产品或服务之前，对该企业的印象；

(2) 预期质量是顾客在接受某产品或服务之前对其质量的总体估计；

(3) 感知质量是测评顾客在接收产品或服务之后对其质量的实际感受；

(4) 感知价值体现了顾客综合产品或服务质量和价格之后对其所获利益的主观感受；

(5) 顾客满意度测定的是顾客直接对新接受的产品或服务的满意程度；

(6) 顾客忠诚是指顾客对产品或服务的忠诚程度，包括重复采购的意愿，以及对价格敏感程度。

第四节　顾客关系管理

一、顾客关系管理含义

熟悉顾客关系管理的含义　**考试大纲**

顾客关系管理(CRM)是企业为了建立与顾客长期良好的关系，赢得顾客的高度满意，保留有价值顾客，挖掘潜在顾客，赢得顾客忠诚，并最终获得顾客长期价值而实施的一种管理方法。

例题和习题分析

【2-26】(多项选择题):识别顾客的需求和期望可以借助(　　)。

A. 设计部门有关人员讨论　　B. 顾客关系管理
C. QFD质量功能展开　　D. 顾客流失分析

答案及分析:顾客关系管理、QFD质量功能展开、顾客流失分析都能倾听顾客的声音,即顾客的需求与期望。根据题意选择B、C、D。

二、顾客关系管理的主要内容

熟悉顾客关系管理的主要内容　　**考试大纲**

顾客关系管理的主要内容:

(1) 收集顾客信息,包括个人信息,购买产品信息,顾客意见信息;
(2) 顾客识别,将顾客进行分类,提供差异化服务;
(3) 与顾客接触,了解顾客需求与期望,同时也让顾客了解企业;
(4) 调整产品和服务,及时根据顾客的意愿调整产品和服务。

例题和习题分析

【2-27】(多项选择题):顾客识别是顾客关系管理的主要内容,企业提供的产品,对象是顾客,因此必须(　　)。

A. 将顾客进行分类　　B. 不把顾客分类
C. 提供同一化服务　　D. 提供差异化服务

答案和分析:企业首先要识别顾客群,在顾客群中对顾客进行分类,尤其要关注关键的顾客,即为企业带来很多收益的一类顾客,再提供差异化服务,来满足不同顾客群的需求和期望。根据本题应选择A、D。

三、顾客关系管理与顾客满意度持续改进的关系

了解顾客关系管理与顾客满意度持续改进的关系　　**考试大纲**

顾客关系管理与顾客满意度持续改进的关系如下:

(1) 两者具有相同的理念,均以顾客为中心;
(2) 顾客关系管理是顾客满意度持续改进的有效手段。

四、顾客关系管理的技术类型

了解顾客关系管理的技术类型　　**考试大纲**

顾客关系管理的技术类型有三种:运营型、分析型及协作型。

(1) 运营型 CRM 有点类似 ERP 的部分功能。典型的功能包括顾客服务、订购管理、发票/账单、或销售及营销的自动化及管理等;

(2) 分析型 CRM 可对顾客数据进行捕捉、存储、提取、处理、取样和产生相应的报告;

(3) 协作型 CRM 是沟通交流的中心,通过协作网络为顾客及供应商提供相应路径。

第三章　质量管理体系

第一节　质量管理体系的基本知识

一、概述

(一) 体系、管理体系和质量管理体系

掌握质量管理体系基本知识　**考试大纲**

1. 体系、管理体系和质量管理体系概念

根据 GB/T 19000—2008 的定义,体系(系统)是相互关联或相互作用的一组要素;管理体系是建立方针和目标并实现这些目标的体系;质量管理体系是在质量方面指挥和控制组织的管理体系。

2. 质量管理体系的特征

(1) 具有(在质量方面)指挥、控制组织的管理特征。

(2)在建立和实现(质量)方针和目标方面,具有明确的目标特征。

(3)与组织的其他管理体系一样,其组成要素具有相互关联和相互作用的体系特征。

3. 质量管理体系的主要特性

具有总体性、关联性、有序性和动态性。

例题和习题分析

【3-1】(多项选择题):管理体系是建立方针和目标,并实现这些目标的相互关联或相互作用的一组要素。(　　)都是一个组织内全面管理体系的组成部分。

A. 质量管理体系　　B. 环境管理体系

C. 职业健康安全管理体系　　D. 财务管理体系

答案及分析:选择 A、B、C、D。因为根据 GB/T 19000—2008 的定义,一个组织的管理体系可包括若干个不同的管理体系。

(二) 其他管理体系

了解环境管理体系、职业健康安全管理体系、食品安全管理体系和汽车工业质量管理体系　**考试大纲**

1. 环境管理体系

ISO于1996年发布,后又于2004年修订了由ISO/TC 207制定的ISO 14001《环境管理体系—规范及使用指南》、ISO 14004《环境管理体系—原则、体系和支持技术通用指南》等ISO 14000系列国际标准,即环境管理体系标准。我国于1996年和2004年先后发布了等同采用ISO 14000系列国际标准的国家标准GB/T 24001、GB/T 24004等。GB/T 24001也是认证机构对组织实施环境管理体系认证的依据。

2. 职业健康安全管理体系

1999年,英国标准协会(BSI)和挪威船级社(DNV)等13个组织共同发布职业健康安全评价系列标准,即OHSAS 18001《职业健康安全管理体系——规范》和OHSAS 18002《职业健康安全管理体系——OHSAS 18001实施指南》。我国分别于2001年、2002年发布了覆盖OHSAS 18001所有要求的国家标准GB/T 28001和GB/T 28002。2011年发布了等同采用OHSAS 18001:2007、OHSAS 18002:2008的GB/T 28001—2011与GB/T 28002—2011。GB/T 28001也是认证机构对组织实施职业健康管理体系认证的依据。

3. 食品安全管理体系

2005年9月,ISO正式发布了由ISO/TC 34制定的ISO 22000:2005《食品安全管理管理体系　食品链中各类组织的要求》。我国于2006年发布了等同采用该标准的国家标准GB/T 22000—2006。该标准适用于食品链中任何方面和任何规模的、希望通过实施食品安全管理体系以稳定提供安全产品的所有组织,又可作为认证和注册的依据。

4. 汽车工业质量管理体系

1999年5月,ISO发布了ISO/TS 16949:1999,2002年3月发布了以2000版ISO 9001为基础的ISO/TS 16949:2002。我国于2003年发布等同采用该标准的国家标准GB/T 18305—2003。ISO/TS 16949:2002规定了汽车工业质量管理体系的基本要求,要求在整个汽车生产供应链中建立持续改进,强调预防缺陷,减少变差和浪费的质量管理体系。ISO/TS 16949:2009标准是在ISO 9001:2008要求的基础上,结合汽车行业的特殊要求编制而成,也是认证机构对组织实施汽车工业质量管理体系认证的依据。

例题和习题分析

【3-2】(多项选择题):食品安全管理体系(ISO 22000)和汽车工业质量管理体系(ISO/TS 16949)标准,是________。

A. ISO 9000族标准　　B. ISO 9000族的核心标准

C. 其他管理体系标准　　D. 认证的依据

E. 国际标准化组织制定的

答案及分析:选择C、D、E。因为ISO 22000和ISO/TS 16949标准规定了食品安全和汽车工业质量管理体系的基本要求,也是认证机构对组织实施食品安全管理体系和汽车工业质量管理体系认证的依据。

二、质量管理八项原则

掌握质量管理八项原则，了解其在组织中的应用 **考试大纲**

1. 质量管理八项原则的内容

ISO 吸纳了当代国际最受尊敬的一批质量管理专家在质量管理方面的理念，结合实践经验及理论分析，高度概括总结为质量管理的八项原则。这些原则适用于所有类型的产品和组织，成为质量管理体系建立的理论基础。八项质量管理原则是：

(1) 以顾客为关注焦点；

(2) 领导作用；

(3) 全员参与；

(4) 过程方法；

(5) 管理的系统方法；

(6) 持续改进；

(7) 基于事实的决策方法；

(8) 与供方互利的关系。

2. 质量管理八项原则的理解

根据 GB/T 19000—2008 的定义，质量管理八项原则理解要点如下：

(1) 以顾客为关注焦点。组织依存于顾客。因此，组织应当理解顾客当前和未来的需求，满足顾客要求并争取超越顾客期望。

(2) 领导作用。领导者确立组织统一的宗旨及方向。他们应当创造并保持良好的内部环境，使员工能充分参与实现组织目标的活动。

(3) 全员参与。各级人员都是组织之本，只有他们充分参与，才能使他们为组织的利益发挥其才干。

(4) 过程方法。将活动和相关的资源作为过程进行管理，可以更高效地得到期望的结果。

(5) 管理的系统方法。将相互关联的过程作为系统加以识别、理解和管理，有助于组织提高实现目标的有效性和效率。

(6) 持续改进。持续改进总体业绩应当是组织的永恒目标。

(7) 基于事实的决策方法。有效决策建立在数据和信息分析的基础上。

(8) 与供方互利的关系。组织与供方是相互依存，互利的关系可增强双方创造价值的能力。

例题和习题分析(教材 P147～P150)

【3-3】(单项选择题 7)：ISO 9000 族标准的理论基础是(　　)。

A. 持续改进原理　　B. 系统理论

C. 八项质量管理原则　　D. 十二项质量管理体系基础

答案及分析：选择 C，因为在 ISO 9000 标准中，强调了八项质量管理原则是 ISO 9000 族标准的理论基础。而A是八项原则之一；B体现在管理的系统方法之中；D只是建立质量管理体系的基础不是理论基础。

【3-4】(单项选择题12)：质量管理八项原则不包括(　　)。

A. 以顾客为关注焦点　　B. 领导作用

C. 全员参与　　D. 统计技术

答案及分析：选择D，质量管理八项原则是：以顾客为关注的焦点、领导的作用、全员参与、过程方法、管理的系统方法、持续改进、基于事实的决策方法和与供方互利的关系，不包括统计技术。

三、ISO 9000族质量管理体系标准

(一) ISO 9000族标准的由来和发展

了解质量管理体系标准的发展　　**考试大纲**

ISO/TC 176分别于1986年发布ISO 8402，1987年发布了ISO 9000、ISO 9001～ISO 9004等6项国际标准，通称ISO 9000系列标准，或1987版ISO 9000系列标准。ISO/TC 176分别于1994年、2000年和2008年对标准进行了3次修订。我国及时修订和发布了等同采用的国家标准。

(二) ISO 9000族标准的结构

熟悉ISO 9000族文件的结构　　**考试大纲**

ISO 9000族文件由四部分构成：核心标准、其他标准、技术报告或技术规范、小册子。

(三) ISO 9000族核心标准简介

掌握ISO 9000族核心标准的主要内容和应用范围　　**考试大纲**

1. GB/T 19000/ISO 9000《质量管理体系　基础和术语》

标准介绍了质量管理八项原则，表述了ISO 9000族标准中质量管理体系的十二项基础，确定了84个相关术语及其定义。

2. GB/T 19001/ISO 9001《质量管理体系　要求》

标准规定了质量管理体系的要求，以证实组织具有稳定地提供满足顾客要求和适用法律法规要求产品的能力；通过体系的有效应用，包括持续改进体系的过程及保证符合顾客与适用的法律法规要求，增强顾客满意。标准规定的所有要求是通用的，适用于各种类型、不同规模和提供不同产品的组织，可供组织内部使用，也可用于认证或合同的目的。

3. GB/T 19004/ISO 9004《组织追求持续成功——质量管理方法》

标准提供了超出ISO 9001要求的指南，以便组织考虑提高质量管理体系的有效性和效率，进而考虑开发组织业绩的潜能。与GB/T 19001相比，该标准将顾客满意和产品质量的目标扩展为包括相关方满意和组织的业绩。对于最高管理者希望通过追求组

织持续成功而超越 GB/T 19001 要求的那些组织，推荐了指南。标准不拟用于认证或合同的目的，也不是 GB/T 19001 的实施指南。

4. GB/T 19011/ISO 19011《质量和(或)环境管理体系审核指南》

标准为审核原则、审核方案的管理、质量和环境管理体系审核的实施以及对审核员的能力和评价提供了指南。它适用于需要实施质量和/或环境管理体系的内部审核或外部审核或管理审核方案的所有组织。原则上也适用于其他领域的审核。

例题和习题分析(教材 P147～P150)

【3-5】(单项选择题 2)：为组织提高质量管理体系的有效性和效率，进而提高组织业绩提供指南的标准是(　　)。

A. GB/T 19004　　B. GB/T 19001

C. GB/T 14001　　D. GB/T 19011

答案及分析：选择 A，因为 GB/T 19004 超出 ISO 9001 要求的指南，以便组织考虑提高质量管理体系的有效性和效率，进而考虑开发组织业绩的潜能。

【3-6】(单项选择题 4)：用于质量管理体系审核的标准应是(　　)。

A. GB/T 19000　　B. GB/T 19001

C. GB/T 19021　　D. GB/T 19011

答案及分析：选择 B，因为 GB/T 19001 是质量管理体系的要求，可用于审核、认证或合同目的。

【3-7】(单项选择题 6)：ISO 9004 提供了(　　)ISO 9001 要求的建议和指南。

A. 超出　　B. 对应

C. 少于　　D. 改进

答案及分析：选择 A，因为 ISO 9001 规定了质量管理体系满足顾客和适用的法律、法规的最低要求，ISO 9004 提供了超出 ISO 9001 要求的指南，但不是 ISO 9001 的实施指南。

【3-8】(单项选择题 14)：下列对 ISO 9000 族标准的理解，错误的是(　　)。

A. GB/T 19001—2008 提供了质量管理体系要求

B. GB/T 19004—2011 提供了组织追求持续成功的指南

C. GB/T 19001—2008 通过满足顾客要求，增强顾客满意

D. GB/T 19004—2011 是 GB/T 19001—2008 的实施指南

答案及分析：选择 D，因为 GB/T 19001 是质量管理体系要求，该标准通过满足顾客要求，增强顾客满意，所以 A 和 C 是对的。GB/T 19004 是组织追求持续成功的指南，所以 B 也对。GB/T 19004 不是 GB/T 19001 的实施指南，故 D 是错误的。

【3-9】(多项选择题 17)：质量管理体系文件至少应包括(　　)。

A. 形成文件的质量方针和质量目标

B. 组织结构图

C. 质量手册

D. 标准所要求的形成文件的程序和记录

答案及分析：选择A、C、D。这是ISO 9001中文件总则的要求，而组织结构图不是体系至少的文件要求，所以不选。

【3-10】（多项选择题19）：当需要证实组织有能力稳定地提供满足顾客和适用的法律法规要求的产品时，组织不能采用（　　）。

A. GB/T 19000　　B. GB/T 19001

C. GB/T 19004　　D. GB/T 19011

答案及分析：选择A、C、D。因为GB/T 19000是质量管理体系的基础和术语，GB/T 19004是质量管理体系的业绩改进指南，GB/T 19011是质量和/或环境管理体系审核指南，而GB/T 19001《质量管理体系　要求》在其"范围"中，明确规定了"当需要证实组织有能力稳定地提供满足顾客要求和法律法规要求的产品"时，组织可以采用GB/T 19001《质量管理体系　要求》。

【3-11】（多项选择题29）：ISO 9000族标准的核心标准是（　　）。

A. ISO 9000质量管理体系　基础和术语

B. ISO 9001质量管理体系　要求

C. ISO 9004组织追求持续成功　质量管理方法

D. ISO 19011质量和（或）环境管理体系审核指南

E. ISO 10012测量管理体系　测量过程和测量设备的要求

答案及分析：选择A、B、C、D。因为ISO 9000族标准的核心标准是ISO 9000、ISO 9001、ISO 9004、ISO 19011。

第二节　质量管理体系的基本要求

一、范围

熟悉标准应用的范围，掌握标准应用的要求　　**考试大纲**

（1）标准应用范围：GB/T 19001—2008规定了质量管理体系应满足的基本要求，所有要求适用于各种类型、不同规模和提供不同产品的组织。

（2）标准应用要求：当某一组织因其产品的特点等因素而不适用其中某些要求时，可以考虑对这些不适用的要求进行删减。这种删减必须符合标准对删减的条件，即：范围、能力、责任。

例题和习题分析（教材P147～P150）

【3-12】（单项选择题10）：在ISO 9001（　　）在其基础上增加行业特殊要求的条款。

A. 不允许　　B. 允许

C. 要求　　D. 已经

答案及分析：选择B。由于ISO 9001规定的所有要求是通用的，适用于各种类型，不同规模和提供不同产品的组织，因此允许在ISO 9001的基础上增加行业特殊要求的条款。A、C、D的说法不正确。

【3-13】(多项选择题27):2008版ISO 9001标准规定不允许删减标准要求的内容(　　)。

A. 第4章“总要求”　　B. 第5章“管理职责”

C. 第6章“资源管理”　　D. 第7章“产品实现”

答案及分析:选择A、B、C。2008版ISO 9001规定，如对某些不适用的要求进行删减时，删减的内容仅限于标准的第七章“产品实现”。

二、质量管理体系总要求和文件要求

(一) 质量管理体系总要求

熟悉质量管理体系的总要求　**考试大纲**

质量管理体系总要求包括五个方面:符合、文件、实施、保持、改进。

采用过程方法，建立、实施质量管理体系并改进其有效性。

对组织存在影响产品符合性的外包过程，应充分识别并确保有效控制。

(二) 文件要求

掌握质量管理体系文件的范围及要求　**考试大纲**

(1) 质量管理体系文件至少应包括:

① 形成文件的质量方针和质量目标;

② 质量手册;

③ GB/T 19001要求形成文件的程序(6个);

④ 组织为确保其过程的有效策划、运行和控制所需要的文件;

⑤ GB/T 19001所要求的记录(22个)。

(2) 程序:是为进行某项活动或过程所规定的途径。程序可以形成文件，也可以不形成文件。当程序形成文件时通常称为“形成文件的程序”或“书面程序”。GB/T 19001出现“形成文件的程序”之处，即要求建立该程序，形成文件，并加以实施和保持。

(3) 质量管理体系文件的多少与详略程度根据下列因素决定:

① 组织的规模和活动的类型;

② 过程及其相互作用的复杂程度;

③ 人员的能力。

(三) 质量手册

掌握质量手册的概念及主要内容　**考试大纲**

1. 质量手册概念

质量手册是“规定组织质量管理体系的文件。”，具有唯一性。

2. 质量手册的主要内容

质量手册的内容至少应包括：质量管理体系的范围，包括非适用情况的说明及对其判断的理由；为质量管理体系编制的形成文件的程序或对这些程序的引用；质量管理体系的过程及其相互作用的描述。

(四) 文件控制

掌握文件和记录的概念及控制的目的和要求　　**考试大纲**

1. 文件的概念

文件是指"信息及其承载媒体"，而媒体的形式可以是纸张、计算机磁盘、光盘、照片、标准样品或其他电子媒体或它们的组合。

2. 文件控制的目的和要求

文件控制的主要目的是为了控制文件的有效性。组织应对质量管理体系文件进行控制，并对这种控制编制形成文件的程序，对文件的编制、批准、发放、使用、评审、更改、再次批准、标识、必要时回收和作废等全过程活动作出规定。文件控制还包括对外来文件的控制。

3. 记录的概念

记录是指"阐明所取得的结果或提供所完成活动的证据的文件"。

4. 记录控制的目的和要求

记录控制的主要目的是为了解决记录的"可追溯性"，以便在保存期限内检索到所需要的记录以提供证据。

组织对记录的控制应有形成文件的程序，对记录的控制作出规定，包括记录的标识、贮存、保护、检索、保存期限和记录的处置。

例题和习题分析(教材 P147～P150)

【3-14】(单项选择题 1)：阐明所取得结果或提供所完成活动的证据的文件是(　　)。

A. 程序　　B. 记录

C. 文件　　D. 清单

答案及分析：选择 B。因为记录是指阐明所取得结果或提供所完成活动的证据的文件。

【3-15】(多项选择题 22)：关于程序，正确的理解是(　　)。

A. 程序是一种途径　　B. 程序是一种方法

C. 程序是一份文件　　D. 程序是一个过程

答案及分析：选择 A、B。因为"程序"是为进行某项活动或过程所规定的途径，即程序是一种活动方法或途径的规定。程序不一定形成文件，故不选 C，程序是活动或过程的规定，故不选 D。

【3-16】(多项选择题 25)：关于质量记录，正确的说法是(　　)。

A. 不是文件　　B. 通常无须控制版本

C. 记录的作用是阐明结果、提供证据　　D. 记录不能用作追溯的场合答案及分析：选择 B、C 。因为“记录”是阐明所取得结果或提供所完成活动的证据的文件，是一种特殊的文件，其控制包括“标识、贮存、保护、检索、保存期限和处置”。记录本身要求清晰、易于识别和检索，通常不需要控制记录的版本。在有“可追溯性”要求的场合，在保存期限内应检索到所需的记录以提供证据。A、D 的理解都是错误的。

【3-17】(多项选择题)：2008 版 ISO 9000 族标准的特点之一是减少了对形成文件的要求，但(　　)的理解是错误的。

A. 质量管理体系文件的数量肯定减少了

B. 质量管理体系未必要形成文件

C. 企业对文件的要求有了更多的自主权和灵活性

D. 2008 版 ISO 9000 族标准的通用性更强了

答案及分析：选择 A、B。因为 2008 版 ISO 9000 族标准的特点是制定最少量的且是必要的文件，至少应包括 5 方面的文件：(1)质量方针和质量目标；(2)质量手册；(3)标准所要求的形成文件的程序；(4)组织为确保其有效策划、运行和控制所需的文件；(5)标准所要求的记录。C 、D 的理解是正确的。

【3-18】(多项选择题 30)：下列程序文件中，(　　)不是 GB/T 19001 要求必须编制的。

A. 内部审核程序　　B. 管理评审程序

C. 采购控制程序　　D. 不合格品控制程序

答案及分析：选择 B、C。因为 GB/T 19001—2008 要求必须编制的程序文件有：文件控制、记录控制、内部审核、不合格品控制、纠正措施、预防措施等 6 个。B、C 不是必须的。

【3-19】(多项选择题 31)：GB/T 19001—2008 出现“形成文件的程序”之处，即涵盖了以下(　　)方面的要求。

A. 建立该程序　　B. 将该程序形成文件

C. 实施该程序　　D. 保持该程序

E. 改进该程序

答案及分析：选择 A、B、C、D。GB/T 19001—2008 出现“形成文件的程序”之处，涵盖了建立该程序、将该程序形成文件、实施该程序、保持该程序 4 个方面要求。

【3-20】(综合分析题 32(3))：组织在编制质量手册时，必须写入的内容包括(　　)。

A. 质量管理体系范围　　B. 组织结构图

C. 质量方针、目标　　D. 程序文件或对其引用

E. 质量管理体系过程及其相互作用的描述

答案及分析：选择 A、D、E。因为质量手册应包括的内容是：质量管理体系范围，包括非适用情况的说明及其判断的理由；形成文件的程序或对其引用；质量管理体系过程及其相互作用的描述。

三、管理职责

熟悉最高管理者在质量管理体系中的职责及要求	**考试大纲**

最高管理者在质量管理体系中应履行的职责包括：作出管理承诺；以顾客为关注的

焦点；正式发布质量方针；确保建立质量目标；确保质量管理体系策划；确保规定组织的职责和权限；指定管理者代表；确保内部沟通；进行管理评审。

掌握对质量方针和质量目标的要求 **考试大纲**

1. 质量方针的要求

质量方针是"由组织的最高管理者正式发布的该组织总的质量宗旨和方向"。其内容应：(1)与组织的宗旨相适应；(2)包括对满足要求和持续改进质量管理体系有效性的承诺；(3)提供制定和评审质量目标的框架。(4)在组织内得到沟通和理解；(5)在持续适宜性方面得到评审。

2. 质量目标的要求

质量目标是"在质量方面所追求的目的"。质量目标通常依据质量方针，在质量方针所提供的框架内制定，必须在组织的各相关职能和层次上加以展开，其内容应：(1)包括满足产品要求所需的内容；(2)与质量方针保持一致；(3)可测量。

例题和习题分析(教材 P147～P150)

【3-21】(单项选择题 9)：最高管理者应正式发布组织的质量方针，但质量方针(　　)的观点不是 GB/T 19001—2008 所要求的。

A. 应由最高管理者亲自制定

B. 应包含对满足要求和持续改进质量管理体系有效性的承诺

C. 应与组织宗旨相适应

D. 应提供制定和评审质量目标的框架

答案及分析：选择 A。GB/T 19001—2008 中要求最高管理者正式发布质量方针，并不是一定要最高管理者亲自制定。B、C 和 D 都是 GB/T 19001—2008 对"质量方针"的要求。

【3-22】(单项选择题 11)：最高管理者应确保质量目标与质量方针保持一致，但(　　)的观点不是 GB/T 19001—2008 所要求的。

A. 质量目标应是可测量的

B. 质量目标包括满足产品要求所需的内容

C. 质量目标可以是定量的，也可以是定性的

D. 质量目标必须是定量的

答案及分析：选择 D。最高管理者应确保在组织的相关职能和层次上建立质量目标，质量目标应包括满足产品要求所需的内容，是可测量的，并与质量方针保持一致，其中可测量的含义可以是定量，也可以是定性的。A、B、C 都是 GB/T 19001—2008 的要求。

【3-23】(多项选择题 26)：质量管理体系评审重点是对质量管理体系(　　)的评审。

A. 符合性

B. 适宜性

C. 充分性

D. 有效性

E. 效率

答案及分析：选择 B、C、D、E。根据 ISO 9000 族标准的要求，最高管理者对质量管理体

系评审是为了确保质量管理体系持续的适宜性、充分性、有效性和效率。

【3-24】(综合分析题32(2)):组织应确定一名管理者代表,其主要职责是(　　)。

A. 就质量管理体系事宜与外部联系

B. 代表最高管理者解决质量管理体系建立和运行中的一切问题

C. 确保质量管理体系和过程得到建立、实施和保持

D. 确保提高组织员工满足顾客要求的意识

答案及分析:选择A、C、D。因为GB/T 19001规定,管理者代表的职责是:确保质量管理体系的过程得到建立、实施和保持;向最高管理者报告质量管理体系的业绩和任何改进需求;确保整个组织内提高满足顾客要求的意识;还可包括与质量管理体系有关事宜的外部联络。

四、资源管理

1. 提供所必需的资源

熟悉质量管理体系所需的资源 **考试大纲**

基于质量管理体系的基本要求,资源至少应包括人力资源、基础设施和工作环境。此外,资源还应包括(但不是要求)信息、合作伙伴、自然资源和财务资源。

2. 人力资源

掌握对人力资源的要求 **考试大纲**

质量管理体系要求所有从事影响产品质量工作的人员应有能力胜任所在岗位的工作,这种能力是基于适当的教育、培训、技能和经验。作为弥补能力差距的一种措施,培训有四个阶段:确定培训需求、设计和策划培训、提供培训和评价培训结果,体现了培训过程的PDCA循环。组织应对培训过程进行监视,以证实培训过程实现所策划的结果的能力。

3. 基础设施和工作环境

了解对基础设施、工作环境的要求 **考试大纲**

应确定提供达到符合产品要求所需的基础设施并对其加以维护。

应确定达到符合产品要求所需的工作环境,并对其进行科学的管理。

例题和习题分析

【3-25】(单项选择题):对从事影响产品要求符合性工作的人员应有能力胜任所在岗位的工作,这种能力应基于适当的(　　)。

A. 培训、教育　　B. 教育、培训、技能

C. 培训　　D. 教育、培训、技能和经验

答案及分析:选择D。因为GB/T 19001要求,所有从事影响产品要求符合性工作的人

员应是能够胜任的,有能力胜任工作的基础和判断的条件是人员适当的教育、培训、技能和经验。

【3-26】(单项选择题):基于质量管理体系的基本要求,"资源"控制至少应包括人力资源、(　　)和工作环境。

A. 技术资源　　B. 财务资源

C. 基础设施　　D. 合作伙伴

答案及分析:选择C。根据GB/T 19001的要求,资源少应包括人力资源、基础设施和工作环境。A、B、D不是该标准的要求。

【3-27】(多项选择题):对于质量管理体系的要求来说,你认为以下人员应该确保他们具备一定的能力的有(　　)。

A. 公司的全体员工

B. 与质量管理体系过程有关人员(包括合同工)

C. 与质量管理体系过程有关人员(不包括合同工)

D. 与所有管理体系有关的人员

E. 从事影响产品要求符合性工作的人员

答案及分析:选择B、E。因为GB/T 19001要求所有从事影响产品要求符合性工作的人员应有能力胜任所在岗位的工作。而A、D超出质量体系要求范围,C则缩小了从事影响产品要求符合性工作的人员范围。

五、产品实现

(一)产品实现

熟悉产品实现所需的过程及控制要求　　**考试大纲**

产品实现是指产品策划、形成直至交付的全部过程。产品实现所需的过程包括:与顾客有关的过程、设计和开发、采购、生产和服务提供以及监视和测量装置的控制等五大过程,这些过程又包括相应的一系列子过程。组织应对这些过程进行控制。

(二)设计和开发

掌握设计和开发的概念及对其控制的要求　　**考试大纲**

1. 设计和开发的概念

设计和开发是指将要求转换为产品、过程或体系的规定的特性或规范的一组过程。

2. 对设计和开发的控制要求

组织应对设计和开发的策划、输入、输出、评审、验证、确认、更改等进行控制。

(三)生产和服务提供

熟悉生产和服务提供的控制要求　　**考试大纲**

组织应对生产和服务提供的控制进行策划,以使生产和服务提供在受控条件下进行。

当生产和服务提供过程的输出不能由后续的监视或测量加以验证，或仅在产品使用或服务已交付之后问题才显现时，组织应对这样的过程进行确认，确认的目的是要证实这些过程实现所策划的结果的能力。

特殊过程是指对形成的产品是否合格不易或不能经济地验证的过程。要确认的过程必定是特殊过程，但特殊过程依组织和产品不同未必都是标准所要求确认的过程。

例题和习题分析(教材 P147～P150)

【3-28】(单项选择题)：产品实现过程是指(　　)的全过程。

A. 产品策划、形成至成品　　B. 产品策划、形成直至交付

C. 原材料、半成品、成品　　D. 设计、制造至检验放行

答案及分析：选择B。因为"产品实现"是指产品策划、形成直至交付的全部过程，是直接影响产品质量的过程。

【3-29】(多项选择题)：对设计开发的理解，以下哪些说法是正确的，设计开发应该包括(　　)的设计开发。

A. 产品　　B. 过程

C. 体系　　D. 规范

E. 要求

答案及分析：选择A、B、C。因为"设计和开发"是指将要求转换为产品、过程或体系的特性或规范的一组过程，包括产品、过程或体系的设计开发。

【3-30】(综合分析题32(4))：组织在确定过程时，应将(　　)的过程作为特殊过程。

A. 过程的输出不易验证　　B. 过程的输出可以验证

C. 过程的输出不能经济地验证　　D. 仅在产品使用之后问题才能显现

答案及分析：选择A、C、D。因为特殊过程是指对形成的产品是否合格不易或不能经济地验证的过程，组织对此应加以确定和控制。

六、测量、分析和改进

1. 总则

了解测量、分析和改进过程的作用　　**考试大纲**

测量、分析和改进作为质量管理体系的自我改进机制，能够及时发现产品实现、体系运行和过程中存在的问题，实施有效的措施加以解决，增强满足质量要求的能力，并持续改进组织的整体绩效。

2. 监视和测量

熟悉对监视和测量的要求　　**考试大纲**

组织的监视和测量包括对顾客满意信息、质量管理体系运行的符合性和有效性、过程能力和产品特性的监视和测量。

3. 不合格品控制

熟悉对不合格品控制的基本要求　　**考试大纲**

组织应确保识别在产品实现过程的各阶段可能产生的不合格品并加以控制，以防止该不合格品仍按预期的要求交付和使用。应制定形成文件的不合格品控制程序，规定对不合格品处置的职责、权限、控制要求和方法等内容。

4. 数据分析

熟悉数据分析的要求　　**考试大纲**

组织应确定、收集来自各方面的数据并对其进行分析。数据分析提供的信息至少应包括以下方面：

① 顾客满意；

② 与产品要求的符合性；

③ 过程和产品的特性及趋势，包括采取预防措施的机会；

④ 供方。

5. 改进

熟悉纠正、纠正措施与预防措施的概念及基本要求　　**考试大纲**

"纠正"是为消除已发现的不合格所采取的措施。

"纠正措施"是指为消除已发现的不合格或其他不期望情况的原因所采取的措施。

"预防措施"是指为消除潜在不合格或其他潜在不期望情况的原因所采取的措施。

组织应制定形成文件的纠正措施和预防措施程序，以规定如何实施纠正措施和预防措施活动。

例题和习题分析

【3-31】(单项选择题)：对不合格品应该识别和评审，在评审的基础上进行(　　)。

A. 采取纠正措施　　B. 处置

C. 让步放行　　D. 分析原因

E. 采取预防措施

答案及分析：选择 B。因为 B 符合 GB/T 19001 的要求，而 A、C、D 都只是 B 的途径之一。

【3-32】(多项选择题)：内部审核是评价管理体系的(　　)的活动。

A. 适宜性　　B. 充分性

C. 符合性　　D. 有效性

答案及分析：选择 C、D。因为内部审核目的是确定质量管理体系是否符合产品实现策划的安排、标准的要求和组织所确定的质量管理体系要求，是否得到有效实施和保持。

而A和B是管理评审的目的。

第三节　质量管理体系的建立与实施

一、基本原则及主要活动

了解建立质量管理体系的基本原则及主要活动　**考试大纲**

1. 基本原则

八项质量管理原则是基础；领导作用是关键；全员参与是根本；注重实效是重点；持续改进求发展。

2. 主要活动

学习标准；确定质量方针和质量目标；质量管理体系策划；确定职责和权限；编制质量管理体系文件；质量管理体系文件的发布和实施；学习质量管理体系文件；质量管理体系的运行；质量管理体系内部审核；管理评审。

二、质量管理体系方法

熟悉质量管理体系方法　**考试大纲**

建立、实施、保持和持续改进质量管理体系可采用八个步骤，体现了质量管理原则，即"过程方法"和"管理的系统方法"的应用。

例题和习题分析

【3-33】(多项选择题)：作为拟通过 GB/T 19001 认证的某公司，贯彻标准时应遵循(　　)等质量管理原则。

A. 领导作用　　B. 基于事实的决策方法

C. 方针目标管理　　D. 供方评价

E. 以顾客为关注焦点

答案及分析：选择A、B、E。因为八项质量管理原则是 GB/T 19001 的基础，也是质量管理体系建立与实施的基础。A、B、E 都是八项质量管理原则的内容。

第四节　质量管理体系审核

一、质量管理体系审核基本概念

(一) 主要术语

掌握质量管理体系审核的主要术语　**考试大纲**

(1) 审核。为获得审核证据并对其进行客观的评价，以确定满足审核准则的程度所进行的系统的、独立的并形成文件的过程。其可分为：内部审核（第一方审核）和外部审核（第二方审核和第三方审核）；结合审核、联合审核等其他类型的审核。

(2) 审核准则。一组方针、程序或要求。

(3) 审核证据。与审核准则有关的并且能够证实的记录、事实陈述或其他信息。

(4) 审核发现。将收集到的审核证据对照审核准则进行评价的结果。

(5) 审核结论。审核组考虑了审核目的和所有审核发现后得出的审核结果。

(6) 审核委托方。要求审核的组织或人员。

(7) 审核方案。针对特定时间段所策划并具有特定目的的一组（一次或多次）审核。

(8) 审核计划。对审核活动和安排的描述。

(9) 能力。经证实的个人素质以及经证实的应用知识和技能的本领。

例题和习题分析（教材 P147～P150）

【3-34】（单项选择题 3）：审核计划应由（　　）编写。

A. 审核组长　　B. 审核方案管理人员

C. 审核员　　D. 实习审核员

答案及分析：选择 A。审核计划应由审核组长编写，而审核方案管理人员负责审核方案的管理。

【3-35】（单项选择题 5）：当质量和环境管理体系被一起审核时，称为（　　）审核。

A. 结合　　B. 联合

C. 合作　　D. 共同

答案及分析：选择 A。因为根据 GB/T 19011 的规定，当质量和环境管理体系被一起审核时，称为“结合审核”；当两个或两个以上审核组织合作，共同审核同一受审方时，称为“联合审核”。

【3-36】（单项选择题 13）：下列文件中，（　　）可以作为审核准则。

A. 标准　　B. 审核报告

C. 检验记录　　D. 质量记录

答案及分析：选择 A。因为审核准则是用作审核的依据，A 可以是规范或要求，可以用作审核的依据，而 B、C、D 都是一种证据不是依据。

【3-37】（单项选择题 16）：企业对其质量管理体系实施内部审核时，下列（　　）不能作为内审的依据。

A. GB/T 19001 质量管理体系要求　　B. 组织自己规定的要求

C. 有关法律法规　　D. 质量记录

答案及分析：选择 D。A、B 和 C 都是审核准则，可以作为内审的依据。而 D 是“阐明所取得结果或提供完成活动的证据的文件”，不能作为内审的依据。

（二）目的和分类

熟悉质量管理体系审核的目的和分类　　**考试大纲**

1. 审核目的

审核目的是确定审核应完成什么，包括：

（1）确定受审核方管理体系或其一部分与审核准则的符合程度；

（2）评价管理体系确保满足法律法规和合同要求的能力；

（3）评价管理体系实现特定目标的有效性；

（4）识别管理体系潜在的改进方面。

2. 审核的分类

按审核委托方分类可将审核划分为第一方审核、第二方审核和第三方审核。

例题和习题分析（教材 P147～P150）

【3-38】（多项选择题 23）：外部审核包括（　　）审核。

A. 第一方　　B. 第二方

C. 第三方　　D. 以组织的名义进行的

答案及分析：选择 B、C。因为根据 GB/T 19011 的规定，外部审核包括通常所说的“第二方审核”和“第三方审核”。而由组织自己或以组织的名义进行的审核都是内部审核，有时称第一方审核。

【3-39】（多项选择题 24）：第一方审核用于（　　）目的。

A. 管理评审　　B. 内部改进

C. 外部　　D. 认证

答案及分析：选择 A、B。第一方审核用于内部改进或作为管理评审的一种输入。而 C（相关方）是第二方审核的主要目的，D 是第三方审核的主要目的。

（三）审核原则

掌握五项审核原则　　**考试大纲**

1. 与审核员有关的原则

（1）道德行为：职业的基础；

（2）公正表达：真实、准确地报告的义务；

（3）职业素养：在审核中勤奋并具有判断力。

2. 与审核活动有关的原则

（1）独立性：审核的公正性和审核结论的客观性的基础。

（2）基于证据的方法：在一个系统的审核过程中，得出可信的和可重现的审核结论的合理方法。

例题和习题分析

【3-40】（多项选择题）：审核原则是审核员从事审核活动应遵循的基本要求，以下什么是审核员应遵循的原则（　　）。

A. 道德行为　　B. 保密机密

C. 公正表达　　　　D. 职业素养

答案及分析：选择A、C、D。因为根据GB/T 19011的要求，审核员应遵循的原则有五项，即道德行为、公正表达、职业素养、独立性、基于证据的方法等。

二、质量管理体系审核的实施

（一）质量管理体系审核的主要活动及内容

熟悉质量管理体系审核主要活动及主要内容　　**考试大纲**

（1）审核的启动：指定审核组长；确定审核目的、范围和准则；确定审核的可行性；选择审核组；与受审核方建立初步联系。

（2）文件评审：在现场审核活动前应评审受审核的文件，以确定文件所述的体系与审核准则的符合性。

（3）现场审核的准备：编制审核计划；审核组工作分配；准备工作文件。

（4）现场审核的实施：举行首次会议；审核中的沟通；向导和观察员的作用和职责；信息的收集和证实；形成审核发现；准备审核结论；举行末次会议。

（5）审核报告的编制、批准和分发。

（6）审核的完成：当审核计划中的所有活动已完成，并分发了经过批准的审核报告时，审核即告结束。

（二）质量管理体系审核与质量管理体系认证

熟悉质量管理体系审核和质量管理体系认证的主要区别及联系　　**考试大纲**

（1）质量管理体系认证包括了质量管理体系审核的全部活动；

（2）质量管理体系审核是质量管理体系认证的基础和核心；

（3）审核仅需要提交审核报告，而认证需要颁发认证证书；

（4）当审核报告发出后，审核即告结束；而颁发认证证书后，认证活动并未终止；

（5）纠正措施的验证通常不视为审核的一部分，而对于认证来说，却是一项必不可少的活动；

（6）质量管理体系审核不仅只有第三方审核，而对于认证来说，所进行的审核就是一种第三方审核。

例题和习题分析（教材P147～P150）

【3-41】（单项选择题8）：认证机构向组织颁发质量管理体系认证证书，证书的有效期一般为（　　）。

A. 一年　　　　B. 两年

C. 三年　　　　D. 四年

答案及分析：选择C。认证机构向组织颁发质量管理体系证书的有效期一般为三年。

【3-42】（单项选择题15）：现场审核前，文件评审的目的是为了确定文件所述的质量管理

体系的(　　)。

A. 符合性　　B. 有效性

C. 可用性　　D. 系统性

答案及分析:选择 A。在现场审核前,文件评审的目的是为了确定文件所述的质量管理体系与审核准则的符合性,而 B、C、D 只有在现场审核时才能确定。

【3-43】(多项选择题 18):质量管理体系审核的主要活动通常不包括(　　)。

A. 文件评审　　B. 现场审核

C. 纠正措施的跟踪　　D. 颁发证书

答案及分析:选择 C、D。因为根据 GB/T 19011 标准要求,质量管理体系审核的主要活动包括:审核的启动、文件评审、现场审核的准备、现场审核的实施、审核报告的编制批准和分发以及审核的完成等。C 和 D 是质量管理体系认证的主要活动。

【3-44】(多项选择题 20):质量管理体系审核与质量管理体系认证的共同点包括(　　)。

A. 都对质量管理体系实施现场审核　　B. 都要颁发证书

C. 都是一种第三方审核　　D. 都要编制审核报告

答案及分析:选择 A、D。因为管理体系认证的活动包括了管理体系审核的活动,或者说管理体系审核是管理体系认证的一部分,A、B、D 都是质量管理体系认证的主要活动,但 B 不是质量管理体系审核的活动。质量管理体系审核不仅只有第三方审核。

【3-45】(多项选择题 21):现场审核中的末次会议不应当由(　　)主持。

A. 审核组长　　B. 向导

C. 企业的最高管理者　　D. 企业授权的代表

答案及分析:选择 B、C、D。因为根据 GB/T 19011 要求,首、末次会议由审核组长主持。

第四章　质量检验

第一节　质量检验概述

一、质量检验的基本知识

1. 质量检验的基本概念

掌握质量检验的基本概念	**考试大纲**

关于质量检验的基本概念,掌握以下几点:

(1) 检验的定义:据 ISO 9000:2000,检验是通过观察和判断,适当时结合测量、试验或估量所进行的符合性评价。

理解和掌握以下关键词:观察、判断、测量、试验和符合性评价。

(2) 质量检验就是对产品的一个或多个质量特性进行观察、测量、试验,并将结果和规定的质量要求进行比较,已确定每项质量特性合格情况的技术性检查活动。

例题和习题分析(教材 P193～P196)

【4-1】(单项选择题 3):对产品的一个或多个质量特性进行观察、测量、试验,以确定每项质量特性合格情况的技术性检查活动是(　　)。

A. 质量审核　　B. 过程鉴定

C. 质量检验　　D. 质量检测

答案及分析:选择 C,因为本题题干是质量检验的正确概念。

2. 质量检验的基本要点

掌握质量检验的基本要点　**考试大纲**

在掌握质量检验的概念的基础上,掌握以下基本要点:

(1) 产品应满足顾客要求或预期使用要求和法律法规要求,而这些要求和规定组成产品的质量特性。

(2) 产品的质量特性一般都转化为产品的技术标准、图样、作业文件或检验规程,这些成为检验的依据。

(3) 产品的质量特性是在产品实现过程中形成的,且由产品的原材料、零部件的质量决定的。因此,须对产品实现过程进行控制和检验,判定产品质量。

(4) 质量检验是要对产品的一个或多个质量特性,通过物理的、化学的和其他科学技术手段和方法进行观察、测量、试验、取得证实产品质量的客观证据。通过检测手段,实施有效控制。

(5) 质量检验的结果要判定合格与否,依据应在检验规程中明确。

(6) 对检验结果的质量控制,主要包括检测手段、检验环境条件、检测方法、检测人员。

例题和习题分析

【4-2】(多项选择例题):产品质量检验的依据包括(　　)。

A. 产品技术标准　　B. 产品使用说明书

C. 产品图样　　D. 检验规程

答案及分析:选择 A、C、D,因为产品使用说明书是指导用户使用的文件,而 A、C、D 都是检验的依据。

3. 质量检验的主要功能

了解质量检验的主要功能　**考试大纲**

关于质量检验的主要功能,理解以下几点:

(1) 在质量检验的“鉴别、把关、预防、报告”四个功能中,“把关”是最重要(基本)功能。

(2) “预防”功能主要体现在加工过程(工序)的首检、巡检和前过程的检验是对后过程的“广义预防”等方面。

例题和习题分析(教材 P193~P196)

【4-3】(多项选择题 18):质量检验的主要功能有(　　)。

A. 鉴别功能　　B. "把关"功能

C. 预防功能　　D. 报告功能

E. 改进功能

答案及分析:选择 A、B、C、D,因为 A、B、C、D 是质量检验的主要功能。

4. 质量检验的步骤

掌握质量检验的步骤　**考试大纲**

关于质量检验的步骤,理解和掌握以下几点:

(1) 质量检验的 7 个步骤:检验准备、获取样品、试样制备、测量或试验、记录和描述、比较和判定、确认和处置;

(2) "检验准备"步骤中包括三项内容:熟悉规定要求、选择检验方法、制定检验规范;

(3) "测量或试验"步骤中,在测量和试验前后,检验人员要确认检验仪器设备和被检物品试样状态正常;

(4) 质量检验记录是证实产品质量的证据,目的是便于质量追溯,明确质量责任。

例题和习题分析(教材 P193~P196)

【4-4】(多项选择题 20):质量检验的步骤有(　　)。

A. 熟悉检验有关标准和技术文件　　B. 收取检验费用

C. 测量或试验　　D. 比较和判定

答案及分析:选择 A、C、D,因为 A、C、D 属检验步骤,而 B 不属于质量检验工作。

5. 产品验证和监视

熟悉产品验证和监视的概念　**考试大纲**

关于产品验证和监视的概念,理解和熟悉以下几点:

(1) 验证的定义:通过提供客观证据对规定要求已得到满足的认定。

验证是一项管理性的检查活动(和"检验"相区别)。

(2) 产品验证的主要内容:查验凭证、确认检验依据、查验凭证(报告记录)内容有效性、复核等活动。

(3) 监视的概念:监视是对某项事物按规定要求给予应有的观察、注视、检查和验证的活动。

(4) 验证和检验的关系:检验是验证的基础和依据,验证是检验的延伸,是检验的补充。

例题和习题分析(教材 P193~P196)

【4-5】(多项选择题 21):在产品验证中需查验质量凭证,其中主要内容有(　　)。

A. 确认查验合格物品的名称、规格、数量

B. 确认供货合同是否有效

C. 确认供方检验人员的印记

D. 确认供方是否按时交付产品

答案及分析：选择A、C，因为在产品验证中需要查验的质量凭证的主要内容有检查物品名称、规格、编号、数量、交付单位、日期、产品合格证或有关质量合格证明，确认检验手段、印章和标记等，不验证供货合同是否有效，也不验证供方是否按时交付产品。

【4-6】（多项选择题22）：监视作为产品检验的一种补充形式主要适用在（　　）。

A. 过程的结果不能通过其后检验来评定

B. 作业人员技能水平较低

C. 自动化程度很高、不需要进行测量

D. 质量特性主要取决于过程参数

答案及分析：选择A、D，因为监视是对某项事物按规定要求给予应有的观察、注视、检查和验证。如过程的结果不能通过其后的检验来确认时，才能对产品内在质量进行检测，又如流程性材料形成过程是连续不断的，其产品特性取决于过程参数，必须对过程参数进行监视。监视与作业人员的技能水平无关，而自动化程度很高的作业过程更要监视。

二、产品质量检验的技术方法

1. 理化检验

掌握理化检验　　**考试大纲**

（1）物理检验是应用物体（质）的力、电、声、光、热及位移等物理学原理和各种检测仪器设备对表征质量特性的产品性能或参数的物理量进行的检验。

（2）化学检验是应用化学物质（化学试剂）和试验仪器，依据一定的测试方法以确定产品（被测物质）的化学组分及含量所进行的检验。

2. 理化检验的内容

熟悉理化检验的内容　　**考试大纲**

（1）物理检验用测力计，利用弹簧受力变形产生位移得到相应的力值；

（2）指针式万用表利用电流通过线圈产生电磁感应作用的偏转力而带动表头指针转动来测量电流、电压、电阻等电参数；

（3）流量计利用流体的流动性能驱动叶轮转动来计量容积多少（水表、燃气表、蒸汽流量表等）；

（4）超声波探伤；

（5）化学检验的化学分析法，通过化学反应获得某种生成物来确定产品的成分；

（6）化学检验的仪器分析法是借助专业仪器进行检验。

例题和习题分析(教材 P193～P196)

【4-7】(多项选择题 23):化学检验根据分析方法的不同可分为(　　)分析法。

A. 化学　　B. 物理

C. 仪器　　D. 人工

答案及分析:选择 A、C。化学检验有定性分析和定量分析,根据分析法有化学分析法,仪器分析法。而 B、D 不切题意,故不选。

3. 感观检验

掌握感观检验概念　　**考试大纲**

感官检验是依靠检验人员的感觉器官进行产品质量评价或判断的检查。

4. 感官检验的内容

熟悉感官检验的内容　　**考试大纲**

(1) 分为两类:分析型感观检验与嗜好型感观检验

分析型感观检验是对产品的固有质量特性的检验,如产品的形状、声响、颜色等。

嗜好型感官检验是以人为测定器,调查、研究质量特性对人的感觉、嗜好状态的影响程度。如食品味道、衣服款式、乐器的音乐、化妆品的香型、家具的色泽等。

(2) 检验结果表示方法:数值表示法、语气表示法、图片表示法、样品比较法。

例题和习题分析

【4-8】(多项选择题):将实物产品质量特性和标准样品等进行比较判定称为检验样品比较法,以下(　　)属于比较样品。

A. 油漆样板　　B. 喷砂样板

C. 板材样板　　D. 金属纤维组织图片

答案及分析:选择 A、B、C。D 项为图片比较法不可选。

5. 生物检验

掌握生物检验的概念　　**考试大纲**

(1) 微生物检验

微生物检验包括微生物检验和微生物试验。

微生物检验:用一定技术方法检查产品是否带有有害微生物(群),是否符合国家卫生安全法规、标准限制要求的检验。

微生物试验:利用已知的微生物(群)对产品的性质进行检验。

(2) 动物毒性试验

用代谢方式,将一定剂量的待测物质进入与人类近似的哺乳动物机体,观察引起的毒性效应的试验方法。

6. 生物检验的内容

> 了解生物检验的内容　　**考试大纲**

（1）微生物检验：我国对食品、饮用水，药品和一些与人体健康直接有关的重要产品均规定了卫生标准以严格控制细菌污染，防止各种有害的病原微生物污染、侵入人体。

（2）微生物试验：如消毒剂的消毒效果试验、生物降解性能试验等。

（3）动物毒性试验：采用小动物等。

7. 在线检测优点和局限性

> 熟悉在线检验优点和局限性　　**考试大纲**

（1）优点：

① 在产品形成过程中同步在线上进行多参数测量，扩大检测范围；

② 在产品完成之前实施主动或自动测量，根据测量结果调整工艺过程参数；

③ 可以实现实时测量和监控，自动采集数据传递相关部门。

（2）局限性：

① 无法用于传统生产设备上；

② 准确度、精密度比不上同类参数线外检测特定专用检测设备；

③ 设备对使用环境要求较高；

④ 对设备的使用、调整和维护要求有较高素质的人员。

⑤ 不可能完全取消人工检测的验证活动。

8. 在线检测应用

> 了解在线检测的应用　　**考试大纲**

（1）在线检测的应用，使产品质量检验得到极大提升。

（2）主动测量是产品在加工过程中同时进行测量。自动测量是产品加工完成后在线上立即进行测量。

（3）通过机器视觉代替人工视觉实现难测部位（锥面、斜面甚至曲面）的检测。

（4）在线检测属于比较法测量，应用时应与人工检测有机结合。

第二节　质量检验机构

一、质量检验机构的基本知识

1. 质量检验机构的主要工作范围

> 熟悉质量检验机构的主要工作范围　　**考试大纲**

（1）宣贯产品质量法律法规；

（2）编制和控制检验程序文件；

(3) 检验用文件的准备与管理;
(4) 产品质量检验;
(5) 检测设备的配备与管理;
(6) 检验人员的培训与管理。

例题和习题分析(教材 P193~P196)

【4-9】(综合分析题 33(2)):经过讨论,他们确定了质量检验部门的主要工作范围,请指出他们确定的主要工作任务是(　　)。

A. 编制需要采购的产品原材料目录和技术要求
B. 组织编制和控制质量检验的程序文件
C. 开展不合格品的回收利用
D. 配置和管理检测设备
E. 按规定要求开展产品质量检验

答案及分析:选择 B、D、E,因为 B、D、E 属于质检机构的主要工作范围,而 A 编制采购产品目录和技术要求应是采购和技术部门的工作,C 应是相关部门的工作,如供应或服务部门等。

2. 质量检验机构的职责和权限

了解质量检验机构的职责和权限　**考试大纲**

(1) 质量检验机构的权限:
① 执行检验标准或有关技术标准;
② 按照规定有权判定产品或零部件合格与否;
③ 对采购物品有权按规定进行检验,判定合格与否;
④ 交检的零部件或产品,由于缺少检验依据有权拒绝检查;
⑤ 对产品或零部件的材料代用权参与研究和审批;
⑥ 对于以次充好、弄虚作假等行为有权制止、限期整改;
⑦ 对于质量事故,有权追查原因,找出责任者,提出建议;
⑧ 对于各种不合格品,有权如实统计分析,提出改进措施。
(2) 质量检验机构的责任:
① 对由于不认真、不严格致使产品质量低劣和出现产品质量事故负责;
② 由于错检、漏检或误检而造成的损失和影响负责;
③ 在作业中造成延误检验,对影响作业进度负责;
④ 由于未做首件检验、流动检验,造成成批质量事故负责;
⑤ 对不合格品管理不善,废品隔离不及时造成混乱和影响负责;
⑥ 对上报统计报表真实性、及时性负责;
⑦ 对发生的质量事故不反映、不上报造成影响、损失负责;
⑧ 对不合格品还签发检验合格证书负责。

例题和习题分析(教材 P193～P196)

【4-10】(多项选择题 31):(　　)是质量检验部门的权限。

A. 有权处置不合格品责任者并给以相应处罚

B. 有权按照有关技术标准的规定判定产品是否合格

C. 对产品形成过程中产生的不合格品责令责任部门纠正和提出纠正措施

D. 有权制止忽视质量的弄虚作假行为

答案及分析:选择 B、D,因为质检机构的权限包括有权按照有关技术标准的规定,判定产品是否合格。对忽视产品质量,以次充好、弄虚作假等行为有权加以制止等,本题中对不合格品责任者,质检机构没有处罚权只有建议权。同样,对不合格品责任部门提出纠正措施的建议权。

3. 质量检验机构的设置

熟悉质量检验机构的设置　**考试大纲**

关于质量检验机构的设置,熟悉以下几点:

(1) 设置检验部门的必要性。

(2) 质量检验部门的性质

① 质量检验部门是组织中独立行使检验职权的技术职能部门;

② 质量检验部门的两重性:在组织内部进行质量把关;对组织外部,代表组织向顾客和社会提供产品质量合格的证据。

(3) 质量检验部门的地位

① 在组织内,质量检验部门是由组织的最高管理层直接领导,并授权独立行使检验职权;

② 在组织外,代表组织向顾客、社会提供产品质量合格的证据。

(4) 质量检验机构设置的基本要求。

(5) 质量检验机构设置示例

质量检验机构一般有两种类型:集中管理型和集中与分散相结合型。

而在集中管理型中又有两种形式:按职能划分和按产品划分。

在集中与分散相结合型检验机构,中间工序的质量检验人员行政上受车间管理,而其质量检验业务工作接受质量检验部门指导,其余全部质量检验工作都由检验部门直接负责。

例题和习题分析(教材 P193～P196)

【4-11】(单项选择题 14):生产企业中有权判定产品质量是否合格的专门机构是(　　)。

A. 设计开发部门　　B. 工艺技术部门

C. 质量检验部门　　D. 质量管理部门

答案及分析:选择 C,因为质量检验机构的权限中包括有权按照有关规定进行检验,根据检验结果确定合格与否。设计、工艺或质管部门的质量职能中没有赋予以上权利。

【4-12】(综合分析题33(1)):首先明确了质量检验部门的性质,统一了认识,请指出他们一致认为质量检验机构的性质是(　　)。

A. 是质量管理的职能部门

B. 是负责生产又负责检验的职能部门

C. 是负责质量体系又负责质量检验的职能部门

D. 是独立行使质量检验的技术部门

答案及分析:选择D,因为质量检验部门是独立行使检验职权的技术职能部门,其并不是承担质量管理、生产和建立质量管理体系的职能部门。

【4-13】(综合分析题33(3)):他们还提出了质量检验机构的集中管理式组织模式请领导决定和批准。在此方案中设计了两种方案供领导选择,这两种方案是(　　)。

A. 按检验职能划分　　B. 按规模划分

C. 按所处生产组织位置划分　　D. 按产品结构划分

答案及分析:选择A、D,因为质量检验机构的组织设置模式一般有两种:①集中管理模式(按职能分、按产品分);②集中与分散相结合的模式。

二、检验站的基本知识

1. 检验站的基本概念

掌握检验站的基本概念　　**考试大纲**

检验站是根据生产作业分布及检验流程设计确定的作业过程中最小的检验实体。

2. 检验站设置的基本原则

熟悉检验站设置的基本原则　　**考试大纲**

基本原则是:①重点考虑关键作业部位和控制点;②满足生产作业过程需要,并与生产作业同步;③有适宜的工作环境;④考虑节约成本;⑤检验点设置应据工艺的需要而适时调整。

3. 检验站设置的分类

了解检验站设置的分类　　**考试大纲**

关于检验站设置的分类,了解以下几点:

(1) 检验站分四类设置:①按产品类别;②按生产作业组织;③按工艺流程;④按检验技术的性质和特点。

(2) 按工艺流程设置一般包括:①进货检验站;②过程(工序)检验站;③完工检验站;④成品检验站。

4. 主要检验站设置的特点

熟悉几种主要检验站设置的特点　　**考试大纲**

关于几种主要检验站设置的特点，熟悉以下几种检验站的分类和特点：

(1) 进货检验站

进货检验站通常有两种形式：一是在本组织检验，二是在供货单位检验。

(2) 工序检验站

工序检验站有两种基本形式：分散式和集中式。

(3) 完工检验站

完工检验有三种基本形式：开环分类式、开环处理式和闭环处理式。

例题和习题分析

【4-14】(单项选择例题)：对某类零件在经检验后，还对产生不合格的原因进行分析，并针对原因采取相应纠正措施的检验站是(　　)检验站。

A. 开环分类式　　B. 开环处理式

C. 闭环处理式　　D. 闭环分类式

答案及分析：选择 C，因为题中所述的处理方式是属于闭环处理式。

第三节　质量检验计划

一、概述

1. 检验计划

掌握检验计划的基本概念　　**考试大纲**

关于检验计划的基本概念应掌握：

质量检验计划是对检验涉及的活动、过程和资源及相互关系作出规范化的书面(文件)规定；是对整个检验和试验工作进行系统和总体安排的结果；是质量计划的一个重要组成部分。

例题和习题分析(教材 P193～P196)

【4-15】(单项选择题 5)：质量检验计划是指(　　)。

A. 检验工作的日程安排　　B. 检验工作的人员、班次安排

C. 检验工作地点、场所的安排　　D. 检验工作的系统策划和总体安排

答案及分析：选择 D，因为质量检验计划不是检验活动的安排，而是检验和试验工作进行的系统策划和总体安排。

2. 编制检验计划的目的

了解编制检验计划的目的　　**考试大纲**

关于编制检验计划的目的，可概述为：

阐述检验活动，指导检验人员完成检验工作，保证检验工作质量。

3. 质量检验计划的作用

熟悉质量检验计划的作用 **考试大纲**

关于质量检验计划的作用，可概述为：

实现合理配置资源；调动检验人员积极性；提高检验效率；充分发挥检验职能；实现检验工作的规范化、科学化和标准化。

4. 检验计划的基本内容

熟悉检验计划的基本内容 **考试大纲**

关于检验计划的基本内容，可概述为：

①编检验流程图；②设置检验站、点；③制定产品不合格严重性分级表；④编检验规程；⑤编检验手册；⑥选择检验方法；⑦编测量设备明细表和补充计划；⑧确定对检验人员的要求。

例题和习题分析(教材 P193～P196)

【4-16】(单项选择题 2)：不属于质量检验计划内容的是(　　)。

A. 编制检验流程图，确定适合作业特点检验程序

B. 编制质量控制手册

C. 合理设置检验站

D. 编制测量工具、仪器设备明细表

答案及分析：选择 B，因为检验计划是对整个检验和试验工作进行的系统策划和总体安排的结果，不包括编制质量控制手册。

5. 编制检验计划的原则

熟悉编制检验计划的原则 **考试大纲**

关于编制检验计划的原则，可概述为：

①应充分体现检验的目的；②对检验能起指导作用；③关键质量(关键的零部件和关键的质量特性)应优先保证；④综合考虑检验成本；⑤计划应随产品和过程的变化而作相应修改。

二、检验流程图

1. 检验流程图的基本概念

掌握检验流程图的基本概念 **考试大纲**

关于检验流程图的基本概念，掌握以下几点：

(1) 检验流程图是用图形、符号，简洁明了地表示检验计划中确定的特定产品的检验流程、检验工序、位置设置和选定的检验方法及相互顺序的图样；

(2) 检验流程图因行业和产品的不同而不同，但在同一组织内应统一；

(3) 检验流程图和检验指导书构成检验技术文件。

例题和习题分析

【4-17】(多项选择例题):检验技术文件可包括(　　)。

A. 检验流程图　　　　B. 工艺流程图

C. 检验指导书　　　　D. 产品使用说明书

答案及分析:选择A、C,因A、C是检验部门编制的指导检验活动的技术文件;而工艺流程图是指导加工的技术文件,产品使用说明书是指导用户使用的技术文件。

2. 检验流程图的编制过程

熟悉检验流程图的编制过程　　**考试大纲**

关于检验流程图的编制过程,可概述为:

检验流程图由检验部门编制,然后由产品设计、工艺、检验人员、作业管理人员、操作人员进行联合评审,最后由组织的质量最高管理者或授权人批准。

3. 简单的检验流程图的编制

了解简单的检验流程图的编制　　**考试大纲**

关于简单的检验流程图的编制,掌握:

流程图的组成[包括:加工(作业)、检验、流程方向]及其表达。

三、检验手册和检验指导书

1. 检验手册的基本概念

掌握检验手册的基本概念　　**考试大纲**

关于检验手册的基本概念,掌握以下几点:

(1) 检验手册是质量检验活动的管理规定和技术规范的集合,它由程序性和技术性两方面内容组成。其因产品和过程的不同而不同。

(2) 检验手册由专职检验部门负责编制,经授权的负责人批准。

2. 质量手册的主要内容

了解质量手册的主要内容　　**考试大纲**

关于质量手册的主要内容,见其程序性和技术性两方面的具体要求。

3. 检验指导书的基本概念及其作用

掌握检验指导书的基本概念及其作用　　**考试大纲**

关于检验指导书的基本概念及其作用,掌握以下几点:

(1) 检验指导书是具体规定检验操作要求的技术文件,又称检验规程或检验卡片。

(2) 其特点是:技术性、专业性、可操作性。

(3) 其作用是:使检验操作达到统一、规范。

例题和习题分析(教材 P193~P196)

【4-18】(单项选择题 1):检验指导书是指(　　)。

A. 质量检验活动的管理规定和技术规范的文件集合

B. 具体规定检验操作要求的技术文件

C. 对检验涉及的活动、过程和资源及相互关系作出的规范化的书面规定

D. 对产品的技术性能、安全性能、互换性能以及对环境和人身安全等质量特性的规定

答案及分析:选择 B,因为检验指导书是指具体规定检验操作要求的技术文件,又称检验规程或检验卡片。

4. 编制检验指导书的要求

熟悉编制检验指导书的要求　　**考试大纲**

关于编制检验指导书的要求,熟悉以下几点:

(1) 检验指导书上应明确规定需检验的:质量特性及其要求,检验方法、检验量具、样本大小、检验示意图等。

(2) 其主要作用是:使检验人员按指导书规定操作,保证检验的规范性,防止错检和漏检。

5. 编制检验指导书的要求

熟悉检验指导书的基本内容　　**考试大纲**

关于检验指导书的基本内容,熟悉以下几点:

(1) 检验指导书的内容一般包括:检测对象、质量特性、检验方法、检测手段、判定依据(准则)、记录和报告等;

(2) 检验指导书的格式因组织的不同生产类型、不同的作业工种而不同。

6. 一般检验指导书的编写

了解一般检验指导书的编写　　**考试大纲**

关于一般检验指导书的编写,掌握有关产品零件、成品检验和过程(工序)检验指导书的内容及一般形式。

第四节　质量特性分析和不合格品控制

一、质量特性分析表

1. 质量特性分析表的基本概念

掌握质量特性分析表的基本概念　　**考试大纲**

关于质量特性分析表的基本概念，掌握以下几点：

(1) 质量特性分析表是分析产品实现过程中及其组成部分的重要质量特性与产品适用性的关系和主要影响这些特性的过程因素的技术文件；

(2) 质量特性分析表由产品设计、技术部门编制，可作为编制检验指导书的依据之一。

2. 质量特性分析表的编制依据

了解质量特性分析表的编制依据 **考试大纲**

关于质量特性分析表的编制依据，可概述为：①产品图样及设计文件；②作业(工艺)流程及作业规范；③工序管理点明细表；④顾客要求的变更。

例题和习题分析(教材 P193～P196)

【4-19】(多项选择题 25)：编制质量特性分析表依据的主要技术文件是(　　)。

A. 顾客的质量反馈　　B. 产品质量法

C. 作业规范及设计文件　　D. 检定计量规程

答案及分析：选择 A、C，因为质量特性分析表编制的主要依据有：产品图纸或设计文件；作业流程及作业规范；作业管理点明细表和顾客或下道作业过程要求的变更质量指标等，其与产品质量法和计量检定规程无关。

3. 质量特性分析表的内容

熟悉质量特性分析表的内容 **考试大纲**

关于质量特性分析表的内容，参见教材中的示例。

二、不合格的严重性分级

1. 不合格的基本概念

掌握不合格的基本概念 **考试大纲**

关于不合格的基本概念，掌握以下几点：

(1) 不合格的定义(据 GB/T 19000—2008)是未满足要求。不合格包括不合格品和不合格项。

(2) 不合格品为有一个或多个质量特性不符合规定要求的产品。

例题和习题分析(教材 P193～P196)

【4-20】(单项选择题 11)：根据 GB/T 19000—2008，不合格的定义是(　　)。

A. 未达到要求　　B. 未达到规定要求

C. 未满足要求　　D. 未满足规定要求

答案及分析：选择 C，因为 GB/T 19000—2008 对不合格的定义是“未满足要求”。

2. 不合格严重性分级的原则

熟悉不合格严重性分级的原则　**考试大纲**

关于不合格严重性分级的概念和原则，熟悉以下几点：

(1) 不合格分级依据质量特性的重要度和质量特性值偏离规定要求的程度确定。

(2) 不合格分级的作用有：可使检验把握重点；利于选择更好的抽样方案；便于综合评价产品质量；发挥质量综合管理和检验职能的有效性。

(3) 不合格严重性分级考虑的原则是：①质量特性重要度；②对产品适用性影响的程度；③顾客可能反映的不满意程度；④对外观、包装等的影响；⑤对下一工序的影响程度。

例题和习题分析(教材 P193～P196)

【4-21】(单项选择题 7)：质量特性分级是指(　　)。

A. 质量特性与质量成本关系的分析

B. 质量特性与设计质量关系的分析

C. 质量特性与产品适用性关系的分析

D. 质量特性与顾客满意程度关系的分析

答案及分析：选择 C，因为不合格严重性分级是依据产品质量特性不满足规定要求对产品适用性影响大小进行，因此不合格分级是指质量特性与产品适用性关系的分析。

【4-22】(单项选择题 6)：不合格严重性分级是指依据(　　)分级。

A. 对检验人员素质和能力要求的不同

B. 对作业过程能力要求的高低不同

C. 可能出现的质量特性不符合造成的财务损失的大小不同

D. 已出现的质量特性不符合对产品适用性的影响程度不同

答案及分析：选择 D，因为不合格的定义为"未满足要求"。不合格严重性分级是根据不合格偏离规定要求(程度)，从而对产品适用性影响程度进行的，其与检验员素质、过程能力、财务损失都无关。

3. 不合格严重性分级

了解不合格严重性分级的级别　**考试大纲**

我国国家标准将不合格分为 A、B、C 三级。

(1) A 类不合格：最被关注的一类不合格；

(2) B 类不合格：关注程度比 A 类稍低的一类不合格；

(3) C 类不合格：关注程度低于 A 类和 B 类的一类不合格。

4. 不合格严重性分级表

熟悉不合格严重性分级表的内容　　考试大纲

关于不合格严重性分级表的内容，参见教材示例。

三、不合格品的控制

1. 不合格品的控制程序

熟悉不合格品的控制程序　　考试大纲

关于不合格品的控制程序，熟悉以下两点：

（1）组织应建立并实施不合格品的控制程序（ISO 9001:2008 要求）。

（2）不合格品控制程序的内容。

2. 不合格品的判定

了解不合格品的判定　　考试大纲

关于不合格品的判定，了解：

产品质量特性（合格与否）有两种判定方法：符合性判定和处置方法判定。其中，质量检验部门负责符合性判定。

3. 不合格品的隔离

了解不合格品的隔离　　考试大纲

关于不合格品的隔离，了解：

检验部门应针对不合格品设置不合格品隔离区（室）或隔离箱进行隔离。同时须对不合格品作出标识。

例题和习题分析（教材 P193～P196）

【4-23】（多项选择题 30）：不合格品隔离的主要内容有（　　）。

A. 把不合格品码放整齐

B. 对不合格作出标识

C. 设立专职人员看守

D. 设立隔离区或隔离箱

答案及分析：选择 B、D，因为在产品形成过程中，一旦出现不合格品，除及时作出标识和决定处置外，对不合格品还要及时隔离存放，防止误用或误装给生产造成混乱，要求产品生产者应根据生产规模和产品的特点，在检验系统内设置不合格品隔离区（室）或隔离箱，对不合格品进行隔离和存放。

4. 不合格品的处置

熟悉不合格品的处置　　考试大纲

关于不合格品的处置，熟悉以下几点：

（1）不合格品处理程序：分一般生产组织和设置有不合格品评审专门机构的组织两种不同情况，处理程序有所不同。

（2）不合格品的处理方式包括：①纠正（包括返工、返修、降级）；②报废；③让步。

注意，不合格品经返工或返修后，需重新检验。

例题和习题分析（教材 P193～P196）

【4-24】（多项选择题 29）：不合格品处理有（　　）的几种形式。

A. 报废　　B. 检验

C. 纠正　　D. 让步

答案及分析：选 A、C、D，因为 GB/T 19001—2008 中规定：对不合格品采取以下处置：消除不合格（如返工、返修）；让步；防止其预期的使用（如报废）。

【4-25】（单项选择题 13）：如何对待不合格品返工返修后检验问题，正确的做法是（　　）。

A. 不合格品返工后仍不合格，所以不需重新进行检验

B. 不合格品返工后成了合格品，所以不需要再进行检验

C. 返修后还是不合格品，所以不需要重新进行检验

D. 返工后不管是否合格都需要重新进行检验

答案及分析：选择 D，因为不合格品进行返工、返修后，须重新办理交检手续；经检验合格方可转序或入库，注意“返工”后，往往是合格品，有待检验后才能作出判定。

5. 不合格品的纠正措施

掌握不合格品的纠正措施　　**考试大纲**

关于不合格品的纠正措施，掌握以下几点：

（1）区分纠正和纠正措施

根据 GB/T 19000—2008 的定义：

纠正是消除已发现的产品不合格所采取的措施。

纠正措施是为消除产品不合格发生的原因所采取的措施。

（2）纠正措施制定和实施的步骤（四项）。

例题和习题分析（教材 P193～P196）

【4-26】（单项选择题 12）：对纠正措施的正确理解应是（　　）。

A. 把不合格品返工成为合格品采取的措施

B. 把不合格品降级使用而采取的措施

C. 为消除已发现的不合格原因而采取的措施

D. 为消除已发现的不合格品而采取的措施

答案及分析：选择C，因为GB/T 19000—2008对纠正措施的定义是“为消除已发现的不合格或其他不期望情况的原因所采取的措施。”它的处置对象是已发现不合格所造成“原因”，不是针对具体的不合格品的处理。

第五节　质量检验的控制

一、质量检验误差

1. 检测误差

熟悉检测误差　**考试大纲**

同一个检验人员用同一种方法，在同样条件下，对同一种产品的某项质量特性要求进行多项重复检测，每次检测所得数值不可能完全一致，会存在波动，因此会造成检测误差。

2. 检测误差产生的来源

熟悉检测误差产生的来源　**考试大纲**

检测误差产生的来源包括：①计量器具、仪器设备和试剂误差；②环境条件误差；③方法误差；④检验人员误差；⑤受检产品误差。

二、质量检验结果的质量控制

1. 质量控制意义和作用

了解质量控制意义和作用　**考试大纲**

① 质量检验为产品质量符合性和适用性提供依据，依据不正确会导致判断决策失误，甚至造成重大损失。所以必须重视对检验结果的质量控制。

② 要对产品质量检验结果进行质量控制，就要对影响质量检验结果的诸多因素进行分析与控制。

③ 不同产品和不同质量特性的检验结果对产品符合性和适用性的影响程度是不同的，对质量控制要求的程度也不同。

2. 质量检验结果影响因素

掌握质量检验结果的影响因素　**考试大纲**

（1）正确选择和控制检测手段：①检测设备选用；②检测设备量值溯源。

（2）检测环境和检测条件控制。

（3）检验方法的控制。

（4）检验人员能力的控制。

第五章 计量基础

第一节 基本概念

一、计量的内容、分类与特点

1. 计量的定义

掌握计量的定义 **考试大纲**

关于计量的含义，掌握以下几点：

（1）计量的定义

计量是实现单位统一、保障量值准确可靠的活动。

（2）计量的对象包括：物理量、工程量、化学量、生理量、心理量。

例题和习题分析

【5-1】（单项选择题）：（　　）是实现单位统一，保障量值准确可靠的活动。

A. 测量　　B. 计量

C. 检定　　D. 检验

答案及分析：选择B，因为B是计量的正确定义。

2. 计量的内容

了解计量的内容 **考试大纲**

关于计量的内容，可概述为6方面：①计量单位与单位制；②计量器具；③量值传递与溯源；④物理常量、材料与物质特性的测定；⑤测量不确定度、数据处理与测量理论及其方法；⑥计量管理。

3. 计量的分类和特点

熟悉计量的分类和特点 **考试大纲**

关于计量的分类和特点，熟悉以下几点：

（1）计量的分类

根据计量的作用和地位，计量分为三类：科学计量、工程计量和法制计量。

（2）计量的特点

计量的特点包括四方面：准确性、一致性、溯源性、法制性。

可见，计量不同于测量。测量是以确定量值为目的的一组操作。

例题和习题分析（教材P228～P230）

【5-2】（多项选择题18）：根据计量所处地位和所起作用的不同，国际上趋向于将计量分

为(　　)。

A. 法制计量　　B. 工程计量

C. 科学计量　　D. 实验计量

答案及分析:选择A、B、C,因为A、B、C符合国际上的分类趋向。

【5-3】(单项选择题3):计量的特点概括起来,可以归纳为四个方面,其中,(　　)是指测量结果是可重复、可再现(复现)、可比较的。

A. 准确性　　B. 一致性

C. 溯源性　　D. 法制性

答案及分析:选择B,因为一致性是指在统一计量单位的基础上,无论在何时何地采用何种方法,使用何种计量器具,以及由何人测量,只要符合有关的要求,测量结果应在给定的区间内一致;亦即测量结果应是可重复、可再现(复现)、可比较的。

二、计量的法律和法规

1. 计量法律法规的构成

了解计量法律法规的构成　　**考试大纲**

关于计量法律法规的构成,宜了解:

我国已建立了一套较完整的计量法律法规体系,它由以下三个层次组成:

(1)《中华人民共和国计量法》(以下简称《计量法》);

(2)计量行政法规和规范性文件;

(3)计量规章、规范性文件。

2.《计量法》的基本内容

熟悉《计量法》的基本内容　　**考试大纲**

关于《计量法》的基本内容,可概述为:①计量立法宗旨;②调整范围;③计量单位制;④计量器具管理;⑤计量监督;⑥计量授权;⑦计量纠纷的处理;⑧计量认证;⑨计量法律责任。

三、量值溯源、校准和检定

1. 量值溯源的概念

熟悉量值溯源的概念　　**考试大纲**

关于量值溯源的概念,熟悉以下几点:

(1)量值溯源性:通过一条具有规定不确定度的不间断的比较链,使测量结果或测量标准的值能够与规定的参考标准联系起来的特性。

(2)一条溯源比较链包括三部分:计量基准、计量标准、工作计量器具。

(3)量值溯源体系用量值溯源等级图(表)表达。

(4)实现量值溯源的最主要的手段是:校准和检定。

2. 校准和检定的概念

掌握校准和检定的概念 **考试大纲**

关于校准的概念，掌握以下几点：

(1) 校准定义：校准是在规定的条件下，为确定测量仪器（或测量系统）所指示的量值，或实物量具（或参考物质）所代表的量值，与对应的由其测量标准所复现的量值之间的关系的一组操作。

(2) 校准的主要目的：①确定示值误差；②得出标称值偏差的报告值，并加以修正；③给标尺标记赋值；④实现量值溯源。

(3) 校准的依据：校准规范或校准方法，通常统一规定，特殊情况下可自行制定。

(4) 校准的结果：记录于校准证书或校准报告中，也可用校准因数或校准曲线表示。

例题和习题分析

【5-4】(多项选择题)：以下属于校准目的的是(　　)。

A. 确定示值误差　　　　B. 确定使用范围

C. 给标尺标记赋值　　　　D. 实现量值溯源

答案及分析：选择 A、C、D，因为确定使用范围不是校准目的。

(5) 检定的定义：检定是查明和确认测量仪器是否符合法定要求的程序，它包括检查、加标记和（或）出具检定证书。

(6) 检定依据：计量检定规程。国家计量检定规程由国务院计量行政部门制定。

(7) 检定结果：检定证书。

(8) 检定具有法制性，检定分为强制检定和非强制检定两类。

① 强制检定的范围

a) 在一般工作测量仪器（计量器具）中，用于贸易结算、安全防护、医疗卫生、环境监测四方面且列入《中华人民共和国强制检定的工作计量器具明细目录》（以下简称《强制检定的工作计量器具明细目录》）的，须进行强制检定。

b) 社会公用计量标准。

c) 部门及企、事业单位的最高计量标准。

② 强制检定的特点：由政府计量行政部门统管并由指定的法定或授权技术机构执行，定点，定周期。

③ 非强制检定的特点：由使用单位依法自主管理，自由送检，自求溯源，自定检定周期。

④ 对于大量非强制检定的测量仪器，应以校准为主进行量值溯源。

例题和习题分析（教材 P228～P230）

【5-5】(单项选择题 2)：查明和确认测量仪器是否符合法定要求的程序，被称为(　　)。

A. 计量　　　　B. 测量

C. 检定　　D. 校准

答案及分析：选择C，因为“查明和确认计量器具是否符合法定要求的程序”是“检定”定义的前半部分。

【5-6】（多项选择题19）：按照我国的规定，（　　）属于强制检定的管理范围。

A. 社会公用计量标准

B. 用于贸易结算、安全防护、医疗卫生、环境监测并列入相应目录的工作测量仪器

C. 企业、事业单位的最高计量标准

D. 用于企业内部结算的测量仪器

答案及分析：选择A、B、C，因A、B、C是我国现行《计量法》的规定，而企业内部结算的测量仪器属非强制检定的范围。

3. 校准和检定的作用

了解校准和检定的作用　　**考试大纲**

关于校准和检定的作用，二者都可理解为主要是实现量值溯源的技术手段。

第二节　计量单位

一、掌握法定计量单位的定义

掌握法定计量单位的定义　　**考试大纲**

关于法定计量单位的定义，掌握以下两点：

（1）计量单位定义：计量单位是为定量表示同种量的大小而约定地定义和采用的特定量。

（2）法定计量单位定义：法定计量单位是由国家法律承认、具有法定地位的计量单位。

二、法定计量单位的构成

1. 我国法定计量单位的构成

了解我国法定计量单位的构成　　**考试大纲**

我国的法定计量单位以国际单位制(SI)为主体，具体由如下几部分构成：

（1）SI基本单位；

（2）包括辅助单位在内的具有专门名称的SI导出单位；

（3）由SI基本单位和具有专门名称的SI导出单位构成的组合形式的SI导出单位；

（4）SI单位的倍数单位；

（5）国家选定的非SI单位。

例题和习题分析(教材 P228～P230)

【5-7】(单项选择题 4):关于我国法定计量单位,( )的说法不正确。

A. 我国采用国际单位制

B. 所有 SI 单位都是我国法定计量单位

C. 我国法定计量单位都是 SI 单位

D.《计量法》的颁布第一次以法律形式统一了全国的计量单位制度

答案及分析:选择 C,因为我国法定计量单位不仅包含 SI 单位,还包括我国选定的其他非 SI 单位的计量单位。

2. SI 基本单位

掌握 SI 基本单位 **考试大纲**

关于 SI 基本单位,掌握 7 个基本单位的名称和符号:

长度、质量、时间、电流、热力学温度、物质的量、发光强度。

例题和习题分析(教材 P228～P230)

【5-8】(多项选择题 20):下列计量单位中,( )不属于 SI 基本单位。

A. 开[尔文]

B. cd

C. 克

D. 伏特

E. 吨

答案及分析:选 C、D、E,因为开[尔文]和 cd 坎[德拉]都是 SI 基本单位;而克(g)不是 SI 基本单位,伏特是 SI 导出单位,吨是根据国内、外实际情况选用的法定非 SI 计量单位。

3. SI 导出单位和 SI 单位的倍数单位

熟悉 SI 导出单位和 SI 单位的倍数单位 **考试大纲**

(1) 关于 SI 导出单位,熟悉:包括辅助单位在内的具有专门名称的 SI 导出单位(21 个,包括名称和符号)。

(2) 关于 SI 单位的倍数单位,熟悉:SI 单位的倍数单位由表示倍数单位的词头和单位构成。熟悉常用的词头的名称和符号。

4. 可与 SI 单位并用的非 SI 单位

了解可与 SI 单位并用的非 SI 单位 **考试大纲**

关于可与 SI 单位并用的非 SI 单位,了解:我国选定的 16 个非 SI 单位的名称和符号。

例题和习题分析(教材 P228～P230)

【5-9】(多项选择题 22):下列单位中,( )属于我国法定计量单位。

A. 小时(h)

B. 华氏度(℉)

C. 海里(n mile)　　D. 公顷(hm^2)

E. 牛顿(N)

答案及分析：选择 A、C、D、E，因为华氏度(℉)不是我国的法定计量单位；而小时(h)、海里(n mile)和公顷(hm^2)是根据国内、外实际情况选用的法定计量单位，牛顿(N)是 SI 导出单位。故选 A、C、D、E。

5. 法定计量单位的基本使用方法

掌握法定计量单位的基本使用方法　**考试大纲**

关于法定计量单位的基本使用方法，掌握以下几点：

(1) 法定计量单位的名称

① 法定计量单位的中文名称有全称和简称，可任意选用。

② 法定计量单位的读法和写法：

组合单位的中文名称的写法和读法(包括相乘和相除组合)，注意长度的二次和三次幂应分别称为平方和立方。

(2) 法定计量单位和词头的符号

① 法定计量单位和词头的符号书写一律用正体，源于人名的单位的首字母须大写("升"的符号例外)。

② 词头符号的字母，其所表示的因数大于 10^3 时应大写，其余小写。

③ 组合单位中的乘点，除中文符号相乘外可省去；相除可用斜线或负指数表示；单位中分子为 1 时，只用负数幂。

(3) 法定计量单位和词头的使用规则

① 法定计量单位的名称和符号须作为一个整体使用。

② 词头的规则：

a) 词头不得重叠使用；

b) 词头前的数值应处于 0.1～1 000 范围内；

c) 由相乘构成的组合单位，词头通常加在组合单位的第一个单位之前；

d) 由相除构成的组合单位，词头通常加在分子中的第一个单位之前，分母中一般不用的词头(当分母是长度、面积和体积时例外)；

e) 词头和单位是一个整体，不可分割。

例题和习题分析(教材 P228～P230)

【5-10】(单项选择题 5)：密度为 10 kg/m^3 的正确读法是(　　)。

A. 10 千克每立方米　　B. 10 千克每三次方米

C. 10 千克每米三次方　　D. 每立方米 10 千克

答案及分析：选择 A，因为用相除表示的组合单位的读法是由左至右依次读，符号"/"读成"每"，同时，长度单位的二次方和三次方应分别读为平方和立方。

【5-11】(单项选择题 6)：下列计量单位中，(　　)书写正确。

A. cd　　B. J/mmol

C. mμm　　　　D. m/秒

答案及分析：选择A，因为cd是SI基本单位；而J/mmol的分母中含有词头“m”，mμm中出现词头“m”和“μ”重叠使用，m/秒中出现符号和文字混用，故此3个单位表示都不正确。

【5-12】（多项选择题23）：10 μs^{-1}等于（　　）。

A. $10^{-5}\ s^{-1}$　　　　B. $10^{5}\ s^{-1}$

C. $10^{7}\ s^{-1}$　　　　D. 10 MHz

答案及分析：因为 $10\ \mu s^{-1}=10(\mu s)^{-1}=10\ \mu^{-1}\ s^{-1}=10\times10^{-6\times(-1)}\ s^{-1}=10^{7}\ s^{-1}=10\times10^{6}\ Hz=10\ MHz$。因此选C、D。

【5-13】（多项选择题28）：以下倍数或分数计量单位中，符合词头使用规则的是（　　）。

A. kmin　　　　B. MN·m

C. mμm　　　　D. hm

答案及分析：选择B、D，因为：min是我国选定的非SI的非十进制单位，而词头应仅使用在SI单位中（一贯制单位），故A错误；对于MN·m，N·m为力矩单位，M为词头，M置于N·m之前，符合词头使用规则，故选B；对于mμm，因为“mμ”是两个词头重叠使用，不符合词头使用规则，故C错误；对于hm，因m为SI基本单位米的符号，而h为词头（表示10^2），符合词头使用规则，故选D。

第三节　测量仪器

一、概述

1. 测量仪器、测量设备的定义

熟悉测量仪器、测量设备的定义	**考试大纲**

关于测量仪器、测量设备的定义，熟悉以下两点：

（1）测量仪器是单独地或连同辅助设备一起用以进行测量的器具。

其中，实物量具是使用时以固定形态复现或提供给定量的一个或多个已知值的测量仪器。

（2）测量设备是为实现测量过程所必须的测量仪器、软件、测量标准、标准物质及辅助设备的组合。

2. 测量仪器的分类

了解测量仪器的分类	**考试大纲**

关于测量仪器的分类，了解以下几点：

（1）测量仪器按其结构和功能特点分为：①显示（指示）式测量仪器；②比较式测量仪器；③积分式测量仪器；④累积式测量仪器。

（2）测量仪器按其计量学用途分为：测量基准、测量标准、工作用测量仪器。

例题和习题分析(教材 P228～P230)

【5-14】(多项选择题 24):按计量学用途或统一单位量值中的作用,测量仪器可分为(　　)。

A. 测量基准　　B. 测量标准

C. 实物量具　　D. 标准物质

E. 工作用测量仪器

答案及分析:选择 A、B、E。分析从略。

二、测量仪器的计量特性

1. 测量仪器控制的概念

了解测量仪器控制的概念　　**考试大纲**

关于测量仪器控制,了解以下概念:

(1) 测量仪器控制是指国家对测量仪器的控制,包括确定测量仪器的特性,并签发关于其法定地位的官方文件;

(2) 对测量仪器的控制包括三种形式:型式批准、检定、检验。

例题和习题分析(教材 P228～P230)

【5-15】(多项选择题 25):测量仪器控制包括(　　)。

A. 校准　　B. 检定

C. 型式批准　　D. 检验

答案及分析:选择 B、C、D,确定测量仪器的特性、签发文件,称为测量仪器控制,主要有型式批准、检定、检验等几项。

2. 标称范围、量程和测量范围的概念

熟悉标称范围、量程和测量范围的概念　　**考试大纲**

关于标称范围、量程和测量范围,熟悉以下概念:

(1) 标称范围是测量仪器的操纵器件调到特定位置时可得到的示值范围;

(2) 量程是标称范围的上限与下限之差的绝对值;

(3) 测量(工作)范围是测量仪器的误差处于规定的极限范围内的被测量的示值范围。

测量范围总是小于或等于标称范围。

3. 额定操作条件、极限条件和参考条件的概念

了解额定操作条件、极限条件和参考条件的概念　　**考试大纲**

关于额定操作条件、极限条件和参考条件,了解以下概念:

(1) 额定操作条件是测量仪器的正常工作条件;

(2) 极限条件是测量仪器的规定计量特性不受损也不降低，其后仍可在额定操作条件下运行所能承受的极端条件；

(3) 参考(标准)条件是测量仪器在性能试验或进行检定、校准，比对的使用条件。

上述三者中，参考条件要求最严，额定操作条件次之。

4. 示值误差和最大允许误差的概念

掌握示值误差和最大允许误差的概念 **考试大纲**

关于示值误差和最大允许误差，掌握以下概念：

(1) 示值误差是测量仪器的示值与对应的输入量的真值之差。

① 示值：测量仪器所指示的被测量值。

② 真值：与被测量的定义一致的某值。由于真值不能确定，实际使用约定真值来替代。约定真值也称实际值、校准值或标准值。

③ 指示式仪器的示值误差＝示值－实际值。

④ 实物量具的示值误差＝标称值－实际值。

(2) 最大允许误差是对某一给定的测量仪器，由规范、规程等所允许的误差极限值。

例题和习题分析

【5-16】(单项选择题)：被检电压表的示值 $U=20.0$ V 时，用标准电压表检定，其电压实际值为 20.5 V，则其示值误差为(　　)。

A. 0.5 V　　　　B. －0.5 V

C. 0 V　　　　D. 以上都不对

答案及分析：选择 B，因为电压表属于一般指示式测量仪器，它的示值误差＝示值－实际值＝20.0 V－20.5 V＝－0.5 V。

5. 灵敏度的概念

了解灵敏度的概念 **考试大纲**

关于灵敏度，了解以下概念：

灵敏度是测量仪器响应的变化除以对应的激励的变化。若被测量(激励)变化小，而引起的示值(输出响应)大时，则表示灵敏度高。

6. 分辨力的概念

掌握分辨力的概念 **考试大纲**

关于分辨力的概念，掌握以下几点：

(1) 显示装置的分辨力是显示装置能有效辨别的最小的示值差；

(2) 模拟式显示装置的分辨力通常为标尺分度值的 1/2；数字式显示装置的分辨力为末位数字的一个数码。

例题和习题分析

【5-17】(单项选择例题):某数字式电阻表满量程可表示为999.99 kΩ,则其分辨力为(　　)。

A. 0.1 kΩ　　B. 0.01 kΩ

C. 0.09 kΩ　　D. 9 kΩ

答案及分析:选择B,因为该数字式电阻表的末位数的一个数码的代表值是0.01 kΩ。

7. 稳定性和漂移的概念

熟悉稳定性和漂移的概念　　**考试大纲**

关于稳定性和漂移的概念,熟悉以下几点:

(1) 稳定性是测量仪器保持其计量特性随时间恒定的能力。

① 稳定性表示

a) 计量特性变化某个规定量所经历的时间;

b) 计量特性经过规定时间所发生的变化量。

② 影响测量仪器稳定性的因素有:元器件的老化、零部件的磨损、使用、维护、贮存的影响等。

(2) 漂移是测量仪器计量特性的慢变化。

漂移产生的因素有:温度、压力、湿度等外部影响。

例题和习题分析(教材P228～P230)

【5-18】(多项选择题30):测量仪器的漂移产生的主要原因是(　　)。

A. 环境条件的变化　　B. 仪器分辨力不够高

C. 仪器灵敏度较低　　D. 仪器本身性能的不稳定

E. 测量误差较大

答案及分析:选择A、D,因为测量仪器的漂移主要由于其所处环境条件(如温度、湿度、压力等)的缓慢变化和仪器本身性能不稳定引起,而与其分辨力、灵敏度及测量误差无关。

8. 测量仪器的选用原则

了解测量仪器的选用原则　　**考试大纲**

关于测量仪器的选用原则,了解:测量仪器的选用考虑技术性和经济性两方面,使其计量特性满足预定要求。

第四节　测量结果与测量准确度

一、测量结果、测量误差和测量结果修正

1. 测量误差的概念

掌握测量误差的概念　　**考试大纲**

关于测量误差的概念，掌握以下几点：

(1) 测量误差(简称误差)是测量结果减去被测量的真值所得的差；

(2) 因为真值不能确定，实际中用约定真值。

2. 系统误差和随机误差的概念

熟悉系统误差和随机误差的概念	**考试大纲**

关于系统误差和随机误差，熟悉以下概念：

(1) 任意一个误差，均可分解为系统误差和随机误差的代数和；

(2) 随机误差：测量结果与在重复条件下，对同一个被测量进行无限多次测量所得的结果的平均值之差；

(3) 系统误差：在重复条件下，对同一个被测量进行无限多次测量所得结果的平均值与被测量的真值之差。

3. 测量结果修正的方法

了解测量结果修正的方法	**考试大纲**

关于测量结果修正，了解以下方法及概念：

(1) 被测量的真值与修正值、误差的关系：

真值＝测量结果＋修正值＝测量结果－误差

(2) 当测量结果以代数和的方式与修正值相加之后，其系统误差的绝对值会比修正前的小，但不可能为零。

二、测量准确度

1. 测量准确度、正确度和精密度的概念

掌握测量准确度、正确度和精密度的概念及其表示	**考试大纲**

关于测量准确度、正确度和精密度的概念及其表示，掌握以下几点：

(1) 测量准确度

① 定义：测量结果与被测量的真值之间的一致程度。

② 准确度与正确度、精密度的关系：准确度包括正确度和精密度。

③ 测量准确度与测量误差的关系：二者所表达的是同一问题，仅表达方式不同。测量误差小，则测量准确度高；反之亦然。

(2) 正确度

① 正确度是准确度的一部分，是指大量测量结果的(算术)平均值与真值或接受参照值之间的一致程度。它表示系统误差的影响。

② 正确度通常用偏倚表示。

(3) 精密度

① 精密度是准确度的另一部分，是指在规定的条件下，独立测量结果间的一致

程度；

② 精密度的两个极端条件是重复性和再现性。

例题和习题分析（教材 P228～P230）

【5-19】（单项选择题 8）：在规定条件下获得的各个独立观测值之间的一致程度，是（　　）。

A. 测量精密度　　B. 测量再现性

C. 测量准确度　　D. 测量精确度

答案及分析：选择 A，分析从略。

2. 重复性和再现性的概念

掌握重复性和再现性的概念及其表示　　**考试大纲**

关于重复性和再现性的概念及其表示，掌握以下几点：

（1）重复性

① 重复性是在重复性条件的精密度。其重复性条件包括：

相同的测量程序或测试方法；同一操作人员；在同一条件下使用的同一测量或测试设施；同一地点；在短时间间隔内的重复。

② 重复性可用重复性标准差、重复性方差、重复性变异系数、重复性限等表示。

（2）再现性

① 再现性是再现性条件的精密度。再现性条件包括：

不同的操作人员；按相同的方法；使用不同的测量或测试设施；在不同地点。

② 再现性可用再现性标准差、再现性方差、再现性变异系数、再现性限等表示。

例题和习题分析

【5-20】（单项选择例题）：当 3 个不同的测量者用相同的方法对同一个产品的同一个特性重复测量时，其结果之间的离散程度是（　　）。

A. 测量准确度　　B. 测量正确度

C. 测量重复性　　D. 测量再现性

答案及分析：选择 D，因为 3 个不同的测量者用相同的方法对同一个被测量（同一特性）重复测量，可视为改变了一项测量条件，故其结果之间的离散程度符合再现性的概念。

3. 测量重复性和再现性的区别

了解测量重复性和再现性的区别　　**考试大纲**

关于测量重复性和再现性的区别，可概述为：

（1）重复性是在重复性条件下的精密度，而再现性是在再现性条件下的精密度；

（2）与重复性条件相比，除所使用的测量方法和程序相同外，其他条件都可改变；

（3）二者的表示方法也不相同。

第五节　测量不确定度

一、基本概念

1. 测量不确定度的概念

掌握测量不确定度的概念　　**考试大纲**

关于测量不确定度，掌握以下几点：

(1) 定义：表征合理地赋予被测量之值的分散性，与测量结果相联系的参数。

(2) 表达：标准差、标准差的倍数，说明了置信水平的区间的半宽。

例题和习题分析(教材 P228～P230)

【5-21】(多项选择题 26)：测量不确定度可用(　　)表示。

A. 标准差　　B. 说明了置信水平的区间的宽度

C. 标准差的倍数　　D. 最大允许误差

E. 说明了置信水平的区间的半宽度

答案及分析：选择 A、C、E，分析从略。

2. 标准不确定度和合成标准不确定度的概念

熟悉标准不确定度和合成标准不确定度的概念　　**考试大纲**

关于标准不确定度和合成标准不确定度的概念，熟悉以下几点：

(1) 标准不确定度是由标准差表示的不确定度。

① 不确定度的 A 类评定：用对观测列进行统计分析的方法来评定不确定度。

② 不确定度的 B 类评定：用不同于对观测列进行统计分析的方法来评定不确定度。

(2) 合成标准不确定度是当测量的结果是由若干个其他量的值求得时，测量结果的标准不确定度，记为 u_c。

例题和习题分析(教材 P228～P230)

【5-22】(单项选择题 9)：以标准差表征的测量结果分散性，称为(　　)。

A. 标准不确定度　　B. 扩展不确定度

C. 合成不确定度　　D. B 类不确定度

E. A 类不确定度

答案及分析：选择 A，因为测量不确定度的定义是表征合理地赋予被测量之值的分散性，与测量结果相联系的参数；而标准不确定度是指以标准差表示的测量不确定度。

3. 扩展不确定度的概念

熟悉扩展不确定度的概念　　**考试大纲**

关于扩展不确定度的概念，熟悉以下几点：

(1) 扩展不确定度是用标准差的倍数或说明了置信水平的区间的半宽表示的不确定度。

(2) 扩展不确定度的表达：

$$U=ku_c \quad (k\text{ 取 2 或 3，一般取 2})$$

当结果的分布已知时，$U=k_pu_c$（p 为置信水平）

例题和习题分析（教材 P228～P230）

【5-23】(单项选择题 1)：扩展不确定度是确定测量结果（　　）的量。

A. 误差　　B. 置信区间

C. 置信度　　D. 标准差

答案及分析：选择 B，因为扩展不确定度可以用测量结果的分布的半宽度来表示，因此可以说它是确定测量结果置信区间的量。

二、了解测量不确定度的来源

了解测量不确定度的来源　　**考试大纲**

了解测量不确定度的十个方面的来源。

三、测量不确定度的评定

1. 测量模型

了解测量模型的建立　　**考试大纲**

关于测量模型，了解：当被测量（输出量）不能直接测得，而是由若干（N）个其他的量（输入量）通过函数关系来确定的，这种函数关系称测量模型。

$$Y=f(X_1,X_2,\cdots,X_n)$$

输出量 Y 的估计值 y 和输入量 X_i 的估计值之间仍有上式函数关系：

$$y=f(x_1,x_2,\cdots,x_n)$$

2. 标准不确定度 A 类评定方法

掌握标准不确定度 A 类评定方法　　**考试大纲**

关于输入估计值测量不确定度的评定，掌握：

(1) 与输入估计值相关的测量不确定度的评定有 A 类和 B 类二类，这二类都是标准不确定度的评定。

(2) 标准不确定度的 A 类评定是用一组观测列的平均值的实验标准差表示：

$$u(\bar{q})=\frac{\sqrt{\sum_{i=1}^{n}(q_i-\bar{q})^2/(n-1)}}{\sqrt{n}}$$

例题和习题分析(教材 P228～P230)

【5-24】(综合分析题 31(1)):数字电压表制造厂说明书给出:仪器校准后 2 年内,在不大于 1 V 时示值最大允许误差为$\pm[16\times10^{-6}\times$(读数)$+2\times10^{-6}\times$(范围)]。设校准后 20 个月测量 1 V 的电压,在重复性条件下 4 次独立测得电压 V,其平均值为 $\overline{V}=0.995\ 001$ V,平均值的实验标准差为 $S(\overline{V})=10\ \mu$V。

由示值不稳定导致的不确定度为 A 类不确定度,$u_A=$(　　)。

A. 5 μV　　B. 10 μV

C. 20 μV　　D. 14 μV

答案及分析:选择 B,因为由示值不稳定引起的测量不确定度按 A 类评定:$u_A=$各项独立观测值的平均值的实验标准差$=S(\overline{V})=10\ \mu$V。

3. 标准不确定度 B 类评定的常用方法

熟悉标准不确定度 B 类评定的常用方法　　**考试大纲**

关于标准不确定度的 B 类评定,熟悉以下几点:

(1) B 类不确定度的来源。

(2) B 类不确定度评定的常用方法:

① 已知扩展不确定度和包含因子 k:$u(x_i)=U(x_i)/k$

② 已知扩展不确定和置信水平的正态分布:$u(x_i)=U_p/k_p$

③ 其他常用分布(如均匀分布):$u(x_i)=a/\sqrt{3}$(a 为均匀分布的半宽)

④ 由重复性限和再现性限求之:

$$u(x_i)=r/2.83\quad (r\text{ 为重复性限})$$

$$u(x_i)=R2.83\quad (R\text{ 为再现性限})$$

例题和习题分析(教材 P228～P230)

【5-25】(综合分析题 31(2)):由示值误差导致的标准不确定度为 B 类不确定度。假设为均匀分布,$k=1.73$,则 $u_B=$(　　)。

A. 10 μV　　B. 20 μV

C. 5 μV　　D. 14 μV

答案及分析:选择 A,因为由仪器示值误差引起的测量不确定度按 B 类评定:$u_B=$最大允许误差区间的半宽$/k=[16\times10^{-6}\times995\ 001+2\times10^{-6}\times1\ 000\ 000]\mu\text{V}/1.73$

$$=17.920\ 016\ \mu\text{V}/1.73=10.358\ \mu\text{V}\approx10\ \mu\text{V}$$

【5-26】(单项选择题 11):数字显示式测量仪器的分辨率为 δ_X,设呈均匀分布,则由分辨力引入的标准不确定度为(　　)。

A. δ_X　　B. $0.5\delta_X$

C. $0.58\delta_X$　　D. $0.29\delta_X$

答案及分析:选择 D,因为由数字显示式仪器的分辨力引入的扩展不确定度为 $\delta_X/2$,呈均匀分布时的包含因子为 $k=1.73$，引入的标准不确定度为 $\delta_X/(2\times1.73)=0.29\delta_X$。

【5-27】(单项选择题 14)：已知某仪器最大允许误差为±3(置信水平为 0.9973)，则其 B 类不确定度为(　　)。

A. 1　　B. 2

C. 3　　D. 4

答案及分析：选择 A，因为置信水平(概率)为 0.9973 对应的包含因子 $k=3$；某仪器最大允许误差为±3，即其误差取值的半宽度(即可视作 U)为 3，由此可知，由其引起的标准不确定度(可用 B 类方法进行评定)为 $u_B=U/k=3/3=1$。

4. 合成标准不确定度的计算方法

掌握合成标准不确定度的计算方法　　**考试大纲**

关于合成标准不确定度及其计算，掌握以下几点：

(1) 当全部输入量彼此独立或不相关时，与输出估计值 y 相关的标准不确定度(合成标准不确定度)为：

$$u_c^2(y)=\sum_{i=1}^{N}u_i^2(y)$$

① 当模型函数 f 是输入量 X_i 的和或差时，即 $f(X_1,X_2,\cdots,X_N)=\sum_{i=1}^{N}P_iX_i$，

$$y=\sum_{i=1}^{N}P_ix_i \quad (P_i \text{ 为灵敏系数})$$

则与输出估计值 y 相关的合成标准不确定度为：

$$u^2(y)=\sum_{i=1}^{N}P_i^2u^2(x_i)$$

② 当模型函数 f 是输入量 X_i 的积或商时，即

$$y=c\prod_{i=1}^{N}x_i^{P_i}$$

此时，如果采用相对不确定度 $\omega(y)=u(y)/|y|$ 和 $\omega(x_i)=u(x_i)/|x_i|$，有：

$$\varpi^2(y)=\sum_{i=1}^{N}P_i^2\,\varpi^2(x_i)$$

(2) 两个输入量 X_i 和 X_K 可视为不相关(或独立)的条件。

例题和习题分析(教材 P228～P230)

【5-28】(单项选择题 12)：当不确定度各分量间相关系数为 0 时，不确定度合成应采用(　　)。

A. 代数和法　　B. 贝塞尔法

C. 绝对值相加法　　D. 方和根法

答案及分析：选择 D，因为当测量不确定度各分量 $u_i(y)$ 间不相关(即相互独立)时，其合

成标准不确定度为：$u_c^2(y)=\sum_{i=1}^{N}u_i^2(y)$ 即：$u_c(y)=\sqrt{\sum_{i=1}^{N}u_i^2(y)}$

可见，合成标准不确定度为各不确定度分量平方和的根，即此求法为“方和根法”。

【5-29】(综合分析题31(3))：合成标准不确定度 u_c=(　　)。

A. 20 μV　　B. 10 μV

C. 5 μV　　D. 14 μV

答案及分析：选择D，因为合成不确定度考虑将两个分量作不相关处理，则

$$u_c=\sqrt{u_1^2+u_2^2}=\sqrt{10^2+10^2}=14.14\ \mu V\approx 14\ \mu V$$

5. 扩展不确定度的评定

熟悉扩展不确定度的评定　**考试大纲**

关于扩展不确定度的评定，熟悉以下两点：

(1) 将输出估计值的合成标准不确定度 $u(y)$ 扩大 k 倍后获得：

$$U=ku(y)\quad (k\text{ 取 2 或 3})$$

(2) 当已知测量之值的分布区间的置信水平(概率)时，由下式求之：

$$U_p=k_pu(y)\quad (p\text{ 为置信水平})$$

例题和习题分析(教材P228～P230)

【5-30】(综合分析题31(4))：取 $k=2$，则扩展不确定度 U=(　　)。

A. 10 μV　　B. 20 μV

C. 29 μV　　D. 40 μV

答案及分析：选择C，因为扩展不确定度 $U=ku_c=2\times14.14\ \mu V=28.28\ \mu V\approx29\ \mu V$，测量不确定度定最多给出两位有效数字，此时为了安全起见，对计算结果28.28 μV采取的修约规则是只进不舍，将其修约为29 μV。

6. 测量不确定度的报告

了解测量不确定度的报告　**考试大纲**

关于测量不确定度的报告，了解以下两种表示方法：

(1) 直接使用合成标准不确定度(适用基础计量研究和基本物理量测量)；

(2) 使用扩展不确定度(其他一般测量场合)。

扩展不确定度至多为2位有效数字。

四、掌握不确定度应用实例

掌握不确定度应用实例　**考试大纲**

参见教材中的应用实例的解题思路和方法。

第六节　测量控制体系

一、概述

1. 测量控制体系的概念

熟悉测量控制体系的概念　**考试大纲**

关于测量控制体系的概念，熟悉以下两点：

（1）测量控制体系是实现测量过程的连续控制和计量确认所需的一组相关的或相互作用的要素；

（2）测量控制体系的目标是控制由于测量设备和测量过程产生的不正确的测量结果及其影响。

2. 测量控制体系的组成

了解测量控制体系的组成　**考试大纲**

测量控制体系由两部分组成：测量设备的计量确认和测量过程的控制。

二、测量设备的计量确认

1. 测量设备计量确认的概念

掌握测量设备计量确认的概念　**考试大纲**

关于测量设备计量确认的概念，掌握以下两点：

（1）计量确认（定义）是确保测量设备满足预期使用要求而进行的一组操作；

（2）所有的测量设备都须经过计量确认。

2. 测量设备计量确认的过程

了解测量设备计量确认的过程　**考试大纲**

关于测量设备计量确认的过程，了解以下几点：

（1）计量确认过程包括：校准、检定（验证）及反馈确认结果；

（2）计量确认过程的输入为顾客的计量要求和测量设备特性；计量确认过程的输出为测量设备的确认状态。

例题和习题分析

【5-31】（多项选择例题）：测量设备的计量确认的过（流）程包括（　　）。

A. 校准　　　　B. 检定

C. 检验　　　　D. 反馈确认结果

答案及分析：选择A、B、D，因为A、B、D是计量确定过程的内容，而测量仪器的检验是对使用中的测量仪器进行的一种监督检查。

三、了解测量过程实施的控制

了解测量过程实施的控制　　**考试大纲**

关于测量过程实施的控制，了解以下几点：

（1）测量过程的特性主要包括：最大允许误差、测量不确定度、稳定性、重复性、再现性等；

（2）对测量过程实施的控制是按规定的程序和时间间隔监控测量过程，及时发现问题并迅速采取改进措施，避免偏离预期的要求。

例题和习题分析（教材 P228～P230）

【5-32】（多项选择题 17）：测量过程的特性主要包括（　　）。

A. 测量精密度　　B. 最大允许误差

C. 测量不确定度　　D. 稳定性、重复性、再现性

答案及分析：选择 B、C、D，因为测量过程的特性主要包括：最大允许误差、测量不确定度、稳定性、重复性、再现性等。

第二部分

质量专业综合知识
练习题

第一章 质量管理概论

一、单项选择题(每题备选的项中,只有1个最符合题意)

1. 企业方针目标管理包括方针目标的制定、展开、________和考评四个环节组成。

a. 对策　　b. 控制

c. 协调　　d. 动态管理

2. 组织信息系统可包含作业活动、战术活动和战略计划活动三个层次的质量信息,其中战术层的质量信息主要是________。

a. 过程操作和检验记录的信息

b. 监督、控制、测量分析方面的有关信息

c. 与企业中长期质量目标确定有关的信息

d. 与企业生产计划相关的所有信息

3. 对一线员工的质量教育培训,应以________为主。

a. 质量决策方法　　b. 质量管理理论

c. 与岗位相关的质量控制和保证方法　　d. 通用质量管理技术

4. 质量保证是质量管理的一部分,致力于________。

a. 满足质量要求　　b. 增强满足质量要求的能力

c. 制定并实施质量方针和质量目标　　d. 提供质量要求会得到满足的信任

5. ________是产品销售者、生产者不履行产品质量担保义务,应当承担的法律责任,属于买卖合同的范畴。

a. 产品质量担保责任　　b. 产品责任

c. 产品法律责任　　d. 产品质量责任

6. 当企业规模扩大时,有效的办法是减少管理层次,增加管理幅度,此时金字塔状的组织形式就变成________的组织形式。

a. 虚拟扁平状　　b. 扁平状

c. 直营状　　d. 短宽状

7. ________的侧重点在于调查、分析和研究企业方针目标管理中的问题，提出改进建议并帮助解决。

a. 考核　　b. 评价

c. 诊断　　d. 审核

8. 为保护环境，A国要求所有汽车必须安装催化转换器以实施对汽车尾气排放控制。在B国，同样的目的是通过使用柴油发动机实现。假如A国向B国出口的汽车，只要符合A国的相应技术法规，不必按B国相应法规对汽车进行调整，这体现了TBT协议________的基本原则。

a. 非歧视原则　　b. 标准协调原则

c. 相互承认原则　　d. 同等效力原则

9. 追偿的依据是销售者与生产者，或者供货者之间的________。

a. 修理　　b. 产品买卖合同

c. 更换　　d. 退货

10.《产品质量法》规定了认定产品质量责任的依据之一是产品缺陷。假如生产的幼儿玩具制品，未按照设计要求采用安全的软性材料，而使用了金属材料并带有角，则有可能导致伤害幼儿身体的危险，这种缺陷称为________。

a. 设计缺陷　　b. 告知缺陷

c. 指示缺陷　　d. 制造缺陷

11. 生产者、销售者对监督抽查的产品的抽查检验的结果有异议的，可以自收到检验结果之日起________内向实施监督抽查的产品质量监督部门或者其上级产品质量监督部门申请复检。

a. 15天　　b. 18天

c. 25天　　d. 30天

12. 企业制定的方针目标应包括________三个方面，并使其有机统一起来。

a. 总方针、方针、目标　　b. 总方针、目标、分目标

c. 总方针、目标、措施　　d. 目标、分目标、措施

13. ________是标准化的高级形式，并是标准化高度发展的产物，是标准化走向成熟的标志。

a. 统一化　　b. 简化

c. 系列化　　d. 通用化

14. 强制性标准形式可分为________和条文强制形式。

a. 等同采用形式　　b. 全文强制形式

c. 修改采用形式　　d. 参照采用形式

15. 保证质量，满足要求是________的基础和前提，质量管理体系的建立和运行是提供信任的重要手段。

a. 质量保证　　b. 质量策划

c. 质量控制　　d. 质量改进

16. 管理的主要职能有四项，以下哪个除外：________。

a. 计划　　b. 组织

c. 领导　　d. 协调

e. 控制

17. 产品质量责任是一种综合的________。

a. 行政责任　　b. 刑事责任

c. 民事责任　　d. 法律责任

18. 质量对组织和顾客而言都有经济性的问题，在利益方面对顾客而言，必须考虑________以及改进适用性。

a. 提高利润和市场占有率　　b. 运行费

c. 减少费用　　d. 购置费

19. 质量专业技术人员除必须遵守行为准则，还须具备________。

a. 专业能力要求　　b. 相关要求

c. 处理好公共关系　　d. 处理好顾客关系

20. 下列不属于组织战术活动的有________。

a. 监督作业活动　　b. 节约资源

c. 确定如何配置资源　　d. 申请与消费资源

21. 企业标准体系的构成，以技术标准为主体，包括管理标准和________。

a. 营销管理标准　　b. 人员管理标准

c. 工作标准　　d. 国家和国际标准

22. 某企业在其产品的包装上注明所采用的推荐性产品标准，但用户在使用中发现该产品的某项质量特性不符合产品标准要求，则该企业应________。

a. 承担产品质量责任

b. 不承担产品质量责任

c. 承担产品质量责任，但由于不是强制性标准，因此不承担法律责任

d. 不能判断

23. 银行对顾客有效的保密性要求，属于________。

a. 明示的要求　　b. 通常隐含的要求

c. 必须履行的要求　　d. 法律规定的要求

24. 下面论述中不符合《贸易技术壁垒(TBT)》关于正当目标要求的是________。

a. 国家安全要求　　b. 保护人身安全或健康

c. 阻止欺诈行为　　d. 保护生产者的利益

25. 以________作为指导，从实现经营总目标出发，去协调企业各个部分乃至每一个人的活动，就成为目标管理的核心内容。

a. 激励理论　　b. 行为科学

c. 系统思想　　d. 重点管理

26. 下列哪一制度是国家对产品质量管理采取引导措施________。

a. 推行产品质量认证制度　　b. 推行质量体系认证制度
c. 实行产品质量监督检查制度　　d. 实行生产许可证制度

27. 方针目标展开过程中纵向是从上而下地逐级展开，则主要方法是________。
a. 关联图　　b. 矩阵图
c. 系统图　　d. 网络图

28. 美国波多里奇国家质量奖获得者的得分通常在________之间。
a. 800～900　　b. 650～750
c. 700～850　　d. 900 以上

29. 管理者的"综观全局，认清为什么要做某事的能力"是指：________。
a. 技术技能　　b. 人际技能
c. 概念技能　　d. 组织技能

30. 某企业对顾客承诺，对外公布的热线电话，铃响三声必须有人接听，并规定在 5～10 秒之内接通，"接通电话的时间"这个技术特性是________。
a. 赋予特性　　b. 固有特性
c. 行为特性　　d. 功能特性

31. 下列产品中不属于《产品质量法》适用产品范围的有：________。
a. 精制大米　　b. 商店销售的电视机
c. 企业自制自用的夹具　　d. 建筑工程的水泥预制件

32. 质量的优劣是满足要求程度的一种体现，它必须在同一________基础上做比较。
a. 水平　　b. 规格
c. 等级　　d. 要求

33. 顾客满意调查费用应计入________。
a. 鉴定成本　　b. 预防成本
c. 内部故障成本　　d. 外部故障成本

34. 供应商评价费用是指为实施供应链管理而对供方进行的评价活动费用，属于________。
a. 预防成本　　b. 鉴定成本
c. 劣质成本　　d. 内部故障成本

35. 认为"全面质量管理就是全公司范围内的质量管理"的质量专家是________。
a. 戴明　　b. 朱兰
c. 石川馨　　d. 克劳斯比

36. 从 TQC 到 TQM，更加突出________。
a. 质量　　b. 顾客
c. 相关方　　d. 管理

37. 致力于制定质量目标，并规定必要的运行过程和相关资源以实现质量目标，称之为________。
a. 质量管理　　b. 质量策划
c. 质量保证　　d. 质量控制

38. 质量不仅指产品质量，还可以指工作质量、公司质量等，这是________的管理理念。

a. 朱兰　　b. 石川馨
c. 戴明　　d. 休哈特

39.《卓越绩效评价准则》共包括 7 个类目，其中“经营结果”占总分 1000 分的________%。

a. 10　　b. 12
c. 9　　d. 40

40. GB/T 19580《卓越绩效评价准测》的制定重点参考了________。

a. 戴明奖　　b. 欧洲奖
c. 美国国家质量奖　　d. 其他奖

41. 基于 3σ 限的控制图是由________发明的。

a. 朱兰　　b. 戴明
c. 石川馨　　d. 休哈特

42. 我国标准分为四级、除此之外，又增设了一种________作为对四级标准的补充。

a. 国家标准化指导性技术文件　　b. 国家标准化指导性管理文件
c. 国家标准化强制性技术文件　　d. 国家标准化推荐性技术文件

43. 1961 年由________首先提出全面质量管理的思想。

a. 休哈特　　b. 戴明
c. 朱兰　　d. 菲根堡姆

44. 为质量培训系统的开发、实施、保持、改进提供详细的指南，国际标准化组织于 2001 年发布了________标准。

a. ISO 9001　　b. ISO 10015
c. ISO 10014　　d. ISO 10002

二、多项选择题（每题的备选项中，至少有 2 个是符合题意的）

1. 适用性的质量概念要求人们从________方面去理解质量的实质。

a. 符合标准要求　　b. 满足使用要求
c. 满足需求的程度　　d. 符合企业要求

2. 下列标准中属于国外先进标准的是________。

a. 国际电信联盟(ITU)标准　　b. 欧洲标准化委员会(CEN)标准
c. 美国国家(ANSI)标准　　d. 德国电气工程师协会(VDE)标准

3. 产品质量担保责任的期限为生产者、销售者明示的产品质量________。

a. 担保期限　　b. 保证期
c. 有效期　　d. 保存期

4. 方针目标计划任务书的时间跨度依据企业的具体情况确定，通常可采用________。

a. 旬度计划　　b. 月度计划
c. 季度计划　　d. 年度计划

5. 产品质量担保责任的基本形式是________以及赔偿损失。

a. 修理　　b. 投诉

c. 更换　　　　d. 退货

6. 方针目标计划任务书应当包括的内容有________。

a. 方针目标展开项目　　　　b. 配合车间或其他部门的协调项目

c. 团队改进的项目　　　　d. 随着形势变化而变更的项目

7. 《卓越绩效评价准则》国家标准提供的卓越经营模式，也可供广大企业________，为企业相互鉴成功经验，提供了一个好的平台。

a. 自我学习　　　　b. 自我评价

c. 自我提高　　　　d. 自我约束

8. 根据培训需求制定培训计划的过程，即培训设计策划，包括确定培训内容及________等。

a. 明确培训的制约条件　　　　b. 选择适宜的培训方式

c. 选择培训师、教材及时间　　　　d. 为培训结果评价和过程监督确定准则

e. 选择培训设施

9. 方针目标的考评主要包括________等。

a. 方针目标管理的考核　　　　b. 方针目标管理的审核

c. 方针目标管理的评价　　　　d. 方针目标管理的诊断

10. 国家对产品质量实行以抽查为主要方式的监督检查制度，对________进行抽查。

a. 可能危及人体健康和人身、财产安全的产品

b. 影响国计民生的重要工业产品

c. 顾客不满意的产品

d. 有关组织反映有质量问题的产品

11. 服务质量特性是服务产品所具有的内在特性，可以分为________。

a. 可靠性　　　　b. 响应性

c. 舒适性　　　　d. 保证性

e. 移情性　　　　f. 有形性

12. 关于质量的经济性，对组织而言从经济方面必须考虑________。

a. 提高利润　　　　b. 市场占有率

c. 改进适用性能　　　　d. 购置费

e. 可能的处置费用

13. 描述和评价软件质量的一组属性称为软件质量特性，包括功能性、可靠性、效率、________等特性。

a. 易使用性　　　　b. 可维护性

c. 可移植性　　　　d. 安全性

14. 国家标准的制定对象为________。

a. 通用零部件的技术要求　　　　b. 互换配合、通用技术语言要求

c. 通用基础件的技术要求　　　　d. 工业产品的安全、卫生要求

15. 可以定量测量的流程性材料质量特性有________等。

a. 强度　　　　b. 黏性

c. 速度　　d. 浓度

e. 抗化学性

16. 质量经济性管理实施过程中，管理评审要依据________来确定改进机会。

a. 过程成本报告　　b. 利润分析

c. 顾客满意度报告　　d. 经营成本分析

17. 反映顾客忠诚的标志有________。

a. 回头客　　b. 说服亲友购买

c. 向生产者反映和交流意见　　d. 对生产者提供的产品满意

18. 下列属于固有特性的是________。

a. 产品的价格　　b. 产品说明书中的技术参数

c. 产品的“三包”要求　　d. 产品的机械性能

19. 质量经济性管理的核心是综合考虑________从中寻找最佳结合点。

a. 顾客满意　　b. 组织的过程成本

c. 顾客和组织的利益　　d. 持续改进

20. 方针目标管理作为一种科学管理方法具有________等特点。

a. 强调系统管理　　b. 强调重点管理

c. 注重例外管理　　d. 注重措施管理

21. 中国名牌产品的评价工作主要有________等评价内容。

a. 市场评价　　b. 质量评价

c. 效益评价　　d. 发展评价

e. 服务评价

22. 下列费用应计入鉴定费用的有________。

a. 返工后的所有检验费　　b. 外部担保费

c. 顾客调查费　　d. 供应商认证费

23. 销售者的产品质量义务包括________。

a. 保证产品内在质量　　b. 严格执行进货检查验收制度

c. 保持产品原有质量　　d. 保证销售产品的标识符合法律规定要求

e. 严禁销售假冒伪劣商品

24. 下列费用应计入质量成本的有________。

a. 营销宣传费　　b. 产品设计鉴定费

c. 外购材料的检验费　　d. 返工或返修损失

25. 战略层信息系统通常有以下特点：________。

a. 阶段性　　b. 随机性

c. 可比性　　d. 概要性

e. 预测性　　f. 异常信息

26. 下列标准属于强制性标准范围的有________。

a. 食品卫生标准　　b. 产品质量监督抽样检验标准

c. 互换配合标准　　d. 环境质量标准

27. 下列费用为鉴定成本的是________。

a. 过程控制费用　　b. 供应商认证费用

c. 质量审核费用　　d. 零缺陷计划费用

28. 符合我国制定标准的基本原则的论述是________。

a. 充分考虑使用要求　　b. 兼顾全社会的综合效益

c. 相关标准要协调配套　　d. 等同采用国际标准

29. 中华人民共和国标准化规定:我国标准分为________。

a. 国家标准　　b. 合同标准

c. 国家标准指导性技术文件　　d. 行业标准

e. 地方标准　　f. 企业标准

30. 下面属于企业标准制定的对象有________。

a. 企业生产的产品没有相应国家、行业和地方标准

b. 对国家、行业标准的选择或补充的技术要求

c. 对工艺、半成品和方法等技术要求

d. 通用的试验、检验方法

31. 国际标准由________组织制定的标准。

a. 国际电工委员会　　b. 欧洲电工标准化委员会

c. 国际标准化组织　　d. 国际电信联盟

e. 欧洲电信标准学会

32. 企业标准体系的构成,以技术标准为主体,包括________。

a. 管理标准　　b. 质量手册

c. 作业指导书　　d. 工作标准

33. 标准化的常用形式有简化、________。

a. 通用化　　b. 统一化

c. 系列化　　d. 组合化

34. 生产者的产品质量义务有________。

a. 保证产品内在质量　　b. 保持产品原有质量

c. 保证产品标识符合法律规定要求　　d. 产品包装必须符合规定要求

35. 质量管理教育培训的内容包括________。

a. 学历文凭教育　　b. 质量意识培训

c. 质量知识培训　　d. 技能培训

36.《卓越绩效评价准则》中对"过程"的评价,可以用方法、________等要素评价组织的过程成熟程度。

a. 展开　　b. 学习

c. 程序　　d. 整合

37. 有关全面质量管理的含义的论述是正确的有________。

a. 全面质量管理以质量为中心

b. 全员参与为基础

c. 全面质量管理是组织进行管理的途径，别无其他
d. 使顾客满意及相关方受益

38. 质量意识教育被视为质量培训的首要内容，可包括________等内容。

a. 质量的概念　　b. 质量法律、法规
c. 质量责任　　d. 质量管理理论与方法

39. 《卓越绩效评价准则》中评价方法，按________评分项进行。

a. 过程　　b. 方法
c. 结果　　d. 原因

40. 评价组织在主要经营方面的绩效和改进，包括主要绩效指标的________。

a. 当前水平　　b. 发展趋势
c. 过去的绩效　　d. 与竞争对手和标杆对比的结果

41. 因告知上的原因产生的不合理危险称为告知缺陷，又可称为________。

a. 指示缺陷　　b. 设计缺陷
c. 制造缺陷　　d. 说明缺陷

42. 过程有效性结果包括________。

a. 主要价值创造过程绩效
b. 关键支持过程绩效
c. 人力资源规划完成情况
d. 战略目标和战略规划完成情况的主要测量结果

三、综合分析题（下列各题，可能是单选，也可能是多选）

（一）某厂于 2011 年末总结当年主要工作，制定 2012 年方针目标：

1. 该厂制定方针目标的依据主要包括________。

a. 市场需求和顾客要求　　b. 竞争对手情况
c. 2011 年末实现的目标及存在的问题　　d. 人力资源配备情况

2. 该厂对制定的方针目标要进行横向和纵向展开，应用的主要工具是________。

a. 矩阵图、系统图　　b. PDPC 法、系统图
c. 矩阵图、关联图　　d. 系统图、展开图

3. 该厂要保证方针目标的实现，应________。

a. 上一级的目标就是下一级的措施，用目标保证方针，措施保证目标
b. 上一级的措施就是下一级的目标，用目标保证方针，措施保证目标
c. 上一级的目标就是下一级的措施，用方针保证目标，目标保证措施
d. 上一级的方针就是下一级的目标，用方针保证目标，目标保证措施

4. 在该厂的方针目标管理中，要对完成情况进行________。

a. 考核和评价　　b. 观察和记录
c. 诊断　　d. 监督

（二）某公司为提高企业管理水平，实施质量成本管理，对 2011 年质量成本进行统计，结果如下：销售额 7 200 万元，顾客调查费用 10 万元，零缺陷计划 10 万元，进货检验

40万元，第三方质量认证费5万元，证后监督费1万元，供应商认证4万元，顾客投诉处理服务费10万元，产品售后服务费50万元，返工返修损失40万元，返工返修检验费10万元，过程和出厂检验费50万元，内审和外审的纠正措施费10万元。

1. 该厂预防成本率是________。

a. 8% b. 12.5%

c. 4% d. 10%

2. 2011年该厂的鉴定成本为________。

a. 110万元 b. 100万元

c. 120万元 d. 90万元

3. 若2010年该厂质量成本为210万元，销售额为6 000万元，则该厂的质量成本管理水平是：________。

a. 2011年低于2010年 b. 2011年高于2010年

c. 2011年与2010年相一致 d. 不能确定

（三）某企业为提升卓越的竞争力，赢得市场，使顾客满意，领导下指令要求全公司员工贯彻执行GB/T 19580《卓越绩效评价准则》，并对全员做了培训。

1. GB/T 19580《卓越绩效评价准则》共包括________类目。

a. 6 b. 7

c. 8 d. 9

2. GB/T 19580中4.4资源包括________。

a. 人力资源 b. 财务资源

c. 相关方关系 d. 自然资源

3. 经营结果是评价组织在主要经营方面的绩效和改进，包括主要绩效指标的________。

a. 当前水平和趋势 b. 与竞争对手对比结果

c. 过去几年水平 d. 与标杆对比的结果

4. 财务结果包含的指标有________等。

a. 主营业务收入 b. 利润总额

c. 设备利用率 d. 总资产贡献率

5. 标准共有1000分，其中“经营结果”占有________分。

a. 100 b. 200

c. 300 d. 400

6. 在满分1000分的定量评分系统中，达到________分是一个基本成熟的等级。

a. 300 b. 400

c. 500 d. 600

（四）质量管理“始于教育，终于教育”，质量教育培训工作作为质量管理一项基础工作，具有很高的投资回报率。某企业对全体员工进行质量教育培训工作。

1. 对质量管理培训内容之一的质量意识教育，主要注重________等。

a. 质量的概念 b. 质量的法律法规

c. 质量责任　　d. 质量文化

2. 对公司管理人员和技术人员培训内容应注重________。

a. 质量法律法规　　b. 质量计划

c. 质量文化塑造　　d. 质量改进的工具

3. 对一线员工培训内容主要以________所需的知识。

a. 质量控制　　b. 质量保证

c. 质量法律法规　　d. 经营决策方法

4. 按照 ISO 10015 培训指南标准,公司选择、实施培训包括________等活动。

a. 确定培训需求并设计和策划培训　　b. 提供培训

c. 评价培训效果　　d. 总结经验

5. 评价培训结果依据培训需求和培训计划进行,并预先确定评价规则,在长期和短期两方面开展。基于短期目标评价方式是________。

a. 学员自我评价　　b. 培训者训后评价

c. 学员工作效率评价　　d. 管理者跟踪评价

(五) 标准化是进行质量管理的依据和基础,某企业在开展质量管理活动时,狠抓标准化活动,并贯穿于质量管理的始终。

1. 常用的标准化形式有________等。

a. 简化　　b. 统一化

c. 标准化　　d. 通用化

e. 系列化

2. 对同一类产品中的一组产品同时进行标准化的一种形式称为________。

a. 简化　　b. 统一化

c. 通用化　　d. 系列化

3. 企业制定的标准有技术标准,管理标准和工作标准,其中企业制定的产品标准属于________。

a. 工作标准　　b. 管理标准

c. 技术标准　　d. 企业标准

4. 企业在不同时间,不同的车间生产制造出来的产品或零件,在装配或维修时,不必经过修整就能任意地替换使用的性能称为________。

a. 通用性　　b. 互换性

c. 统一性　　d. 一致性

5. 企业在研制新产品,改进老产品,进行技术改造和技术引进时,必须进行________审查。

a. 可行性　　b. 标准化

c. 系列化　　d. 先进性

(六) 某企业为满足顾客要求,扩大市场份额,在市场上推出具有特色的新产品,具有竞争力。但在经营中要认定产品质量责任时,大家想法不一致,为此企业高层领导决定对中层以上干部开展《产品质量法》的相关学习与培训,通过学习达到如下共识。

1. 必须保证产品符合________的要求。

a. 保障人体健康　　b. 保障人身/财产安全

c. 企业产品标准　　d. 国际标准

2. 作为生产者，企业必须承担的产品质量义务包括________。

a. 保证产品的内在质量

b. 保证产品标识符合法律/法规要求

c. 保证产品符合规定要求

d. 保证销售产品的标识符合法律法规的要求

3. 应严格禁止________的行为。

a. 冒用认证标志等质量标志　　b. 异地生产产品

c. 包装上的厂名/厂址与实际情况不符　　d. 在产品中掺入不属于该产品应有的成分

4. 如果对政府监督抽查的结果有异议，可在自收到结果后________日内，向实施监督抽查的部门或其上级产品质量监督部申请复检。

a. 10　　b. 15

c. 30　　d. 45

5. 抽查的样品应当在________随机抽取。

a. 企业生产线上　　b. 市场上

c. 企业成品仓库内的待销产品中　　d. 企业半成品库中

6. 依照产品质量法进行监督抽查的产品质量不合格，由实施监督抽查部门责令生产者、销售者限期改正，逾期不改正的，由省级以上质量监督部门予以________。

a. 责令停止　　b. 吊销营业执照

c. 限期整顿　　d. 公告

第二章　供应商质量控制与顾客关系管理

一、单项选择题(每题备选的项中，只有 1 个最符合题意)

1. 中国顾客满意指数基本模型中，体现顾客在综合产品或服务质量和价格以后对其所获利益的主观感受，称为________。

a. 预期质量　　b. 感知质量

c. 感知价值　　d. 预期价值

2. 组织可以按照________对供应商进行重要性分类，以采取有针对性的控制措施。

a. 供应商的规模

b. 企业与供应商的距离

c. 供应商所提供零部件的数量

d. 供应商所提供零部件对产品质量的影响程度

3. 传统的企业与供应商的关系是竞争关系，它主要表现为________。

a. 价格驱动　　b. 需求驱动

c. 利益驱动　　　　d. 关系驱动

4. 顾客满意是顾客对其要求已被满足的程度的感受。如果可感知效果超过顾客期望，顾客就会________。

a. 高度满意　　　　b. 满意

c. 抱怨　　　　d. 不满意

5. 电冰箱的门上有电脑显示或语音提示其中冷藏的食品保险期，假如无此功能，顾客也无所谓；但有其功能，顾客就很开心、十分满意，这就是________。

a. 当然的质量　　　　b. 一元质量

c. 魅力质量　　　　d. 满意的质量

6. 现代的企业与供应商的关系是一种合作伙伴关系，它主要表现为________。

a. 单赢　　　　b. 互利共赢

c. 价格驱动　　　　d. 利益驱动

7. 当采购时间紧迫，采购的零部件规格和技术条件复杂时，通常我们可以采取________。

a. 招标法　　　　b. 采购成本比较法

c. 层次分析法　　　　d. 协商选择法

8. 直观判断法主要是倾听和采纳有经验的采购人员意见或者直接由采购人员凭经验做出判断，常用于选择提供________的供应商。

a. 复杂的原材料或零部件　　　　b. 非主要原材料或零部件

c. 主要原材料或零部件　　　　d. 关键的原材料或零部件

9. 根据组织与供方的规定的时间间隔，定期对供应商进行的审核称为________。

a. 特殊情况下的审核　　　　b. 例行审核

c. 常规审核　　　　d. 对供方审核

10. 对于第________供应商，可以综合考虑供应商所供应零部件的价值、数量以及供应商的规模等因素，来进行适当的关系定位。

a. Ⅰ类　　　　b. Ⅱ类

c. Ⅲ类　　　　d. Ⅳ类

11. 一般说来，只有当供应商提供的产品对生产工艺有很强的依赖性的时候，特别是关键过程、特殊过程，才有必要进行________。

a. 产品审核　　　　b. 体系审核

c. 过程审核　　　　d. 安全审核

12. 一般说来对供应商审核的顺序是________。

a. 先产品审核，然后进行过程审核，最后进行质量管理体系审核

b. 先过程审核，然后进行质量管理体系审核，最后进行产品审核

c. 先质量管理体系审核，然后进行产品审核，最后进行过程审核

d. 先产品审核，或先过程审核，或先质量管理体系审核，不讲先后

13. 一般来说，对于用一种外购产品企业可以保持________供应商，以保证供应的稳定性和可靠性。

a. 1～2 个　　b. 2～3 个
c. 3～4 个　　d. 4 个以上

14. 在确保质量的前提下，设计和开发阶段往往更加强调________，以保证设计和试制经常变动的需要。
a. 价格的适当　　b. 及时供货
c. 优质服务　　d. a+b+c

15. 对于经营稳健、供应能力强、信誉好、关系密切的供应商可以保留________，这对供需双方都是很有利的。
a. 1 家　　b. 2 家
c. 3 家　　d. 4 家

16. 对于Ⅰ类供应商，其业绩至少应达到________。
a. A 级　　b. B 级
c. C 级　　d. D 级

17. 在确保质量的前提下，大批量生产阶段往往更加强调________，以使企业保持强有力的竞争能力。
a. 价格的适当　　b. 优质服务
c. 及时供货　　d. a+b+c

18. 顾客对产品和服务的满意程度来自于过去的使用体验，是逐渐形成的，这反映了顾客满意的________。
a. 主观性　　b. 层次性
c. 相对性　　d. 阶段性

19. 中国顾客满意指数测评基本模型是一个________模型。
a. 因果关系　　b. 递进关系
c. 转折关系　　d. 目标关系

20. 互利共赢可以给企业与供应商双方带来许多利益点，如________。
a. 增强双方质量优势　　b. 提高企业产品质量
c. 降低供方生产成本　　d. 降低企业进货检验费用

21. 下列关于顾客满意的论述不正确的是________。
a. 顾客满意是顾客对其要求已被满足的程度感受
b. 满意水平是可感知的效果和期望之间的差异函数
c. 如果顾客不满意，就会产生抱怨，因此没有投诉，即可认为顾客满意
d. 顾客满意度是对顾客满意程度的定量化描述

22. 对第Ⅲ类供应商的业绩为 C 级，其供货比例应维持在________以下。
a. 20%　　b. 30%
c. 40%　　d. 10%

23. 顾客满意是顾客对其要求已被满足的程度的感受，如果可感知效果低于顾客期望，顾客就会________。
a. 满意　　b. 投诉

c. 抱怨　　d. 访问

24. 企业应按________的步骤进行评估与选择，最终决定是否选定该供应商。

① 对供应商的原材料进行检验　　② 对候选供应商材料进行审核

③ 到供应商现场进行考查　　④ 对评价结果综合分析

a. ①②③④　　b. ②①③④

c. ②①④③　　d. ②④①③

25. 对于某个组织而言，与其有投资借贷关系的银行是________。

a. 外部顾客　　b. 相关方

c. 供方　　d. 合作伙伴

26. 某企业正处于产品的试制阶段，为更好地控制供应商，对供应商提供的样品，企业应用________形式进行检验。

a. 抽样检验　　b. 产品验证

c. 全数检验　　d. 批量检验

27. 下列组织与供应商关系的特征属于合作伙伴关系是________。

a. 组织同时向多家供应商购货

b. 组织与供应商保持的是一种短期合同关系

c. 供应商的选择范围大多限于投标评估

d. 主动地寻求优秀的供应商

28. 顾客关系管理(CRM)技术通过 CRM 引擎、前台办公解决方案、CRM 的企业应用集成、CRM 后端办公软件四个部分来实现的。收集所有顾客信息，建立顾客数据库是由________部分完成的。

a. CRM 引擎　　b. 前台办公解决方案

c. CRM 的企业应用集成　　d. CRM 后端办公软件

29. 对供应商的选择范围大多限于投标评估，这是________特征。

a. 传统的竞争关系模式　　b. 合作伙伴关系模式

c. 互利共赢关系模式　　d. 传统的合作关系模式

30. 可以使系统与其他分散的系统保持沟通的部分是________。

a. CRM 引擎　　b. 前台办公解决方案

c. CRM 的企业应用集成　　d. CRM 后端办公软件

31. 在对供应商进行第二方审核时，如供应商已通过第三方认证，可以不关注其________。

a. 管理评审　　b. 内审

c. 检验与试验　　d. 财务管理

32. 侧重于分析应用，提供各种个性化的应用功能，属于________部分。

a. CRM 引擎　　b. 前台办公解决方案

c. CRM 的企业应用集成　　d. CRM 后端办公软件

33. 对供应商提供的样件的质量检验一般采用________。

a. 抽样检验　　b. 全数检验

c. 验证　　　　d. 验收

34. 顾客关系管理(CRM)技术有三种类型,其中具有顾客服务、订购管理、发票/账单,销售自动化管理功能的属于________类型。

a. 综合型　　　　b. 运营型

c. 分析型　　　　d. 协作型

35. 电冰箱耗电量是________。

a. 当然的质量　　　　b. 一元质量

c. 魅力质量　　　　d. 满意的质量

36. 可对顾客数据捕捉、存储、提取、处理、解释和产生相应的报告的是________类型。

a. 综合型　　　　b. 运营型

c. 分析型　　　　d. 协作型

37. 某企业急需一种零部件用于生产,此零部件在规格上和技术要求上都很复杂。为保证产品质量、交货日期和售后服务,企业采用________方法对供应商进行选择比较好。

a. 直观判断法　　　　b. 招标法

c. 协商选择法　　　　d. 采购成本比较法

38. 通过协作网络为顾客及供应商提供相应路径的技术是________类型。

a. 综合型　　　　b. 运营型

c. 分析型　　　　d. 协作型

39. 质量协议是企业与供应商的________,规定供应商的质量职责,评价供应商的质量管理能力,规定产品质量水平,明确违约责任及经济索赔标准。

a. 订单　　　　b. 质量契约

c. 合同　　　　d. 规定

40. 对供应商的审核一般分为产品审核、过程审核和质量管理体系审核三类。一般来说,对供应商的审核首先应是________。

a. 产品审核　　　　b. 过程审核

c. 质量管理体系审核　　　　d. 第三方审核

41. 以顾客为关注焦点是现代质量管理的基本原则。组织与顾客的关系是________关系,没有顾客或者不能满足顾客要求的组织是不能生存的。

a. 依赖　　　　b. 依存

c. 互利互惠　　　　d. 互相利用

42. 对供应商的审核一般分为产品审核、过程审核和质量管理体系审核三类。对于不同的产品、不同的供应商,下列________说法是正确的。

a. 三种审核都是必须的

b. 其中的一种就可以了

c. 进行一种或两种审核可以做出结论时,就可以不进行其他审核

d. 只要进行产品审核

43. 顾客满意是指顾客对其要求已被满足的程度的感受。________是一种满意度低最常见的表达方式。

a. 顾客意见　　b. 顾客抱怨
c. 顾客上访　　d. 顾客反映

二、多项选择题:(每题的备选项中,至少有 2 个是符合题意的)

1. 以下对顾客关系管理和顾客满意度持续改进的理解中,正确的是________。
a. 两者均以顾客为中心　　b. 两者均注重企业的长期盈利
c. 前者是后者的有效手段　　d. 后者是前者的有效手段
2. 评价与选择供应商的基本原则有________等。
a. 全面兼顾与突出重点原则　　b. 第二方评价原则
c. 科学性原则　　d. 可操作性原则
3. 在企业与供应商的关系中,存在________模式。
a. 传统的竞争关系　　b. 单纯的买卖关系
c. 中间状态　　d. 合作伙伴关系
4. 选择供应商的方法较多,一般要根据________来确定。
a. 可选供应商数量及了解程度　　b. 采购的重要程度
c. 成本　　d. 时间紧迫程度
5. 对供应商审核一般分为________。
a. 产品审核　　b. 过程审核
c. 质量管理体系审核　　d. 第二方审核
6. 对供应商采用的定量分析方法,根据生产的产品和提供的服务的不同,可有所不同,但常见的方法有________。
a. 水平对比法　　b. 质量管理体系评价法
c. 过程能力分析及测量系统分析法　　d. 供货能力统计法
7. 对供应商产品审核主要是确认供应商的产品质量,产品审核的主要内容包括:________等。
a. 产品性能审核　　b. 产品功能性审核
c. 产品的外观审核　　d. 产品的包装审核
8. 批量生产阶段对供应商质量保证能力的监控的目的是________。
a. 防止供应商的质保能力下降,确保最终产品的质量
b. 与供应商共同发现改进的机会,寻找改进的切入点
c. 寻找优秀的供应商,确保供货渠道畅通
d. 采用定量分析,用数据讲话
9. 采购成本一般包括________等各项支出。
a. 售价　　b. 采购费用
c. 运输费用　　d. 鉴定费用
10. 采购信息应表述拟采购的产品,适当时包括________等的批准要求。
a. 程序　　b. 过程
c. 设备　　d. 产品

e. 文件

11. 在样件试制阶段，对产品质量问题的解决方法一般有________。

a. 改进　　b. 妥协

c. 加强检验　　d. 更换供应商

12. 下列组织与供应商关系的特征属于是竞争关系的有________。

a. 组织通过在供应商之间分配采购数量对供应商加以控制

b. 组织与供应商不太交流

c. 组织对供应商给予技术支持

d. 主动地寻求优秀的供应商

13. 采购产品的质量要求信息中所包含的技术文件，主要是________。

a. 技术设计图纸　　b. 企业标准

c. 程序　　d. 样品

e. 技术规范

14. 下列关于顾客满意的陈述，不正确的有________。

a. 顾客对其要求已被满足程度的感受

b. 如果顾客可感知效果超过期望，顾客就满意

c. 如果顾客可感知效果超过期望，顾客就忠诚

d. 当对顾客的抱怨采取积极措施，可能会赢得顾客满意乃至产生忠诚

15. 供应商业绩的评价指标主要有________等情况。

a. 产品价格　　b. 产品质量

c. 服务质量　　d. 满足供货及交付迅速

16. 供应商定点个数为 2，若 2 家供应商类别为 A、B，则订单分配及管理对策是________。

a. 订单分配 60%：40%　　b. 55%：45%

c. 继续维持　　d. 寻求更好的供应商

17. 对供应商提供的产品质量指标主要考察：产品实物质量水平，此外________。

a. 外观质量　　b. 进货检验质量

c. 投入使用质量　　d. 产品寿命

18. 实施顾客关系管理就是要________以及对顾客的信息反馈进行管理。

a. 识别顾客　　b. 认知顾客

c. 掌握顾客　　d. 保留顾客

19. 对供应商业绩的评定方法常用的有________。

a. 不合格评分法　　b. 层次分析法

c. 综合评分法　　d. 模糊综合评分法

20. 顾客对一个超市的服务过程需求的识别由________"真实的瞬间"构成。

a. 乘车去超市　　b. 进入超市

c. 超市环境　　d. 浏览商品

e. 得到服务员帮助　　f. 付款

21. 中国顾客满意度指数可分为________等层次。

a. 国家　　b. 地方

c. 产业　　d. 行业和企业

22. 作为良好的顾客服务,服务人员应做出专业性答复,以下衡量专业性答复的有________。

a. 答案是正确的　　b. 能在3分钟内正确回答问题

c. 需事后两天内回复　　d. 能叫出顾客名字

23. 期望是指对接受某个具体产品所有的希望,影响期望的因素有________。

a. 标记　　b. 信息

c. 知识　　d. 感觉

24. 以下________不属于中国顾客满意指数测评基本模型要素。

a. 品牌形象　　b. 信息技术

c. 感知价值　　d. 顾客抱怨

25. 品牌形象是指顾客在购买某公司品牌之前对该公司或品牌的印象,这种印象来自于________。

a. 以往购买和使用该品牌的经验　　b. 各种渠道主动收集的信息

c. 预期的期望　　d. 无意识信息沟通的结果

26. 模糊综合评价法是运用模糊集合理论对供应商业绩进行综合评价的一种方法,是________的方法。

a. 对供应商业绩评定　　b. 选择供应商

c. 不能选择供应商　　d. 定量与定性相结合

27. 与顾客接触的目的是为了优化企业与顾客的关系,与顾客接触可以使用以下一些方法________。

a. 直接市场调查　　b. 呼叫中心

c. 中介机构　　d. 企业网站

28. 对供应商的审核一般分为________三类。

a. 产品审核　　b. 过程审核

c. 质量体系审核　　d. 财务审核

29. 通过对产品或服务要求的转化,确定输出要求,从而对过程进一步提出要求,以保证顾客要求的实现,以下对要求的陈述不好的有________。

a. 迅速的递送　　b. 在0.2秒内启动

c. 简单的说明书　　d. 促销快

30. 企业为选择供应商,应组建由________部门人员组成的供应商选定小组。

a. 产品开发　　b. 质量管理

c. 生产　　d. 供应

e. 销售

31. 顾客是指接受产品的组织或个人,按接受产品的顺序情况可以分为________。

a. 过去顾客　　b. 现在顾客

c. 目标顾客　　d. 潜在顾客

32. 以顾客为关注焦点是现代质量管理的基本原则。顾客的要求，包括________三个方面。

a. 明示的　　b. 隐含的

c. 国家规定的　　d. 必须履行的

33. 顾客的要求，包括________等方面，顾客总是从自己的感受来理解产品质量，难以全面地对产品提出准确的量化要求。

a. 明示的　　b. 隐含的

c. 法律法规必须履行的　　d. 特殊的

34. 下列关于顾客满意说法正确的是________。

a. 没有抱怨说明顾客都满意

b. 只要使规定的顾客要求都符合顾客的愿望，顾客就满意

c. 可感知效果与期望相匹配，期望得到满足，顾客就满意

d. 没有抱怨并不一定表明顾客满意

35. 确定输出质量要求，实际上是对顾客的要求的一个陈述。以下________是不好的陈述。

a. 迅速地递送　　b. 简单的说明书

c. 行动敏捷　　d. 交货期在3个工作日内

36. 对供应商进行调查的内容应包括________。

a. 纳税记录　　b. 过程能力指数

c. 体系认证情况　　d. 主要顾客及其反馈信息

37. 合作伙伴关系模式是一种互利共赢的关系，其特征是________。

a. 制造商同时向多家供应商购货，通过供应商之间的竞争获得价格好处

b. 制造商与供应商的信息交流少

c. 供应商参与制造商的早期新产品开发

d. 长期的稳定的紧密合作取代短期的合同

38. 同一产品的供应商个数应根据________确定。

a. 产品重要程度　　b. 市场供应状况

c. 附近供应商的数量　　d. 供应商的可靠程度

39. 对于产品质量要求信息，一旦双方确定后就要遵守。对供应商来说，在接受技术文件信息时，要确认________等内容。

a. 版本状态　　b. 文件编号

c. 审批手续　　d. 生效、发放部门、人员

e. 文件编写人员

40. 质量协议没有固定模式，总体内容包括________。

a. 不合格品处理方式　　b. 过程控制

c. 质量保证和责任区分　　d. 验收检验程序、违约处理

e. 知识产权归属

41. 某企业正处于产品的试制阶段，为更好地控制供应商，企业与供应商签订试制合同

的内容应包括________。

a. 加工方法　　b. 技术标准
c. 产品接收准则　　d. 保密要求

三、综合题(由多选和单选组成)

(一) 某公司注重与供应商之间的关系管理。如果供应商达到了该公司要求的业绩标准就可以成为它的长期供应商。该公司也在以下几个方面提供支持帮助,使供应商业绩不断提高:

(1) 聘用4名工程师在采购部门协助供应商提高生产率和质量;
(2) 质量控制部门配备3名工程师解决进厂产品和供应商内部的质量问题;
(3) 在塑造技术、焊接、模铸等领域为供应商提供技术支持;
(4) 成立特殊小组帮助供应商解决特定的难题;
(5) 在协议框架下,采用简化的订货处理,在零件被消费时无发票付款;
(6) 定期评审供应商的运作情况,包括财务和业务计划等。

另派高层领导人经常访问供应商,以加深公司与供应商相互之间的了解及沟通。

1. 从以上材料来看,该公司与供应商的关系基本属于________。

a. 竞争关系　　b. 买卖关系
c. 互利共赢的合作关系　　d. 既是竞争对手又是合作伙伴

2. 这种关系会给双方带来的利益是________。

a. 降低成本　　b. 提高质量
c. 增进沟通　　d. 实现零库存

3. 该公司扶持供应商的做法将会给自身带来的影响有________。

a. 成品质量提高　　b. 减少供应商风险
c. 过多依赖供应商　　d. 控制成本上升

(二) 某电器公司产品的某关键部件由供应商提供。

1. 有甲、乙、丙三家供应商可供选择,在选择过程中,应对供应商的________等进行评价。

a. 员工人数　　b. 质量管理体系情况
c. 主要顾客及其反馈信息　　d. 主要原材料来源

2. 在确定供应商数量时,应考虑________因素。

a. 该部件的重要程度　　b. 市场供应状况
c. 该部件的价格　　d. 供应商的可靠程度

3. 假如最后选定甲供应商和乙供应商作为该部件的供应商,该电器公司在合作过程中通过进货全数检验发现乙供应商提供产品的不合格率长期远远低于企业允许的不合格率,该电器公司可以考虑采取________措施减低成本。

a. 采用抽样检验　　b. 免检
c. 减少乙供应商的供货数量　　d. 扩大甲供应商的供货数量

(三) 某家用电器公司实施顾客关系管理,先期开展顾客满意度测量。

1. 该公司产品是空调,若其质量特性之一是"耗电量",该质量是________。

a. 当然质量　　b. 一元质量
c. 魅力质量　　d. 基线质量

2. 作为输出质量要求，一个有效的要求陈述将是________。
a. 特定的输出　　b. 描述单个规范
c. 使用定量的指标　　d. 建立“可接受的”标准

3. 作为绩效指标，与产品有关的指标是________。
a. 空调的制冷速率　　b. 遥控距离
c. 保修三年　　d. 公司铭牌

4. 公司实施顾客关系管理（CRM），采用 CRM 技术是运营型，则典型的功能包括：________。
a. 顾客服务　　b. 订购管理
c. 顾客交互中心（CIC）　　d. 伙伴关系管理（PRM）

（四）中国顾客满意指数测评模型如下：

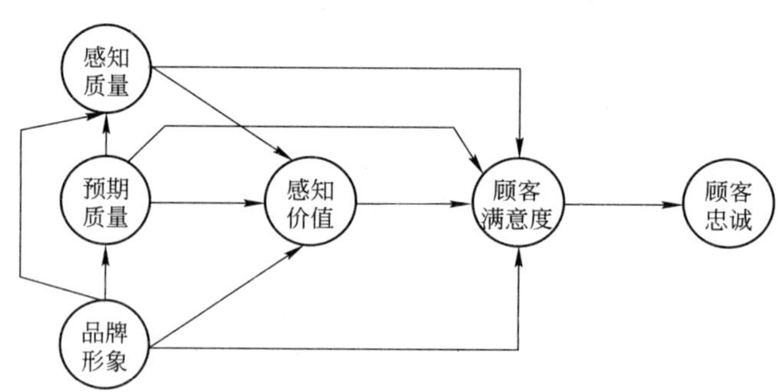

该模型包含六个结构变量，它们是品牌形象、预期质量、感知质量、感知价值、顾客满意度和顾客忠诚，请问：

1. 六个变量中目标变量是________。
a. 品牌形象　　b. 预期质量
c. 感知质量　　d. 感知价值
e. 顾客满意度　　f. 顾客忠诚

2. 顾客满意度的原因变量是________。
a. 品牌形象　　b. 预期质量
c. 感知质量　　d. 感知价值
e. 顾客忠诚

3. 顾客满意度的的结果变量是________。
a. 品牌形象　　b. 预期质量
c. 感知质量　　d. 感知价值
e. 顾客忠诚

4. 这些结构变量在模型中形成________种因果关系。
a. 9　　b. 10

c. 11　　d. 12

（五）某企业为开拓市场，积极开发新产品，同时积极寻找合作伙伴，选择合格的供应商，构成命运共同体，达到双赢乃至多赢，提升企业的核心竞争力。

1. 在确定供应商战略时，要考虑________。

a. 企业自产与外购的选择　　b. 供应商审核

c. 供应商的重要性分类　　d. 与供应商的关系选择

2. 对供应商的基本情况进行调查时，假如针对的是准备合作的新供应商，可以采用调查表直接调查，调查表包含的内容有________等。

a. 生产规模　　b. 主导产品

c. 过程能力指数　　d. 以往评定的业绩

3. 对供应商的审核一般分为________。

a. 产品审核　　b. 过程审核

c. 质量管理体系审核　　d. 财务审核

4. 对产品审核一般包含产品的________。

a. 功能性审核　　b. 外观审核

c. 性能审核　　d. 包装审核

5. 对供应商选择与业绩评定时，________既可以用来作为选择又可以用来作为业绩评定的方法。

a. 综合评分法　　b. 招标法

c. 层次分析法　　d. 模糊综合评价法

（六）某企业在初步调查的基础上，欲对供应商进行现场审核和调查。

1. 企业应选派________人员对该供应商进行现现场审核。

a. 企业中层领导　　b. 有经验的审核员

c. 有资格的第三方审核机构　　d. 供应商内部人员

2. 审核的过程中应对供应商的________进行审核。

a. 财务状况　　b. 顾客满意度

c. 服务水平　　d. 企业机构设置

3. 审核结束后，应对供应商________以及相关使用经验、服务和技术支持能力情况进行综合评估后，才能确定是否选择。

a. 质量保证能力　　b. 履约能力

c. 后勤保障能力　　d. 过程能力

第三章　质量管理体系

一、单项选择题（每题备选的项中，只有 1 个最符合题意）

1. “将相互关联的过程作为系统加以识别、理解和管理，有助于组织提高实现目标的有效性和效率”是质量管理八项原则中的________原则。

a. 过程方法　　b. 管理的系统方法
c. 基于事实的决策方法　　d. 持续改进

2. ISO 9001:2008 与 ISO 9004:2009 是一对相互协调的标准，下列关于它们之间关系的描述错误的是________。
a. 结构相似　　b. 遵循相同的原则
c. 应用范围相同　　d. 同是关于质量管理体系的标准

3. 以下不是八项质量管理原则的是________。
a. 系统论的方法　　b. 与供方互利的关系
c. 全员参与　　d. 过程方法

4. 公司准备申请质量管理体系的认证，证实组织有能力稳定地提供满足顾客和适用法律法规要求的产品时，应该选用的标准是________。
a. ISO 9000　　b. ISO 9004
c. ISO 9001　　d. ISO 19011

5. ________不是 ISO 9000 族的核心标准。
a. ISO 9000　　b. ISO 9001
c. ISO 19011　　d. ISO 10012

6. 某房地产开发公司，没有房屋设计开发和施工的能力，但是要承担责任，如果该公司要声明符合 GB/T 19001—2008 标准，则组织对标准的删减仅限于标准的________。
a. 第五章“管理职责”　　b. 第六章“资源管理”
c. 第七章“产品实现”　　d. 第八章“测量、分析和改进”

7. ISO 9000 族的核心标准，我国已________采用为相应的国家标准 GB/T 19000、GB/T 19001、GB/T 19004 和 GB/T 19011。
a. 等效　　b. 等同
c. 同等　　d. 同效

8. 公司正在按 GB/T 19001—2008 建立文件化的质量管理体系，以下说法是正确的是________。
a. 质量体系所要求的过程必须形成文件
b. GB/T 19001 没有要求的，则不需建立形成文件的程序
c. 按 GB/T 19001—2008 要求制定最少量的必要的文件，只要证实组织的过程的有效策划、运行和控制
d. 按 GB/T 19001 建立一个“文件体系”

9. 按 ISO 9001 的要求，最高管理者应确保质量管理体系策划，以满足________的要求。
a. 质量认证　　b. 质量目标
c. 相关方　　d. 产品质量

10. 在现场审核过程中发现操作工人正在填写运行记录，这份记录按审核的有关术语应理解为________。
a. 审核发现　　b. 审核证据
c. 审核准则　　d. 质量管理体系审核

11. “管理职责”指的是对________的职责。

a. 管理者　　b. 最高管理者

c. 管理层　　d. 基础管理人员

12. 产品设计的项目工程师正在对设计图纸进行核对和复核验算，以确保设计输出满足设计输入的要求，这种控制过程我们称为：设计和开发________。

a. 评审　　b. 验证

c. 确认　　d. 监督

13. 最高管理者应确保质量目标与质量方针保持一致，但________的观点不是GB/T 19001—2008所要求的。

a. 质量目标应是可测量的

b. 质量目标包括满足产品要求所需的内容

c. 质量目标可以是定量的，也可以是定性的

d. 质量目标必须是定性的

14. 为了满足客户的要求，质量工程师编制某产品的检验计划和检验规程，这是________过程。

a. 检验　　b. 产品的监视和测量

c. 产品实现的策划　　d. 生产和服务提供过程

15. 对从事影响产品质量工作的人员应有能力胜任所在岗位的工作，这种能力应基于适当的________。

a. 培训、教育　　b. 教育、培训、技能

c. 培训　　d. 教育、培训、技能和经验

16. 公司在内部审核时，把质量管理体系和环境管理体系及职业健康安全管理体系一起审核，这种审核称为________。

a. 联合审核　　b. 结合审核

c. 整合型审核　　d. 一体化审核

17. 产品实现过程是指________的全过程。

a. 产品策划、形成至成品　　b. 产品策划、形成直至交付

c. 原材料、半成品、成品　　d. 设计、制造至检验放行

18. 公司为了识别改进机会，聘请了一个咨询公司，以公司的名义进行审核，这种审核可称为________。

a. 第一方审核　　b. 第二方审核

c. 管理评审　　d. 自我评价

19. 对生产和服务的提供过程的输出不能由后续的监视和测量加以验证的过程，或仅在产品使用或服务已交付之后问题才显现的过程，组织应对这样的过程进行________。

a. 评审　　b. 验证

c. 确认　　d. 以上都可以

20. 公司在最近的三个月来，重复发生了类似的质量问题4起，为了防止不合格的再次发生，成立了一个改进团队，共同分析原因，采取措施，这种措施我们称为________。

a. 纠正措施　　b. 预防措施
c. 纠正措施和预防措施　　d. 纠正和预防措施
e. 以上都对

21. 为了区分不同的产品，防止产品的误用或混淆，车间工人正在按要求将不同的产品用色标进行标识，这种标识可认为是________。
a. 产品标识　　b. 状态标识
c. 唯一性标识　　d. 防护性标识

22. 授权人员正在对加工的半成品测量其尺寸精度，合格后才能放行，这种监视和测量是指________。
a. 生产和服务提供过程的监视和测量　　b. 产品的监视和测量
c. 质量管理体系过程的监视　　d. 以上都对

23. 对“顾客满意”以下说法正确的是________。
a. 顾客对其要求已被满足的程度的感受
b. 顾客没有抱怨
c. 是相对的、动态的
d. ISO 9001:2008 要求必须对顾客满意度进行测量

24. 某公司请了一个第三方审核机构对其供方的质量保证能力进行评价，这种审核可称为________审核。
a. 第三方　　b. 第一方
c. 第二方　　d. 认证

25. 以下________不属于审核的目的。
a. 发现尽可能多的不符合项
b. 确定受审方管理体系与审核准则的符合程度
c. 评价管理体系的符合性和有效性
d. 识别管理体系改进的机会

26. 公司进行了一次内部审核，关于什么是“审核的完成”，引起了大家的讨论，以下说法你认为正确的是________。
a. 举行末次会议后
b. 纠正措施跟踪和验证有效
c. 审核计划中的所有活动已完成，分发了审核报告
d. 提出审核结论后
e. 形成了审核发现，提交了审核报告

27. 审核目的由________确定。
a. 审核组　　b. 受审核方
c. 审核委托方　　d. 审核组与受审核方协商

28. 公司的组织机构和产品结构近年来发生了变化，内审员在现场审核前进行了一次文件评审，目的是确定文件所述的质量管理体系的________。
a. 有效性　　b. 符合性

c. 系统性　　d. 可用性

e. 适宜性

29. 以下________标准不属于 ISO 9000 族标准。

a. GB/T 24000 系列国家标准

b. ISO 22000 食品安全管理标准

c. OHSAS 18001 职业健康安全管理规范标准

d. ISO/TS 16949 汽车工业质量管理体系标准

e. 以上都不是

30. 公司按 GB/T 19001 建立了质量管理体系，取得了质量管理体系的认证证书，最高管理者希望超越 GB/T 19001 要求，通过追求更好的业绩，提升公司管理体系的有效性和效率，可以采用________。

a. GB/T 19000　　b. GB/T 19004

c. GB/T 19001　　d. GB/T 19005

e. ISO/T S16949

31. 质量管理八项原则中，关于持续改进的理解应该是________。

a. 持续改进总体业绩　　b. 是组织的一个永恒的目标

c. 也是一种 PDCA 循环　　d. 以上都对

32. 公司决定按 GB/T 19001 的要求建立质量体系，目前正在编写体系文件，你认为以下活动中________不必编写程序文件。

a. 文件控制　　b. 培训控制程序

c. 内部审核　　d. 不合格品控制

e. 纠正措施/预防措施

33. 关于“记录”的准确理解是：________。

a. 阐明所取得结果或提供所完成活动的证据的文件

b. 提供所完成活动的证据

c. 阐明所取得结果或提供所完成活动的证据

d. 提供所取得结果

34. 公司为了强化管理，总经理要求在贯彻 GB/T 19001 的同时，把行业和上级公司的要求一起编写在公司的质量手册中并提交给认证机构，你认为________。

a. 可以

b. 不可以

c. GB/T 19001 已经是最高要求，没有必要

d. 便于结合审核

e. 有利于第二方审核

35. 对不合格品应该识别和评审，在评审的基础上进行________。

a. 采取纠正措施　　b. 处置

c. 让步放行　　d. 分析原因

e. 采取预防措施

36. 由于总经理工作很忙，授权给管理者代表开展如下________活动，你认为是不合适的。

a. 主持内部审核
b. 主持管理评审
c. 与认证机构进行外部联络
d. 组织编写体系文件
e. 提高员工的质量意识

37. 关于《质量手册》，对于一个组织来说，以下________说法是对的。

a. 质量手册具有唯一性
b. 质量手册是规定质量管理体系的文件
c. a+b
d. 质量手册是针对特定产品、项目或合同规定体系要求的文件

38. 公司的销售部负责与顾客进行沟通，不少顾客都反映 A 产品的水泵有漏水现象，销售部就派出了一批又一批的服务人员到顾客那里进行上门维护，解决了 A 产品的水泵漏水问题，这种措施在 GB/T 19000 族标准中称为________。

a. 纠正措施
b. 预防措施
c. 纠正
d. 售后服务
e. 改进

39. 认证机构在颁发了质量体系认证证书后没有结束________活动。

a. 审核
b. 认证
c. 监督审核
d. 复评

40. 某公司按照顾客的图纸组织生产，没有产品设计的能力和责任，该公司可以删减的过程是________。

a. 产品实现
b. 产品实现的策划
c. 顾客财产
d. 顾客满意
e. 设计开发

41. 某机械设备生产企业，主要生产汽车零部件，以下加工过程应该进行确认的是________。

a. 划线
b. 车铣
c. 表面涂装
d. 组装
e. 抛光

二、多项选择题(每题的备选项中，至少有 2 个是符合题意的)

1. 下列有关文件的说法，正确的是________。

a. 记录是文件的一种类型
b. 管理评审必须有程序文件
c. 文件的详略程度取决于顾客的要求
d. 文件是指信息及其承载媒体

2. 审核组在现场审核中必须开好的会议包括________。

a. 首次会议
b. 审核组内部会议
c. 与受审核方沟通会议
d. 纠正措施计划评审会议

3. GB/T 19001—2008 要求或鼓励组织建立________。

a. 质量管理体系并通过认证
b. 形成文件的质量管理体系

c. 基于过程的质量管理体系　　d. 质量管理体系文件体系

4. 记录控制的主要目的是为了________。

a. 提供证据　　b. 满足可追溯性要求

c. 确保记录得到批准　　d. 控制记录的版本

5. 质量手册的内容可以不包括________。

a. 质量方针和质量目标　　b. 形成文件的程序

c. 质量管理体系范围的描述　　d. 质量管理体系过程及其相互作用的描述

6. GB/T 19001—2008 中所表述的“顾客财产”是指________财产。

a. 顾客拥有的由组织控制的　　b. 顾客拥有的由组织使用的

c. 顾客拥有的由顾客控制的　　d. 顾客拥有的由顾客使用的

7. 对________人员应有能力胜任所在岗位的工作。

a. 全体

b. 计量管理员

c. 检验和内审

d. 公司临时在劳动力服务市场聘用的产品打包工

8. 质量管理体系审核的主要活动通常包括________。

a. 文件评审　　b. 现场审核的准备

c. 现场审核的实施　　d. 纠正措施的验证

9. 按 GB/T 19001—2008 的要求，如果组织因其产品的特点而需要考虑对标准中某些不适用的要求进行删减时，以下哪些说法是不正确的________。

a. 如果没有设计开发过程可以删减该要求

b. 如果没有设计开发过程也不承担设计开发的责任

c. 如果顾客要求删减“设计开发”要求就可以删减

d. 如果没有生产车间也不承担维护基础设施的责任，可以删减“基础设施”

10. 某公司对其供方进行第二方审核，以下可以作为审核准则的有________。

a. GB/T 19001—2008　　b. GB/T 19004—2011

c. 本公司的质量方针　　d. 合同

e. 供方的质量手册

11. 对过程的监视时可通过________。

a. 对过程监视方案进行补充、修订

b. 过程监视的记录应准确、客观、完整

c. 必要时检查人员对作业过程实施巡回检查

d. 按规定对过程运行、过程参数进行如实记录

12. 车间的工人按操作规范对不合格品进行了“返工”，可认为是一种________。

a. 对不合格品的控制　　b. 纠正

c. 纠正措施　　d. 产品监视和测量

e. 过程的监视和控制

13. 以下程序文件中，________不是 GB/T 19001—2008 要求必须编制的。

a. 不合格品控制程序　　b. 管理评审程序
c. 采购控制程序　　d. 内部审核程序

14. 公司的工程师正在用排列图分析质量问题，对这些数据分析的目的是为了________。
a. 产品实现过程进行控制
b. 证实质量管理体系的适宜性和有效性
c. 评价在何处可以持续改进质量管理体系的有效性
d. 对不合格品进行控制

15. 对某组织而言，________说法是正确的。
a. 质量管理体系是唯一的　　b. 形成文件的程序只有一个
c. 质量管理体系是客观存在的　　d. 质量手册是唯一的

16. 你认为以下活动不是质量工程师的职责的有________。
a. 确保对质量管理体系进行策划　　b. 对产品实现进行策划
c. 对质量管理体系的过程进行监视　　d. 主持管理评审
e. 确保质量目标的制定

17. 对于质量管理体系审核和质量管理体系认证这两个概念来说，以下哪些说法是不正确的________。
a. 质量管理体系审核是质量认证的一部分活动
b. 质量管理体系审核包括了质量体系认证的全部活动
c. 审核仅需提交审核报告，而认证需要颁发认证证书
d. 第三方质量管理体系审核就是质量管理体系认证

18. 公司准备进行一次内部审核，在现场审核的实施之前，你认为内审组应进行的活动包括：________
a. 学习质量管理体系文件　　b. 审核的申请
c. 文件评审　　d. 编制检查表
e. 编制审核计划

19. 质量管理体系审核的主要活动包括________。
a. 审核的启动　　b. 文件评审
c. 颁发证书　　d. 现场审核

20. 某组织委托某咨询公司以组织的名义进行审核可称为________。
a. 第二方审核　　b. 内部审核
c. 第一方审核　　d. 以上都对

21. 第二方审核可以是对组织由________进行的审核。
a. 其他组织以相关方的名义　　b. 其他组织以顾客的名义
c. 对组织感兴趣的顾客　　d. 外部独立的组织

22. 按质量管理体系的要求，以下________应该进行供方评价、选择和重新评价。
a. 提供员工用餐的快餐服务单位　　b. 产品设计开发软件的公司
c. 为车间生产设备提供维修服务的公司　　d. 产品零件电镀的协作单位

e. 考核车间用电的电表校正单位

23. 组织对供方的质量管理体系审核称作________。

a. 第一方审核 b. 第二方审核

c. 第三方审核 d. 外部审核

24. 对于“顾客满意”定义的理解，以下说法应该是不正确的有________。

a. 顾客没有投诉 b. 顾客没有意见

c. 受到顾客的表扬 d. 顾客再次光顾

e. 顾客对其要求已被满足的程度的感受

25. 在文件控制程序中，应规定必要时对文件进行________。

a. 评审 b. 更新

c. 再次批准 d. 修订

26. 以下质量目标，你认为符合 GB/T 19001 的要求的是________。

a. 年内推行六西格玛管理，发布成果 1～2 项

b. 降低废次品率，实现零缺陷

c. 顾客满意率逐年提高

d. 产品开箱合格率 100％

e. 产品一次检验合格率 95％以上

27. 审核原则是审核员从事审核活动应遵循的基本要求，以下是审核员应遵循的原则的有________。

a. 道德行为 b. 保密机密

c. 公正表达 d. 职业素养

28. 公司保存了历年来的产品检测报告，这些报告应该________。

a. 按《文件控制程序》进行控制 b. 按《记录控制程序》进行控制

c. 看作是一种文件 d. 进行标识

e. 具有可追溯性

29. 内部审核是评价管理体系的________的活动。

a. 适宜性 b. 充分性

c. 符合性 d. 有效性

30. 公司准备在年内申请 ISO 9001 质量体系认证，目前正在编写质量手册，你认为按 ISO 9001 的要求，以下应该在质量手册中说明的内容有________。

a. 质量管理的八项原则 b. 质量管理体系的范围

c. 质量方针和目标 d. 形成文件的程序或对这些程序的引用

e. 质量管理体系过程及其相互作用的描述

31. 根据 ISO 9000 标准的概念，设计开发可以包括________的设计开发。

a. 产品 b. 过程

c. 体系 d. 规范

e. 要求

32. 以下可以作为质量管理体系审核的审核证据的是________。

a. 财务报表
b. 工艺参数的监控记录
c. 陪同人员的陈述
d. 内部审核员自己观察到的事实
e. 检验员对自己工作的陈述

33. 对于文件控制的要求，以下是必须做到的有________。

a. 发布前应得到审核
b. 发布前得到批准
c. 必要时对文件进行评审和更新
d. 应该标识版本号
e. 修订状态得到识别
f. 外来文件得到识别

34. 对于质量管理体系的要求来说，你认为以下人员应该确保他们具备一定的能力的有________。

a. 公司的全体员工
b. 与质量管理体系过程有关人员（包括合同工）
c. 与质量管理体系过程有关人员（不包括合同工）
d. 与所有管理体系有关的人员
e. 从事影响产品质量工作的人员

35. 根据 ISO/TC 176 的规划，ISO 9000 族标准/文件由________组成。

a. 核心标准
b. 技术报告或技术规范
c. 其他标准和小册子
d. 指导性技术规范
e. 指南

36. 某车间生产和安装精密仪器，从质量管理体系要求的角度，你作为一名质量工程师，认为以下工作环境应该得到控制的是________。

a. 温度和湿度
b. 采光
c. 清洁度
d. 环境绿化
e. 防火标识和标志

37. 食品安全管理体系（ISO 22000）和汽车工业质量管理体系（ISO/TS 16949）标准，是________。

a. ISO 9000 族标准
b. ISO 9000 族的核心标准
c. 其他管理体系标准
d. 认证的依据
e. 国际标准化组织制定的

38. 某公司的内部审核员对原材料供应商定期进行质保能力的审核，这种审核可称为________。

a. 第一方审核
b. 第二方审核
c. 第三方审核
d. 内部审核
e. 外部审核

39. 对于“持续改进”的理解，你认为以下说法是正确的有________。

a. 确保顾客满意
b. 持续满足顾客要求
c. 增加效益
d. 持续提高过程的有效性和效率
e. 进行质量策划

40. 总经理授权质量工程师小王为内审组组长，他的主要职责是________。

a. 编制审核计划
b. 选择审核组
c. 审核组工作分配
d. 编写检查表
e. 主持首、末次会议

41. 以下测量设备应该纳入质量管理体系要求的控制范围的有________。

a. 检验员使用的千分尺
b. 控制热处理工序温度的温度表
c. 车床上的电流、电压表
d. 服务人员使用的力矩扳手
e. 员工食堂里的台秤

42. 公司发布了质量方针,总经理要求质量方针应该在公司内部进行沟通让全体员工所理解。关于质量方针,以下观点属于不恰当的有________。

a. 让全体员工背诵
b. 总经理亲自制定
c. 按文件控制程序对形成文件的质量方针进行控制
d. 必须写在质量手册中
e. 总经理应按策划的时间间隔评审质量方针

43. 公司的长度测量仪器委托外单位 A 进行进行校准,那么按 GB/T 19001 要求应该________。

a. 对 A 公司进行供方评价选择
b. 要求 A 公司必须取得质量体系认证
c. 发现测量设备不符合要求时,按不合格品控制程序进行控制
d. 校正状态得到识别
e. 使用前必须确认

44. 原材料仓库里的不锈钢棒未见产品标识,为了防止混料,内审员开了一个不符合报告,要求仓库采取纠正措施,以下是仓库主任写的纠正措施计划,其中可以被你接受的是________。

a. 补上标识
b. 编制一个《标识管理办法》
c. 开展一次 5S 活动
d. 召开有关人员培训教育
e. 按《不合格品控制程序》对未见标识的不锈钢棒进行处置

45. GB/T 19001—2008 要求组织的最高管理者作出________的承诺。

a. 监视质量管理体系
b. 建立质量管理体系
c. 实施质量管理体系
d. 测量质量管理体系
e. 持续改进质量管理体系的有效性

46. 关于产品标识使用的说法,正确的有________。

a. 需要区别不同的产品时,应对产品进行标识
b. 没有标识就难以识别不同产品时,应对产品进行标识
c. 任何情况下都应对产品进行标识,以标明不同的产品
d. 任何情况下产品标识都应具有唯一性
e. 没有标识就难以识别不同产品状态时,应对产品进行标识

47. 质量目标必须满足________的要求。

a. 定量化
b. 与质量方针保持一致
c. 可实现
d. 可测量
e. 分层次

三、综合分析题(下列各题,可能是单选,也可能是多选)

(一) 某公司管理层在贯彻 ISO 9000 族质量管理体系标准过程中,提出了以下问题,请你评定。

1. 贯彻标准时应遵循________等质量管理原则。

a. 领导作用
b. 基于事实的决策方法
c. 方针目标管理
d. 供方评价
e. 以顾客为关注焦点

2. 必须组织各级人员学习________标准。

a. GB/T 19000、GB/T 19001、GB/T 19002、GB/T 19003、GB/T 19004
b. GB/T 19000—2008、GB/T 19001—2008、GB/T 19004—2011
c. 2008 版 ISO 9000 族四项核心标准
d. 2008 版 ISO 9001 族标准

3. 由________负责对质量管理体系策划。

a. 最高管理者
b. 管理者代表
c. 最高管理层
d. 全体员工

4. 对________人员应确定职责权限。

a. 全体工作
b. 所有从事影响产品质量工作的
c. 领导
d. 各级

5. 按 ISO 9001 要求应编制的质量管理体系文件包括________。

a. 质量方针、质量目标
b. 质量手册、标准所要求的程序文件
c. 质量计划和作业指导书
d. 组织为确保其过程的有效策划、运行和控制所需的文件
e. 标准所要求的记录

6. 组织在确定过程时,应将________的过程进行确认。

a. 过程的输出可以验证
b. 过程的输出不能验证
c. 仅在产品使用或服务交付之后问题才显现
d. 产品是否合格不易或不能经济地验证

(二) 某公司在建立和实施 ISO 9000 族质量管理体系标准的过程中,提出以下问题,请你评定。

1. 组织质量管理体系是否运行,主要反映在以下方面________。

a. 所有的活动都有文件规定
b. 活动以后都留下了记录

c. 所有的活动都依据策划的安排　　　　d. 活动按照质量管理体系文件要求实施
e. 所有质量活动都能够提供证据，证实质量管理体系运行符合要求

2. 组织在质量管理体系运行一段时间后，通过________手段进行持续改进。
a. 评审质量方针和目标　　　　b. 进行内部审核
c. 数据分析　　　　d. 采取纠正和预防措施
e. 技术引进和创新　　　　f. 管理评审

3. 关于内部审核和管理评审，以下说法是正确的有________。
a. 都应该策划时间间隔　　　　b. 都应该由最高管理者亲自主持
c. 都是对质量管理体系的评价　　　　d. 必须找到标杆和新的目标
e. 确定质量管理体系的符合性和有效性

（三）为了增加顾客和其他相关方满意的机会，提升公司的总体业绩和效率，公司组织开展了讨论。

1. 可以应用________标准达到上述目的。
a. GB/T 19001　　　　b. GB/T 19002
c. GB/T 19000　　　　d. GB/T 19004

2. 公司应该学习和应用________质量管理原则。
a. 领导作用　　　　b. 全员参与
c. 注重实效　　　　d. 持续改进

3. 基于质量管理体系的基本要求，“资源”控制至少应包括人力资源________和工作环境。
a. 技术资源　　　　b. 财务资源
c. 基础设施　　　　d. 合作伙伴

4. 建立、实施、保持和持续改进质量管理体系准确的步骤是________。
a. 确定顾客和其他相关方的需求和期望→建立质量方针和质量目标→确定过程和职责→确定和提供资源→规定测量过程的有效性和效率的方法→确定每一个过程的有效性和效率→确定防止不合格并消除其产生原因的措施→持续改进 QMS 的过程
b. 建立质量方针和质量目标→确定顾客和其他相关方的需求和期望→规定测量过程的有效性和效率的方法→确定过程和职责→规定测量过程的有效性和效率的方法→确定每一个过程的有效性和效率→防止不合格→持续改进
c. 确定过程→建立质量方针和质量目标→明确职责→规定测量过程的方法→确定过程的有效性和效率→持续改进
d. 确定过程和职责→确定顾客和其他相关方的需求和期望→建立质量方针和质量目标→规定测量过程的有效性和效率的方法→确定每一个过程的有效性和效率→防止不合格→持续改进

（四）公司贯彻了 GB/T 19001，在实施质量管理体系要求的过程中，应该如何理解有关过程的控制要求，请你作出判断。

1. “生产和服务提供”的主要控制要求是________。
a. 确保每一个生产岗位获得作业指导书　b. 对设备进行维护

c. 使用适宜的设备　　　　　　　　　d. 加强产品检验

2. 对于不同类型的不合格品应当采用不同的处置方式，这些方式可以有________。

a. 消除已发现的不合格品，对有形产品可报废

b. 让步使用、放行或接收

c. 进行返修，使不合格产品满足预期用途

d. 进行返工，使不合格产品满足规定的图纸要求

e. 降级使用

3. 记录控制的主要目的是为了解决记录的________，以便在保存期限内检索到所需要的记录以提供证据。

a. 有效性　　　　　　　　　　　　b. 可追溯性

c. 独立性　　　　　　　　　　　　d. 适宜性

4. 测量、分析和改进过程的策划和实施的作用有________。

a. 有助于产品实现　　　　　　　　b. 证实产品的符合性

c. 确保质量管理体系的符合性　　　d. 防止由变异引起的问题

e. 促进持续改进

（五）公司进行了质量管理体系审核，有关“审核”的理解，请你评定。

1. 审核的过程是________。

a. 尽可能寻找存在问题　　　　　　b. 收集、分析和评价审核证据的过程

c. 确定审核证据满足审核准则的程度　d. 消除存在的问题

2. 下列不属于与审核员有关的原则是________。

a. 道德行为　　　　　　　　　　　b. 公正表达

c. 职业素养　　　　　　　　　　　d. 独立性

3. 质量管理体系现场审核之前审核组应该________。

a. 文件评审　　　　　　　　　　　b. 审核方案策划

c. 编制审核计划　　　　　　　　　d. 准备工作文件，编制检查表

4. 质量管理体系现场审核以后审核组应该________。

a. 编制、批准和分发审核报告　　　b. 总结经验批评、表彰纳入考核

c. 颁发认证证书　　　　　　　　　d. 监督审核与复评

（六）某公司为加强质量管理，决定按 GB/T 19001—2008 建立质量管理体系，并通过第三方质量管理体系认证。

1. 公司总经理应制定并颁布质量方针，并做到质量方针________。

a. 与组织的宗旨相适应　　　　　　b. 提供制定和评审质量目标的框架

c. 提出定量化目标　　　　　　　　d. 在组织内得到沟通和理解

2. 质量管理体系试运行一段时间后要进行内部审核，为此公司应做好准备工作，包括________。

a. 组成审核组　　　　　　　　　　b. 制定内审计划

c. 编制检查表　　　　　　　　　　d. 任命管理者代表

3. 公司在对质量管理体系实施内部审核前，成立了审核组，审核组成员可由________

等人员组成。

a. 公司授权的内审员　　b. 技术专家

c. 国家注册环审员　　d. 观察员

4. 公司在进行内部审核时发现了多项不合格，为消除这些不合格的原因，防止再发生，公司应采取一定的措施，这些措施是________。

a. 纠正措施　　b. 预防措施

c. 纠正　　d. 返工

e. 返修

第四章　质量检验

一、单项选择题(每题备选的项中，只有1个最符合题意)

1. 质量检验是确定每项质量特性合格情况的________检查活动。

a. 技术性　　b. 管理性

c. 可靠性　　d. 适用性

2. 质量检验计划是________。

a. 检验所涉及的活动和日程安排的文件

b. 描述检验所涉及的人员的文件

c. 描述检验所涉及的场所的文件

d. 对整个检验和试验工作进行的系统的策划和总体安排的文件

3. 质量特性分析表是由________编制的。

a. 质量管理部门　　b. 质量检验部门

c. 设计、技术部门　　d. 生产管理部门

4. 以下检验方法中________不是化学检验。

a. 重量分析法　　b. 仪器分析法

c. 探伤分析法　　d. 滴定分析法

5. 检验流程图的基础和根据是________。

a. 产品图样　　b. 作业(工艺)流程图

c. 产品复杂程度　　d. 产品的类型

6. 根据不合格严重性分级原则，如果发生的质量事故必造成机器设备运转失灵，且现场难以排除故障，其不合格的严重性属于________。

a. A级　　b. B级

c. C级　　d. D级

7. 检验指导书是具体规定操作要求的________文件。

a. 管理　　b. 技术

c. 工作　　d. 综合

8. 质量检验机构最基本的工作任务是对产品和产品________的主过程进行质量“把关”。

a. 设计　　b. 采购
c. 形成　　d. 使用

9. 关于"让步"的概念下面________说法是不正确。
a. 对使用或放行不符合规定要求的产品的许可
b. 当合同或法规有规定时,让步接受应向顾客提出申请
c. 让步包括产品等级的改变
d. 是指产品的某些质量特性不合格对产品正常使用等无实质性的影响,也不会引起顾客的申诉、索赔而准予使用和放行的一种许可

10. 检验指导书的根本作用是使检验操作________。
a. 易于掌握　　b. 公开透明
c. 统一、规范　　d. 更加灵活

11. 不合格"纠正措施"的对象是________。
a. 不合格的原因　　b. 产品质量特性
c. 不合格品　　d. 不合格程度

12. 质量特性分析表能够帮助检验人员________。
a. 对工作进行管理　　b. 熟悉操作规程
c. 确定产品质量问题产生的原因　　d. 掌握产品质量检验的重点

13. 验证是指通过提供________对规定要求已得到满足的认定。
a. 数据　　b. 记录
c. 资料　　d. 客观证据

14. 产品的极重要的质量特性不符合规定或产品的质量特性极严重不符合规定,属于________。
a. A类不合格　　b. B类不合格
c. C类不合格　　d. D类不合格

15. 检验手册基本上由________和技术性两方面的内容组成。
a. 程序性　　b. 适用性
c. 产品图样　　d. 管理性

16. 质量检验是指对产品的一个或多个质量特性进行________的技术性检查活动。
a. 观察、测量、记录　　b. 测量、试验、评价
c. 测量、审核、评价　　d. 观察、测量、试验或估量

17. 不合格品的处置有纠正、报废和________三种形式。
a. 返修　　b. 降级
c. 让步　　d. 返工

18. 质量检验准备阶级,必要时应对________进行相关知识和技能的培训和考核,确认能否适应检验工作的需要。
a. 管理人员　　b. 操作人员
c. 检验人员　　d. 班组长

19. 对检验后的不合格品进行原因分析,并据此采取相应对策措施进行改进的检验站

的类型为________。

a. 开环分类式　　b. 开环处理式

c. 闭环处理式　　d. 集中式

20. 在________，检验人员要确认检验仪器设备和被检物品试样状态正常，保证测量和试验数据的正确、有效。

a. 测量和试验前　　b. 测量和试验后

c. a＋b　　d. 确定检验方法时

21. 检验站设置的基本原则之一是________。

a. 不计检验成本

b. 重点考虑设在质量控制的关键作业部位和控制点

c. 考虑管理方便

d. 考虑检验难易程度

22. 编制检验流程图时，重要的是要确定产品检验和________之间的接口。

a. 质量管理　　b. 人员培训

c. 产品设计　　d. 生产作业

23. 质量检验计划是对检验涉及的活动________和资源及相互关系做出规范化的书面规定。

a. 程序　　b. 人力

c. 过程　　d. 设备

24. "返工"是指为使不合格产品________而对其采取的措施。

a. 满足使用要求　　b. 让步使用

c. 降级　　d. 符合要求

25. 检验站的设置不是固定不变的，应根据________的需要适时调整。

a. 生产计划　　b. 销售计划

c. 工艺　　d. 检验人员

26. 让步接收实际上就是对一定数量不符合规定要求的材料、产品准予放行的________。

a. 口头认可　　b. 重复认可

c. 书面认可　　d. 再确认

27. 对检验后的不合格品进行评审和处理的检验站是________的。

a. 开环分类式　　b. 开环处理式

c. 闭环处理式　　d. 分散式

28. 质量检验活动要求取得证实________符合规定要求的客观证据。

a. 产品工艺　　b. 质量管理体系

c. 检验人员工作　　d. 产品质量特性

29. 产品验证是对规定要求已得到满足的认定，是一种________活动。

a. 技术性检查　　b. 技术管理

c. 技术评价　　d. 管理性检查

30. ________是指产品质量检测装置集成在产品生产过程，构成过程装备的组成部分，对需控制参数实现自助监测和控制的检测方法。

a. 理化检验　　b. 感官检验

c. 在线检测　　d. 生物检验

二、多项选择题(每题备选项中，至少有2项符合题意)

1. 质量检验的报告功能在于为________提供重要信息和依据。

a. 质量控制　　b. 质量预算

c. 质量改进　　d. 质量考核

e. 质量决策

2. 质量检验的主要步骤包括________。

a. 获取检测的样品　　b. 测量或试验

c. 签定检验合同　　d. 记录

3. 在检验人员做出产品放行、交付的判定前，需要________。

a. 提供证实产品符合规定要求的客观依据

b. 提供产品的生产能力已达到要求的客观证据

c. 提供顾客已经满意的客观证据

d. 所提供的客观证据得到认定

e. 提供产品能按约定时间交付的客观证据

4. 不合格品的控制程序应包括的内容有________。

a. 规定对不合格品的判定处置的职责、权限

b. 规定发生不合格品的限制金额

c. 规定对不合格品的标识方式

d. 规定如何做好不合格品的记录

5. 检验站的设置的基本原则包括________。

a. 重点考虑设在质量控制的关键作业部位和控制点

b. 要有适宜工作环境

c. 设置固定不变

d. 考虑节约检验成本、有利于提高工作效率

6. 质量检验的步骤包括________。

a. 获取检测的样品　　b. 测量或试验

c. 比较判定　　d. 隔离

7. 检验手册是________。

a. 检验工作的详细描述　　b. 检验工作的指导性文件

c. 质量管理体系文件之外的文件　　d. 质检人员和管理人员的工作指南

8. 产品验证的主要内容包括________。

a. 查验产品数量和实物的一致性

b. 查验检验人员的资质凭证

c. 确定作为检验依据的技术文件的正确性、有效性
d. 查验检验凭证的有效性
e. 查验产品检验方法的正确性

9. 质量特性分析表是分析产品实现过程中产品及其组成部分的重要质量特性________的技术文件。

a. 与产品安全性的关系　　b. 与产品适用性的关系
c. 与影响这些特性的过程因素　　d. 具体检测手段和方法

10. 为确保质量检验结果准确可靠,企业应________。

a. 选用高配置的检测设备　　b. 使用学历高的操作人员
c. 严格设备管理　　d. 采用正确的方法
e. 降低使用频次

11. 对不合格品的控制,以确保防止________。

a. 不同产品混淆　　b. 误用不合格品
c. 安装不合格品　　d. 误判不合格品

12. 质量检验中获取样品的途径主要有________。

a. 送样　　b. 抽样
c. 留样　　d. 试样

13. GB/T 19001—2008 标准规定,对不合格品的处置方式有________。

a. 纠正　　b. 报废
c. 让步　　d. 降级

14. 检测工作中发现异常情况时,以下________的处理是不正确的。

a. 因仪器设备出现故障而中断检测时,原检测数据失效
b. 发现样品损坏而无法得出正确检测数据,应改用备用样品重新检测
c. 发生检测数据散布异常时,继续检测
d. 因外界干扰影响检测结果时,中止检测,排除干扰后,重新检测,把前后检测数据拼凑在一起

15. 质量检验机构的主要工作范围包括________。

a. 文件标准化　　b. 宣传法律法规
c. 编制和控制质量检验程序文件　　d. 检验人员的培训和管理

16. 影响检验结果的主要因素有________。

a. 检测手段　　b. 检测记录
c. 检测方法　　d. 检测条件
e. 检测人员

17. 不合格严重性分级,需要考虑的原则是除了对产品适用性的影响程度、不合格对下一作业过程的影响程度外还应考虑________。

a. 顾客可能反映的不满意强烈程度
b. 所规定的质量特性的检验难易程度
c. 包括外观、包装等非功能性的影响因素

d. 所规定的质量特性的重要程度

18. 按检验技术方法不同，产品质量检验分为 ________。

a. 理化检验　　b. 验收检验
c. 感官检验　　d. 抽样检验
e. 生物检验

19. 完工检验站包括以下形式________。

a. 开环分类式　　b. 分散式
c. 闭环处理式　　d. 集中式

20. 工序检验站有以下形式________。

a. 分散式　　b. 开环分类式
c. 集中式　　d. 闭环处理式

21. 设置检验站通常遵循的基本原则有________。

a. 重点考虑质量控制的关键作业部件和控制点
b. 能满足生产作业过程需要
c. 节约检验成本
d. 有适宜的工作环境
e. 设置后固定不变

22. 质量检验的准备工作主要有________。

a. 熟悉规定要求　　b. 检验场地准备
c. 选择检验方法　　d. 制定检验规范

23. 不合格品控制程序主要规定对不合格品的________。

a. 预防措施　　b. 控制措施
c. 处置权限　　d. 处置职责
e. 用户补偿

24. 检验手册是质量检验活动的________的文件集合。

a. 产品图样　　b. 管理规定
c. 设计文件　　d. 技术规范

25. 产品形成过程中，质量波动是客观存在的，可以直接引起质量波动的因素包括________。

a. 操作人员的作业行为　　b. 基层人员数量
c. 作业设备的技术状态　　d. 作业过程采用的技术方法
e. 顾客要求的供货时间

26. 完工检验站是对________进行检验的。

a. 采购的原材料　　b. 零件
c. 成品　　d. 部件

27. 检验指导书是具体规定检验操作要求的技术文件，又称________。

a. 检验方法　　b. 检验规程
c. 检验卡片　　d. 检验手册

28. 不合格分级与________有关。

a. 质量特性重要程度有关　　b. 不合格的严重程度

c. 质量特性测试难易程度　　d. 检测质量特性的成本

29. 检验部门在配置检测设备时应会同________按照产品的技术要求研究确定。

a. 设计部门　　b. 生产部门

c. 工艺部门　　d. 采购部门

30. 质量特性分析表中影响质量特性的决定因素主要有________等。

a. 材料因素　　b. 该质量特性检验的难易程度

c. 方法因素　　d. 机器因素

31. 检测误差的主要来源有________。

a. 仪器设备误差　　b. 检验人员技术能力不足

c. 检验频次多少　　d. 检验方法误差

e. 检验记录错误

三、综合题(下列各题,可能是单选,也可能是多选)

(一) 某公司质检机构,为了指导检验员规范、正确地实施检验工作,提高检验工作质量,打算编制产品检验指导书。

1. 指导书首先明确检测对象,包括________。

a. 受检产品名称、型号　　b. 产品的判定

c. 图号　　d. 工序名称

2. 指导书中检验方法内容有________。

a. 检验的程序和方法　　b. 有关计算方法

c. 检测频次　　d. 数据处理方法

3. 指导书中检测手段内容有________。

a. 检测使用的计量器具名称和编号　　b. 判定比较方法

c. 规定检验项目　　d. 使用工装卡具的名称和编号

4. 指导书中检验判定的内容有________。

a. 规定数据处理的方法　　b. 质量特性值

c. 判定准则　　d. 判定比较的方法

5. 指导书中关于记录和报告内容有________。

a. 方法和表格　　b. 报告的内容与方式

c. 记录和报告的分发范围　　d. 程序与时间

(二) 某公司质量检验机构为了健全质量管理体系,计划开展质量特性分析以及不合格的分级工作。

1. 首先组织学习质量特性分析表的基本概念明确其作用是________。

a. 作为编制质量手册依据之一　　b. 作为编制检验规程的依据之一

c. 用来指导生产活动　　d. 用于指导检验技术活动

2. 同时了解质量特性分析表的编制部门应该是________。

a. 质检机构　　b. 生产部门

c. 设计、技术部门　　d. 生产车间

3. 下面的________不能作为编制质量特性分析表的依据。

a. 产品图纸或设计文件　　b. 作业流程及作业规范

c. 作业管理点明细表　　d. 供方的要求

4. 通过学习，明确了不合格严重性分析就是将产品质量可能出现的不合格按其对产品________影响的不同进行分级。

a. 符合性　　b. 经济性

c. 适用性　　d. 有效性

5. 通过不合格分级可以________。

a. 明确检验的重点　　b. 合理配置检测设备

c. 有利于选择更好的验收抽样方案　　d. 便于综合评价产品质量

（三）为加强公司内部管理，夯实基础，某公司调整了检验机构，重新编制质量检验文件。首先确定检验机构基本任务，对加强质量检验结果控制等一系列工作做了研讨，达成共识并实施。

1. 若按工艺流程顺序对检验站进行调整，可调整的检验站应该是________。

a. 外购材料进货检验站　　b. 加工过程中工序检验站

c. 无损探伤检验站　　d. 成品的试验站

2. 调整检验站的设置，应考虑________。

a. 该产品形状大小和复杂程度　　b. 节约检验成本、提高效率

c. 与生产节拍同步和衔接　　d. 与检验人员的素质和技术水平相适应

3. 根据工艺特点对检验场所合理布局，设置固定的检验站，适应固定检验站的场所是________。

a. 生产作业班组集中的地方　　b. 生产管理人员集中的地方

c. 生产设备、机群集中的地方　　d. 产品重量大，搬运困难的场所

4. 为判断检验结果，编制的检验指导书应规定________。

a. 判断的责任者　　b. 判断比较的方法

c. 判断的准则　　d. 数据处理方法

5. 对某些必须事先制作专门测量和试验用的样品试样或配置一定浓度比例、成分的试液，有关人员认识到这些试液和样品就是________。

a. 检测方法、执行检验方法的结果

b. 测量或试验、实施的结果

c. 检测直接对象，其检验结果就是拟检产品或材料的检验结果

d. 确认和处置，观察判断的结果

6. 质量检验记录的作用是________。

a. 便于追溯　　b. 查证检验人员的水平

c. 明确质量责任　　d. 保留客观的质量证据

7. 对检验人员的能力控制________。

a. 按岗位要求进行评价

b. 不具备能力者调离岗位

c. 对检测准确性要比较

d. 对检测设备要控制

第五章　计量基础

一、单项选择题(每题备选的项中,只有1个最符合题意)

1. “实现单位统一、量值准确可靠的活动。”称为________。

a. 测量

b. 计量

c. 校准

d. 检测

2. 加速度计量单位的符号是 m/s^2,其单位名称是________。

a. 每秒每米秒

b. 米每平方秒

c. 米每二次方秒

d. 二次方秒每米

3. ________是指“在规定条件下,为确定测量仪器或测量系统所指示的量值,或实物量具或参考物质所代表的量值,与对应的由测量标准所复现的量值之间关系的一组操作。”

a. 检定

b. 检测

c. 校准

d. 检验

4. 两不确定度分量相互独立,则其相关系数为________。

a. −1

b. 0

c. 1

d. 0.5

5. 显示装置能有效辨别的最小示值差,称为显示装置的________。

a. 灵敏度

b. 示值误差

c. 分辨力

d. 读数误差

6. 我国的现行计量法律法规体系由________三个层次的立法文件构成。

a. 计量法律、计量行政法规、计量规章

b. 计量法律、计量行政法规、部门计量规章

c. 计量法律、地方性计量法规、计量规章

d. 计量法律、计量行政法规、地方性计量法规和计量规章

7. 大量测量结果的(算术)平均值与真值或接受参照值之间的一致程度,被称为________。

a. 正确度

b. 准确度

c. 精密度

d. 稳定度

8. ________是指“以确定量值为目的的一组操作”。

a. 计量

b. 测量

c. 测试

d. 校对

9. “表征合理地赋予被测量之值的分散性,与测量结果相联系的参数。”是________的定义。

a. 测量准确度

b. 测量不确定度

c. 测量精密度　　d. 标准不确定度

10. 手册中给出纯铜在 20 ℃时的线膨胀系数是 16.52×10^{-6}℃$^{-1}$，其正确的读法是________。

a. 每 16.25×10^{-6}摄氏度　　b. 16.52×10^{-6}摄氏每度

c. 16.52×10^{-6}摄氏负一次方度　　d. 16.52×10^{-6}每摄氏度

11. 中央人民广播电台的某广播频率为 1 000 kHz，即________。

a. 1 000 ms　　b. 1 μs^{-1}

c. 1 MHz

12. 对给定的测量仪器，由规范、规程等所允许的误差极限值称为________。

a. 示值误差　　b. 相对误差

c. 最大允许误差　　d. 绝对误差

13. 测量仪器的标称范围上限值和下限值之差的绝对值称为________。

a. 测量范围　　b. 标称范围

c. 量程　　d. 示值范围

14. 测量结果与被测量真值的一致程度，通常是指计量的________。

a. 一致性　　b. 重复性

c. 精密性　　d. 正确性

e. 准确性　　f. 精确性

15. 为求得扩展不确定度，把合成标准不确定度 u_c 乘以包含因子 k 而得到。k 的取值大小决定于测量结果的重要性和它可能导致的风险、效益。在通常情况下，k 取________。

a. 1　　b. $\sqrt{2}$

c. $\sqrt{3}$　　d. 2

e. $\sqrt{6}$　　f. 3

16. 某材料的密度是 0.5 Mg/m^3，也等于________。

a. 50 kg/L　　b. 500 t/m^3

c. 0.5 mg/mm^3　　d. 5 g/cm^3

17. 我国的法定计量单位包括国际单位制(SI)的单位和国家选定的可与 SI 单位并用的非 SI 单位。在完整的国际单位制(SI)的单位中，包括________。

a. SI 单位和 SI 单位的倍数单位　　b. SI 基本单位和 SI 导出单位

c. SI 单位和 SI 单位的分数单位　　d. SI 单位和词头

18. 测量仪器在性能试验或进行检定、校准、比对时的使用条件，即________。

a. 为测量结果的相互比较而规定的标准条件

b. 使测量仪器的计量特性不受损也不降低的条件

c. 使测量仪器的规定计量特性处于给定极限内的条件

d. 使测量仪器仍可正常运行所能承受的条件

e. 为测量仪器能正常工作而规定的使用条件

19. 当被测量的变化很小,而引起的测量仪器的示值改变很大,则该仪器的________。

a. 分辨力很低　　b. 分辨力很高

c. 灵敏度很低　　d. 灵敏度很高

20. 一标称值 100 g 的标准砝码经校准后,确定其质量实际值为 100.021 47 g,且合成标准不确定度为 $u(m)$=0.35 mg,则正确的测量结果报告方式为________。

a. m=100.021 47 g±0.35 mg　　b. m=100.021 47 g,$u(m)$=0.7 mg

c. m=(100.021 47±0.000 7)g;(k=2)　　d. m=100.021 5 g,$U(m)$=0.7 mg;(k=2)

e. m=100.021 47 g,$u(m)$=0.035 mg　　f. m=100.021 47(0.003 5)g

21. 修正值等于负的________。

a. 绝对误差　　b. 相对误差

c. 随机误差　　d. 系统误差

22. 应按规定的程序和时间间隔监控________的实施,以确保能够及时发现其间出现的问题,并迅速采取改进措施,避免偏离预期的要求。

a. 测量标准　　b. 测量仪器

c. 测量过程　　d. 测量系统

23. 对计量器具进行检定,是为了"查明和确认计量器具是否符合________的程序"。

a. 计量特性　　b. 法定要求

c. 产品标准　　d. 通用要求

24. 某温度计的标称范围是(−50～100)℃,其量程是________。

a. 100℃　　b. 50℃

c. 150℃　　d. −150℃

25. "测量仪器示值与对应输入量的真值之差"指的是________

a. 最大允许误差　　b. 固有误差

c. 引用误差　　d. 示值误差

26. 已知某电学测量仪器的重复性限(按规定的测量条件取得的两次测量结果之差)r=0.068 mV,则由此而引起的测量不确定度分量应为________。

a. 0.025 mV　　b. 0.048 mV

c. 0.040 mV　　d. 0.024 mV

e. 0.049 mV　　f. 0.039 mV

27. 在规定条件下获得的各个独立观测值之间的一致程度,称为________。

a. 测量准确性　　b. 测量精密度

c. 测量重复性　　d. 测量再现性

28. 当测量结果是由若干个其他量的值求得时,测量结果的合成标准不确定度等于这些其他量的方差和协方差平方和的正平方根。当合成标准不确定度取 $u_c=\sqrt{u_1^2+u_2^2+\cdots+u_i^2}$时,则说明各分量之间是彼此________的。

a. 相关　　b. 不相关

c. 正相关　　d. 负相关

29. 用对观测列进行统计分析的方法来评定标准不确定度,称为不确定度的________

评定。

a. A类　　b. B类
c. 合成　　d. 扩展

30. 下面的示例中的________属测量仪器的极限条件。

a. 相对湿度范围 RH(60～80)%　　b. 电子汽车衡超载 25%
c. 允许交流电压波动 220(1±10%)V　　d. 温度仪表显示 20 ℃

31. 溯源性是指通过一条具有规定不确定度的不间断的比较链，使________的值能够与规定的参考标准，通常是与国家测量标准或国际测量标准联系起来的特性。

a. 测量结果或工作标准　　b. 测量结果或工作测量仪器
c. 工作测量仪器或测量标准　　d. 测量结果或测量标准

32. 在测量不确定度的评定过程中建立起来的测量模型，实质上表示的就是输出量与各输入量之间的________。

a. 相关关系　　b. 独立关系
c. 函数关系　　d. 代数关系

33. 测量仪器的误差处于规定的极限范围内的被测量的示值范围为________。

a. 标称范围　　b. 量程
c. 测量范围　　d. 操作范围

34. 有效的测量控制体系，可以保证测量设备和________始终满足其预期的要求，从而保证测量结果的准确性。

a. 测量标准　　b. 测量仪器
c. 测量系统　　d. 测量过程

35. 对计量器具的控制除型式批准和检定外，还包括________。

a. 校准　　b. 检验
c. 测试　　d. 试验

36. 检定具有法制性，其对象是法制计量范围内的计量器具。一台经检定合格的计量器具，意味着它是已被授予________的计量器具。

a. 计量特性　　b. 使用许可
c. 量值合格　　d. 管理许可
e. 法制特性　　f. 技术认可

37. SI 的基本单位共有 7 个，它们各自拥有相应的名称和符号。以下的________组符号是正确的。

a. m,kg,S,A,K,mol,cd　　b. m,kg,s,A,K,mol,cd
c. M,KG,S,A,K,mol,cd　　d. M,KG,s,A,K,mol,Cd

38. 测量准确度指的是________。

a. 在规定条件下相互独立的观测值之间的一致程度
b. 一系列测量结果的平均值和可接受的参考值的接近程度
c. 测量结果的期望与可接受的参考值之间的差异程度
d. 测量结果与被测量真值之间的一致程度

39. 扩展不确定度确定的是测量结果的________。

a. 估计值　　b. 一个区间

c. 区间的半宽　　d. 标准差

40. 法定计量单位是指由国家________承认，具有法定地位的计量单位。

a. 法律　　b. 行政法规

c. 部门规章　　d. 强制性国家标准

二、多项选择题(每题的备选项中，至少有 2 个是符合题意的)

1. 测量控制体系，是指为实现测量过程的连续控制和计量确认所需的一组相关的或相互作用的要素。它由________部分组成。

a. 测量过程实施的控制　　b. 测量过程要素的设计控制

c. 测量标准的核查确认　　d. 测量设备的计量确认

2. 以下关于计量检定的叙述，正确的是________。

a. 计量检定是由法定计量检定机构或授权的计量检定机构对所有计量器具实行的定点定期检定

b. 计量检定工作应当按照经济合理的原则，就地就近进行，不受行政区划和部门管辖的限制

c. 计量检定必须按照国家计量检定系统表进行，并执行计量检定规程

d. 计量器具经检定合格的，由检定单位出具检定证书、检定合格证或加盖检定合格印

3. 测量误差等于________。

a. 测量结果－总体均值　　b. 测量结果－真值

c. 总体均值－真值　　d. 随机误差＋系统误差

e. 测量结果＋修正值　　f. 相对误差×真值

4. 以下倍数或分数计量单位符号和名称中，符合词头使用规则的是________。

a. 丝米　　b. K℃

c. 万吨　　d. kJ/mol

e. ns

5. 以下法定计量单位表示错误或不当的是________。

a. kg/m^3　　b. cd

c. 20 000 kΩ　　d. N · km

e. min　　f. hm^2

6. 进行测量不确定度 B 类评定时，可用的信息来源包括________。

a. 校准证书中提供的数据　　b. 操作者根据惯例预测的数据

c. 生产厂商提供的仪器使用说明　　d. 手册中查出的数据

e. 国家标准中规定的重复性限

7. 根据计量活动的作用和地位，可将其分为________。

a. 军事计量　　b. 法制计量

c. 力学计量　　d. 温度计量

e. 工程计量　　f. 科学计量

8. 我国的《计量法》规定，用于________方面且列入《强制检定的工作计量器具明细目录》的工作计量器具，属于国家强制检定的法制管理范围。

a. 法定评价　　b. 司法鉴定
c. 公正计量　　d. 贸易结算
e. 环境监测　　f. 资源保护
g. 气象公告　　h. 医疗卫生
i. 安全防护　　j. 人身保险

9. 现行的《中华人民共和国计量法》是 1986 年 7 月 1 日起施行的，它的基本内容中包括________等条款。

a. 调整范围　　b. 法律责任
c. 计量器具管理　　d. 检定和校准
e. 实验室认可　　f. 计量认证
g. 计量授权　　h. 计量单位制
i. 计量监督　　j. 量值溯源

10. 以下计量单位中，属于 SI 基本单位的有________。

a. 坎[德拉]　　b. 千米
c. 千克　　d. 开[尔文]
e. 摄氏度　　f. 摩[尔]
g. 赫[兹]　　h. 安[培]

11. 帕[斯卡](Pa)所代表的物理量为________。

a. 力　　b. 压力
c. 应力　　d. 压强
e. 功　　f. 功率

12. 在下列的专业术语中，属于测量仪器的计量特性的有________。

a. 最大允许误差　　b. 测量不确定度
c. 示值范围　　d. 工作范围
e. 灵敏度　　f. 分辨力
g. 分度值　　h. 漂移

13. "单独地或连同辅助设备一起用以进行测量的器具。"是________的定义。

a. 测量仪器　　b. 计量器具
c. 实物量具　　d. 测量系统
e. 参考物质　　f. 测量设备

14. 扩展测量不确定度的表示方式有________。

a. 标准差　　b. 标准差的倍数
c. 合并样本标准差　　d. 说明了置信水准的区间的半宽

15. 标准不确定度指的是以标准差表示的测量不确定度，下列的________属于标准不确定度。

a. A类不确定度分量
b. B类不确定度分量
c. 允许不确定度
d. 合成不确定度
e. 测量不确定度
f. 扩展不确定度

16. 关于精密度，正确的理解是________。

a. 是准确度的一个组成部分
b. 包括准确度和正确度
c. 是在规定条件下，独立测量结果之间的一致性
d. 它的两个极端值是重复性和再现性

17. 关于再现性，正确的理解是________。

a. 在所有的测量条件都不变时的精密度
b. 在改变了测量条件下的精密度
c. 通常用偏倚表示
d. 可用再现性标准差表示

18. 关于测量准确度，下列说法正确的是________。

a. 与测量误差表示的实际是同一问题
b. 测量准确度包括测量误差
c. 测量结果与被测量的真值之间的一致程度
d. 测量准确度包括正确度和精密度

19. 我国的计量法规体系包括________。

a. 计量法
b. 计量标准
c. 计量行政法规
d. 计量规章

20. 实现量值溯源的主要技术手段是________。

a. 检定
b. 检验
c. 检查
d. 校准
e. 检测
f. 校对

21. 测量仪器按其计量学用途或在统一单位量值中的作用，可以分为________几类。

a. 测量标准
b. 参考标准
c. 国家基准
d. 测量基准
e. 工作标准
f. 工作用测量仪器

22. 以下计量单位中，________属于具有专门名称的SI导出单位。

a. 西门子
b. 坎德拉
c. 特斯拉
d. 法拉
e. 分贝
f. 摄氏度
g. 勒克斯
h. 公顷

23. 参考条件是指测量仪器在性能试验或进行________时的标准工作条件。

a. 检验
b. 检测
c. 检定
d. 校准
e. 测试
f. 比对

24. GB/T 6379 系列标准要求，在给出再现性时，应详细说明测量条件改变的情况，包括________。

a. 测量方法和程序　　b. 操作员
c. 被测样品的变化　　d. 地点(实验室)
e. 测量仪器　　f. 测量时间间隔

25. 一标称值为 50 g 的标准砝码经校准后确定其质量实际值为 50.012 58 g，且合成标准不确定度为 $u(m)=0.25$ mg。则正确的测量结果报告方式为________。

a. $m=50.012\ 58$ g±0.25 mg
b. $m=50.012\ 58(25)$g
c. $m=50.012\ 6$ g，$U(m)=0.5$ mg；$(k=2)$
d. $m=50.012\ 58$ g，$u(m)=0.25$ mg

26. 从技术性和经济性出发，选用测量仪器应遵循的原则是________。

a. 测量范围的上限与被测量相差不大，且能覆盖全部量值
b. 测量仪器的最大允许误差通常为被测对象所要求误差的 1/3～1/5
c. 灵敏度、稳定性和可靠性尽可能地高
d. 尽量选用便于安装、使用、维修的测量仪器
e. 测量误差越小越好

27. 测量设备的计量确认是指为确保测量设备满足预期使用要求而进行的一组操作。该过程的输入为________，输出为________。

a. 测量设备的确认状态　　b. 测量设备的计量特性
c. 顾客的计量要求　　d. 测量设备的校准结果

28. 在下面的活动举例中，________属于计量的内容。

a. 法定计量单位使用情况的检查　　b. 产品检验过程中的测量
c. 生产控制过程中的工艺参数测量　　d. 对能源计量器具的配备
e. 对使用中的测量仪器实现溯源　　f. 生产流水线上对产品量的自动计数记录
g. 政府计量行政部门实施计量监督　　h. 教育培训机构开展计量管理的专题培训

29. 计量的特点，可以归纳为________几个方面。

a. 准确性　　b. 可靠性
c. 社会性　　d. 一致性
e. 溯源性　　f. 法制性

30. “测量仪器的误差处在规定极限内的一组被测量的值。”被称为________。

a. 示值范围　　b. 标称范围
c. 测量范围　　d. 工作范围

31. 测量结果的随机误差等于________。

a. 测量结果—真值　　b. 测量结果—总体均值
c. 测量误差—系统误差　　d. 总体均值—真值

32. 测量仪器的计量特性产生慢变化的主要原因是________。

a. 环境条件的变化　　b. 仪器分辨力不够高

c. 仪器灵敏度较低
d. 仪器本身性能不稳定
e. 测量误差较大
f. 仪器的老化、磨损

33. 校准的目的主要是________。

a. 确定示值误差
b. 得出标称值偏差的报告值,并加以修正
c. 验证校准方法
d. 实现溯源性
e. 给标尺标记赋值或确定其他特性,或给参考物质的特性赋值

34. 下列计量单位中,属于我国法定计量单位的有________。

a. 弧度
b. 吨
c. 公升
d. 公顷
e. 亩
f. 节
g. 海里
h. 分贝

35. 测量仪器的额定操作条件是指其的________。

a. 规定范围内的使用条件
b. 允许的运行条件
c. 所能承受的极端条件
d. 正常的工作条件

36. 测量仪器按其结构和功能特点可分为________。

a. 数字式测量仪器
b. 显示式测量仪器
c. 比较式测量仪器
d. 记录式测量仪器
e. 积分式测量仪器
f. 模拟式测量仪器
g. 指示式测量仪器
h. 累积式测量仪器

37. 测量结果的系统误差等于________。

a. 真值—总体均值
b. 相对误差/真值—随机误差
c. 总体均值—真值
d. 测量结果—真值—随机误差

38. 在测量过程中,________都会引起测量不确定度。

a. 实现被测量定义的方法不理想
b. 对模拟仪器的读数存在人为偏移
c. 在表面上看来完全相同的条件下被测量值的变化
d. 观测值和被测量真值之间的不一致
e. 对环境条件的测量和控制的不完善
f. 测量仪器的分辨力或鉴别力阈不够
g. 测量标准本身含有一定的不确定度
h. 测量方法和测量程序的近似和假设

39. 显示装置的分辨力,指的是________。

a. 显示装置能有效辨别的最小的示值差
b. 数字式显示装置变化一个末位有效数字时其示值的变化量值
c. 模拟式显示装置标尺分度值的一半
d. 对应两相邻标尺标记的两个值之差

40. 测量仪器的选用原则主要包括________。

a. 技术性　　b. 准确性

c. 可靠性　　d. 耐用性

e. 适用性　　f. 经济性

41. 稳定性通常是指测量仪器保持其计量特性随时间恒定的能力。它的通常表征方式为________。

a. 计量特性变化某个规定的量所经历的时间

b. 计量特性经过的约定的单位时间所发生的变化量

c. 计量特性达到某个慢变化量所经历的时间

d. 计量特性经过规定的时间所发生的变化量

42. 在再现性的评价中,除以下________相同外,其他条件都可以改变。

a. 使用的测量程序　　b. 使用的测量方法

c. 观测者　　d. 环境条件

43. 测量设备是指为实现测量过程所必需的________或它们的组合。

a. 测量仪器　　b. 辅助设备

c. 虚拟仪器　　d. 软件

e. 标准物质　　f. 测量标准

三、综合题(下列各题,可能是单选,也可能是多选)

(一)用一台电阻测试仪对某个电阻器进行了连续 25 次测量后,评定得到的单次观测值的实验标准差为 0.15 Ω。又知电阻测试仪的本次校准证书给出的扩展不确定度为 $U=0.02\ \Omega(k=2)$。则:

1. A 类标准不确定度分量为________;

a. 0.01 Ω　　b. 0.02 Ω

c. 0.03 Ω

2. B 类标准不确定度分量为________;

a. 0.02 Ω　　b. 0.01 Ω

c. 0.005 Ω

3. 合成不确定度 u_c 为________。

a. 0.020 Ω　　b. 0.032 Ω

c. 0.015 Ω

4. 已知本测量列的取值为正态分布,则扩展不确定度 U(置信水平为 95%)为________。

a. 0.039 Ω　　b. 0.063 Ω

c. 0.045 Ω

(二)某城建成一个 50 m 的标准游泳池,竞赛官员要求检查游泳池中间泳道的长度。测量采用高质量的殷钢带尺进行,并用恒定的张力拉紧。作用在带尺上的温度效应和弹性效应很小,可以忽略不计。要求计算泳道最终测量结果的测量不确定度。

1. 对中间泳道在重复性条件下测量了 6 次，得测量列：

50.005 m　　49.999 m
50.003 m　　49.998 m
50.004 m　　50.001 m

采用标准不确定度的 A 类评定基本方法，得到泳道测量分散性导致的不确定度分量 u_1＝________。

a. 1.13 mm　　b. 1.14 mm
c. 1.15 mm　　d. 1.16 mm

2. 带尺的刻度误差范围半宽为 $\alpha=3$ mm，其在带尺各处出现的机会一般视作均等，故认为它呈均匀分布。采用标准不确定度的 B 类方法进行评定，得到由带尺的刻度误差导致的不确定度分量 u_2＝________。

a. 2.12 mm　　b. 1.73 mm
c. 1.50 mm　　d. 1.22 mm

3. 因主要影响中间泳道测量结果的不确定度分量仅有上述两项，且分量之间不相关，故求得其合成标准不确定度 u_c＝________。

a. 2.05 mm　　b. 2.06 mm
c. 2.07 mm　　d. 2.08 mm

4. 因泳道的测量结果呈正态分布，且要求其置信概率为 95%时，评定的扩展不确定度 U＝________。

a. 4 mm　　b. 5 mm
c. 6 mm　　d. 7 mm

（三）某公司在新产品的研制过程中需对生产工艺的温度参数测量进行准确控制，并计算出相应测量结果的不确定度。

本次温度测量采用由 K 型热电偶和数字温度显示仪组合而成的测量系统进行。经过分析，认为在生产容器内测量某点的温度时所导致测量不确定度的因素主要有三个方面：观测者在重复性条件下进行重复测量时引入的测量不确定分量；用数字温度显示仪进行测量引入的测量不确定度分量；K 型热电偶在校准时给出的测量不确定度分量。

1. 测量人员对生产容器内的指定点处的温度作了 10 次重复测量，经统计 $\bar{t}=400.22$ ℃，单次测量值的实验标准差 $S(t_i)=1.03$ ℃，得 $u_1(t)$＝________。

a. 1.02 ℃　　b. 1.03 ℃
c. 0.32 ℃　　d. 0.33 ℃

2. 数字温度显示仪的制造商提供的说明书提示，该显示仪在(0～500)℃的测量范围内的任何一点处的示值误差均≤±0.5 ℃，符合相关国家标准中的最大允许误差的规定。经分析，由数字式仪器的示值误差、最大允许误差导致的不确定度呈均匀分布，由此得 $u_2(t)$＝________。

a. 0.58 ℃　　b. 0.41 ℃
c. 0.35 ℃　　d. 0.29 ℃

3. 使用的K型热电偶今年已经过校准，给出的校准报告中表征，该热电偶在400 ℃处的修正值为0.5 ℃，且$U_{99}=2.0$ ℃。查表得$k_{99}=2.576$，由此得$u_3(t)=$________。

a. 0.77 ℃　　b. 0.78 ℃

c. 0.58 ℃　　d. 0.59 ℃

4. 上述的三个标准不确定度分量彼此之间独立，故评定的合成标准不确定度$u_c(t)=$________。

a. 1.33 ℃　　b. 1.24 ℃

c. 0.90 ℃　　d. 0.89 ℃

5. 根据产品设计的要求，本次测量结果的置信水平$p=95\%$，则评定的扩展不确定度$U_{95}=$________。

a. 1.8 ℃　　b. 1.7 ℃

c. 2.6 ℃　　d. 2.4 ℃

（四）如图所示，d_1、d_2分别为两个圆柱体的直径，L_1、L_2分别为两圆柱体内边距和外边距。已知的标准不确定度分别为$u_{d1}=0.5\ \mu m$，$u_{d2}=0.7\ \mu m$，$u_{L1}=0.8\ \mu m$，$u_{L2}=1.0\ \mu m$，且它们之间互不相关，欲确定两圆柱体轴心之间的距离L。

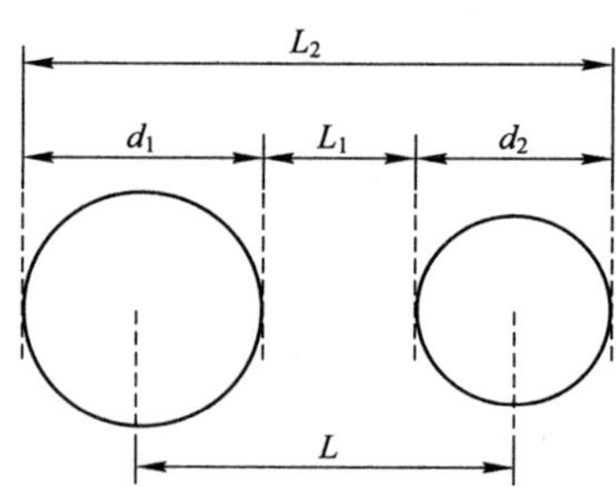

1. 采用第一种方法$L=L_1+\frac{d_1}{2}+\frac{d_2}{2}$时，$L$的合成标准不确定度为________。

a. 0.64 μm　　b. 0.9 μm

c. 1.1 μm　　d. 1.4 μm

e. 1.6 μm

2. 采用第二种方法$L=L_2-\frac{d_1}{2}-\frac{d_2}{2}$时，$L$的合成标准不确定度为________。

a. 0.64 μm　　b. 0.9 μm

c. 1.1 μm　　d. 1.4 μm

e. 1.6 μm

3. 采用第三种方法$L=\frac{L_1}{2}+\frac{L_2}{2}$时，$L$的合成标准不确定度为________。

a. 0.64 μm　　b. 0.9 μm

c. 1.1 μm　　d. 1.4 μm

e. 1.6 μm

4. 根据以上分析，可以得出的结论是________。

a. 三种方法相比，第一种最好　　b. 三种方法相比，第二种最好
c. 三种方法相比，第三种最好　　d. 无法判断哪种方法最好

（五）在计量管理工作中，测量结果受到多种因素的影响，为了达到测量的预定要求，测量仪器必须符合规范要求的计量学特性。

1. 如被测量的变化很小，而引起的测量仪器的示值改变很大，则该测量仪器的________。

a. 分辨率很高　　b. 分辨率很低
c. 灵敏度很高　　d. 灵敏度很低

2. 在下列各项因素中，产生测量仪器不稳定的因素包括________。

a. 元器件的老化　　b. 零部件磨损
c. 灵敏度太高　　d. 使用、贮存、维护工作不细致

3. 某温度计的标称范围是（−30～80）℃，则其量程为________。

a. 50 ℃　　b. 80 ℃
c. 110 ℃　　d. −30 ℃

4. 砝码质量的标称值为 200 mg，而其约定真值为 199.994 mg，则示值误差等于________。

a. −60 mg　　b. −6 mg
c. 0.006 mg　　d. 60 mg

5. 玻璃量瓶标记的标称容量为 1 000 mL，而其实际容量为 1 006.5 mL，则示值误差等于________。

a. −6.5 mL　　b. −6.0 mL
c. 6.0 mL　　d. 6.5 mL

（六）某数字电压表的数码显示范围为 0～10，有×1、×10 和×100 三档。其使用说明书表明：该电压表经校准后两年内，10 V 以内示值最大允许误差的模为 $14\times10^{-6}\times$（读数）$+2\times10^{-7}$（量程）（按均匀分布计算，k 取$\sqrt{3}$）。在某次校准 20 个月以后使用该表×1 档测量 1 V 的电压，再重复条件下独立测得电压 V，其平均值 $\overline{V}=0.928\ 571$ V，平均值的实验标准差为 $S(\overline{V})=12\ \mu$V。

1. 1 V 是值得最大允许误差为________。

a. 15 μV　　b. ±15 μV
c. 213 μV　　d. ±213 μV

2. A 类标准不确定度为________。

a. 8.67 μV　　b. 12 μV
c. 15 μV　　d. 213 μV

3. B 类标准不确定度为________。

a. 8.67 μV　　b. 12 μV
c. 15 μV　　d. 213 μV

第三部分

质量专业综合知识
模拟试题

一、单项选择题(共 30 题,每题 1 分。每题的备选项中,只有 1 个最符合题意)

1. 根据《产品质量法》和《质量发展纲要》有关规定,权威部门修订了《卓越绩效评价准则》及其《实施指南》,2012 年经中央批准,我国正式设立________。

a. 全国质量奖　　b. 政府质量奖

c. 中国质量奖　　d. 质量奖

2. 以下不是卓越绩效 9 项基本理念的是________。

a. 远见卓识的领导　　b. 社会责任

c. 学习改进与创新　　d. 过程方法

3. 不合格严重性分级是将产品质量可能出现的不合格,按其对________影响的不同进行分级。

a. 产品适用性　　b. 产品质量成本

c. 产品价格　　d. 顾客满意度

4. "创造一个使员工充分参与实现组织目标的内部环境"的管理过程,主要应当发挥管理职能中的________职能。

a. 计划　　b. 组织

c. 领导　　d. 控制

5. 质量管理体系审核的纠正措施费属于________。

a. 预防成本　　b. 鉴定成本

c. 内部故障成本　　d. 外部故障成本

6. 我国采用国际标准的原则有________。

a. 应当尽可能等效采用国际标准

b. 应当尽可能等同采用国际标准

c. 一个标准应当尽可能采用多个国际标准

d. 对于质量性能标准应优先采用

7. 下列判断错误的是________。

a. 质量培训的目的是通过系统地改进人员的技能和知识,提升组织产品和服务的价值

b. 质量培训应当针对人员现有能力和岗位要求的差距进行

c. 被培训人员的工作业绩是质量培训结果评价的唯一依据

d. 为确保质量教育培训按要求管理和实施，应由胜任的人员对培训的全过程进行监督

8. 某汽车厂为了增加动力，对 A 款汽车进行了改型。改型后的汽车出厂后不久，大量用户投诉反映汽车点火线圈常出故障，导致汽车不能正常行驶，此种缺陷称为________。

a. 告知缺陷　　b. 指示缺陷

c. 设计缺陷　　d. 说明缺陷

9. 方针目标管理确定问题点时，可考虑未实现规定目标、标准的问题点，也可考虑________问题点。

a. 有关安全的　　b. 有关环境的

c. 对照长期规划发展可能出现的　　d. 短期内应该解决的

10. 监控供应商的过程能力指数是企业在________阶段对供应商进行质量控制的重要手段。

a. 设计与开发　　b. 批量生产

c. 样品试制　　d. 生产定型

11. 在产品设计开发阶段，企业通常可以采用________的方法来提高设计开发的质量并缩短开发周期。

a. 对供应商的样件进行严格检验

b. 对供应商进行过程能力分析

c. 邀请供应商参与早期的设计开发

d. 审核供应商的质量管理体系

12. 作为一名管理者应具备技术、人际和概念技能，而基层管理者主要需要________。

a. 技术和概念技能　　b. 技术和人际技能

c. 概念技能和人际技能　　d. 技术概念和人际技能

13. 某企业在其产品的包装上注明所采用的推荐性产品标准，但顾客在使用中发现该产品的某项质量特性不符合该推荐性产品标准的要求，则该企业应________。

a. 承担全部产品质量责任

b. 不承担产品责任

c. 承担产品质量责任，但由于不是强制性标准，因此，只承担经济责任

d. 承担行政责任

14. 如果来自不同供应商的同一种产品经批检验均合格，但其质量特性的分布有所不同，则质量损失往往________。

a. 没有差异　　b. 不尽相同

c. 可以忽略　　d. 无法衡量

15. 在审核组实施现场审核时，以下做法不正确的是________。

a. 应汇总与审核准则的符合情况

b. 应记录具体的符合的审核发现及支持的证据

c. 应提出不符合的纠正措施

d. 应使受审核方理解不符合

16. 在现场审核中，抽样计划的合理性与________密切相关。

a. 审核结论的可信性　　b. 审核证据

c. 信息收集的方法　　d. 可获得的信息

17. 某类质量特性若不充足时，顾客不满意，充足时，顾客就满意。越不充足，越不满意，越充足越满意。该类质量特性在 Kano 模型中被称为________。

a. 当然质量　　b. 一元质量

c. 魅力质量　　d. 期望质量

18. 组织应依据________，对设计和开发的结果进行验证。

a. 设计和开发的输出　　b. 设计和开发的评审结果

c. 设计和开发的确认结果　　d. 设计和开发所策划的安排

19. 比较“不合格”和“不合格品”的概念，正确的说法应是________。

a. 两者互不相干　　b. 两者没有区别

c. 不合格包括不合格品　　d. 不合格比不合格品严重

20. 组织与顾客的关系是________。

a. 组织依存于供方　　b. 供方依存于组织

c. 相互依存　　d. 相互竞争

21. 质量检验实质上是要取得证实________的客观证据。

a. 检验工作质量合格与否　　b. 检验工具质量合格与否

c. 检验人员能力　　d. 产品质量特性合格与否

22. 计量的特点中，________是指在统一计量单位的基础上，测量结果应是可重复、可复现和可比较的。

a. 准确性　　b. 一致性

c. 溯源性　　d. 法制性

23. 产品验证的性质是________。

a. 生产者对产品质量的审核　　b. 产品质量在使用环境中的验证

c. 对产品的技术性检查　　d. 对产品的管理性检查

24. 检验流程图的编制需依据________。

a. 质量手册　　b. 检验规程

c. 作业流程图　　d. 产品质量标准

25. $\bar{x}_1$ 和 $\bar{x}_2$ 不相关，对应的标准不确定度分别为 $u(x_1)$ 和 $u(x_2)$，则 x_1-x_2 的合成标准不确定度为________。

a. $u(x_1)-u(x_2)$　　b. $u(x_1)+u(x_2)$

c. $\sqrt{|(u^2(x_1)-u^2(x_2))|}$　　d. $\sqrt{u^2(x_1)+u^2(x_2)}$

26. 以下不能作为质量管理体系审核证据的是________。

a. 有关记录　　b. 陪同人员的谈话

c. 现场观察到现象　　d. 可证实的有关信息

27. 电阻甲的阻值为 200 kΩ,电阻乙的阻值为 2.3 MΩ,两者阻值之和等于________。

a. 430 kΩ
b. 2.302 MΩ
c. 2.32 MΩ
d. 2.5×10^{6} Ω

28. A 物的体积为 2×10^{-5} m^3,B 物的体积为 100 mL,两者体积之和等于________。

a. 102 mL
b. 120 mL
c. 0.21 L
d. 0.3 L

29. 由测量所得到的赋予被测量的值称为________。

a. 被测量
b. 测量结果
c. 量值
d. 示值

30. 用架盘天平称量某物的质量,得 100.0 克,该物用工业天平更准确称量,得出 100.5 克。则该架盘天平在 100 克的示值修正值为________。

a. −0.6 克
b. −0.5 克
c. 0.5 克
d. 0.6 克

二、多项选择题(共 40 题,每题 2 分。每题的备选项中,有 2 个或 2 个以上符合题意,至少有 1 个错项。错选,本题不得分;少选,所选的每个选项得 0.5 分)

1. 2012 版 GB/T 19580 在引言中增加了 9 个基本概念,以下________是基本理念。

a. 战略导向
b. 顾客驱动
c. 以人为本
d. 合作共赢
e. 系统管理

2. 在自我评价和质量奖评价时,按过程、结果两类评分条款,定性和定量地诊断、评价管理的成熟度。对结果评价要从________方面进行。

a. 水平
b. 趋势
c. 对比
d. 学习
e. 整合

3. 供应商参与产品的设计开发的优势体现在________。

a. 有利于供应商明确顾客要求
b. 依靠全数检验保证其设计质量
c. 把企业要求直接转化为供应商生产过程的特性要求和工艺要求
d. 企业依靠外部检验把好新产品质量关
e. 通过培训供应商明确产品目标质量,可达成一致的控制、验收和放行标准

4. 在选用测量仪器时,应遵循________。

a. 测量不确定度越小越好
b. 灵敏度越高越好
c. 测量范围越大越好
d. 最大允许误差为被测对象所要求误差的$\frac{1}{3}-\frac{1}{5}$
e. 满足预定要求即可

5. 按检验技术方法不同，产品质量检验分为________。

a. 理化检验 b. 验收检验
c. 感官检验 d. 抽样检验
e. 生物检验

6. 质量管理体系的审核活动中，与审核员有关的审核原则是________。

a. 道德行为 b. 公正表达
c. 职业素养 d. 独立性
e. 基于证据的方法

7. 制定方针目标的依据主要包括________。

a. 市场需求 b. 竞争对手情况
c. 上年未实现的目标及存在的问题 d. 现有的组织结构
e. 国家法律法规

8. 标准实施后，制定标准的部门应根据科学技术的发展和经济建设的需要适时进行复审。复审的结果有________。

a. 确认标准继续有效 b. 制定新标准以代替现行标准
c. 予以修订 d. 予以废止
e. 限期使用

9. 以下费用中属于内部故障成本的有________。

a. 质量体系审核的纠正措施费 b. 产品质量筛选的试验费
c. 停工损失费 d. 顾客投诉的纠正措施费
e. 产品报废损失费

10. 下列产品属于《产品质量法》适用的产品范围的有________。

a. 化妆品 b. 豆制品
c. 建筑设备 d. 建筑施工
e. 袋装茶叶

11. 质量意识教育的内容包括________。

a. 质量法规 b. 质量责任
c. 产品特性 d. 质量工具
e. 质量技术

12. 根据贸易技术壁垒（TBT）协议的规定，各成员国的________与国际标准不一致、对贸易有影响时，必须向 WTO 通报。

a. 关税税率 b. 合格评定程序
c. 货币汇率 d. 技术法规
e. 标准

13. 下列关于审核证据的说法，正确的是________。

a. 审核证据是可证实的信息 b. 审核证据是文件
c. 审核证据是基于可获得的信息样本 d. 审核证据与审核准则有关
e. 审核证据可以是定性的或定量的

14. 国家对产品质量实行以抽查为主要方式的监督检查制度，对可能危及人体健康和人身、财产安全的产品以及其他产品进行抽查。样品应当在________中随机抽取。

a. 市场上待销产品　　b. 生产线
c. 企业成品仓库　　d. 用户使用的产品
e. 中转地

15. 作为企业评定供应商业绩的常用方法，模糊综合评价法适用于________等场合。

a. 强调定性分析　　b. 供应商选择的评价
c. 供应商质量数据不全　　d. 需要定性与定量分析相结合
e. 需要客观表现与主观判断相结合

16. 企业与供应商之间建立互利共赢的关系，可以给双方带来________等共同利益。

a. 增进沟通，减少纠纷　　b. 提高市场需求的稳定性
c. 降低双方的交易成本　　d. 共同分享信息
e. 实现优势互补

17. 第二方审核是指由________进行的审核。

a. 其他组织以相关方的名义　　b. 其他组织以顾客的名义
c. 对组织感兴趣的顾客　　d. 外部独立的组织

18. GB/T 19001—2008 标准中所表述的“顾客财产”是指________财产。

a. 顾客拥有的由组织控制的　　b. 顾客拥有的由组织使用的
c. 顾客拥有的由顾客控制的　　d. 组织拥有的由顾客使用的
e. 组织拥有的由顾客控制的

19. 以下属于 GB/T 19001—2008 中工作环境因素的是________。

a. 温度、湿度　　b. 生产设备
c. 通讯设施　　d. 清洁度
e. 信息

20. 记录控制的主要目的是为了________。

a. 提供证据　　b. 实现“可追溯性”
c. 易于识别和检索　　d. 确保记录满足审核需要
e. 控制记录的版本

21. 应用顾客关系管理可以支持顾客关系生命周期中________等相应的业务过程。

a. 销售　　b. 电子交易
c. 服务　　d. 营销
e. 供应商管理

22. “一个有效顾客要求陈述”应当________。

a. 保证陈述与某一特定产品或“真实的瞬间”相联系
b. 清楚地描述顾客需求和期望
c. 使用定量的因素
d. 建立“可接受的”或“不可接受的”的标准
e. 详细且简洁

23. 质量检验获取的信息和数据的反馈(报告)可以为________提供依据。

a. 质量改进　　b. 战略规划

c. 质量控制　　d. 战略布置

e. 绩效考核

24. 最高管理者应确保质量管理体系的策划满足________的要求。

a. 顾客　　b. 产品

c. 质量方针　　d. 质量目标

e. 质量管理体系总体

25. 以下对审核方案和审核计划的理解,正确的有________。

a. 审核计划仅是对一次审核的活动和安排的描述

b. 审核方案包括对审核计划制定和实施的管理

c. 审核方案由审核组长编写

d. 审核方案应形成文件

e. 审核方案就是审核计划

26. 某公司派出审核组与另一家企业的审核人员一起对其供应商进行质量管理体系审核,这种审核可称为________。

a. 第一方审核　　b. 第二方审核

c. 第三方审核　　d. 联合审核

e. 结合审核

27. GB/T 24001 提出了基于五大要素的环境管理体系模式,以下属于五大要素的内容有________。

a. 环境方针　　b. 策划

c. 实施和运行　　d. 持续改进

e. 环境目标

28. 在企业质量管理活动中,质量检验部门的权限包括________。

a. 评审不合格品的适用性

b. 判定产品质量合格与否

c. 制止产品质量以次充好,弄虚作假行为

d. 执行规定的检验标准

e. 统计和分析产生的各种不合格品的问题

29. 质量管理体系审核的主要活动通常包括________。

a. 文件评审　　b. 现场审核的准备

c. 现场审核的实施　　d. 纠正措施的验证

e. 审核的完成

30. 不合格品的处置方式有________。

a. 降价　　b. 纠正

c. 让步　　d. 报废

e. 回收

31. 法制计量的主要目的是保证与________等有关的测量工作的公正性和可靠性。

a. 贸易结算　　b. 环境监测
c. 工业产品　　d. 医疗卫生
e. 安全防护

32. 测量仪器的计量特性产生漂移的主要原因是________。

a. 环境条件的变化　　b. 仪器分辨力不够高
c. 仪器灵敏度较低　　d. 仪器本身性能不稳定
e. 测量误差较大

33. 下列测量仪器的计量特性可以定量表示的是________。

a. 测量准确度　　b. 分辨力
c. 灵敏度　　d. 稳定性
e. 示值误差

34. 编制检验计划应考虑的原则有________。

a. 充分体现检验的目的　　b. 能指导用户对产品的正确使用
c. 追求质量第一,不考虑检验成本　　d. 重要的质量特性要优先保证,优先考虑
e. 适应生产作业过程需要

35. 我国土地面积的法定计量单位有________。

a. 亩　　b. 公顷
c. 平方公里　　d. 平方米
e. 平方丈

36. 检验手册含义是________。

a. 检验手册是质量检验人员和管理人员的工作指南
b. 检验手册是检验活动管理规定和技术规范文件的集合
c. 检验手册相当于检验指导书
d. 检验手册就是生产企业检验工作情况介绍
e. 检验手册是检验工作的指导性文件

37. 按结构和功能特点划分,测量仪器包括________。

a. 比较式测量仪器　　b. 积分式测量仪器
c. 累积式测量仪器　　d. 显示式测量仪器
e. 工作用测量仪器

38. 测量设备的计量确认过程的输入包括________。

a. 不确定度　　b. 最大允许误差
c. 顾客的计量要求　　d. 测量设备的特性
e. 测量设备的状态

39. 当测量结果是由若干个其他量的值求得时,测量结果的合成标准不确定度由其他各量的________算得。

a. 平均值　　b. 极差
c. 方差　　d. 协方差

e. 残差

40. 关于计量的特点，正确的有________。

a. 准确性是指测量结果与被测量真值的一致程度

b. 一致性是指测量结果应是可重复、可再现(复现)、可比较的

c. 溯源性是指测量结果或测量标准的值必须溯源到企业的最高计量标准

d. 法制性是指计量必须的法制保障方面的特性

e. 计量既属于测量而又严于一般的测量

三、综合分析题(共30题，每题2分。由单选和多选组成。错选，本题不得分；少选，所选的每个选项得0.5分)

(一)某公司按照计划决定对其质量管理体系和环境管理体系一并进行内部审核。

1. 根据审核的分类，这次内部审核亦可称为________。

a. 第一方审核　　b. 联合审核

c. 结合审核　　d. 管理体系审核

2. 由管理者代表批准审核组人选和审核计划，以确保审核过程的________。

a. 客观性　　b. 经济性

c. 可追溯性　　d. 公正性

3. 公司确定了这次审核的依据，其中不应包括________。

a. GB/T 19001　　b. GB/T 24001

c. 合同　　d. 记录

4. 审核组召开了现场审核的首次会议，这次会议不应由________主持。

a. 总经理　　b. 管理者代表

c. 审核组长　　d. 质量部经理

(二)王先生2012年喜迁新居，可搬家不久就发现新房子在居住时有很多问题，他想依据法律维护自己的权利，请你帮助张先生选择可行的办法。

1. 王先生新居出现的________问题，可依据《产品质量法》追究质量责任。

a. 楼上厨房漏水　　b. 装饰材料甲醛含量超标

c. 空调不制冷　　d. 赠送的地下室面积不够

2. 有一次王先生做饭时接了电话，锅里的水溢出来把火扑灭了，等王先生发现时厨房里的煤气味已经很浓了，非常危险。王先生这才知道，他新买的嵌入式燃气灶缺少熄火保护装置。国家标准规定嵌入式燃气灶必须有熄火保护装置。根据《产品质量法》可判定该燃气灶存在________。

a. 缺陷　　b. 偷工减料问题

c. 不合格　　d. 召回问题

3. 根据《产品质量法》和《消费者权益保护法》，王先生有权向销售商或生产该燃气灶的厂家追究责任，他可以依据相关法律和买卖合同，要求________。

a. 更换　　b. 退货

c. 追加　　d. 返工

4. 该燃气灶生产厂家违反了《产品质量法》规定的产品质量义务，具体违反内容是________。

a. 保证产品内在质量　　　　b. 保证产品标识符合法律法规要求

c. 产品包装必须符合规定要求　　　　d. 保持产品原有质量

（三）ZW公司是我国一家农用车制造企业，公司在近几年全国农用车市场下滑的背景下获得了快速健康的发展。2012年实现销售收入50亿元，净利润3亿元。该公司优异的业绩得益于公司产品的优异质量，产品质量的优异则得益于公司健全的供应商管理体系。

1. ZW公司本着与供应商均享利润的原则，采购价格合理，并每半月按时结算供应商货款，确保供应商的发展空间。ZW公司与供应商之间的关系属于________。

a. 竞争　　　　b. 短期合同

c. 互利共赢　　　　d. 优势互补

2. ZW公司出台了供应商评定管理办法，从供应商的产品质量、价格水平、创新能力、服务水平和供货能力等方面对供应商进行评分，满分为100分，90分以上者为A级供应商。这是一种________。

a. 模糊综合评价法　　　　b. 综合评分法

c. 不合格评分法　　　　d. 层次评价法

3. ZW公司在批量生产过程中可以采用________方法进一步加强对供应商质量保证能力的监控。

a. 过程能力分析　　　　b. 头脑风暴法

c. 测量系统分析　　　　d. 相关图分析

（四）某公司为在激烈的市场竞争中保持优势，让所有的相关方满意，按国际标准要求建立了质量管理体系、环境管理体系和职业健康安全管理体系，并通过规范的内审、管理评审、认证审核等方式，保持体系的有效性，实现不断改进。为提高工作效率，公司三个管理体系由一位管理者代表负责，每次内审和认证审核都是三个体系一起审核。

1. 公司的内审，又可称为________。

a. 第一方审核　　　　b. 第二方审核

c. 联合审核　　　　d. 结合审核

2. 公司的管理评审，应________。

a. 由管理者代表全面负责　　　　b. 由最高管理者主持

c. 由审核组长主持　　　　d. 由审核方案管理人员主持

3. 可作为公司质量管理体系、环境管理体系、职业健康安全管理体系认证依据的标准依次是________。

a. GB/T 19001、GB/T 28001、GB/T 24001

b. GB/T 19001、GB/T 14001、GB/T 28002

c. GB/T 19004、GB/T 24001、GB/T 28001

d. GB/T 19001、GB/T 24001、GB/T 28001

4. 关于公司三个管理体系及其相互关系的认识，以下正确的是________。

a. 三个管理体系均应将顾客满意作为首要目标

b. 三个管理体系各自关注不同领域的目标

c. 三个管理体系都是公司经营管理体系的组成部分

d. 三个管理体系均需不断改进

（五）某公司向客户供应的产品，使用中常有各种程度不同的质量问题发生，客户反映非常强烈，要求取消合同。公司决定请质量专家诊断。专家诊断认为问题的原因是在产品形成过程的质量控制中，未就产品质量特性对其适用性的影响进行分析。

1. 公司根据专家的建议，先组织了培训，学习了产品质量特性不合格严重性分级的有关知识。通过学习，大家认识到产品不合格严重性分级表是________。

a. 分析产品使用过程中其质量特性与产品适用性关系的技术文件

b. 产品设计者用来表述产品适用性的技术文件

c. 分析产品形成过程中质量特性要求和作业难易程度关系的技术文件

d. 针对具体产品中可能出现的不合格对其严重性进行分级的文件

2. 大家了解到不合格分级的作用是________。

a. 可以明确检验的重点　　b. 便于综合评价产品质量

c. 有利于选择更好的验收抽样方案　　d. 为客户购买产品提供指南

3. 公司技术部开始学习编制质量特性分析表，编制“分析表”依据的主要技术资料有________。

a. 产品的设计技术文件（包括图样）　　b. 产品的说明书（或用户手册）

c. 产品消耗件明细表　　d. 产品形成的作业流程及作业规范

4. 公司对产品实行质量特性不合格严重性分级管理，确定了不合格严重性分级的原则应是________。

a. 质量特性的重要程度　　b. 质量特性对产品适用性的影响程度

c. 过程作业的难易程度　　d. 引发顾客的不满意程度

（六）某公司在全国各地建立了销售网点，为加强对销售工作和销售网点的管理，保证销售网络的整体规范运行，公司决定与认证机构联系，要求认证机构对公司销售部及销售网点进行质量管理体系认证审核，同时为选择合格供方，还拟与认证机构一起对公司的潜在供方进行审核。

1. 本例中认证机构对公司销售部及销售网点的审核属于________。

a. 第一方审核　　b. 第二方审核

c. 第三方审核　　d. 联合审核

2. 如果认证机构与公司有关人员一起对公司的潜在供方的质量管理体系进行审核，则这种审核的委托方是________。

a. 公司　　b. 认证机构

c. 供应商　　d. 审核组长

3. 对公司潜在供方实施审核后的审核报告________。

a. 所有权属于公司　　b. 所有权属于认证机构

c. 由公司指定发放范围　　d. 由认证机构批准分发

（七）某公司产品在近几年客户装机使用中，接连不断地发生各种质量问题，轻则表面涂装很快剥落，重则个别产品因故障无法继续使用，甚至引发索赔。只是苦于尚无替代产品才勉强继续装用，但客户意见非常强烈，声称一旦找到适合的产品就取消合同。公司对此也感到压力很大，但采取的对策总是头痛医头、脚痛医脚，没有根本解决问题。最后公司请来质量专家会诊，经查验设计资料、调查产品形成过程后发现，过程质量控制中对所有质量特性要求"一视同仁"对待，没有区别主次、没有分析其对产品适用性的影响。为了改变这种状况，公司按照专家提出的建议进行了整改。公司首先组织培训，在培训期间学员们就"质量特性分析表"的定义、作用进行了激烈的争论，请你选择以下问题的正确答案：

1. 对质量特性分析表的正确理解是________。

a. 分析产品使用过程中其质量特性与产品适用性关系的技术文件

b. 产品设计者在产品设计时用来表述产品适用性的技术文件

c. 分析产品实现过程中，产品及其组成部分的重要质量特性与产品适用性的关系和主要影响这些特性的过程因素的技术文件

d. 分析产品实现过程中质量特性要求和检验作业难易程度关系的文件

2. 质量特性分析表的作用是________。

a. 可供熟悉质量特性和产品性能的内在联系

b. 可作为评价产品质量符合与不符合的依据

c. 可供掌握质量控制的关键和质量检验的重点

d. 可作为编制检验规程的依据之一

3. 编制质量特性分析表应依据的主要技术资料是________。

a. 产品的设计文件（包括产品图样）　　b. 产品使用说明书

c. 产品消耗件明细表　　d. 作业流程及作业规范

4. 公司在培训的基础上，组织技术人员和管理人员对产品不合格的严重性进行分级。分级时应考虑的原则应包括________。

a. 质量特性的重要程度　　b. 过程作业人员的技术熟练程度

c. 对产品适用性的影响程度　　d. 顾客反映不满意的强烈程度

（八）如图所示，d_1、d_2 分别为两个圆柱体的直径，L_1、L_2 分别为两圆柱体内边距和外边距。已知的标准不确定度分别为 $u_{d1}=0.5\ \mu m$，$u_{d2}=0.7\ \mu m$，$u_{L1}=0.8\ \mu m$，$u_{L2}=1.0\ \mu m$，且它们之间互不相关，欲确定两圆柱体轴心之间的距离 L。

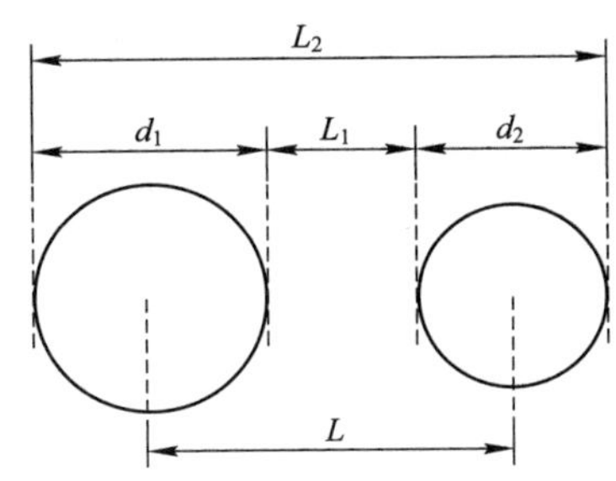

1. 采用第一种方法 $L=L_1+\frac{d_1}{2}+\frac{d_2}{2}$时，$L$ 的合成标准不确定度为________。

a. 0.64 μm
b. 0.9 μm
c. 1.1 μm
d. 1.4 μm
e. 1.6 μm

2. 采用第二种方法 $L=L_2-\frac{d_1}{2}-\frac{d_2}{2}$时，$L$ 的合成标准不确定度为________。

a. 0.64 μm
b. 0.9 μm
c. 1.1 μm
d. 1.4 μm
e. 1.6 μm

3. 采用第三种方法 $L=\frac{L_1}{2}+\frac{L_2}{2}$时，$L$ 的合成标准不确定度为________。

a. 0.64 μm
b. 0.9 μm
c. 1.1 μm
d. 1.4 μm
e. 1.6 μm

4. 根据以上分析，可以得出的结论是________。

a. 三种方法相比，第一种最好
b. 三种方法相比，第二种最好
c. 三种方法相比，第三种最好
d. 无法判断哪种方法更好

质量专业理论与实务

本篇导读：下篇内容是按照《质量专业技术人员职业资格考试大纲》（以下简称《考试大纲》）和全国质量专业技术人员职业资格考试专用教材——《质量专业理论与实务（中级）》（以下简称《考试专用教材》）展开编写的，主要由四部分组成：

第四部分：质量专业理论与实务考试大纲知识要点

围绕《考试大纲》和《考试专用教材》的要求，对知识要点逐一进行分析和解释，以帮助考生掌握知识重点；通过例题和试题的详细解答，以帮助考生理解考试难点。

第五部分：质量专业理论与实务练习和复习题

按照《考试大纲》和《考试专用教材》的要求，参照考试的题型编制了练习和复习题，以帮助考生进行系统练习和复习，并在最后给出了参考答案。

第六部分：质量专业理论与实务模拟试题

按照《考试大纲》和《考试专用教材》的要求，参照考试的题型和题量编制了模拟试题，以帮助考生进行综合练习，同样在最后给出了参考答案。

第七部分：统计软件应用

在注重质量专业技术人员准备考生复习和资格考试应试指南的基础上，特别关注专业技术人员在实际质量工作中能够应用相关的统计知识和技能，专门介绍了相关统计软件的应用，并结合教材中的例题应用软件进行解答，帮助专业技术人员提高统计软件的应用能力。

第四部分

质量专业理论与实务考试大纲知识要点

第一章 概率统计基础知识

第一节 概率基础知识

一、事件与概率

（一）随机现象

掌握随机现象与事件的概念 **考试大纲**

1. 概念

在一定条件下，并不总是出现相同结果的现象。

2. 特点

（1）随机现象的结果至少有两个；

（2）至于哪一个出现，事先并不知道。

（二）随机事件（简称事件）

掌握随机现象与事件的概念 **考试大纲**

1. 概念

随机现象的某些样本点组成的集合。常用大写英文字母 $A, B, C\cdots$ 表示。

2. 特征

（1）任一事件 A 是相应样本空间 Ω 中的一个子集；

（2）事件 A 发生当且仅当 A 中某一样本点发生；

（3）事件 A 的表示可用集合，也可用语言，但所用语言要大家明白无误；

（4）任一样本空间 Ω 有一个最大子集即 Ω，它对应的事件称为必然事件，仍用 Ω 表示；

（5）任一样本空间 Ω 都有一个最小子集即空集，它对应的事件称为不可能事件，记

为 ϕ。

3. 随机事件之间的关系

(1) 包含:在一个随机现象中有两个事件 A 与 B,若事件 A 中任一个样本点必在 B 中,则称 A 被包含在 B 中,或 B 包含 A,记为 $A \subset B$ 或 $B \supset A$。对任一事件 A,必有 $\Omega \supset A \supset \phi$。

(2) 互不相容:在一个随机现象中有两个事件 A 与 B,若事件 A 与 B 没有相同的样本点,则称 A 与 B 互不相容。这时事件 A 与 B 不可能同时发生。

注:两个事件间的互不相容可推广到三个或更多个事件间的互不相容。

(3) 相等:在一个随机现象中有两个事件 A 与 B,若事件 A 与 B 含有相同的样本点,则称事件 A 与 B 相等,记为 $A=B$。

注:若 $A=B$,则有 $A \supset B$,$B \supset A$;反之若两个事件互相包含,则它们相等。

例题和习题分析

【1-1】(单项选择题):下列不是随机现象的有(　　)。

A. 检查 100 件产品,其中不合格品的件数

B. 中央电视台的新闻联播节目的开播时间

C. 每天某图书馆进馆借书的人数

D. 一支香烟所含有尼古丁的数量

答案及分析:选择 B。因为新闻联播节目的时间是固定的,只有 1 个结果,所以不是随机现象。

【1-2】(单项选择题):同时抛 10 枚硬币,观察其结果,其样本空间所含的样本点数为(　　)。

A. 20　　B. 10

C. 1 200　　D. 1 024

答案及分析:选择 D。因为抛一枚硬币有 2 种可能,即正面或反面。抛两枚硬币有 4 种(2^2 种)可能,即(正,反),(正,正),(反,正),(反,反);抛 10 枚硬币有 $2^{10}=1\ 024$ 种可能。

【1-3】(单项选择题):在抛一颗骰子的试验中,出现偶数点是(　　)。

A. 随机现象　　B. 随机事件

C. 必然事件　　D. 不可能事件

答案及分析:在抛一颗骰子中,出现的点数是随机现象,而出现偶数点,是该随机现象某些样本点组成的集合。故选择 B。

4. 事件的运算

熟悉事件的运算(对立事件、并、交及差)　　**考试大纲**

(1) 对立事件。在一个随机现象中,Ω 是样本空间,A 为事件,由 Ω 中而不在 A 中的样本点组成的事件称为 A 的对立事件,记为 $\overline{A}$。

(2) 事件的并。由事件 A 与 B 中所有样本点(相同的只计入一次)组成的新事件称

为 A 与 B 的并,记为 $A\cup B$。

(3) 事件的交。由事件 A 与 B 中公共的样本点组成的新事件称为事件 A 与 B 的交,记为 $A\cap B$ 或 AB。

(4) 事件的差。由在事件 A 中而不在 B 中的样本点组成的新事件称为 A 对 B 的差,记为 $A-B$。

注:事件的并和交可推广到三个或更多个事件上去。

例题和习题分析(教材 P66～P73)

【1-4】(单项选择题 8):设事件 A=“轴承寿命<5 000 小时”,事件 B=“轴承寿命<8 000 小时”,则 A 与 B 的关系是(　　)。

A. $A\supset B$　　　　B. $B\supset A$

C. $A=B$　　　　D. 互不相容

答案及分析:因为寿命小于 5 000 小时的轴承必定寿命小于 8 000 小时,因此 $B\supset A$,故选择 B。

【1-5】(多项选择题 30):设 A 与 B 是任意两个事件,则 $A-B$=(　　)。

A. $A-AB$　　　　B. $B-AB$

C. $\overline{A}B$　　　　D. $A\overline{B}$

答案及分析:$A-B$ 是由在事件 A 而不在 B 中的样本点组成的事件称为 A 对 B 的差;而 $A\overline{B}$ 是由事件 A 与 $\overline{B}$ 中公共的样本点组成的事件;$A-AB$ 是由在事件 A 而不在 A 与 B 公共的样本点组成的事件中的事件。见下图:

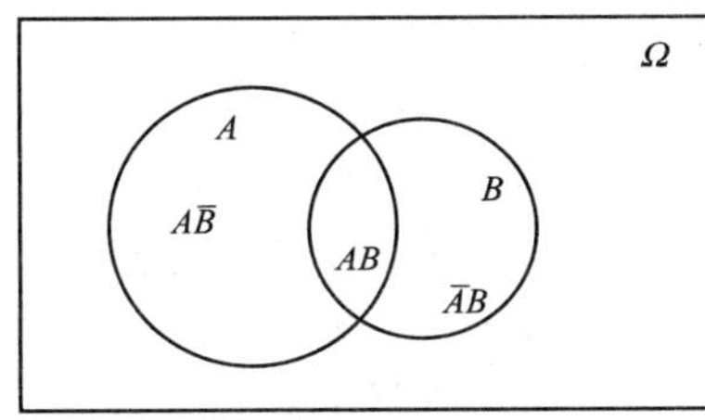

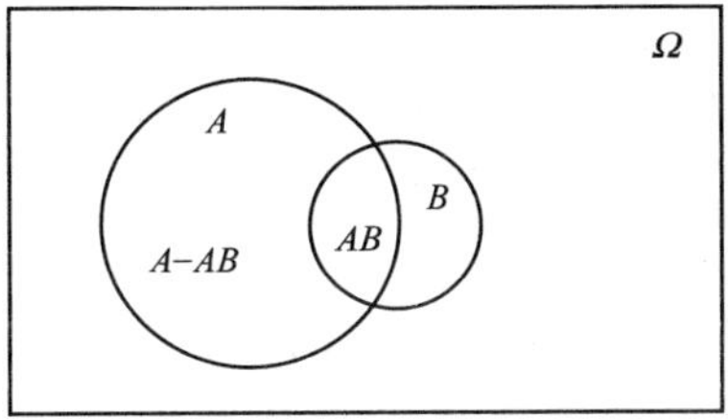

所以选择 A、D。

(三) 概率—— 事件发生可能性大小的度量

掌握概率是事件发生可能性大小的度量的概念　　**考试大纲**

在一个随机现象中,用来表示任一随机事件 A 发生可能性大小的实数称为该事件的概率,记为 $P(A)$。

二、概率的古典定义与统计定义

(一) 古典定义

熟悉概率的古典定义及其简单计算　　**考试大纲**

设一随机现象，若

(1) 样本空间只有有限个样本点，设为 n 个；

(2) 每个样本点出现的可能性是相同的；

(3) 被考察的事件 A 含有 K 个样本点，则事件 A 的概率为：

$$P(A)=\frac{K}{n}=\frac{A\text{ 中含样本点的个数}}{\Omega\text{ 中样本点总数}}$$

例题和习题分析(教材 P66～P73)

【1-6】(单项选择题 9)：10 个螺丝钉中有 3 个不合格品，随机取 4 个使用，4 个全是合格品的概率是(　　)。

A. $\frac{1}{6}$　　B. $\frac{1}{5}$

C. $\frac{1}{4}$　　D. $\frac{1}{3}$

答案及分析：设 A：随机抽取 4 个螺钉使用，其合格品的个数恰为 4 个，则

$$P(A)=\frac{\binom{3}{0}\binom{7}{4}}{\binom{10}{4}}=\frac{7!}{3!\ 4!}\Big/\frac{10!}{6!\ 4!}=\frac{1}{6}$$

故选择 A。

(二) 统计定义

掌握概率的统计定义　　**考试大纲**

(1) 与事件 A 有关的随机现象是可以大量重复试验的；

(2) 若在 n 次重复试验中，事件 A 发生 K_n 次，则事件 A 发生的频率为：

$$f_n(A)=\frac{K_n}{n}=\frac{\text{事件 }A\text{ 发生的次数}}{\text{重复试验次数}}$$

(3) $f_n(A)$将会随着重复试验次数不断增加而趋于稳定，这个频率的稳定值就是事件 A 的概率。实际中一般用重复次数 n 较大时的频率去近似概率。

例题和习题分析

【1-7】(单项选择题)：据有关资料统计，从 1930 年到 1988 年中，世界各地举行重大足球比赛 53 274 场，判罚点球 15 382 个，其中命中球门 11 172 个。求罚点球命中球门的概率是(　　)。

A. 0.762　　B. 0.672

C. 0.726　　D. 0.210

答案及分析：设 A：“罚点球命中球门”，则

$$f_n(A)=\frac{11\ 172}{15\ 382}=0.726$$

此频率可当作罚点球命中球门的概率 $P(A)$ 的近似值。故选择C。

三、概率的性质及其运算法则

(一) 条件概率

掌握条件概率 **考试大纲**

两个事件 A 与 B,在事件 B 已发生的条件下,事件 A 发生的概率称为条件概率,记为 $P(A|B)$。计算公式:

$$P(A|B)=\frac{P(AB)}{P(B)} \quad [P(B)>0]$$

例题和习题分析(教材P66~P73)

【1-8】(单项选择题10):一样本空间 Ω 含有25个等可能的样本点,而事件 A 与 B 各含有13个与7个样本点,其中4个是共有的样本点,则 $P(\overline{A}|B)=$(　　)。

A. $\frac{9}{13}$　　B. $\frac{7}{16}$

C. $\frac{3}{7}$　　D. $\frac{13}{20}$

答案及分析:由条件概率:$P(\overline{A}|B)=P(\overline{A}B)/P(B)$

而 $P(B)=\frac{7}{25}$,$P(\overline{A}B)=P(B)-P(AB)=\frac{7}{25}-\frac{4}{25}=\frac{3}{25}$,

因此 $P(\overline{A}|B)=\frac{P(\overline{A}B)}{P(B)}=\frac{3}{7}$,故选择C。

(二) 事件的独立性

掌握事件的独立性 **考试大纲**

设有两个事件 A 与 B,假如其中一个事件的发生不影响另一个事件的发生与否,则称事件 A 与 B 相互独立。

注:两个事件的相互独立性可以推广到三个或更多个事件的相互独立性。

(三) 概率的性质及运算法则

掌握概率的基本性质;掌握事件的互不相容性和概率的加法法则;掌握概率的乘法法则 **考试大纲**

性质1:对任意事件 A 有 $0\leqslant P(A)\leqslant 1$;

性质2:若 $\overline{A}$ 是 A 的对立事件,则 $P(\overline{A})=1-P(A)$;

性质3:若 $A\supset B$ 则 $P(A-B)=P(A)-P(B)$;

性质4(加法法则):$P(A\cup B)=P(A)+P(B)-P(AB)$;若 A 与 B 互不相容,则

$P(A\cup B)=P(A)+P(B)$；

性质 5：对于多个互不相容事件 $A_1,A_2,A_3\cdots$ 有：

$$P(A_1\cup A_2\cup A_3\cup\cdots)=P(A_1)+P(A_2)+P(A_3)+\cdots$$

性质 6（乘法法则）：$P(AB)=P(A|B)P(B)=P(B|A)P(A)$，其中第一个等式要求 $P(B)>0$，第二个等式要求 $P(A)>0$；

性质 7（相互独立事件概率的乘法法则）：若事件 A 与 B 相互独立，则 $P(AB)=P(A)P(B)$；

若 $A_1,A_2,\cdots,A_n$ 为 n 个相互独立的事件，则有

$$P(A_1A_2\cdots A_n)=P(A_1)P(A_2)\cdots P(A_n)$$

性质 8：若两个事件 A 与 B 相互独立，则在事件 B 发生的条件下，事件 A 的条件概率 $P(A|B)$ 等于事件 A 发生的概率 $P(A)$。

例题和习题分析（教材 P66～P73）

【1-9】（单项选择题）：某系统由 A 和 B 两个部分组成，两部分工作相互独立，且两部分均失效才能导致系统失效，若 A 部分的失效概率为 0.2，B 部分的失效概率为 0.1，则系统失效概率为（　　）。

A. 0.72　　B. 0.02

C. 0.08　　D. 0.18

答案及分析：因为 A 和 B 两部分同时失效才能导致系统失效，而这两部分工作相互独立，故 P（系统失效）$=P$（A 部分失效）$\times P$（B 部分失效）$=0.2\times0.1=0.02$。因此选择 B。

【1-10】（单项选择题 16）：加工某一零件需经三道工序，已知加工第一、二、三道工序的不合格品率分别是 2%，3%，5%，若各道工序加工互不影响，则最终产品的不合格品率是（　　）。

A. 0.000 03　　B. 0.903 07

C. 0.096 93　　D. 0.300 00

答案及分析：设 A_i：“第 i 通工序加工合格”，$i=1,2,3$。则最终产品合格为 $A_1A_2A_3$，因为各道工序加工互不影响，所以最终产品合格的概率为

$$\begin{aligned}P(A_1A_2A_3)&=P(A_1)P(A_2)P(A_3)=(1-0.02)\times(1-0.03)\times(1-0.05)\\&=0.98\times0.97\times0.95=0.903\,07\end{aligned}$$

因此最终产品不合格品率 $=1-0.903\,07=0.096\,93$，故选择 C。

【1-11】（多项选择题 25）：若事件 A 与 B 独立，则有（　　）。

A. $P(AB)=P(A)P(B)$　　B. $P(A\cup B)=P(A)+P(B)$

C. $P(A|B)=P(A)$　　D. $P(\overline{A}|B)=P(\overline{A})$

答案及分析：因 A 与 B 独立，$P(AB)=P(A)\cdot P(B)$ 而等式

$$P(A|B)=\frac{P(AB)}{P(B)}=\frac{P(A)\cdot P(B)}{P(B)}=P(A)$$

$$P(\overline{A}|B)=1-P(A|B)=1-P(A)=P(\overline{A})$$

但 $P(A \cup B)=P(A)+P(B)-P(AB)$ 等式中当 A、B 独立时，$P(AB) \neq 0$。故选 A、C、D。

【1-12】(多项选择题 32)：对任意两个事件 A 与 B，有(　　)。

A. $P(AB)=P(A)P(B|A), P(A)>0$

B. $P(AB)=1-P(\overline{A}\,\overline{B})$

C. $P(AB)=P(A)+P(B)-P(A \cup B)$

D. $P(AB)=P(A)P(B)$

E. $P(AB)=P(B)P(B|A), P(A)>0$

答案及分析：根据概率运算的性质 6，对任意两个事件 A 与 B，有：

$P(AB)=P(A|B)P(B)=P(B|A)P(A)$，因此 A 是对的，E 是错的。

根据性质 7：若两个事件 A 与 B 相互独立，则 A 与 B 同时发生的概率为：

$P(AB)=P(A)P(B)$，如今不知 A 与 B 是否独立，因此 D 是错误的(缺独立的条件)。

根据性质 2：$P(A)=1-P(\overline{A})$，而 $P(\overline{AB}) \neq P(\overline{A}\overline{B})$，因此 B 是错误的。

所以应该选 A、C(根据性质 4)。

第二节　随机变量及其分布

一、随机变量

1. 概念

熟悉随机变量的概念　**考试大纲**

表示随机现象结果的变量。

常用大写字母 X, Y, Z 等表示。随机变量的取值用相应的小写字母 x, y, z 等表示。

2. 随机变量类型

(1) 离散(型)随机变量：一个随机变量仅可能取数轴上有限个点或可列个点。

(2) 连续(型)随机变量：一个随机变量的所有可能取值充满数轴上一个区间 (a, b)，其中 a 可以是 $-\infty$，b 可以是 $+\infty$。

二、随机变量的分布

1. 概念

掌握随机变量的取值及随机变量分布的概念　**考试大纲**

随机变量的分布描述了随机变量取值的统计规律性。一个随机变量 X 的分布包含两方面内容：

(1) X 可能取哪些值，或在哪个区间上取值。

(2) X 取这些值的概率各是多少？或 X 在任一区间上取值的概率是多少？

2. 离散(型)随机变量的分布

熟悉离散随机变量的概率函数(分布列) **考试大纲**

设 X 为离散随机变量,其取值为 $x_1,x_2,\cdots,x_n$,X 取 x_i 的概率为 p_i,$i=1,2,\cdots,n$,则 X 的分布可用分布列表示:

X	x_1	x_2	$\cdots$	x_n
P	p_1	p_2	$\cdots$	p_n

或用数字式表示:

$$P(X=x_i)=p_i,i=1,2,\cdots,n$$

其中 p_i 满足两个条件:$p_i\geqslant 0$;$\sum_{i=1}^{n} p_i = 1$。这一组 p_i 也称为分布的概率函数。

例题和习题分析(教材P66~P73)

【1-13】(多项选择题43):设 X 的分布列为

X	1	2	3	4	5
P	p_1	p_2	p_3	p_4	p_5

概率 $P(2\leqslant X<5)=$(　　)。

A. $p_2+p_3+p_4+p_5$　　B. $p_2+p_3+p_4$

C. $P(X<5)-P(X<2)$　　D. $1-P(X<2)-P(X>4)$

答案及分析:X 为离散随机变量,根据给定的分布列,$P(X=K)=p_K$,$K=1,2,3,4,5$。

因此 $P(2\leqslant X<5)=P(X=2)+P(X=3)+P(X=4)=p_2+p_3+p_4$

又 $P(X<5)=p_1+p_2+p_3+p_4$,$p(X<2)=p_1$

$P(X>4)=p_5$,而 $p_1+p_2+p_3+p_4+p_5=1$

$\therefore P(2\leqslant X<5)=1-P(X<2)-P(X>4)=P(X<5)-P(X<2)$

故选择B、C、D。

3. 连续(型)随机变量的分布

熟悉连续随机变量的分布密度函数和概率密度函数 **考试大纲**

设 X 为连续(型)随机变量,X 的取值的统计规律性可以用概率密度函数 $p(x)$ 来描述。连续随机变量之间的区别在于用来描述它们的概率密度函数 $p(x)$ 的不同。

概率密度函数 $p(x)$ 满足两个条件:$p(x)\geqslant 0$;$\int_{-\infty}^{+\infty} p(x)\mathrm{d}x = 1$。

掌握连续随机变量在某个区间内取值概率的计算方法 **考试大纲**

关于 $p(x)$ 有下述几个重要结论:

(1) 连续随机变量 X 在区间 $[a,b]$ 上取值的概率

$$P(a \leqslant X \leqslant b) = \int_a^b p(x)\mathrm{d}x$$

(2) 连续随机变量 X 取一点的概率为零,$P(X=a)=0$。

(3) $P(a \leqslant X \leqslant b)=P(a<X \leqslant b)=P(a \leqslant X<b)=P(a<X<b)$。

三、随机变量分布的均值、方差与标准差

熟悉离散和连续随机变量的均值、方差、标准差的定义 **考试大纲**

1. 均值

用来表示随机变量分布的中心位置,用 $E(X)$来表示。其计算公式为:

(1) 若 X 有离散分布,则

$$E(X) = \sum_i x_i p_i$$

(2) 若 X 有连续分布,则

$$E(X) = \int_{-\infty}^{+\infty} xp(x)\mathrm{d}x$$

2. 方差

用来表示随机变量分布的散布程度,用 $Var(X)$来表示。其计算公式为:

(1) 若 X 有离散分布,则

$$Var(X) = \sum_i [x_i - E(X)]^2 p_i$$

(2) 若 X 有连续分布,则

$$Var(X) = \int_{-\infty}^{+\infty} [x - E(X)]^2 p(x)\mathrm{d}x$$

3. 标准差

记方差的正平方根称为 X 的标准差,记为 σ 或 $\sigma(X)$,即 $\sigma=\sigma(X)=\sqrt{Var(X)}$。$\sigma$ 与 X 的量纲相同。

4. 随机变量(或其分布)的均值与方差的运算性质

(1) 设 X 为随机变量,a 与 b 为任意常数,则

$$E(aX+b)=aE(X)+b$$

$$Var(aX+b)=a^2Var(X)$$

(2) 对任意两个随机变量 X_1 与 X_2,有

$$E(X_1+X_2)=E(X_1)+E(X_2)$$

注:这个性质可推广到三个或更多个随机变量场合。

(3) 设随机变量 X_1 与 X_2 相互独立,则有

$$Var(X_1 \pm X_2)=Var(X_1)+Var(X_2)$$

注:① 这个性质可推广到三个或更多个相互独立随机变量场合。

② 方差的这个性质不能推广到标准差场合。即

$$\sigma(X_1)+\sigma(X_2) \neq \sigma(X_1+X_2)$$

例题和习题分析(教材 P66~P73)

【1-14】(多项选择题35)：甲乙两种牌子的手表，它们的日走时误差分别为 X 与 Y(单位为秒)，已知 X 与 Y 分别有以下分布列(概率函数)：

X	-1	0	1
P	0.1	0.8	0.1

Y	-2	-1	0	1	2
P	0.1	0.2	0.4	0.2	0.1

则有(　　)。

A. $E(X)=E(Y)$　　B. $E(X)\neq E(Y)$

C. $Var(X)>Var(Y)$　　D. $Var(X)<Var(Y)$

答案及分析：可算得：$E(X)=(-1)\times0.1+0\times0.8+1\times0.1=0$

$Var(X)=(-1)^2\times0.1+0\times0.8+1^2\times0.1=0.2$

$E(Y)=(-2)\times0.1+(-1)\times0.2+0\times0.4+1\times0.2+2\times0.1$

$=-0.2-0.2+0+0.2+0.2=0$

$Var(Y)=(-2)^2\times0.1+(-1)^2\times0.2+0^2\times0.4+1^2\times0.2+2^2\times0.1-0^2$

$=0.4+0.2+0+0.2+0.4-0^2=1.2$

所以 $E(X)=E(Y)$，而 $Var(X)=0.2<Var(Y)=1.2$，所以选择A、D。

【1-15】(多项选择题31)：设随机变量 X_1 与 X_2 相互独立，它们的均值分别为3与4，方差分别为1与2，则 $Y=4X_1-2X_2$ 的均值与方差分别为(　　)。

A. $E(Y)=4$　　B. $E(Y)=20$

C. $Var(Y)=14$　　D. $Var(Y)=24$

答案及分析：据题意 $E(X_1)=3, E(X_2)=4, Var(X_1)=1, Var(X_2)=2$，

则 $E(Y)=E(4X_1-2X_2)=E(4X_1)-E(2X_2)=4E(X_1)-2E(X_2)=4\times3-2\times4=4$

$Var(Y)=Var(4X_1-2X_2)=Var(4X_1)+Var(2X_2)$

$=16Var(X_1)+4Var(X_2)=16\times1+4\times2=24$，故选择A、D。

【1-16】(单项选择题13)：两个相互独立的随机变量 X 与 Y 的标准差分别为 $\sigma(X)=2$ 和 $\sigma(Y)=1$，则其差的标准差 $\sigma(X-Y)=$(　　)。

A. 1　　B. 3

C. $\sqrt{3}$　　D. $\sqrt{5}$

答案及分析：随机变量的标准差不具有可加性，因此

$\sigma(X-Y)=\sqrt{\sigma^2(X-Y)}=\sqrt{\sigma^2(X)+\sigma^2(Y)}=\sqrt{4+1}=\sqrt{5}$，故选择D。

四、常用分布

掌握二项分布、泊松分布及其均值、方差和标准差以及相关概率的计算；了解超几何分布；熟悉指数分布及其均值、方差和标准差；了解均匀分布、对数正态分布的均值、方差和标准差

考试大纲

常用离散分布有二项分布、泊松分布和超几何分布。常用连续分布有正态分布、均匀分布、指数分布和对数正态分布。上述常用分布内容见下表。

	概率函数或密度函数	均值	方差
二点分布 $b(1,p)$	$P(X=x)=p^x(1-p)^{1-x},x=0,1$	p	$p(1-p)$
二项分布 $b(n,p)$	$P(X=x)=\binom{n}{x}p^x(1-p)^{n-x}$ $x=0,1,\cdots,n$	np	$np(1-p)$
泊松分布 $p(\lambda)$	$P(X=x)=\frac{\lambda^x}{x!}e^{-\lambda}$ $x=0,1,2,\cdots$	λ	λ
超几何分布 $h(n,N,M)$	$P(X=x)=\frac{\binom{M}{x}\binom{N-M}{n-x}}{\binom{N}{n}}$ $x=0,1,\cdots,r;r=\min(n,M)$	$\frac{nM}{N}$	$\frac{n(N-n)}{N-1}\cdot\frac{M}{N}\left(1-\frac{M}{N}\right)$
正态分布 $N(\mu,\sigma^2)$	$p(x)=\frac{1}{\sqrt{2\pi}\sigma}e^{-\frac{(x-\mu)^2}{2\sigma^2}},-\infty<x<+\infty$	μ	σ^2
标准正态分布 $N(0,1)$	$\varphi(u)=\frac{1}{\sqrt{2\pi}}e^{-\frac{u^2}{2}},-\infty<u<+\infty$	0	1
指数分布 $Exp(\lambda)$	$p(x)=\begin{cases}\lambda e^{-\lambda x}, & x\geqslant 0\\0, & x<0\end{cases}$	$\frac{1}{\lambda}$	$\frac{1}{\lambda^2}$
均匀分布 $U(a,b)$	$p(x)=\begin{cases}\frac{1}{b-a}, & a\leqslant x\leqslant b\\0, & \text{其他}\end{cases}$	$\frac{a+b}{2}$	$\frac{(b-a)^2}{12}$
对数正态分布 $LN(\mu,\sigma^2)$	$p(x)=\begin{cases}\frac{1}{\sqrt{2\pi}\sigma x}e^{-\frac{(\ln x-\mu)^2}{2\sigma^2}}, & x>0\\0, & x\leqslant 0\end{cases}$	$e^{\mu+\frac{\sigma^2}{2}}$	$\left[e^{\mu+\frac{\sigma^2}{2}}\right]^2[e^{\sigma^2}-1]$

例题和习题分析(教材 P66～P73)

【1-17】(单项选择题 1):铸件上的砂眼数服从(　　)。

A. 泊松分布　　B. 正态分布

C. 二项分布　　D. F 分布

答案及分析:因为泊松分布总与计点过程相关联,因此铸件上的砂眼数服从泊松分布。故选择 A。

【1-18】(单项选择题 11):某打字员一分钟内打错字的个数 X 是一个随机变量,服从 $\lambda=0.5$ 的泊松分布,该打字员一分钟内未打错一个字的概率是(　　)。

A. 0.223 1　　B. 0.367 9

C. 0.449 3　　D. 0.606 5

答案及分析：因为一分钟内打错字的个数 X 服从 $\lambda=0.5$ 的泊松分布，即 $X\sim P(0.5)$，则一分钟内未打错字的概率为

$$P(X=0)=\frac{(0.5)^0}{0!}e^{-0.5}=e^{-0.5}=0.6065$$

故选择D。

【1-19】(单项选择题12)：已知 X 服从指数分布 $Exp(\lambda)$，其概率密度函数为：$p(x)=\lambda e^{-\lambda x}$，$x\geqslant 0$，在 $\lambda=0.1$ 的情况下，$P(5\leqslant X\leqslant 20)=$(　　)。

A. 0.135 3　　B. 0.606 5

C. 0.471 2　　D. 0.741 8

答案及分析：$P(5\leqslant X\leqslant 20)=\int_5^{20}\lambda e^{-\lambda x}dx=[1-e^{-0.1x}]_5^{20}=-e^{-2}+e^{-0.5}$

$$=-0.1353+0.6065=0.4712$$

故选择C。

【1-20】(综合分析题45)：一铸件上的缺陷数 X 服从泊松分布，每铸件上的平均缺陷数是0.5，则：

(1) 一铸件上无缺陷的概率为(　　)。

A. 0.706　　B. 0.607

C. 0.760　　D. 0.670

(2) 一铸件仅有一个缺陷的概率为(　　)。

A. 0.535　　B. 0.303

C. 0.380　　D. 0.335

(3) 一铸件上有多于一个缺陷的概率为(　　)。

A. 0.090　　B. 0.085

C. 0.095　　D. 0.080

答案及分析：因 X 服从泊松分布，故 $P(X=x)=\frac{\lambda^x}{x!}e^{-\lambda}$，$x=0,1,2\cdots$

(1) $P(X=0)=e^{-0.5}=0.607$，因此选择B。

(2) $P(X=1)=0.5e^{-0.5}=0.303$，因此选择B。

(3) $P(X>1)=1-P(X=0)-P(X=1)=1-0.607-0.303=0.090$，因此选择A。

【1-21】(多项选择题39)：一次电话的通话时间 X 是一个随机变量(单位：分)，设 X 服从指数分布 $Exp(\lambda)$，其中 $\lambda=0.25$，则一次通话所用的平均时间 $E(X)$ 与标准差 $\sigma(X)$ 各为(　　)。

A. $E(X)=2$　　B. $E(X)=4$

C. $\sigma(X)=4$　　D. $\sigma(X)=16$

答案及分析：指数分布 $Exp(X)$ 的均值与标准差相等，且都为 $\frac{1}{\lambda}$，根据题意 $E(X)=\sigma(X)=\frac{1}{\lambda}=\frac{1}{0.25}=4$。故选择B、C。

五、正态分布

> 掌握正态分布的定义及其均值、方差、标准差，标准正态分布的分位数，熟悉标准正态分布表的用法
> **考试大纲**

1. 正态分布的概率密度函数

正态分布的概率密度函数

$$p(x)=\frac{1}{\sqrt{2\pi}\sigma}e^{-\frac{(x-\mu)^2}{2\sigma^2}},-\infty<x<+\infty$$

它的图形是对称的钟形曲线。

正态分布含有两个参数 μ 和 σ，常记作 $N(\mu,\sigma^2)$。其中 μ 为正态分布的均值，σ^2 是正态分布的方差，$\sigma(>0)$ 是正态分布的标准差。

关于 μ：μ 是均值；

μ 是分布的对称中心；

在 μ 附近 X 取值的机会大。

关于 σ：σ^2 是方差；

σ 是标准差；

σ 越大，分布越分散，σ 越小，分布越集中。

2. 标准正态分布

（1）概念

$\mu=0$ 且 $\sigma=1$ 的正态分布，称为标准正态分布，记作 $N(0,1)$，其变量常记为 U，概率密度函数记为 $\Phi(u)$，即 $U\sim N(0,1)$，则 $\Phi(u)=\frac{1}{\sqrt{2\pi}}e^{-u^2/2}$

（2）标准正态分布表及其应用

1）标准正态分布表（见《考试专用教材》中的附表 1-1）

应用该表可用于计算形如“$U\leqslant u$”随机事件发生的概率。

例如：$P(U\leqslant 1.52)=\Phi(1.52)$查附表可得 0.935 7。

2）计算公式

a. $P(U\leqslant a)=P(U<a)=\Phi(a)$

b. $P(U>a)=1-\Phi(a)$

c. $\Phi(-a)=1-\Phi(a)$

d. $P(a\leqslant U\leqslant b)=\Phi(b)-\Phi(a)$

e. $P(|U|\leqslant a)=P(-a\leqslant U\leqslant a)=2\Phi(a)-1$

f. $P(|U|>a)=2[1-\Phi(a)]$

（3）标准正态分布 $N(0,1)$的分位数

对于介于 0，1 之间的任意实数 α，标准正态分布 $N(0,1)$的 α 分位数 u_α 是数轴上这样一个数，它的密度函数左侧面积恰好为 α，它的右侧面积恰好为 $1-\alpha$，见

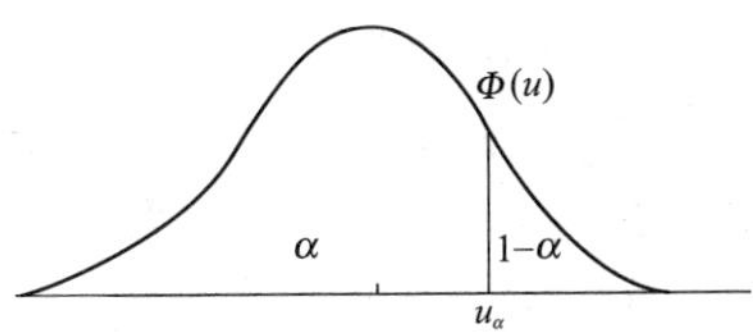

下图。其概率为 $P(U\leqslant u_\alpha)=\alpha$。0.5 分位数称为中位数。

标准正态分布的 α 分位数 U_α 可从《考试专用教材》中的附表 1-2 直接查得。

(4) 正态分布的计算

正态分布计算基于下面重要性质。

性质 1：设 $X\sim N(\mu,\sigma^2)$，则 $U=\dfrac{X-\mu}{\sigma}\sim N(0,1)$，这个变换称为 X 的标准化变化。

性质 2：设 $X\sim N(\mu,\sigma^2)$，则对任意实数 a,b 有：

$$P(X<b)=\Phi\left(\frac{b-\mu}{\sigma}\right)$$

$$P(X>a)=1-\Phi\left(\frac{a-\mu}{\sigma}\right)$$

$$P(a<X<b)=\Phi\left(\frac{b-\mu}{\sigma}\right)-\Phi\left(\frac{a-\mu}{\sigma}\right)$$

其中 $\Phi()$ 为标准正态分布的分布函数，其函数值可从《考试专用教材》的附表 1-1 中查得。

例题和习题分析（教材 P66～P73）

【1-22】（单项选择题 3）：某产品尺寸规范要求为 (70 ± 6) mm，从现场得知该加工尺寸服从正态分布，其均值为 $\mu=70$ mm，$\sigma=1.5$ mm，则该加工过程的不合格品率为（　　）。

A. $2-2\Phi(4)$　　B. $1-\Phi(4)$

C. $2\Phi(4)$　　D. $2\Phi(4)-1$

答案及分析：不合格品率

$$\begin{aligned}p&=P(X>76)+P(X<64)\\&=P\left(\frac{X-70}{1.5}>\frac{76-70}{1.5}\right)+P\left(\frac{X-70}{1.5}<\frac{64-70}{1.5}\right)\\&=P(U>4)+P(U<-4)=1-\Phi(4)+[1-\Phi(4)]\\&=2[1-\Phi(4)]\end{aligned}$$

因此选择 A。

【1-23】（多项选择题 33）：设 $X\sim N(1,4)$，则 $P(0\leqslant X\leqslant2)=$（　　）。

A. $\Phi(2)-\Phi(0)$ B. $\Phi\left(\frac{2-1}{4}\right)-\Phi\left(\frac{0-1}{4}\right)$

C. $\Phi\left(\frac{2-1}{2}\right)-\Phi\left(\frac{0-1}{2}\right)$ D. $2\Phi(0.5)-1$

答案及分析：$P(0\leqslant X\leqslant2)=P\left(\frac{0-1}{2}\leqslant\frac{X-1}{2}\leqslant\frac{2-1}{2}\right)=P\left(\frac{0-1}{2}<U<\frac{2-1}{2}\right)$

$$=\Phi\left(\frac{2-1}{2}\right)-\Phi\left(\frac{0-1}{2}\right)=\Phi(0.5)-\Phi(-0.5)=2\Phi(0.5)-1$$

故选择 C、D。

【1-24】（多项选择题 34）：设 u_p 为标准正态分布的 p 分位数，则有（　　）。

A. $u_{0.49}>0$　　B. $u_{0.3}<u_{0.4}$

C. $u_{0.5}=0$　　D. $u_{0.23}=-u_{0.77}$

答案及分析：u_p 为标准正态分布 p 分位数，则 u_p 是满足下列等式的实数：$P(U\leqslant u_p)=p$，当 $p=0.5$ 时，$u_{0.5}=0$；当 $p<0.5$ 时，$u_p<0$，由正态分布的对称性 $u_p=-u_{1-p}$。所以选择 B、C、D。

【1-25】（多项选择题 40）：设某质量特性 $X\sim N(\mu,\sigma^2)$，USL 与 LSL 为它的上、下规格限，不合格品率 $p=p_L+p_U$，其中（　　）。

A. $p_L=\Phi\left(\frac{LSL-\mu}{\sigma}\right)$　　B. $p_L=1-\Phi\left(\frac{LSL-\mu}{\sigma}\right)$

C. $p_U=\Phi\left(\frac{USL-\mu}{\sigma}\right)$　　D. $p_U=1-\Phi\left(\frac{USL-\mu}{\sigma}\right)$

答案及分析：因为 $X\sim N(\mu,\sigma^2)$，所以 $P_L=P(X<LSL)=\Phi\left(\frac{LSL-\mu}{\sigma}\right)$

$$P_U=P(X>USL)=1-P(X\leqslant USL)=1-\Phi\left(\frac{USL-\mu}{\sigma}\right)$$

故选择 A、D。

【1-26】（多项选择题 23）：计量型质量特性 A 和 B 都服从正态分布，具有相同的均值 100，特性 A 的标准差是 15，特性 B 的标准差是 5，我们可以得出（　　）。

A. 特性 A 的观测值比特性 B 更集中

B. 特性 B 的观测值比特性 A 更集中

C. 特性 A 的观测值落入区间[85,115]的概率是特性 B 的 1/3

D. 特性 B 的观测值落入区间[85,115]的概率为 99.73%

E. 特性 A 的分布比特性 B 的分布窄

答案及分析：标准差较大，分布越分散，反之，分布越集中。因为特性值 A 服从 $N(100,15^2)$，特性值 B 服从 $N(100,5^2)$。特性值 A 落在 $\mu\pm\sigma_A$ 的区间即[85,115]的概率为 68.27%，特性值 B 落在 $\mu\pm3\sigma_B$ 区间即[85,115]的概率为 99.73%。故选择 B、D。

六、中心极限定理

熟悉中心极限定理，样本均值的（近似）分布　　**考试大纲**

1. 随机变量的独立性

两个随机变量 X_1 与 X_2 相互独立是指其中一个的取值不影响另一个的取值。

随机变量的相互独立性可以推广到三个或更多个随机变量上去。

2. 正态样本均值的分布

定理 1：设 $X_1,X_2,\cdots,X_n$ 是几个相互独立同分布的随机变量，假如其共同分布为正态分布 $N(\mu,\sigma^2)$，则样本均值 $\overline{X}$ 仍为正态分布，其均值不变仍为 μ，方差 $\sigma_{\overline{X}}^2=\sigma^2/n$。

3. 非正态样本均值的分布

定理 2（中心极限定理）：设 $X_1,X_2,\cdots,X_n$ 为 n 个相互独立同分布的随机变量，其共同分布不为正态分布或未知，但其均值 μ 和方差 σ^2 都存在，则当 n 相当大时，样本均值 $\overline{X}$ 近似服从正态分布 $N\left(\mu,\frac{\sigma^2}{n}\right)$。

例题和习题分析(教材 P66～P73)

【1-27】(单项选择题 4):从参数 $\lambda=0.4$ 的指数分布中随机抽取样本量为 25 的一个样本,则该样本均值的标准差为(　　)。

A. 0.4　　B. 0.5

C. 1.4　　D. 1.5

答案及分析:设总体 $X\sim Exp(0.4)$,$x_1,x_2,\cdots,x_{25}$ 为总体 X 的一个样本,指数分布的方差 $Var(X)=\frac{1}{\lambda^2}=\frac{1}{(0.4)^2}=(2.5)^2$,根据中心极限定理,样本方差 $Var(X)/n$,因此样本标准差 $[Var(X)/n]^{\frac{1}{2}}=[(2.5)^2/25]^{\frac{1}{2}}=\frac{2.5}{5}=0.5$。故选择 B。

【1-28】(单项选择题 17):从正态总体 $N(10,2^2)$ 中随机抽出样本量为 4 的样本,则样本均值的标准差为(　　)。

A. 2　　B. 4

C. 0.5　　D. 1

答案及分析:设总体 $X\sim N(10,2^2)$,x_1,x_2,x_3,x_4 为总体抽取的一个样本,则 $\overline{X}=\frac{1}{4}\sum_{i=1}^{4}x_i$ 由中心极限定理可知服从正态分布,$E(\overline{X})=10$,$Var(\overline{X})=\frac{2^2}{4}=1$,即 $\overline{X}\sim N(10,1)$,则 $\sigma(\overline{X})=1$,所以选择 D。

【1-29】(多项选择题 26):设 $X\sim U(0,1)$,从中取到一个样本量为 12 的随机样本 X_1,$X_2,\cdots,X_{12}$,令 $Y=X_1+X_2+\cdots+X_{12}-6$,则有(　　)。

A. $E(Y)=0$　　B. $E(Y)=6$

C. $Var(Y)=1$　　D. $Var(Y)=1/12$

答案及分析:∵ $X\sim U(0,1)$为均匀分布,且 $a=0,b=1$

$$\therefore E(X)=\frac{a+b}{2}=0.5\quad Var(X)=\frac{(b-a)^2}{12}=\frac{1}{12}$$

若令:$Y=X_1+X_2+\cdots+X_{12}-6$

则:
$$\begin{aligned}E(Y)&=E(X_1+X_2+\cdots+X_{12}-6)\\&=\sum_{i=1}^{12}[E(X_i)-6]=12\times0.5-6=0\\Var(Y)&=Var(X_1+X_2+\cdots+X_{12}-6)\\&=\sum_{i=1}^{12}[Var(X_i)-0]=12\times\frac{1}{12}=1\end{aligned}$$

所以选择 A、C。

【1-30】(单项选择题 14):设 $x_1,x_2,\cdots,x_{25}$ 是从均匀分布 $U(0,5)$ 抽取的一个标准,则 $\overline{X}=\frac{1}{25}\sum_{i=1}^{25}x_i$ 近似服从的分布是(　　)。

A. $N\left(5,\frac{1}{12}\right)$　　B. $N\left(5,\frac{1}{10}\right)$

C. $N\left(2.5,\frac{1}{12}\right)$　　　　D. $N\left(2.5,\frac{1}{10}\right)$

答案及分析：根据中心极限定理，$\overline{X}$ 应近似服从正态分布 $N\left(\mu,\frac{\sigma^2}{n}\right)$，其中 $\mu=\frac{0+5}{2}=\frac{5}{2}=2.5$，$\sigma^2=\frac{(5-0)^2}{12}=\frac{25}{12}$，因此，$\frac{\sigma^2}{n}=\frac{25}{12}\Big/25=\frac{1}{12}$，所以选择 C。

第三节　统计基础知识

一、总体与样本

掌握总体与样本的概念和表示方法	考试大纲

1. 总体

在一个统计问题中，把研究对象的全体称为总体。

注：当研究产品某个特定的质量特性 X 时，也常把全体产品的特性视为总体。

2. 个体

组成总体的每个成员。

注：当研究产品某个特定的质量特性 X 时，把一个具体产品的特性值 x 视为个体。

3. 样本

从总体中抽取部分个体所组成的集合。

样本中所含个体的个数称为样本量，常用 n 表示。

4. 随机样本

满足下面两个条件：

(1) 随机性；

(2) 独立性。

注：① 随机样本可视作 n 个相互独立的、同分布的随机变量，其分布与总体分布相同。

② 以后所述的样本都是指满足这两个条件的简单随机样本。

5. 有序样本

设 $x_1,x_2,\cdots,x_n$ 是由总体随机抽取的一个样本，将它们从小到大排列有 $x_{(1)}\leqslant x_{(2)}\leqslant\cdots\leqslant x_{(n)}$，则 $x_{(1)},x_{(2)},\cdots,x_{(n)}$ 称为有序样本。

二、频数(频率)直方图

熟悉频数(频率)直方图	考试大纲

1. 直方图的做法

为了研究一组数据(样本)的内在规律，需要对数据进行一定的加工整理。直方图是对数据进行加工整理的一种基本方法。

直方图的作图步骤：

(1) 从总体中随机抽取一个容量为 n 的样本(一般要求 $n \geqslant 50$),测量其结果。

(2) 找出这 n 个数据中的最大值 $x_{\max}$ 和最小值 $x_{\min}$,计算极差 $R=x_{\max}-x_{\min}$。

(3) 根据样本量 n,决定分组数 K 和组距 h。分组数 K 确定的原则是要能显示出数据中所隐藏的规律,组数不能太多或太少。组距 $h=R/K$ 取整。

(4) 确定组界和组中值。通常将各组区间确定为左开右闭的:

$$(a_0,a_1],(a_1,a_2],\cdots,(a_{K-1},a_K]$$

要求 $a_0<x_{\min}$,$a_K>x_{\max}$。在等距分组时,$a_1=a_0+h$,$a_2=a_1+h$,$\cdots$,$a_K=a_{K-1}+h$。每一组的组中值 $x_i'=\frac{1}{2}(a_{i-1}+a_i)$,$i=1,2,\cdots,K$。

(5) 计算落在每组的数据的频数及频率

统计落在每组数据的个数 n_i,即频数,计算频率 $f_i=n_i/n$,$i=1,2,\cdots,K$。

(6) 作频数(频率)直方图

在直角坐标系上,横轴标上每个组的组界,以每一组的区间为底,以频数(频率)为高画出矩形,所得图形称为频数(频率)直方图。

2. 直方图的观察与分析

直方图可有各种形状,常见的有对称型、偏态型、孤岛型、锯齿型、平顶型和双峰型。对这些直方图出现的原因进行分析,找到产生的原因,就可采取相应的措施,提高产品的质量。

3. 数据变换可改变直方图的形状

对数据作变换会改变直方图的形状,例如选择 $y=\ln x(\lg x)$,$y=\sqrt{x}$,$y=x^{-1}$ 等的变换可使偏态转化为正态分布。

三、统计量

1. 概念

掌握统计量的概念 **考试大纲**

不含未知参数的样本函数称为统计量。

2. 常用统计量

掌握样本均值和样本中位数概念及其计算方法;掌握样本极差、样本方差、样本标准差和样本变发异系数的概念及计算方法 **考试大纲**

(1) 描述样本集中位置的统计量

1) 样本均值

样本均值用 $\bar{x}$ 表示。它是样本数据 $x_1,x_2,\cdots,x_n$ 的算术平均数:

$$\bar{x}=\frac{1}{n}\sum_{i=1}^{n}x_i$$

2) 样本中位数

样本中位数用 $\tilde{x}$ 或 Me 表示。将样本数据从小到大排列为有序样本,样本中位数

定义为有序样本中位置居于中间的数值,即

$$Me=\begin{cases} x_{(\frac{n+1}{2})}, & 当\ n\ 为奇数 \\ \frac{1}{2}\left[x_{(\frac{n}{2})}+x_{(\frac{n}{2}+1)}\right], & 当\ n\ 为偶数 \end{cases}$$

3)样本众数

样本众数用 Mod 表示,它是样本数据中出现频率最高的值。

(2)描述样本分散程度的统计量

1)样本极差

样本极差用 R 表示,对有序样本

$$R=x_{(n)}-x_{(1)}$$

2)样本方差

样本方差为离差平方和除以$(n-1)$,用 S^2 表示

$$S^2=\frac{1}{n-1}\sum_{i=1}^{n}(x_i-\bar{x})^2$$

样本方差可用以下简化公式计算:

$$S^2=\frac{1}{n-1}\left[\sum_{i=1}^{n}x_i^2-n\bar{x}^2\right] \quad 或 \quad S^2=\frac{1}{n-1}\left[\sum_{i=1}^{n}x_i^2-\frac{\left(\sum_{i=1}^{n}x_i\right)^2}{n}\right]$$

3)样本标准

样本标准差为样本方差的正算术平方根,即

$$S=\sqrt{S^2}=\sqrt{\frac{1}{n-1}\sum_{i=1}^{n}(x_i-\bar{x})^2}$$

注:标准差的量纲与数据的量纲一致。

4)样本变异系数

样本标准差与样本均值之比称为样本变异系数,记为 Cv:

$$Cv=S/\bar{x}$$

例题和习题分析(教材 P66~P73)

【1-31】(多项选择题 27):设总体 X 的均值 μ 未知,方差 σ^2 已知,则(　　)为统计量。

A. $\bar{x}$　　B. $\frac{\bar{x}-\mu}{\sigma/\sqrt{n}}$

C. $x_{(n)}$　　D. $x_{(1)}$

答案及分析:不含未知参数的样本函数是统计量,因此 $\bar{x}$,$x_{(n)}$,$x_{(1)}$ 是统计量,故选 A、C、D。

【1-32】(单项选择题 5):从一个总体中随机抽取了两个样本,一个样本的样本量为 20,样本均值为 158,另一个样本的样本量为 10,样本均值为 152,则将它们合并为一个样本,其样本均值为(　　)。

A. 153　　B. 154

C. 155　　　　D. 156

答案及分析：设 $x_1,x_2,\cdots,x_{20}$ 为总体的一个样本，$\bar{x}=158$；

$y_1,y_2,\cdots,y_{10}$ 为总体的一个样本，$\bar{y}=152$；

两个样本合并后的样本量为30，其样本均值为：$(158\times20+152\times10)/30=156$。故选择D。

【1-33】(单项选择题15)：有一个分组样本如下：

区间	组中值	频数
(145,155]	150	4
(155,165]	160	8
(165,175]	170	6
(175,185]	180	2

该分组样本的均值为(　　)。

A. 165　　　　B. 164

C. 163　　　　D. 162

答案及分析：

$$因为\ \bar{x}=\frac{1}{20}(150\times4+160\times8+170\times6+180\times2)=\frac{1}{20}(600+1\ 280+1\ 020+360)$$

$$=\frac{1}{20}\times3\ 260=163，所以选择\ C。$$

【1-34】(多项选择题37)：设 $x_1,x_2,\cdots,x_n$ 是一个样本，则样本方差 S^2 的计算公式正确的有(　　)。

A. $\frac{1}{n-1}\sum_{i=1}^{n}(x_i-\bar{x})^2$　　　　B. $\frac{1}{n-1}\sum_{i=1}^{n}x_i^2-n\bar{x}^2$

C. $\frac{1}{n-1}\left(\sum_{i=1}^{n}x_i^2-n\bar{x}^2\right)$　　　　D. $\frac{1}{n-1}\left[\sum_{i=1}^{n}x_i^2-\frac{1}{n}\left(\sum_{i=1}^{n}x_i\right)^2\right]$

E. $\frac{1}{n-1}\sum_{i=1}^{n}x_i^2-\frac{1}{n}\left(\sum_{i=1}^{n}x_i\right)^2$

答案及分析：样本方差定义为离差平方和除以 $n-1$，即

$$S^2=\frac{1}{n-1}\sum_{i=1}^{n}(x_i-\bar{x})^2$$

$$\because \sum_{i=1}^{n}(x_i-\bar{x})^2=\sum_{i=1}^{n}(x_i-2\bar{x}x_i+\bar{x}^2)=\sum_{i=1}^{n}x_i{}^2-2\bar{x}\sum_{i=1}^{n}x_i+n\bar{x}^2$$

$$=\sum_{i=1}^{n}x_i{}^2-2n\bar{x}\left(\frac{1}{n}\sum_{i=1}^{n}x_i\right)+n\bar{x}^2$$

$$=\sum_{i=1}^{n}x_i{}^2-2n\bar{x}^2+n\bar{x}^2$$

$$=\sum_{i=1}^{n}x_i-n\bar{x}^2$$

$$\therefore S^2=\frac{1}{n-1}\left[\sum_{i=1}^{n}x_i-n\bar{x}^2\right]=\frac{1}{n-1}\left[\sum_{i=1}^{n}x_i{}^2-n\left(\frac{1}{n}\sum_{i=1}^{n}x_i\right)^2\right]$$

$$= \frac{1}{n-1}\left[\sum_{i=1}^{n} x_i^{\ 2} - \frac{1}{n}(\sum_{i=1}^{n} x_i)^2\right]$$

所以选择 A、C、D。

【1-35】(多项选择题 38):样本量为 2 的样本 x_1,x_2 的方差是(　　)。

A. $\sum_{i=1}^{2}(x_i - \bar{x})^2$　　B. $(x_1 + x_2)^2/2$

C. $(x_1 - x_2)^2/2$　　D. $x_1^2 + x_2^2 - (x_1 + x_2)^2/2$

答案及分析:因为 $n=2$,所以样本 x_1,x_2 的方差

$$\begin{aligned} S^2 &= \frac{1}{n-1}\sum_{i=1}^{2}(x_i - \bar{x})^2 \\ &= \sum_{i=1}^{2}(x_i - \bar{x})^2 \\ &= \sum_{i=1}^{2} x_i - 2\bar{x}^2 \\ &= x_1^2 + x_2^2 - \frac{1}{2}(x_1 + x_2)^2 \\ &= \frac{2x_1^2 + 2x_2^2 - (x_1 + x_2)^2}{2} \\ &= \frac{2x_1^2 + 2x_2^2 - x_1^2 - 2x_1x_2 - x_2^2}{2} \\ &= (x_1 - x_2)^2/2 \end{aligned}$$

所以选择 A、C、D。

四、抽样分布

熟悉抽样分布概念;熟悉 t 分布、χ^2 分布和 F 分布的由来　　**考试大纲**

1. 概念

统计量的分布称为抽样分布。

2. 样本均值 $\bar{x}$ 的抽样分布

(1) 当总体分布为正态分布 $N(\mu,\sigma^2)$时,其样本均值 $\bar{x}$ 的抽样分布(精确地)为 $N\left(\mu,\frac{\sigma^2}{n}\right)$;

(2) 当总体分布不为正态分布时,只要其总体均值 μ 与总体方差 σ^2 存在,则在 n 较大时,其样本均值 $\bar{x}$ 的抽样分布近似服从 $N\left(\mu,\frac{\sigma^2}{n}\right)$。

3. 三大抽样分布

(1) t 分布

设 $x_1,x_2,\cdots,x_n$ 是来自正态总体 $N(\mu,\sigma^2)$的一个样本,则有

$$\bar{x} \sim N\left(\mu,\frac{\sigma^2}{n}\right)$$

而$\frac{\bar{x}-\mu}{S/\sqrt{n}}$服从自由度为$n-1$的$t$分布，记为$t(n-1)$。

(2) χ^2分布

设$x_1,x_2,\cdots,x_n$是来自正态总体$N(\mu,\sigma^2)$的一个样本，则有样本方差$S^2=\frac{1}{n-1}\sum_{i=1}^{n}(x_i-\bar{x})^2$，而$\frac{(n-1)S^2}{\sigma^2}$服从自由度为$n-1$的$\chi^2$分布，记为$\chi^2(n-1)$。

(3) F分布

设有两个相互独立且方差相等的正态总体$N(\mu_1,\sigma^2)$和$N(\mu_2,\sigma^2)$，又设$x_1,x_2,\cdots,x_n$是来自$N(\mu_1,\sigma^2)$的一个样本；$y_1,y_2,\cdots,y_m$是来自$N(\mu_2,\sigma^2)$的一个样本。它们的样本方差比(S_1^2/S_2^2)的分布服从自由度为$n-1$和$m-1$的F分布，记为$F(n-1,m-1)$。

例题和习题分析（教材P66～P73）

【1-36】（多项选择题36）：设$x_1,x_2,\cdots,x_n$是来自正态总体$N(\mu,\sigma^2)$一个样本，$\bar{x}$与S分别为其样本均值与样本标准差，则在下列表达式中正确的有（　　）。

A. $\frac{\sqrt{n}(\bar{x}-\mu)}{\sigma}\sim N(0,1)$　　B. $\frac{\sqrt{n}(\bar{x}-\mu)}{S}\sim N(0,1)$

C. $\frac{\sqrt{n}(\bar{x}-\mu)}{\sigma}\sim t(n)$　　D. $\frac{\sqrt{n}(\bar{x}-\mu)}{S}\sim t(n-1)$

答案及分析：因为总体$X\sim N(\mu,\sigma^2)$，所以$\bar{x}\sim N\left(\mu,\frac{\sigma^2}{n}\right)$

因此$\frac{\bar{x}-\mu}{\sigma/\sqrt{n}}=\frac{\sqrt{n}(\bar{x}-\mu)}{\sigma}\sim N(0,1)$，而用标准差$S$代替上式中的$\sigma$，则

$\frac{\bar{x}-\mu}{S/\sqrt{n}}=\frac{\sqrt{n}(\bar{x}-\mu)}{S}\sim t(n-1)$，故选择A、D。

【1-37】（单项选择题18）：设t_α是t分布的α分位数，则有（　　）。

A. $t_\alpha+t_{1-\alpha}=1$　　B. $t_\alpha-t_{1-\alpha}=1$

C. $t_\alpha-t_{1-\alpha}=0$　　D. $t_\alpha+t_{1-\alpha}=0$

答案及分析：因为t分布是对称分布，故有$t_\alpha=-t_{1-\alpha}$，即$t_\alpha+t_{1-\alpha}=0$，所以选择D。

第四节　参数估计

一、点估计

1. 概念

熟悉点估计的概念　　**考试大纲**

用于估计未知参数θ的统计量$\hat{\theta}=\hat{\theta}(x_1,x_2,\cdots,x_n)$称为点估计（量）。

2. 点估计优良性标准

熟悉点估计优良性的标准 **考试大纲**

(1) 无偏性：设 $\hat{\theta}$ 是 θ 的一个估计，若有 $E(\hat{\theta})=\theta$ 或 $E(\hat{\theta}-\theta)=0$，称 $\hat{\theta}$ 是 θ 的一个无偏估计。

(2) 有效性：设 $\hat{\theta}_1$ 和 $\hat{\theta}_2$ 都是未知参数 θ 的无偏估计，若有 $Var(\hat{\theta}_1)\leqslant Var(\hat{\theta}_2)$，称 $\hat{\theta}_1$ 比 $\hat{\theta}_2$ 作为 θ 的估计更有效。

3. 求点估计的方法—— 矩法估计

掌握矩法估计方法；熟悉二项分布、泊松分布、指数分布、正态分布参数的点估计 **考试大纲**

(1) 用样本矩去估计相应总体矩。

(2) 用样本矩的函数去估计相应总体矩的函数。

此种获得未知参数的点估计的方法称为矩法估计。

例题和习题分析(教材 P66～P73)

【1-38】(多项选择题)：设总体均值为 μ，方差为 σ^2，标准差为 σ，从该总体得到一个随机样本，则下面叙述中正确的有(　　)。

A. 样本均值 $\bar{x}$ 是 μ 的无偏估计　　B. 样本中位数 Me 是 μ 的无偏估计

C. 样本方差 S^2 是 σ^2 的无偏估计　　D. 样本标准差 S 是 σ 的无偏估计

答案及分析：∵ $E(\bar{x})=\mu, E(S^2)=\sigma^2$

∴ 样本均值 $\bar{x}$ 是总体均值 μ 的无偏估计。

同理，样本方差 S^2 是总体方差 σ^2 的无偏估计。所以选择 A、C。

【1-39】(单项选择题 20)：正态方差 σ^2 的无偏估计是(　　)。

A. $\frac{1}{n}\sum_{i=1}^{n}|x_i-\bar{x}|$　　B. $\frac{1}{n}\sum_{i=1}^{n}(x_i-\bar{x})^2$

C. $\frac{1}{n-1}\sum_{i=1}^{n}(x_i-\bar{x})^2$　　D. $\frac{1}{n+1}\sum_{i=1}^{n}(x_i-\bar{x})^2$

答案及分析：因为正态方差 σ^2 的无偏估计是 $\frac{1}{n-1}\sum_{i=1}^{n}(x_i-\bar{x})^2$，故选择 C。

【1-40】(多项选择题 28)：设总体均值为 μ，方差为 σ^2，标准差为 σ，从该总体得到一个随机样本，则下面叙述中正确的有(　　)。

A. 样本均值 $\bar{x}$ 是 μ 的无偏估计　　B. 样本中位数 Me 是 μ 的无偏估计

C. 样本方差 S^2 是 σ^2 的无偏估计　　D. 样本标准差 S 是 σ 的无偏估计

答案及分析：∵ $E(\bar{x})=\mu, E(S^2)=\sigma^2$

∴ 正态总体的样本均值 $\bar{x}$ 是总体均值 μ 的无偏估计。

同理，正态总体的样本方差 S^2 是总体方差 σ^2 的无偏估计。所以选择 A、C。

二、区间估计

熟悉区间估计(包括置信水平、置信区间)的概念;熟悉正态总体均值、方差和标准差的置信区间的求法;了解比率 p 的置信区间(大样本场合)的求法 **考试大纲**

1. 概念

设 θ 是总体的一个待估参数,其一切可能取值组成的参数空间为 Θ,记 $x_1, x_2, \cdots, x_n$ 为来自总体的一个样本,对给定 $\alpha(0<\alpha<1)$,确定两个统计量:

$$\theta_L(x_1, x_2, \cdots, x_n) \text{和} \theta_U(x_1, x_2, \cdots, x_n)$$

若对任意 $\theta \in \Theta$ 有 $P(\theta_L \leqslant \theta \leqslant \theta_U) \geqslant 1-\alpha$,则称随机区间 $[\theta_L, \theta_U]$ 是 θ 的置信水平为 $1-\alpha$ 的置信区间,θ_L, θ_U 分别称为 θ 的 $1-\alpha$ 的置信下限与置信上限。

2. 正态总体参数的置信区间

正态总体均值、方差、标准差的 $1-\alpha$ 置信区间见下表:

参数	条件	$1-\alpha$ 置信区间
μ	σ 已知	$\bar{x} \pm u_{1-\alpha/2}\dfrac{\sigma}{\sqrt{n}}$
μ	σ 未知	$\bar{x} \pm t_{1-\alpha/2}(n-1)\dfrac{S}{\sqrt{n}}$
σ^2	μ 未知	$\left[\dfrac{(n-1)S^2}{\chi^2_{1-\alpha/2}(n-1)}, \dfrac{(n-1)S^2}{\chi^2_{\alpha/2}(n-1)}\right]$
σ	μ 未知	$\left[\dfrac{S\sqrt{n-1}}{\sqrt{\chi^2_{1-\alpha/2}(n-1)}}, \dfrac{S\sqrt{n-1}}{\sqrt{\chi^2_{\alpha/2}(n-1)}}\right]$

例题和习题分析(教材 P66~P73)

【1-41】(单项选择题 6):设 $X \sim N(\mu, 0.09)$ 从中随机抽取样本量为 4 的样本,其样本均值为 $\bar{x}$,则总体均值 μ 的 0.95 的置信区间为(　　)。

A. $\bar{x} \pm 0.15u_{0.95}$　　B. $\bar{x} \pm 0.15u_{0.975}$

C. $\bar{x} \pm 0.3u_{0.95}$　　D. $\bar{x} \pm 0.3u_{0.975}$

答案及分析:$X \sim N(\mu, 0.09)$,$\sigma=0.3$ 为已知。在 σ 为已知的情况下总体均值 μ 的 95% 置信区间为 $\bar{x} \pm u_{1-\frac{\alpha}{2}}\dfrac{\sigma}{\sqrt{n}}$,现 $n=4$,$\alpha=1-0.95=0.05$,所以置信区间为:$\bar{x} \pm u_{0.975}\dfrac{0.3}{\sqrt{4}}=\bar{x} \pm 0.15u_{0.975}$ 或为 $[\bar{x}-0.15u_{0.975}, \bar{x}+0.15u_{0.975}]$。故选择 B。

【1-42】(多项选择题 41):在作参数 θ 的置信区间中,置信水平 $1-\alpha=90\%$ 是指(　　)。

A. 对 100 个样本,定有 90 个区间能覆盖 θ

B. 对 100 个样本，约有 90 个区间能覆盖 θ

C. 对 100 个样本，至多有 90 个区间能覆盖 θ

D. 对 100 个样本，可能有 89 个，也可能有 91 个区间覆盖 θ

答案及分析：在作参数 θ 的置信区间中置信水平 $1-\alpha=90\%$，是指对 100 个样本，约有 90 个区间能覆盖 θ；对 100 个样本，可能有 89 个也可能有 91 个区间覆盖 θ。所以选择 B、D。

【1-43】(多项选择题 42)：正态标准差 σ 的 $1-\alpha$ 置信区间依赖于(　　)。

A. 总体均值　　B. 样本量

C. 样本标准差　　D. t 分布的分位数

E. χ^2 分布的分位数

答案及分析：正态标准差 σ 的 $1-\alpha$ 置信区间为：

$$\left[\frac{S\sqrt{n-1}}{\sqrt{\chi^2_{1-\frac{\alpha}{2}}(n-1)}},\frac{S\sqrt{n-1}}{\sqrt{\chi^2_{\frac{\alpha}{2}}(n-1)}}\right]$$

因此与 $S(S^2)$ 和 χ^2 分布的分位数有关。所以选择 B,C,E。

【1-44】(单项选择题 19)：采用包装机包装食盐，要求 500 g 装一袋，已知标准差 $\sigma=3$ g，要使食盐每包平均质量的 95%置信区间长度不超过 4.2 g，样本量 n 至少为(　　)。

A. 4　　B. 6

C. 8　　D. 10

答案及分析：在 σ 已知的情况下，μ 的 95%的置信区间为：$\bar{x}\pm u_{1-\alpha/2}\dfrac{\sigma}{\sqrt{n}}$，其中 $u_{1-\alpha/2}=u_{1-0.05/2}=u_{0.975}=1.96$，则置信区间长度 $2u_{1-\alpha/2}\dfrac{\sigma}{\sqrt{n}}=2\times1.96\times\dfrac{3}{n}\leqslant4.2$，即 $11.76/\sqrt{n}<4.2$，$\sqrt{n}\geqslant\dfrac{11.76}{4.2}=2.8$，因此 $n>7.84$，所以选择 C。

第五节　假设检验

一、基本思想与基本步骤

掌握原假设、备择假设、检验统计量、拒绝域、两类错误、检验水平及显著性的基本概念；掌握假设检验的基本步骤　**考试大纲**

1. 基本思想

根据所获样本，运用统计分析方法，对总体 X 的某种假设 H_0 作出接受或拒绝的判断。

2. 基本步骤

(1) 建立假设

如 $H_0:\mu=\mu_0$（μ_0 为给定已知常数），这是原假设，与 H_0 相反的假设是 $H_1:\mu\neq\mu_0$，这

是备择假设。

(2) 选择检验统计量,给出拒绝域的形式;

(3) 给出显著性水平 α;

(4) 确定临界性 C,给出拒绝域 W;

(5) 判断。

例题和习题分析(教材 P66~P73)

【1-45】(单项选择题 21):在假设检验中,接受原假设 H_0 时,可能(　　)错误。

A. 犯第一类　　B. 犯第二类

C. 既犯第一类,又犯第二类　　D. 不犯任一类

答案及分析:接受原假设 H_0,但实际原假设 H_0 不真,因由于抽样的随机性,样本落在接受域 $\overline{W}$ 内,从而导致接受 H_0,犯第二类错误,其发生的概率为 β。所以选择 B。

【1-46】(单项选择题 7):假设检验中的显著性水平 α 表示(　　)。

A. 犯第一类错误的概率不超过 α　　B. 犯第二类错误的概率不超过 α

C. 犯两类错误的概率之和不超过 α　　D. 犯第一类错误的概率不超过 $1-\alpha$

答案及分析:假设检验中显著性水平 α 表示当原假设 H_0 为真时而拒绝原假设的概率(即犯第一类错误的概率)的最大值。故选择 A。

【1-47】(多项选择题 24):关于假设检验的两类错误,α 是显著性水平,下列描述正确的有(　　)。

A. 犯拒真错误的可能性不超过 α

B. 犯取伪错误的可能性不超过 α

C. α 取值越小,拒绝域也会越小

D. 假设检验中,接受原假设 H_0 时,可能犯第一类错误

E. 犯第一类错误的概率 α 与犯第二类错误的概率 β 之间是相互关联的,降低 α 时,β 也会随之降低

答案及分析:在假设检验中,α 是犯第一类错误(拒真错误)的概率(可能性)。β 是犯第二类错误(取伪错误)的概率(可能性)。α 越小,拒绝域也会越小,因此拒绝原假设的可能性减小。理论研究表明 α 小必导致 β 大。故选择 A、C。

【1-48】(多项选择题 29):可以作为原假设的命题有(　　)。

A. 两个总体方差相等　　B. 两个样本均值相等

C. 总体不合格品率不超过 0.01　　D. 样本中的不合格品率不超过 0.05

答案及分析:因为关于总体参数的命题可以作为原假设,样本统计量是随机度量,不能作为原假设。故选择 A、C。

二、正态总体参数的假设检验

掌握对正态总体均值的检验(总体方差已知或未知的情况);掌握对正态总体方差的检验

考试大纲

单个正态总体均值 μ，方差 σ^2 的检验如下表（α 为显著性水平）：

检验法	条件	H_0	H_1	检验统计量	拒绝域
u 检验	σ 已知	$\mu \leqslant \mu_0$ $\mu \geqslant \mu_0$ $\mu = \mu_0$	$\mu > \mu_0$ $\mu < \mu_0$ $\mu \neq \mu_0$	$u=\dfrac{\bar{x}-\mu_0}{\sigma/\sqrt{n}}$	$\{u>u_{1-\alpha}\}$ $\{u<u_\alpha\}$ $\{\|u\|>u_{1-\alpha/2}\}$
t 检验	σ 未知	$\mu \leqslant \mu_0$ $\mu \geqslant \mu_0$ $\mu = \mu_0$	$\mu > \mu_0$ $\mu < \mu_0$ $\mu \neq \mu_0$	$t=\dfrac{\bar{x}-\mu_0}{S/\sqrt{n}}$	$\{t>t_{1-\alpha}(n-1)\}$ $\{t<t_\alpha(n-1)\}$ $\{\|t\|>t_{1-\alpha/2}(n-1)\}$
χ^2 检验	μ 未知	$\sigma^2 \leqslant \sigma_0^2$ $\sigma^2 \geqslant \sigma_0^2$ $\sigma^2 = \sigma_0^2$	$\sigma^2 > \sigma_0^2$ $\sigma^2 < \sigma_0^2$ $\sigma^2 \neq \sigma_0^2$	$\chi^2=\dfrac{(n-1)S^2}{\sigma_0^2}$	$\{\chi^2>\chi^2_{1-\alpha}(n-1)\}$ $\{\chi^2<\chi^2_\alpha(n-1)\}$ $\left\{\begin{matrix}\chi^2<\chi^2_{\alpha/2}(n-1)\text{或}\\ \chi^2>\chi^2_{1-\alpha/2}(n-1)\end{matrix}\right\}$

例题和习题分析（教材 P66～P73）

【1-49】（单项选择题 22）：设 $x_1, x_2, \cdots, x_n$ 是从某正态总体随机抽取的一个样本，在 σ 未知情况下，考察以下假设的检验问题：$H_0:\mu=\mu_0$，$H_1:\mu\neq\mu_0$ 则给定 α 下，该检验拒绝域为（　　）。

A. $|t|>t_\alpha(n-1)$　　B. $|t|>t_{(1-\alpha)}(n-1)$

C. $|t|>t_{\frac{\alpha}{2}}(n-1)$　　D. $|t|>t_{(1-\frac{\alpha}{2})}(n-1)$

答案及分析：在 σ 未知的情况下，采用 t 检验法，检验 $H_0:\mu=\mu_0$，$H_1:\mu\neq\mu_0$，则根据上表可知拒绝域为 $\{|t|>t_{1-\frac{\alpha}{2}}(n-1)\}$。故选择 D。

【1-50】（单项选择题 2）：为了判断改进后的日产量是否比原来的 200（千克）有所提高，抽取了 20 天的日产量数据，发现日产量的平均值为 201（千克），以下结论正确的有（　　）。

A. 只提高 1 千克，产量的提高肯定是不显著的

B. 日产量平均值为 201（千克），确定比原来有所提高

C. 需要使用单总体 t 检验来判断改进后的产量是否比原来有显著提高

D. 因为没有提供总体标准差的信息，因而不可能作出判断

答案及分析：为了判断改进后的日产量是否比原来的 200（千克）有所提高，即要判断日产量是否有显著差异，需使用假设检验的方法，因总体标准差未知，所以应使用一个正态总体中的 t 检验法。故选择 C。

【1-51】（多项选择题 44）：设 $X\sim N(\mu,\sigma^2)$，其中 σ^2 已知，对假设检验问题

$$H_0:\mu=\mu_0 \quad H_1:\mu\neq\mu_0$$

的显著性水平为 α 的拒绝域为（　　）。

A. $|u|>u_\alpha$　　B. $|u|>u_{1-\alpha}$

C. $|u|>-u_{\alpha/2}$　　　　D. $|u|>u_{1-\alpha/2}$

答案及分析：设 $X\sim N(\mu,\sigma^2)$，其中 σ^2 已知，对检验问题 $H_0:\mu=\mu_0$　$H_1:\mu\neq\mu_0$ 的显著性水平 σ 的拒绝域为 $\{|u|>u_{1-\alpha/2}\}$，

$\because u_{1-\alpha/2}=-u_{\frac{\alpha}{2}}$　$\therefore |u|>u_{1-\alpha/2}=-u_{\frac{\alpha}{2}}$

所以选择 C、D。

三、有关比例 p 的假设检验

熟悉比例 p 的假设检验（大样本场合）　**考试大纲**

p 的显著性水平为 α 的检验如下表：

检验法	H_0	H_1	检验统计量	拒绝域
u 检验	$p\leqslant p_0$ $p\geqslant p_0$ $p=p_0$	$p>p_0$ $p<p_0$ $p\neq p_0$	$u=\dfrac{\bar{x}-p_0}{\sqrt{p_0(1-p_0)/n}}$	$\{u>u_{1-\alpha}\}$ $\{u<u_\alpha\}$ $\{|u|>u_{1-\alpha/2}\}$

例题和习题分析

【1-52】（单项选择题）：比例 p 的假设检验，若 $H_0:p\leqslant p_0$，$H_1:p>p_0$，则其拒绝域为（　）。

A. $\{u>u_{1-\alpha}\}$　　　　B. $\{u<u_\alpha\}$

C. $\{p>p_{1-\alpha}\}$　　　　D. $\{p<p_\alpha\}$

答案及分析：依据比例 p 的假设检验，因为 H_0 为 $p\leqslant p_0$，所以选择 A。

第二章　常用统计技术

第一节　方差分析

一、方差分析基本概念

掌握因子、水平的概念和方差分析的三项基本假定；熟悉方差分析是在同方差假定下检验多个正态均值是否相等的统计方法　**考试大纲**

1. 因子

在试验中会改变状态的因素称为因子，常用大写字母 A，B，C 等表示。

2. 水平

因子所处状态称为因子的水平，用因子的字母加下标来表示，例如因子 A 的水平用

$A_1, A_2, \cdots$表示。

3. 方差分析

是在相同方差假定下检验多个正态均值是否相等的一种统计分析方法。具体地说，该问题的三项基本假定是：

(1) 在水平 A_i 下，指标 y_i 服从正态分布 $N(\mu_i, \sigma^2)$，$i=1,2,\cdots,r$，r 为因子 A 的水平数；

(2) 在不同水平下，诸方差 σ^2 相等；

(3) 诸试验数据 y_{ij} 相互独立。

例题和习题分析（教材 P105～P114）

【2-1】(单项选择题 8)：在单因子试验中，假定因子 A 有 r 个水平，可以看成有 r 个总体，若符合用单因子方差分析方法分析数据的假定时，所检验的原假设是(　　)。

A. 各总体分布为正态　　B. 各总体的均值相等

C. 各总体的方差相等　　D. 各总体的变异系数相等

答案及分析：因为单因子方差分析是在相同方差假定下检验多个正态总体的均值是否相等的一种统计方法。故选择 B。

【2-2】(多项选择题 25)：使用方差分析的前提是(　　)。

A. 每一水平下总体的分布都是正态分布

B. 各总体的均值相等

C. 各总体的方差相等

D. 各数据相互独立

答案及分析：使用方差分析的前提是：每一水平下总体的分布都服从正态分布；各总体的方差相等；各数据相互独立。故选择 A、C、D。

二、单因子方差分析

掌握单因子的方差分析方法(平方和分解、总平方和、因子平方和、误差平方和、自由度、F 比、显著性)

考试大纲

设在一个试验中只考察一个因子 A(称为单因子试验)，它有 r 个水平，在每一水平下进行 m 次重复试验，其结果用 $y_{i1}, y_{i2}, \cdots, y_{im}$ 表示，$i=1,2,\cdots,r$。其中 y_{ij} 表示因子 A 第 i 个水平下的第 j 次重复试验结果。

1. 总(离差)平方和 S_T

$$S_T = \sum_{i=1}^{r}\sum_{j=1}^{m}(y_{ij} - \bar{y})^2$$

其中 $\bar{y}$ 表示 $n=r\times m$ 个数据的总平均，即 $\bar{y} = \frac{1}{rm}\sum_{i=1}^{r}\sum_{j=1}^{m} y_{ij} = \frac{1}{n}\sum_{i=1}^{r}\sum_{j=1}^{m} y_{ij}$

2. 因子 A 的平方和 S_A

$$S_A = \sum_{i=1}^{r} m(\bar{y}_i - \bar{y})^2$$

其中 $\overline{y}_i$ 为第 i 个($i=1,2,\cdots,r$)水平下试验结果的均值。这里乘以 m 是因为在每一水平下进行了 m 次试验。S_A 也称为组间(离差)平方和。

3. 误差平方和 S_e

$$S_e = \sum_{i=1}^{r}\sum_{j=1}^{m}(y_{ij} - \overline{y}_i)^2$$

S_e 也称为组内离差平方和。

4. 平方和分解式

$$S_T = S_A + S_e$$

5. 自由度分解式

S_T,S_A,S_e 的自由度分别用 f_T,f_A,f_e 表示，它们也有分解式 $f_T=f_A+f_e$，其中 $f_T=n-1=rm-1,f_A=r-1,f_e=f_T-f_A=r(m-1)$。

6. 均方(和)

因子或误差平方和与相应自由度之比称为均方(和)，分别记为

$$MS_A=S_A/f_A,\quad MS_e=S_e/f_e$$

7. F 比

$$F=MS_A/MS_e$$

当 MS_A 与 MS_e 相差不大时，认为因子 A 不显著；而当 MS_A 相对于 MS_e 大得多时，认为 A 是显著的。即当 $F>F_{1-\alpha}(f_A,f_e)$ 时认为因子 A 在显著性水平 α 上是显著的。F 分布的分位数表见《考试专用教材》中的附表 1-5。

8. 方差分析表

来源	平方和	自由度	均方	F 比
因子 A	S_A	$f_A=r-1$	$MS_A=S_A/f_A$	$F=MS_A/MS_e$
误差 e	S_e	$f_e=n-r$	$MS_e=S_e/f_e$	
总计 T	S_T	$f_T=n-1$		

9. 平方和的简化计算公式

$$S_T = \sum_{i=1}^{r}\sum_{j=1}^{m}(y_{ij} - \overline{y})^2 = \sum_{i=1}^{r}\sum_{j=1}^{m}y_{ij}^2 - \frac{T^2}{n}$$

$$S_A = \sum_{i=1}^{r}m(\overline{y}_i - \overline{y})^2 = \sum_{i=1}^{r}\frac{T_i^2}{m} - \frac{T^2}{n}$$

$$S_e = S_T - S_A$$

其中 $T_i=\sum_{j=1}^{m}y_{ij}$ 是第 i 个水平数据的和，$T=\sum_{i=1}^{r}\sum_{j=1}^{m}y_{ij}$ 表示所有 $n=rm$ 个数据的总和。

例题和习题分析(教材 P105～P114)

【2-3】(单项选择题 10)：在单因子方差分析中，如果因子 A 有 r 个水平，在每一水平下进行 m 次试验，那么误差平方和的自由度为(　　)。

A. $r-1$ B. $m-1$

C. $rm-1$ D. $r(m-1)$

答案及分析:因为因子 A 有 r 个水平,在每个水平下进行 m 次试验,则总的自由度 $f_T=rm-1$,$f_A=r-1$,误差的自由度 $f_e=f_T-f_A=rm-1-(r-1)=rm-r=r(m-1)$。故选择 D。

【2-4】(单项选择题 9):在单因子方差分析中,如果因子 A 有 r 个水平,在每一水平下进行 m 次试验,试验结果用 y_{ij} 表示,$i=1,2,\cdots,r$;$j=1,2,\cdots,m$;$\bar{y}_i$ 表示第 i 水平下试验结果的平均,$\bar{y}$ 表示试验结果的总平均,那么误差平方和为( )。

A. $\sum_{i=1}^{r}\sum_{j=1}^{m}(y_{ij}-\bar{y})^2$ B. $\sum_{i=1}^{r}\sum_{j=1}^{m}(y_{ij}-\bar{y}_i)^2$

C. $\sum_{i=1}^{r}(\bar{y}_i-\bar{y})^2$ D. $\sum_{i=1}^{r}m(\bar{y}_i-\bar{y})^2$

答案及分析:误差的平方和用组内离差平方和表示。因此应选择 B。

【2-5】(单项选择题 3):饮料生产厂家希望分析现有的四种颜色饮料是否在市场上销售有差异,他们分别从六个超市收集了四种饮料的销售数据,如果使用方差分析,则( )。

A. 因子的自由度为 6 B. 因子的自由度为 3

C. 因子的自由度为 23 D. 误差平方和的自由度为 15

答案及分析:据题意,因子的水平数为 4,每个水平的试验次数为 6,则因子的自由度为:因子的水平数$-1=3$,故选择 B。

【2-6】(单项选择题 11):在单因子试验中因子 A 有 4 个水平,每一水平下进行了 5 次试验,并求得因子与误差平方和分别为 $S_A=56.29$,$S_e=48.77$,那么检验用的 F 比是( )。

A. 4.62 B. 1.15

C. 6.15 D. 6.54

答案及分析:因为因子 A 有 4 个水平,所以 $f_A=4-1=3$。每个水平下进行 5 次试验,所以 $f_e=4\times(5-1)=16$。所以 $MS_A=\frac{56.29}{3}=18.7633$,$MS_e=\frac{48.77}{16}=3.048$,$F=\frac{18.763}{3.048}=6.15$。故选择 C。

【2-7】(单项选择题 12):现在三台机器生产同规格的铝合金薄板,其厚度分别服从同方差的正态分布,从三台机器上各取五块板测量其厚度,对其进行方差分析,求得 $F=32.92$,查 F 分布表知在 $\alpha=0.05$ 时临界值为 3.89,则结论是( )。

A. 三台机器生产的薄板厚度在显著性水平 0.95 上有显著差异

B. 三台机器生产的薄板厚度在显著性水平 0.95 上无显著差异

C. 三台机器生产的薄板厚度在显著性水平 0.05 上有显著差异

D. 三台机器生产的薄板厚度在显著性水平 0.05 上无显著差异

答案及分析:由于 $F=32.92>3.89$,因此在显著性水平 $\alpha=0.05$ 时,因子 A 是显著的。因此选择 C。

【2-8】(单项选择题 4):在一个单因子试验中,因子 A 有 4 个水平,在每一水平下重复进

行了 4 次试验，由此可得每一水平下样本标准差 $S_i, i=1,2,3,4$，它们分别为 0.9，1.4，1.0，1.1，则误差平方和为(　　)。

A. 4.4　　B. 19.36

C. 14.94　　D. 4.98

答案及分析：因为误差的平方和 $S_e=\sum_{i=1}^{r}\sum_{y=1}^{m}(y_{ij}-\bar{y}_i)^2$，$S_i=\left[\frac{1}{m-1}\sum_{y=1}^{m}(y_{ij}-\bar{y}_i)^2\right]^{\frac{1}{2}}$，$S_i^2=\frac{1}{m-1}\sum_{y=1}^{m}(y_{ij}-\bar{y}_i)^2$，而 $m=4, r=4$，故 $3S_i^2=\sum_{j=1}^{4}(y_{ij}-\bar{y}_i)^2$，因此 $S_e=\sum_{i=1}^{4}3S_i^2=3(0.9^2+1.4^2+1.0^2+1.1^2)=14.94$。故选择 C。

【2-9】(多项选择题 26)：在单因子方差分析中，因子 A 是二水平的，在每一水平下重复进行了 3 次试验，结果如下：

水平	数据		
A_1	6	5	7
A_2	2	1	3

各平方和与均方为(　　)。

A. 误差平方和 $S_e=4$　　B. 因子 A 的平方和 $S_A=24$

C. 误差均方 $MS_e=2$　　D. 因子 A 的均方 $MS_A=12$

答案及分析：

水平	数据			$\bar{y}_i$
A_1	6	5	7	6
A_2	2	1	3	2

因此，总均值 $\bar{y}=\frac{1}{6}(6+5+7+2+1+3)=4$

$$S_e=\sum_{i=1}^{2}\sum_{y=1}^{3}(y_{ij}-\bar{y})^2=(6-4)^2+(5-4)^2+(7-4)^2+(2-4)^2+(1-4)^2+(3-4)^2=4$$

$f_e=f_T-f_A=5-1=4, MS_e=S_e/f_e=1$。

$$S_A=\sum_{i=1}^{2}3(\bar{y}_i-\bar{y})^2=3\times(6-4)^2+3\times(2-4)^2=24$$

$f_A=2-1=1, MS_A=S_A/f_A=24$。故选择 A、B。

【2-10】(多项选择题 30)：在一个单因子方差分析中，因子 A 有三个水平，在每一水平下的数据如下：

水平	数据				
一水平	4	8	5	7	6
二水平	2	0	2	2	4
三水平	0	4	1	2	3

则下列正确的结论是(　　)。

A. $S_A=53.33$　　　　B. $S_A=26.67$

C. $S_e=28$　　　　D. $S_e=14$

答案及分析：

水平	数据					T_i	$\bar{y}_i$	$y_{ij}-\bar{y}_i$				$(y_{ij}-\bar{y}_i)^2$					
一	4	8	5	7	6	30	6	−2	2	−1	1	0	4	4	1	1	0
二	2	0	2	2	4	10	2	0	−2	0	0	2	0	4	0	0	4
三	0	4	1	2	3	10	2	−2	2	−1	0	1	4	4	1	0	1

因此 $S_e=\sum_{i=1}^{3}\sum_{j=1}^{5}(y_{ij}-\bar{y}_i)^2=28$，而总和 $T=30+10+10=50$，

所以 $S_A=\frac{T_1^2+T_2^2+T_3^2}{5}-\frac{T^2}{15}=\frac{30^2+10^2+10^2}{5}-\frac{50^2}{15}=53.33$

故选择 A、C。

【2-11】(多项选择题 33)：在有 4 个水平的单因子方差分析中，若每一水平下进行 5 次重复试验，且求得每一水平下试验结果的标准差为 1.5，2.0，1.6，1.2，则(　　)。

A. 误差平方和为 30.75　　　　B. 误差平方和为 41

C. 误差平方和的自由度是 16　　　　D. 误差平方和的自由度是 3

答案及分析：由 $S_i=\sqrt{\frac{1}{m-1}\sum_{i=1}^{m}(y_{ij}-\bar{y}_i)^2}$

得 $S_e=\sum_{i=1}^{r}(m-1)S_i^2=4\times1.5^2+4\times2.0+4\times1.6^2+4\times1.2^2=41$

$f_e=(5-1)\times4=16$

因此应选择 B、C。

【2-12】(多项选择题 34)：在有 5 个水平的单因子方差分析中，若每一水平下进行 3 次重复试验，且求得每一水平下试验结果的平均值为 90，94，95，85，84，则(　　)。

A. 因子平方和为 303.6　　　　B. 因子平方和为 72.346

C. 因子平方和的自由度是 4　　　　D. 因子平方和的自由度是 2

答案及分析：因为有 5 个水平，故 $r=5$，每一水平下进行 3 次重复试验，故 $m=3$。所以因子 A 平方和的自由度 $f_A=r-1=5-1=4$，因子 A 的平方和 $S_A=\sum_{i=1}^{r}\frac{T_i^2}{m}-\frac{T^2}{rm}$，其中

$T=\sum_{i=1}^{r}m\bar{y}_i=3\times(90+94+95+95+85+84)=1\ 344$，

$\because \sum_{i=1}^{5}\frac{T_i^2}{3}=3(90^2+94^2+95^2+85^2+84^2)$

$\therefore S_A=3(90^2+94^2+95^2+85^2+84^2)-\frac{1\ 344^2}{15}=303.6$。故选择 A、C。

三、重复数不等的情况

了解重复数不等的情况下的方差分析方法 **考试大纲**

若在每一水平下重复试验次数不同，假定在 A_i 水平下进行了 m_i 次试验，那么方差分析仍可进行，只是在计算中主要有两个改动：

(1) $n=\sum_{i=1}^{r} m_i$

(2) $S_A=\sum_{i=2}^{r}\frac{T_i^2}{m_i}-\frac{T^2}{n}$

例题和习题分析(教材 P105～P114)

【2-13】(多项选择题 31)：在比较三种加工方法(记为因子 A)的试验中，已知各加工方法下分别进行了 6 次、5 次、4 次试验，则有(　　)。

A. 因子 A 平方和的自由度是 2
B. 因子 A 平方和的自由度是 12
C. 误差平方和的自由度是 12
D. 误差平方和的自由度是 15

答案及分析：若每一水平试验次数不同，则 f_A = 水平数 − 1；f_T = 总试验数 − 1；$f_e=f_T-f_A$，这里，$f_A=3-1=2$，$f_T=6+5+4-1=14$，$f_e=12$。因此应选择 A、C。

【2-14】(多项选择题 32)：在比较三种加工方法(记为因子 A)的试验中，已知三个水平下各进行了 6 次、5 次、4 次试验，作为方差分析求得的因子的平方和为 155.64，误差平方和为 85.34，则有(　　)。

A. F 比为 1.823
B. 若取显著性水平为 0.05，那么当 $F>F_{0.95}(2,12)$ 时因子是显著的
C. F 比为 10.94
D. 若取显著性水平为 0.05，那么当 $F<F_{0.95}(2,12)$ 时因子是显著的

答案及分析：$S_A=155.64$，$S_e=85.34$，$f_A=2$，$f_e=12$，所以 $F=\frac{155.64/2}{85.34/12}=10.943>F_{0.95}(2,12)=3.89$。因此应选择 B、C。

第二节　回归分析

一、散布图

掌握散布图的作用与做法 **考试大纲**

为了研究两个变量之间存在什么关系，首先要收集数据。一般情况下，把收集到的数据记为 (x_i,y_i)，$i=1,2,\cdots,n$，然后可以画一张图，把每一对 (x_i,y_i) 看成直角坐标系中的一个点，在图中标出 n 个点，称这样的图为散布图。

例题和习题分析(教材 P105～P114)

【2-15】(单项选择题 13):收集了 n 组数据(x_i,y_i),$i=1,2,\cdots,n$,为了解变量 x 与 y 间是否有相关关系,可以画(　　)加以考察。

A. 直方图　　B. 散布图

C. 正态概率图　　D. 排列图

答案及分析:研究两个变量之间存在什么关系,可以作散布图。因此应选择 B。

【2-16】(单项选择题 14):收集了 n 组数据(x_i,y_i),$i=1,2,\cdots,n$,画出散布图,若 n 个点基本在一条直线附近,但不全在该直线上时,称两个变量间具有(　　)。

A. 独立的关系　　B. 不相容的关系

C. 函数关系　　D. 线性相关关系

答案及分析:因 n 个点基本在一条直线附近,但不全在该直线上,认为两个变量存在线性相关关系。因此应选择 D。

【2-17】(多项选择题 23):收集了 n 组数据(x_i,y_i),$i=1,2,\cdots,n$,为了了解变量 x 与 y 之间是否有相关关系,可以使用(　　)加以考察。

A. 直方图　　B. 散布图

C. 回归分析　　D. 相关系数检验

E. 控制图

答案及分析:为了了解两个变量 x 与 y 之间是否有相关关系,可以使用散布图,回归分析和相关分析。故选择 B、C、D。

二、相关系数

掌握样本相关系数的定义、计算及其检验方法　　**考试大纲**

1. 定义

表示两个变量的线性关系密切程度的统计量称为相关系数,记为 r。

$$r=\frac{\sum(x_i-\bar{x})(y_i-\bar{y})}{\sqrt{\sum(x_i-\bar{x})^2\sum(y_i-\bar{y})^2}}=\frac{L_{xy}}{\sqrt{L_{xx}L_{yy}}}$$

其中:

$$L_{xy}=\sum(x_i-\bar{x})(y_i-\bar{y})$$
$$L_{xx}=\sum(x_i-\bar{x})^2$$
$$L_{yy}=\sum(y_i-\bar{y})^2$$

这里"$\sum$"表示"$\sum_{i=1}^{n}$"。

可以证明$|r|\leqslant 1$。当 $r>0$ 时,称两个变量正相关;当 $r<0$ 时,称两个变量负相关;当 $r=0$ 时,称两个变量线性不相关,不过也可能两个变量间存在某种曲线相关。$|r|$越大,线性相关就越强。

2. 相关系数的检验

记两个变量理论的相关系数为 ρ,在正态分布的假定下,对假设 $H_0:\rho=0$,$H_1:\rho\neq 0$

已经给出了检验法则，其拒绝域为：

$$W=\{|r|>r_{1-\alpha/2}(n-2)\}$$

其中 n 为样本量，α 为显著性水平，$r_{1-\frac{\alpha}{2}}(n-2)$ 是检验相关系数的临界值，其值可从《考试专用教材》的附表 2-1 中查到。

例题和习题分析（教材 P105～P114）

【2-18】（单项选择题 1）：如果随着内部直径的变小，电子管的电镀时间在增加，那么内部直径和电镀时间的相关系数为（　　）。

A. 0 与 1 之间　　B. 0 与 −1 之间

C. >1　　D. =1

答案及分析：因为电子管的电镀时间随着内部直径的变小而增大，表明电镀时间与内部直径呈负线性相关关系，其相关关系应在 0 与 −1 之间。故选择 B。

【2-19】（单项选择题 15）：有人研究了汽车速度与每升汽油行驶里程之间的关系，得到相关系数为 0.35，然而发现速度表每小时快了 5 千米，于是对速度进行了修正，重新求得的相关系数是（　　）。

A. 0.30　　B. 0.35

C. 0.40　　D. 0.07

答案及分析：速度快了每小时 5 千米，使原来研究的 y（里程）、x（速度）的关系，修正为 y 与 $x'=x-5$ 的关系。y 与 x' 的相关关系和 y 与 x 的相关系数相等。因此应选择 B。

【2-20】（单项选择题 6）：收集了 (x_i, y_i) 的 n 组数据，求得相关系数为 r，当（　　）时可以在显著性水平 α 上认为两者间存在正相关。

A. $|r|>r_{1-\alpha/2}(n-2)$　　B. $r>r_{1-\alpha/2}(n-2)$

C. $r>r_{1-\alpha/2}(n-1)$　　D. $r>r_{1-\alpha/2}(n)$

答案及分析：当 $|r|>r_{1-\frac{\alpha}{2}}(n-2)$ 时，可认为两变量间存在线性相关关系，而题意给出的是正相关，只有 $r>0$ 时才成立。故选择 B。

【2-21】（多项选择题 36）：收集了 n 组数据 (x_i, y_i)，$i=1,2,\cdots,n$，求得两个变量间的相关系数为 0，则下列说法（　　）是正确的。

A. 两个变量独立　　B. 两个变量间没有线性相关关系

C. 两个变量间可能有函数关系　　D. 两个变量间一定有函数关系

答案及分析：两个变量间的相关系数为 0 时，两个变量间没有线性相关关系，但是可能存在某种函数关系。因此选择 B、C。

三、一元线性回归方程

掌握用最小二乘估计建立一元线性回归方程的方法；掌握一元线性回归方程的检验方法；熟悉一元线性回归方法在预测中的应用

考试大纲

1. 一元回归方程的求法

设一元线性回归方程的表达式为：

$$\hat{y}=a+bx$$

对给定的 n 对数据 (x_i, y_i)，$i=1,2,\cdots,n$，如果 a 与 b 已经估计出来，对给定的 x_i 值 $\hat{y}_i=a+bx_i$，称 $\hat{y}_i$ 为回归值。要求得到的回归直线使观察值 y_i 与 $\hat{y}_i$ 之间的偏差(残差)平方和达到最小，即 $\sum_{i=1}^{n}(y_i-\hat{y}_i)^2$ 达到最小，由微分学原理可以证明回归方程表达式中的 a 与 b 可由下式求得：$b=L_{xy}/L_{xx}$，$a=\bar{y}-b\bar{x}$ 这组解称为 a 与 b 的最小二乘估计。

2. 回归方程的显著性检验

(1) 相关系数法

(2) 方差分析法

$$S_T=S_R+S_E$$

其中 S_T 称为总(离差)平方和；S_R 称为回归平方和；S_E 称为残差平方和。

$$S_T=\sum_{i=1}^{n}(y_i-\bar{y})^2=L_{yy}$$

$$S_R=\sum_{i=1}^{n}(\hat{y}_i-\bar{y})^2=bL_{xy}$$

$$S_E=\sum_{i=1}^{n}(y_i-\hat{y}_i)^2=S_T-S_R$$

它们的自由度也有分解式：$f_T=f_R+f_E$，其中

$$f_T=n-1,\ f_R=1(\text{相应自变量的个数}),\ f_E=f_T-f_R$$

计算 F 比：

$$F=\frac{S_R/f_R}{S_E/f_E}$$

对给定的显著性水平 α，当 $F>F_{1-\alpha}(f_R, f_E)$ 时，认为回归方程显著，即是有意义的。

例题和习题分析(教材 P105～P114)

【2-22】(单项选择题 17)：如果在 y 关于 x 的线性回归方程 $\hat{y}=a+bx$ 中，$b<0$，那么对于 x 与 y 两个变量间的相关系数 r，必有(　　)。

A. $r<0$　　B. $r>0$

C. $r=0$　　D. $r=1$

答案及分析：$b>0$，说明存在正的线性相关关系，而 b 和 r 同号，即 $r>0$。因此应选择 A。

【2-23】(单项选择题 16)：收集了 n 组数据 (x_i, y_i)，$i=1,2\cdots,n$，在一元线性回归中用 S_R 表示回归平方和，S_E 表示残差平方和，由此求得 F 比，则当(　　)时在显著性水平 α 上认为所得到的回归方程是有意义的。

A. $F>F_{1-\alpha}(1,n)$　　B. $F>F_{1-\alpha}(1,n-1)$

C. $F>F_{1-\alpha}(1,n-2)$　　D. $F<F_{1-\alpha}(1,n-2)$

答案及分析：由于 $f_R=1$，$f_E=n-2$，所以在显著性水平 α 上，当 $F>F_{1-\alpha}(1,n-2)$ 时认为所求得的回归方程是有意义的。因此应选择 C。

【2-24】(多项选择题37)：y 关于 x 的线性回归方程 $\hat{y}=a+bx$ 对应的回归直线必过点(　　)。

A. $(0,a)$　　B. $(0,b)$

C. $(\bar{x},\bar{y})$　　D. (a,b)

答案及分析：y 关于 x 的一元线性回归方程 $\hat{y}=a+bx=\bar{y}+b(x-\bar{x})$。因此当 $x=0$ 时，$\hat{y}=a$；当 $x=\bar{x}$ 时，$\hat{y}=\bar{y}$，所以回归直线必经过 $(0,a)$ 与 $(\bar{x},\bar{y})$。故选择A、C。

【2-25】(多项选择题38)：在研究指标 y 与某物质的含量 x 的线性回归方程时，收集了10组数据，求得回归平方和为255.4，残差平方和为27.5，在显著性水平0.05时 F 的临界值为5.32，则结论是(　　)。

A. $F=9.287$　　B. $F=74.30$

C. 在0.05水平上方程不显著　　D. 在0.05水平上方程显著

答案及分析：据题意 $n=10$，所以 $f_R=1$，$f_E=10-2=8$，又因为 $S_R=255.4$，$S_E=27.5$，因此 $F=\dfrac{S_R/f_R}{S_E/f_E}=\dfrac{255.4/1}{27.5/8}=74.30$，而 $F=74.30>F_{0.95}(1,8)=5.32$，因此应选择B、D。

【2-26】(多项选择题35)：收集了 n 组数据 (x_i,y_i)，$i=1,2,\cdots,n$，求得了 y 关于 x 的一元线性回归方程 $\hat{y}=a+bx$，那么检验回归方程是否显著可以用的方法有(　　)。

A. 正态概率纸　　B. 相关系数检验

C. 方差分析方法　　D. u 检验

答案及分析：因为检验回归方程是否显著通常有两种方法即相关系数检验法和方差分析法。故选择B、C。

3. 利用回归方程进行预测

熟悉一元线性回归方法在预测中的应用　　**考试大纲**

当求得了一个有意义的回归方程后，可以将此回归方程用于预测。如果给定 x 的值为 x_0，那么 y 的预测值为：

$$\hat{y}_0=a+bx_0$$

y 的概率为 $1-\alpha$ 的预测区间：

$$(\hat{y}_0-\delta,\quad \hat{y}_0+\delta)$$

δ 的精确表达式：

$$\delta=\hat{\sigma}t_{1-\frac{\alpha}{2}}(n-2)\sqrt{1+1/n+(x_0-\bar{x})^2/L_{xx}}$$

其中 $\hat{\sigma}=\sqrt{S_E/f_E}$，若 x_0 与 $\bar{x}$ 相差不大，δ 的近似值为：

$$\delta\approx\hat{\sigma}u_{1-\frac{\alpha}{2}}$$

例题和习题分析(教材P105～P114)

【2-27】(综合分析题45)：某厂生产白水泥，对每一窑生产的水泥都需要测定其抗压强度，以确定水泥标号，一般是将水泥出窑后做成的试块养护28天所测得的数据为准。但是水泥不可能堆放28天后再出厂，所以考虑用7天的抗压强度 x 来预测28天的抗

压强度 y。现在统计了 26 窑的数据，求得如下结果：

$$\bar{x}=24.177,\quad \bar{y}=30.323,\quad L_{xx}=41.566,\quad L_{xy}=37.31,\quad L_{yy}=65.686$$

又假定在显著性水平 0.05 上查表得到相关系数的临界值为 0.388，F 分布的临界值为 4.26。利用以上数据回答下列问题(1)～(6)：

(1) 下面正确的叙述是(　　)。

A. x 与 y 的相关系数是 0.014

B. x 与 y 的相关系数是 0.714

C. 在 0.05 水平上 y 与 x 具有线性相关关系

D. 在 0.05 水平上 y 与 x 没有线性相关关系

(2) y 关于 x 的一元线性回归方程 $\hat{y}=a+bx$ 中 a 与 b 应该是(　　)。

A. $b=0.898$　　B. $b=1.114$

C. $a=8.612$　　D. $a=3.390$

(3) 在对方程的总(离差)平方和作分解时，下列叙述(　　)是正确的。

A. 回归平方和是 33.504　　B. 残差平方和为 32.182

C. 回归平方和是 41.563　　D. 残差平方和为 24.123

(4) 对方程作显著性检验时，下列叙述(　　)是正确的。

A. 残差平方和的自由度为 25　　B. 残差平方和的自由度为 24

C. 检验统计量 F 的值为 24.986　　D. 检验统计量 F 的值为 43.074

(5) 如果求得 7 天的抗压强度为 26，那么可以预测 28 天的抗压强度为(　　)。

A. 31.96　　B. 37.576

C. 26.738　　D. 32.354

(6) 为求近似的预测区间需要得到 σ 的估计，从上述数据得到此估计值为(　　)。

A. 1.134　　B. 1.158

C. 0.982　　D. 1.003

答案及分析：

(1) x 与 y 的相关系数 $r=\dfrac{L_{xy}}{\sqrt{L_{xx}L_{yy}}}=\dfrac{37.31}{\sqrt{41.566\times 65.686}}=0.714$ 大于当 $\alpha=0.05$ 时，临界值为 0.388，表明在 0.05 水平上 x 与 y 存在线性相关关系。故选择 B、C。

(2) $b=\dfrac{L_{xy}}{L_{xx}}=\dfrac{37.31}{41.566}=0.898$，$a=\bar{y}-b\bar{x}=30.323-0.898\times 24.177=8.612$。故选择 A、C。

(3) 各平方和分别为：$S_T=L_{yy}=65.686$，$S_R=bL_{xy}=0.898\times 37.31=33.504$
$S_E=S_T-S_R=32.182$。故选择 A、B。

(4) 因为 $n=26$，所以 $f_R=1$，$f_E=n-2=24$，

所以 $F=\dfrac{S_R/f_R}{S_E/f_E}=\dfrac{33.504/1}{32.182/24}=24.986$，故选择 B、C。

(5) 当 $x=26$ 时，预测值 $\hat{y}(26)=8.612+0.898\times 26=31.96$，故选择 A。

(6) σ 的估计值是 $\hat{\sigma}=\sqrt{S_E/f_E}=\sqrt{32.182/24}=1.158$，故选择 B。

【2-28】(单项选择题 5)：设所建立的一元线性回归方程为 $\hat{y}=a+bx$，$x=x_0$ 时的预测值为 $\hat{y}_0=a+bx_0$，其概率为 $1-\alpha$ 的预测区间是 $[\hat{y}-\delta,\hat{y}_0+\delta]$，这里 δ 的表达式是(　　)。

A. $t_{1-\alpha/2}(n-2)\hat{\sigma}\sqrt{\dfrac{1}{n}+\dfrac{(x_0-\bar{x})^2}{L_{xx}}}$　　B. $t_{1-\alpha/2}(n-2)\hat{\sigma}\sqrt{1+\dfrac{1}{n}+\dfrac{(x_0-\bar{x})^2}{L_{xx}}}$

C. $u_{1-\alpha/2}(n-1)\hat{\sigma}\sqrt{\dfrac{1}{n}+\dfrac{(x_0-\bar{x})^2}{L_{xx}}}$　　D. $u_{1-\alpha/2}(n-1)\hat{\sigma}\sqrt{1+\dfrac{1}{n}+\dfrac{(x_0-\bar{x})^2}{L_{xx}}}$

答案及分析：由于没有明确 n 是大样本($n>30$)，所以求的应该是概率为 $1-\alpha$ 的精确的预测区间，且 σ 未知，因而 $\delta=t_{1-\frac{\alpha}{2}}(n-2)\hat{\sigma}\sqrt{1+\dfrac{1}{n}+\dfrac{(x_0-\bar{x})^2}{L_{xx}}}$。故选择 B。

四、可化为一元线性回归的曲线回归

了解可化为一元线性回归的曲线回归问题　　**考试大纲**

在两个变量的散布图上，n 个点有时可能在某条曲线附近波动，这时要建立曲线回归方程，最简单的曲线回归可通过变量变换，将其化为一元线性回归。了解的内容如下。

1. 确定曲线回归方程形式

常可选用：

(1) $\dfrac{1}{\hat{y}}=a+b\dfrac{1}{x}$，　$(a>0,b>0)$

(2) $\hat{y}=a+b\lg(x)$，　$(b>0)$

(3) $\hat{y}=a+b\sqrt{x}$，　$(b>0)$

(4) $\hat{y}-100=a\times\exp(-b/x)$，　$(b>0)$

2. 曲线回归方程参数的估计

可采用线性化的方法，即通过变换将曲线回归方程化为一元线性回归方程的形式来获得参数的估计。

3. 曲线回归方程的比较

对不同形式曲线回归方程的比较，常用的有两个准则：

(1) 要求相关指数 R 大

$$R=1-\frac{\sum(y_i-\hat{y}_i)^2}{\sum(y_i-\bar{y})^2}$$

(2) 要求标准残差 S 小

$$S=\sqrt{\frac{\sum(y_i-\hat{y}_i)^2}{n-2}}$$

例题和习题分析(教材 P105～P114)

【2-29】(多项选择题 39)：可以通过变换化为一元线性回归的曲线回归函数形式有(　　)。

A. $y=ae^{bx}$　　　B. $y=a+bx^c$

C. $\frac{1}{y}=a+b\frac{1}{x}$　　　D. $y=\frac{1}{a+be^x}$

答案及分析：

(A) 对 $y=ae^{bx}$ 两边取对数 $\ln y=\ln a+bx$，令 $u=x$，$v=\ln y$，$a'=\ln a$，则可化为一元线性回归方程 $v=a'+bu$。

(B) 中若令 $x'=x^c$ 后，仍不能获得 x' 的值，因 c 未知；若改写为 $y-a=bx^c$，$\ln(y-a)=\ln b+c\ln x$，这时 $y'=\ln(y-a)$ 的值仍未知，因 a 未知，故(B)不能转化为一元线性函数。

(C) $\frac{1}{y}=a+\frac{b}{x}$ 中令 $\frac{1}{x}=u$，$\frac{1}{y}=v$，则可化为一元线性回归方程 $v=a-bu$。

(D) 对 $y=\frac{1}{a+be^x}$ 两边取倒数，$\frac{1}{y}=a+be^x$，令 $v=\frac{1}{y}$，$u=e^x$，则可化为一元线性回归方程 $v=a+bu$。故选择 A、C、D。

【2-30】(多项选择题 27)：收集了数据 (x_i, y_i)，$i=1,2,\cdots,n$，当其在散布图上的点呈现曲线形状时，可以选用可化为线性回归方程方法。若有几个可供选择的曲线回归方程，那么选择的准则有(　　)。

A. $R^2=1-\frac{\sum(y_i-\hat{y}_i)^2}{\sum(y_i-\bar{y})^2}$ 最大　　　B. $R^2=1-\frac{\sum(y_i-\hat{y}_i)^2}{\sum(y_i-\bar{y})^2}$ 最小

C. $S=\sqrt{\frac{\sum(y_i-\hat{y}_i)^2}{n-2}}$ 最大　　　D. $S=\sqrt{\frac{\sum(y_i-\hat{y}_i)^2}{n-2}}$ 最小

答案及分析：$\sum(y_i-\hat{y}_i)^2$ 表示残差平方和，方程拟合得好，残差平方和应该尽可能小，所以要求 R^2 最大，S 最小。故选 A、D。

第三节　试验设计

一、试验设计的基本概念与正交表

了解试验设计的必要性；熟悉常用正交表及正交表的特点　　**考试大纲**

1. 试验设计

多因素试验遇到的最大困难是试验次数太多，要全部做试验在实际中是不大可能的，因此只能从中选择一部分进行试验，选择那些条件组合进行试验，就提出了试验设计的问题。一个好的试验设计，可以通过少量试验获得较多的信息，达到试验的目的。正交试验设计是试验设计中常用的方法，它利用“正交表”选择试验的条件，并利用正交表的特点进行数据分析，找出最好的或满意的试验条件。

2. 正交表

常用的正交表有两大类，若记一般的正交表为 $L_n(q^p)$，则一类正交表的行数 n，列数 p，水平数 q 间有如下关系：

$$n=q^K,\quad K=2,3,4,\cdots,\quad p=(n-1)/(q-1)$$

这一类正交表不仅可考察各因子对试验指标的影响，有的还可考察因子间的交互作用的影响。

另一类正交表的行数、列数、水平数之间不满足上述关系，只能考察各因子的影响，不能用这些正交表来考察因子间的交互作用。

常用正交表见《考试专用教材》中附录2。

正交表具有正交性，它有如下两个特点：

（1）每列中每个数字重复次数相同。

（2）将任意两列的同行数字看成一个数对，那么一切可能数对重复次数相同。

例题和习题分析（教材P105～P114）

【2-31】（多项选择题24）：关于正交表的说法，正确的有（　　）。

A. 正交试验利用“正交表”选择试验条件，并利用正交表的特点进行数据分析，找出最好的或满意的试验条件

B. 正交表具有正交性

C. 正交表各列中每个数字的重复次数相同

D. 将正交表中任意两列的同行数字看成一个数对，那么一切可能数对的重复次数相同

E. 利用正交表选择的试验点在试验空间中的分布是随机的

答案及分析：因利用正交表选择的试验点在试验空间中的分布是均匀分散的，所以E是错误的。故选择A、B、C、D。

【2-32】（多项选择题40）：用正交表 $L_{16}(2^{15})$ 安排试验时，下列叙述（　　）是正确的。

A. 有16个不同条件的试验　　B. 每一因子可以取两个不同水平

C. 有15个不同条件的试验　　D. 最多可安排15个因子

答案及分析：正交表的代号 $L_n(q^p)$ 中，n 表示用该正交表安排试验时需要进行 n 个不同条件的试验；q 表示用该正交表安排试验时因子的水平数；p 表示用该正交表安排试验时最多可安排的因子数。因此 $L_{16}(2^{15})$ 正交表中 $n=16$，$q=2$，$p=15$。故选择A、B、D。

【2-33】（单项选择题18）：用正交表 $L_{16}(2^{15})$ 安排试验时，需要做（　　）个不同条件的试验。

A. 16　　B. 2

C. 15　　D. 多于16

答案及分析：在 $L_{16}(2^{15})$ 中，16表示不同条件下的试验次数。因此应选择A。

二、无交互作用的正交设计与数据分析

熟悉使用正交表进行试验设计的步骤；掌握无交互作用的正交试验设计的直观分析法与方差分析法；熟悉贡献率的分析方法

考试大纲

1. 正交试验的步骤

（1）试验的设计，包括：明确试验目的、明确试验指标、确定因子与水平并确定是否存在要考察的交互作用、选用合适的正交表；

（2）进行试验和记录试验结果；

（3）数据分析；

（4）验证试验。

2. 无交互作用的正交设计的数据分析

（1）数据的直观分析

1）寻找最好的试验条件；

2）各因子对指标影响程度大小的分析；

3）作各因子不同水平对指标的影响图。

（2）数据的方差分析

1）平方和分解

$$S_T = S_1 + S_2 + \cdots + S_p$$

称为正交表的平方和分解式，其中

$$S_T = \sum_{i=1}^{n}(y_i - \bar{y})^2 = \sum_{i=1}^{n} y_i^2 - \frac{T^2}{n}$$

正交表每一列的（离差）平方和

$$S = \sum_{i=1}^{n} \frac{T_i^2}{n/q} - \frac{T^2}{n}$$

式中 n 是试验次数，$\bar{y}$ 是试验结果的总平均，若记 $T = \sum_{i=1}^{n} y_i$，则 $\bar{y} = T/n$。空白列反映了由误差造成的数据波动，称为误差平方和，记为 S_e。

对二水平正交表，每一列的离差（平方和）可以用下式计算：

$$S = \frac{(T_1 - T_2)^2}{n}$$

2）F 比

为计算 F 比除各平方和之外，还需给出因子与误差的自由度，正交表总的自由度 f_T＝试验次数－1＝$n-1$；一个因子的自由度是其水平数－1；正交表一列的自由度为其水平数－1，即 $q-1$，在正交设计中因子是置于正交表的列上，因此因子的自由度与所在列的自由度应该相等；误差平方和为正交表上空白列的平方和相加而得，其自由度为正交表上空白列的自由度相加。自由度也有相应关系式：

$$f_T = f_1 + f_2 + \cdots + f_p$$

正交设计中的方差分析同样用（离差）平方和与自由度之比为均方，用因子的均方与误差的均方进行比较，当 $F_{因} = MS_{因}/MS_e > F_{1-\alpha}(f_{因}, f_e)$ 时，认为在显著性水平 α 上因子是显著的。

3）计算

F 比的计算也通常在方差分析表上进行。

4）最佳条件的选择

对显著因子应选择其最好的水平，而对不显著因子可以任意选择水平，实际中常可根据降低成本、操作方便等方面来考察其水平的选取。

(3) 因子的贡献率分析

当试验指标不服从正态分布时,方差分析的依据不充分,可通过比较各因子的"贡献率"来比较因子作用的大小。

称 $S_{因}-f_{因}MS_e$ 为因子的纯(离差)平方和,称因子的纯平方和,它与 S_T 的比为因子的贡献率,称 $f_T MS_e$ 与 S_T 的比为误差的贡献率。根据因子贡献率的大小确定其重要性。

例题和习题分析(教材 P105～P114)

【2-34】(单项选择题 19):为提高某产品的产量,考虑三个三水平因子;反应温度(A),反应压力(B),溶液浓度(C)。当用正交表 $L_9(3^4)$ 安排试验,因子 A,B,C 依次放在 1,2,3 列上,并且通过试验得到各列的极差如下:

列号	1(A)	2(B)	3(C)
极差	0.67	0.62	5.87

则各因子对指标的影响程度从大到小为(　　)。

A. B,A,C　　B. C,A,B

C. C,B,A　　D. A,B,C

答案及分析:各因子对指标的影响程度的大小,可以按极差从大到小排列得到,现在 $R_C>R_A>R_B$。因此应选 B。

【2-35】(单项选择题 20):为提高某产品的产量,考虑三个三水平因子;反应温度(A),反应压力(B),溶液浓度(C)。当用正交表 $L_9(3^4)$ 安排试验,因子 A,B,C 依次放在 1,2,3 列上,并且通过试验得到各列各水平的平均值如下:

列号	1(A)	2(B)	3(C)
一水平	4.08	3.72	0.70
二水平	3.41	3.37	3.91
三水平	3.69	3.99	6.57

利用直观分析应取条件(　　)。

A. $A_1B_3C_3$　　B. $A_2B_2C_1$

C. $A_1B_1C_3$　　D. $A_3B_3C_3$

答案及分析:由于要求是产量高,因此在每一因子各平均值中找一个最大值对应的水平,将它们组合起来便可以得到,故应取为 $A_1B_3C_3$。因此应选 A。

【2-36】(单项选择题 21):用正交表 $L_{16}(2^{15})$ 安排试验时,经过对试验数据进行方差分析后发现 A 与 B 的交互作用是显著的,并求得如下的二维表:

平均值	A_1	A_2
B_1	90.5	93.5
B_2	92.5	85.5

如果要求指标值高，那么对因子 A 与 B 来讲应该选择水平组合为(　　)。

A. A_1B_1　　B. A_1B_2

C. A_2B_1　　D. A_2B_2

答案及分析：因为 A，B 存在交互作用，因此选择 A，B 水平组合时，应比较不同搭配下数据的均值，这里 $A_2B_1=93.5$ 最高，因此应选择 C。

【2-37】(多项选择题 29)：在用正交表 $L_{16}(2^{15})$ 安排试验时，若每一条件下进行一次试验，记 T_i 为第 i 水平下试验数据之和，T 为全部数据之和，则任一列的平方和的计算公式是(　　)。

A. $T_1^2+T_2^2-T^2$　　B. $\frac{T_1^2}{2}+\frac{T_2^2}{2}-\frac{T^2}{4}$

C. $\frac{T_1^2}{8}+\frac{T_2^2}{8}-\frac{T^2}{16}$　　D. $\frac{(T_1-T_2)^2}{16}$

答案及分析：因为每一列平方和计算公式为 $S_j=\sum_{i=1}^{g}\frac{T_i^2}{n/g}-\frac{T^2}{n}$，因为用的正交表为 $L_{16}(2^{15})$，所以 $n=16$，$p=15$，$q=2$，任一列的平方和计算式为：$S=\sum_{i=1}^{2}\frac{T_i^2}{8}-\frac{T^2}{16}=\frac{T_1^2}{8}+\frac{T_2^2}{8}-\frac{T^2}{16}$。而$\frac{(T_1-T_2)^2}{16}$是二水平正交表每一列平方和的简化计算式。故选 C、D。

【2-38】(多项选择题 28)：在一个用 $L_9(3^4)$ 安排的正交设计中，表头设计与各列平方和如下：

表头设计	A	B	C	
列号	1	2	3	4
平方和	1 320	5 110	468	88

从 F 分布表查得 $F_{0.90}(2,2)=9.0$，$F_{0.95}(2,2)=19.0$，则有(　　)。

A. $S_e=S_4$

B. 三个因子都是显著的

C. 在显著性水平 0.1 上因子 A 与 B 都是显著的

D. 在显著性水平 0.05 上只有因子 B 是显著的

答案及分析：用 $L_9(3^4)$ 正交表安排试验，第 4 列是空白列，因此 $S_e=S_4$，$f_A=f_B=f_C=f_e=3-1=2$

因而有：$F_A=\frac{S_A/f_A}{S_e/f_e}=\frac{1\,320/2}{88/2}=15$，$F_B=\frac{S_B/f_B}{S_e/f_e}=\frac{5\,110/2}{88/2}=58.07$，

$F_C=\frac{S_C/F_C}{S_e/f_e}=\frac{468/2}{88/2}=5.32$。$F_{0.90}<F_A<F_{0.95}$，$F_{0.95}<F_B$，$F_C<F_{0.90}$，所以在显著性水平 0.1 上，因子 A 是显著的；在显著性水平 0.05 上因子 B 是显著的，因子 C 不显著。故选 A、C、D。

三、有交互作用的正交设计与数据分析

了解有交互作用的正交试验设计的方差分析法；熟悉最佳水平组合的选取

考试大纲

1. 交互作用

在多因子试验中，除了单个因子对指标有影响外，有时两个因子不同水平的搭配对指标也会产生影响，这种影响如果存在就称为因子 A 与 B 的交互作用。

2. 数据分析和最佳条件

方差分析的方法同无交互作用的场合。当分析结果两因子交互作用显著时，不考虑每一因子是否显著。先计算两个因子水平的不同搭配下数据的均值，再通过比较得出哪种水平组合为好。

对显著因子，可通过比较两个水平下数据均值或数据和得到最佳水平。因子不显著其水平可任取。

3. 避免混杂—— 表头设计的一个原则

(1) 混杂现象：在进行表头设计时，若一列上出现两个因子，或两个交互作用，或一个因子与一个交互作用时称为混杂现象，简称混杂。

(2) 表头设计：正交表表头设计的一个重要原则是避免混杂的出现。

在用正交表安排试验时，因子的自由度应与所在列的自由度相同，而交互作用所占列的自由度之和应与交互作用的自由度相同。

(3) 正交表的选择：根据表头设计应避免混杂的原则，选择正交表时必须满足下面一个条件："所考察的因子与交互作用自由度之和$\leqslant n-1$"，其中 n 是正交表的行数。不过在存在交互作用的场合，这一条件满足时还不一定能用来安排试验，所以这仅是一个必要条件。

例题和习题分析(教材 P105～P114)

【2-39】(单项选择题 2)：进行因子试验设计来判断因子 A 和因子 B 对某零件耐压性的作用，F 检验表明因子间存在着明显的交互作用，这意味着(　　)。

A. 或者 A 或者 B 对耐压性有明显的作用

B. 因子 A 和 B 都影响零件的耐压性

C. 仅当因子 A 水平确定时，才能估计改变因子 B 所带来的作用

D. 当因子 B 处在一个不好的水平时，只要因子 A 处于好水平，耐压性就会增加

答案及分析：因为因子 A 与因子 B 的交互作用显著意味着因子 B 对耐压性的影响取决于因子 A 的水平。故选择 C。

【2-40】(单项选择题 7)：设 A 是三水平因子，B 是四水平因子，则交互作用 $A\times B$ 的自由度是(　　)。

A. 4　　B. 5

C. 6　　D. 7

答案及分析：因子 A 的自由度 $f_A=3-1=2$，因子 B 的自由度 $f_B=4-1=3$，因此 $A\times B$ 交互作用的自由度 $f_{A\times B}=f_A\times f_B=2\times3=6$。故选择 C。

【2-41】(多项选择题 41)：用正交表 $L_{27}(3^{13})$ 安排试验时，将三水平因子 A、B 分别放在第一列和第二列上，那么对 A 与 B 的交互作用来讲，下列叙述(　　)是正确的。

A. 交互作用的自由度为 2

B. 在三水平正交表上交互作用应占一列

C. 交互作用的自由度为 4

D. 在三水平正交表上交互作用应占两列

答案及分析：因为 A 与 B 都是三水平因子，因此 $f_A=f_B=3-1=2$；交互作用的自由度 $f_{A\times B}=f_A\times f_B=2\times 2=4$；三水平的正交表每列的自由度 $f_{列}=$该列的水平数$-1=3-1=2$，根据交互作用自由度与所占列的自由度之和相等，所以交互作用 $A\times B$ 在三水平正交表要占两列。故选择 C、D。

【2-42】(多项选择题 42)：用正交表安排试验时，应该满足条件(　　)

A. 因子的自由度与列的自由度一致

B. 所有因子自由度的和等于正交表总的自由度

C. 交互作用的自由度等于所在的各列自由度的乘积

D. 交互作用的自由度等于所在各列自由度的和

答案及分析：在用正交表安排试验时，因子应与所在列自由度相同，交互作用列的自由度之和应与交互作用的自由度相同，所考察因子与交互作用自由度之和$\leqslant n-1$(n 为表的行数)。因此应选择 A、D。

【2-43】(多项选择题 43)：若一个试验中不考虑交互作用，那么应该按(　　)选择最好条件。

A. 取所有因子最好水平的组合

B. 对显著因子找出最好水平组合

C. 不显著因子可以选择任意水平

D. 从所做的试验结果直接找最好的结果对应的条件

答案及分析：显著因子按照最佳水平选取，不显著因子，水平可任取。因此应选择 B、C。

【2-44】(多项选择题 44)：用正交表 $L_8(2^7)$ 安排试验时，通过方差分析发现因子 A,C 及交互作用 $A\times B$ 都是显著的，而 B 与 D 是不显著的，那么应该按(　　)寻找最好的条件。

A. 找出因子 A 的最好的水平

B. 找出因子 C 的最好的水平

C. 找出因子 A 与 B 的最好的水平搭配

D. 找出因子 D 的最好的水平

答案及分析：因为存在交互作用显著，因此选取 A,B 水平时应考察 A,B 组合的最佳搭配，然后考虑显著因子 C。B,D 由于不显著，水平可任取。因此应选择 B、C。

【2-45】(单项选择题 22)：“正交表的行数 n 不小于各因子与交互作用的自由度之和加 1”是用正交表安排试验的(　　)。

A. 必要条件　　　　B. 充分条件

C. 充分必要条件　　　　D. 不需要的条件

答案及分析：根据表头设计应避免混杂原则，选择正交表时应满足“所考察的因子与交互作用自由度之和$\leqslant n-1$”，这仅是必要条件。因此应选择 A。

第三章　抽样检验

第一节　抽样检验的基本概念

一、抽样检验

掌握抽样检验、计数检验、计量检验、单位产品、(检验)批、不合格、不合格品、批质量、过程平均、接收质量限及极限质量的概念　**考试大纲**

抽样检验是按照规定的抽样方案,随机地从一批或一个过程中抽取少量个体组成样本进行的检验,根据样本检验的结果判定一批产品或一个过程是否可以被接收。

抽样检验的特点是:检验对象是一批产品,根据抽样结果应用统计原理推断产品批的接收与否。

抽样检验一般用于下述情况:

(1) 破坏性检验;

(2) 批量很大,全数检验工作量很大的产品的检验;

(3) 测量对象是散装或流程性材料;

(4) 其他不适用于使用全数检验或全数检验不经济的场合。

按检验特性值的属性可以将抽样检验分为计数抽样检验和计量抽样检验两大类。计数抽样检验又可分为计件抽样检验和计点抽样检验。计件抽样检验是根据被检样本中的不合格品数,推断整批产品的接收与否;而计点抽样检验是根据被检样本中的产品包含的不合格数,推断整批产品的接收与否。计量抽样检验是通过测量被检样本中的产品质量特性的具体数值并与标准进行比较,进而推断整批产品的接收与否。按抽样的次数也即抽取样本的个数(不是指抽取的单位产品个数,即样本量),抽样检验又可以分为一次抽样检验、二次抽样检验、多次抽样检验和序贯抽样检验。

二、名词术语

1. 单位产品

单位产品是为实施抽样检验的需要而划分的基本产品单位。是除一般通常的理解外,它在抽样标准中定义为可单独描述和考察的事物。

2. 检验批

检验批是提交进行检验的一批产品,也是作为检验对象而汇集起来的一批产品。通常检验批应由同型号、同等级和同种类(尺寸、特性、成分等),且生产条件和生产时间基本相同的单位产品组成。

根据生产方式或组批方式的不同,检验批又分为孤立批和连续批。其中孤立批是指脱离已生产或汇集的批系统,不属于当前检验批系列的批;连续批是指待检批可利用最近已检所提供质量信息的连续提交检验批。

3. 批量

检验批中单位产品的数量，常用 N 表示。

4. 不合格

在抽样检验中，不合格是指单位产品的任何一个质量特性不满足规范要求，一个产品上可能有不止一个不合格。通常根据不合格的严重程度必要时将它们进行分类。常分为：

A 类不合格：认为最被关注的一种不合格。

B 类不合格：认为关注程度比 A 类稍低的一种类型的不合格。

C 类不合格：关注程度低于 A 类和 B 类的一类不合格。

5. 不合格品

具有一个或一个以上的不合格的单位产品，称为不合格品。根据不合格的分类，例如：

A 类不合格品：有一个或一个以上 A 类不合格，同时还可能包含 B 类和(或)C 类不合格的产品。

B 类不合格品：有一个或一个以上 B 类不合格，也可能有 C 类不合格，但没有 A 类不合格的产品。

C 类不合格品：有一个或一个以上 C 类不合格，但没有 A 类、B 类不合格的产品。

6. 批质量

指单个提交检验批产品的质量，通常用 p 表示。由于质量特性值的属性不同，批质量的表示方法也不一样，在计数抽样检验衡量批质量的方法有：

(1) 批不合格品率 p

批的不合格品数 D 除以批量 N，即：

$$p=\frac{D}{N}$$

(2) 批不合格品百分数

批的不合格品数除以批量，再乘以 100，即：

$$100p=\frac{D}{N}\times 100$$

这两种表示方法常用于计件抽样检验。

(3) 批每百单位产品不合格数

批的不合格数 C 除以批量，再乘以 100，即：

$$\frac{C}{N}\times 100$$

这种表示方法常用于计点检验。

计量检验衡量批质量的方法：批中所有单位产品的某个特性的平均值；批中所有单位产品的某个特性的标准差或变异系数等。

7. 过程平均

在规定的时段或生产量内平均的过程质量水平，即一系列初次交检批的平均质量。

在实际中计算过程平均通常是用样本数据估计。假设从上述批中依次抽取 k 个样本，其样本量分别为 $n_1, n_2, \cdots, n_k$，经检验，各样本中的不合格品数分别为 $d_1, d_2, \cdots, d_k$ 个，则利用上述 k 个样本估计的过程平均可用过程不合格品率 $\hat{\bar{p}}$ 或过程不合格品百分数 $100\hat{\bar{p}}$ 表示。

$$\hat{\bar{p}}=\frac{d_1+d_2+\cdots+d_k}{n_1+n_2+\cdots+n_k} \quad (k\geqslant 20)$$

或

$$100\hat{\bar{p}}=\frac{d_1+\cdots+d_k}{n_1+\cdots+n_k}\times 100$$

8. 接收质量限 AQL

当一个连续系列批被提交验收抽样时，可允许的最差过程平均质量水平。它是对生产方的过程质量提出的要求，是允许的生产方过程平均（不合格品率）的最大值。

9. 极限质量 LQ

对于一个孤立批，为了抽样检验，限制在某一低接收概率的质量水平。它是在抽样检验中对孤立批规定的不应该接收的批质量（不合格品率）的最小值。

例题和习题分析（教材 P151～P154）

【3-1】（单项选择题 1）：通过测量样本中产品质量特性数值并与标准进行比较而推断整批产品的接收与否的检验是（　　）检验。

A. 计件抽样　　B. 计点抽样

C. 计数抽样　　D. 计量抽样

答案及分析：计量抽样检验是通过测量被检样本中产品质量特性的具体数值并与标准进行比较，进而推断整批产品的接受与否。故选择 D。

【3-2】（单项选择题 4）：从产品批中随机取样，目的是为了（　　）。

A. 节省取样成本　　B. 提高样本代表性

C. 使取样工作更简便　　D. 减少检验量

答案及分析：样本抽取的关键是尽量做到“随机化”，即样本要具有“独立性”和“代表性”。故选择 B。

【3-3】（单项选择题 7）：参与抽样检验的检验批由 N 个（　　）组成。

A. 部分产品　　B. 单位产品

C. 样本　　D. 样本量

答案及分析：检验批是作为检验对象而汇集起来的一批产品，用 N 表示检验批中单位产品的数量。故选 B。

【3-4】（单项选择题 8）：在对铸件进行检验时，根据样本中包含的不合格铸件数和根据样本中包含的不合格砂眼数判断产品批是否接收的判定方式属于（　　）检验。

A. 计点和计量　　B. 计件和计点

C. 计数和计量　　D. 计数和序贯

答案及分析：在对铸件进行检验时，铸件是单位产品，则不合格铸件为不合格品，按不合格品数推断批的接收与否的为计件检验；而铸件上的砂眼是不合格，按不合格数推断批的接收与否的为计点检验。故选 B。

【3-5】(单项选择题 17):计量型抽样方案是用(　　)对批作出判断。

A. 样本中含有的不合格品数　　B. 样本量

C. 样本均值　　D. 样本均值和样本标准差

答案及分析:计量型抽样方案是用样本均值和样本标准差对批作出判断。故选择 D。

【3-6】(多项选择题 29):进行抽样检验是否比全检更合理,主要考虑(　　)。

A. 检验成本　　B. 批量大小

C. 检验耗费的时间　　D. 改进工艺的可能性

E. 检验是否具有破坏性

答案及分析:进行抽样检验是否比全检更合理主要考虑检验成本、批量大小、检验耗费的时间和检验是否具有破坏性。故选 A、B、C、E。

【3-7】(多项选择题 32):在计数抽样检验中,可用来衡量批质量的指标有(　　)。

A. AQL　　B. LQ

C. 极差 R　　D. 样本均值 $\overline{X}$

E. 生产方风险 α

答案及分析:在抽样检验中,AQL 是逐批抽样检验的质量指标,而 LQ 是孤立批抽样检验的质量指标。故选 A、B。

【3-8】(多项选择题 36):极限质量是指(　　)。

A. 限制在某一低接收概率的质量水平

B. 受限制的不接收概率的质量水平

C. 使用方风险对应的质量水平

D. 生产方风险对应的质量水平

答案及分析:极限质量是指限制在某一低接收概率的质量水平和使用方风险对应的质量水平。故选 A、C。

【3-9】(综合分析题 37):某产品有 5 个质量特性,根据其重要程度不同分为 A、B、C 三类不合格,若对批量 $N=2\ 000$ 件进行全数检验,发现 5 个产品有不合格项,结果如下:

产品编号	A 类不合格数	B 类不合格数	C 类不合格数
3	1	0	2
7	0	1	1
12	1	1	0
19	0	1	2
20	0	0	3

则:

(1) 其中 C 类不合格品数为(　　)。

A. 1　　B. 2

C. 3　　D. 4

(2) 每百单位产品 C 类不合格数为(　　)。

A. 0.2　　B. 0.3

C. 0.4　　D. 0.8

(3) B 类不合格品率(　　)。

A. 1‰　　B. 1.5‰

C. 2‰　　D. 3‰

答案及分析：

(1) 其中 C 类不合格品数是指无 A 类、B 类不合格，只有 C 类不合格的不合格品，此处的 C 类不合格品为 20 号，仅有 1 个。故选 A。

(2) 因为 2 000 个产品中有 8 个 C 类不合格，因此

每百单位产品 C 类不合格数$=\frac{8}{2\ 000}\times100=0.4$，故选 C。

(3) 此处 B 类不合格品有 2 个(7 号和 19 号)，因此

B 类不合格品率$=\frac{2}{2\ 000}=1‰$　故选 A。

三、抽样方案对批可接收性的判断

掌握一次与二次抽样方案及对批接收性的判断方法　　**考试大纲**

一次抽样方案由样本量 n 和用来判定批接收与否的接收数 Ac 组成，记为(n,Ac)。

记 d 为样本中的不合格(品)数，令 $\mathrm{Re}=\mathrm{Ac}+1$，称为拒收数。实际抽样检验对批质量的判断也即对批接收性的判断规则是：若 d 小于等于接收数 Ac，则接收批；若 d 大于等于 Re，则不接收该批。

二次抽样对批质量的判断允许最多抽两个样本。在抽检过程中，如果第一个样本量 n_1 中的不合格(品)数 d_1 不超过第一个接收数 Ac_1，则判断批接收；如果 d_1 等于或大于第一个拒收数 Re_1，则不接收该批；如果 d_1 大于 Ac_1，但小于 Re_1，则继续抽第二个样本，设第二个样本中不合格(品)数为 d_2，当 d_1+d_2 小于等于第二个接收数 Ac_2 时，判断该批产品接收，如果 d_1+d_2 大于或等于第二个拒收数 $\mathrm{Re}_2(=\mathrm{Ac}_2+1)$，则判断该批产品不接收。

例题和习题分析(教材 P151～P154)

【3-10】(单项选择题 16)：计数型抽样方案是用(　　)对批作出判断。

A. 样本中含有的合格品数

B. 样本中含有的不合格品数或不合格数

C. 样本中含有的不合格品数或合格数

D. 批质量水平

答案及分析：计数型抽样方案是用样本中含有的不合格品数或不合格数对批作出判断。故选择 B。

【3-11】(单项选择题 13)：使用计数调整型一次正常抽样方案(125,1)，对批量 $N=1\ 000$

的产品批进行验收。若样本中的不合格品数 $d=2$，则(　　)。

A. 不接收该批产品　　　　　　　　B. 再抽一个样本进行判断

C. 再使用加严检验对该批产品判定　　D. 改用二次抽样方案对该批进行判断

答案及分析：因为使用的是计数调整型一次正常抽样方案(125，1)，合格判定数 $\mathrm{Ac}=1$，若样本中的不合格品数 $d=2$，则 $d>\mathrm{Ac}$，应拒收该批产品。故选 A。

【3-12】(多项选择题 30)：当使用方在采购产品时，对交检批提出的质量要求为 $p_t=1\%$，则有(　　)。

A. 当交检批质量水平 $p\leqslant p_t$，接收该批产品

B. 当交检批质量水平 $p>p_t$，不接收该批产品

C. 当交检批质量水平 $p\leqslant \mathrm{Ac}$，接收该批产品

D. 当交检批质量水平 $p\geqslant \mathrm{Re}$，不接收该批产品

E. 当样本中的 $d\geqslant \mathrm{Ac}$，接收该批产品

答案及分析：当使用方在采购产品时，对交检批提出的质量要求为 $p_t=1\%$，则当交检批质量水平 $p\leqslant p_t$，接收该批产品；当交检批质量水平 $p>p_t$，拒收该批产品。故选 A、B。

四、抽样方案的特性

(一) 接收概率及抽检特性(OC)曲线

> 掌握接收概率的计算方法；掌握一次抽样检验方案的 OC 曲线及其规律
>
> **考试大纲**

1. 接收概率

根据规定的抽检方案，把具有给定质量水平的交检批判为接收的概率称为接收概率。接收概率 P_a 是用给定的抽样方案验收某交检批，结果为接收的概率。当抽样方案不变时，对于不同质量水平 p 的批接收的概率不同，P_a 是 p 的函数。

接收概率的计算方法有三种：

(1) 超几何分布计算法(有限总体计件抽检时)

$$P_a=\sum_{d=0}^{\mathrm{Ac}}\frac{\binom{N-D}{n-d}\binom{D}{d}}{\binom{N}{n}}$$

式中：$\binom{D}{d}$——从批含有的不合格品数 D 中抽取 d 个不合格品的全部组合数；

$\binom{N-D}{n-d}$——从批含有的合格品数 $N-D$ 中抽取 $n-d$ 个合格品的全部组合数；

$\binom{N}{n}$——从批量为 N 的一批产品中抽取 n 个单位产品的全部组合数。

(2) 二项分布计算法(无限总体计件抽检时)

超几何分布计算法可用于任何 N 与 n，但计算较为繁复。当 N 很大(至少相对于 n

比较大，即 n/N 很小时），可用以下二项分布计算：

$$P_a = \sum_{d=0}^{Ac} \binom{n}{d} p^d (1-p)^{n-d}$$

其中 p 为批不合格品率（在有限总体中 $p=D/N$）。

在实际应用时，当 $\frac{n}{N} \leqslant 0.1$，即可用二项概率去近似超几何概率。

（3）泊松分布计算法（计点抽检时）

$$P_a = \sum_{d=0}^{Ac} \frac{(np)^d}{d!} e^{-np} \quad (e = 2.718\ 28\cdots\cdots)$$

2. 抽检特性（OC）曲线

抽样方案的接收概率 P_a 依赖于批质量水平 p，当 p 变化时 P_a 是 p 的函数，通常也记为 $L(p)$。$L(p)$ 随批质量 p 变化的曲线称为抽检特性曲线或 OC 曲线。OC 曲线表示了一个抽样方案对一个产品的批质量的辨别能力。

每个抽样方案都有一条 OC 曲线，OC 曲线的形状不同表示抽样方案对批的判断能力不同，即对同一个批使用不同的抽样方案被接收的概率不同。

例题和习题分析（教材 P151～P154）

【3-13】（单项选择题）：某厂对一批产品进行检验，批量 $N=1\ 000$，不合格品率 $p=0.01$，采用（10，1）的抽样方案，则接收概率为（　　）。

A. 0.931　　B. 0.913

C. 0.319　　D. 0.193

答案及分析：设 X 为抽取 10 件产品中出现的不合格品数。因为 $\frac{n}{N} \leqslant 0.1$，此例可用二项分布计算法。

$$P_a(0.01) = P(X \leqslant 1) = P(X=0) - P(X=1) = (0.99)^{10} + \binom{10}{1} 0.01 \times (0.99)^9 = 0.913$$

故选择 B。

【3-14】（单项选择题 15）：抽样方案的接收概率随（　　）变化，形成抽样方案的 OC 曲线。

A. 样本量 n　　B. 批量 N

C. 批质量 p　　D. 生产方风险 α

答案及分析：接收概率 $L(p)$ 随批质量 p 变化的曲线称为 OC 曲线。故选 C。

（二）抽样方案的两类风险

熟悉生产方风险 α、使用方风险 β 的基本概念　　**考试大纲**

1. 生产方风险

生产方风险是指生产方所承担的批质量合格而不被接收的风险，又称犯第一类错误的概率，一般用 α 表示。

2. 使用方风险

使用方风险是指使用方所承担的接收质量不合格批的风险，又称犯第二类错误的概率，一般用 β 表示。

例题和习题分析（教材 P151～P154）

【3-15】（多项选择题 35）：在 GB/T 2828.1 抽样方案中，对使用方风险影响较大的检索要素是（　　）。

A. 生产方风险 α

B. 使用方风险 β

C. AQL

D. LQ

E. 检验水平

答案及分析：在 AQL 处的生产方风险 α 通常很小，而此时若抽样方案不同，方案的 OC 曲线不同，则使用方风险 β 变化较大。检验水平对使用方风险的影响可参见《考试专用教材》的图 3.3-1。故选 C 和 E。

（三）平均检验总数与平均检出质量

熟悉平均检验总数 ATI、平均检出质量 AOQ、平均检出质量上限 AOQL 的基本概念以及 ATI 与 AOQ 的计算公式；熟悉过程平均的基本概念及其估计方法　**考试大纲**

1. 平均检验总数（ATI）

平均检验总数 ATI 是平均每批的总检验数目，包括样本量和不接收批的全检量，这个批号标衡量了检验的经济性。

使用抽样方案（n，Ac）抽检不合格品率为 p 的产品，当批的接收概率为 $L(p)$ 时，对于接收批，检验量即为样本量 n；对于不接收批，实际检验量为 N，因此该方案的平均检验总数 ATI 为：

$$\mathrm{ATI}=nL(p)+N[1-L(p)]=n+(N-n)[1-L(p)]$$

2. 平均检出质量（AOQ）

平均检出质量是指检验后的批平均质量，记为 AOQ。当使用抽样方案（n，Ac）抽检不合格品率为 p 的产品时，若检验的总批数为 k，由于不接收批中的所有产品经过全检不存在不合格品，而在平均 $kL(p)$ 接收批中，每批有 $(N-n)p$ 个不合格品，因此抽样方案的平均检出质量为：

$$\mathrm{AOQ}=\frac{kL(p)\times(N-n)p}{kN}$$

当 n 相对于 N 很小时，$N-n\approx N$，从而

$$\mathrm{AOQ}\approx pL(p)$$

例题和习题分析（教材 P151～P154）

【3-16】（多项选择题 35）：评价抽样方案经济性的指标有（　　）。

A. AOQL

B. AQL

C. ATI

D. ASN

E. LQ

答案及分析：平均检验总数(ATI)是平均每批总检验数目，包括全检的样本量和不接收批的全检量，影响检验成本。这个指标反映了检验的经济性。平均样本量(ASN)是指为了作出接收或不接收决定的平均每批抽取的单位产品数，也是计数抽样方案中重要的经济指标。故选择C、D。

第二节　计数标准型抽样检验

熟悉计数标准型抽样检验的含义；了解计数标准型抽样检验的基本原理；了解抽样检验中几种主要的随机抽样方法　**考试大纲**

1. 含义

计数标准型抽样检验就是同时保护生产方的质量要求和使用方的质量要求的抽样检验。

2. 基本原理

典型的标准型抽样方案是这样确定的：事先确定两个质量水平，p_0 与 p_1，$p_0<p_1$，希望不合格品率 $p \geqslant p_1$ 的批尽可能低概率接收，设其接收概率 $L(p_1)=\beta$；希望不合格品率 $p \leqslant p_0$ 的批尽可能高概率接收，设其不接收概率 $1-L(p_0)=\alpha$。一般规定 $\alpha=0.05$，$\beta=0.10$。p_0 称为生产方风险质量，是与规定的生产方风险 α 相对应的质量水平；p_1 为使用方风险质量，是与规定的使用方风险 β 相对应的质量水平。p_0，p_1，α，β 是计数标准型抽样方案的四个重要参数。

3. 常用的抽样方法

(1) 简单随机抽样；

(2) 系统抽样法(等距抽样法或机械抽样法)；

(3) 分层抽样法(类型抽样法)；

(4) 整群抽样法。

例题和习题分析(教材 P151～P154)

【3-17】(多项选择题 19)：计数标准型抽样检验中，关于 p_0，p_1 的选取，说法正确的有(　　)。

A. p_0，p_1($p_0<p_1$)是对产品批质量提出的要求，一般应由供需双方协商决定

B. 确定 p_0 时，应考虑不合格或不合格品类别及其对顾客损失的严重程度

C. 选取 p_1 时，一般应使 p_1 与 p_0 拉开一定的距离，即要求 $p_1>p_0$，p_1/p_0 过小，会增加抽检产品的数量使检验费用增加

D. 通常 A 类不合格或不合格品的 p_0 值要选得比 B 类的大

E. B 类不合格或不合格品的 p_0 值应选得比 C 类的要小

答案及分析：在《考试专用教材》中，在计数标准型抽样检验的抽样程序(2)中，p_0，p_1 值

($p_0<p_1$)应由供需双方协商决定。作为选取 p_0,p_1 的标准,取 $\alpha=0.05$,$\beta=0.10$。确定 p_0 时,应考虑不合格或不合格品类别及其对顾客损失的严重程度。通常,A 类不合格或不合格品的 p_0 值要选得比 C 类的要小。p_1 的选取,一般应使 p_1 和 p_0 拉开一定的距离,即要求 $p_1>p_0$,p_1/p_0 过小,会增加抽检产品的数量,使检验费用增加,但 p_1/p_0 过大,又会放松对质量的要求,对使用方不利。故选择 A、B、C、E。

第三节　计数调整型抽样检验及 GB/T 2828.1 的使用

一、调整型抽样检验的含义及适用情况

掌握调整型抽样检验的含义及适用情况　**考试大纲**

计数调整型抽样检验是由一组严格度不同的抽样方案和一套转移规则组成的抽样体系。

我国发布的国家标准 GB/T 2828.1—2012《计数抽样检验程序　第 1 部分:按接收质量限(AQL)检索的逐批检验抽样计划》是计数调整型抽样检验,主要适用于连续批检验。与此相对应的,是对孤立批的抽样检验,在某些情形,GB/T 2828.1 也可用于孤立批的检验(该标准中的 12.6),但一般的,对孤立批检验应采用 GB/T 2828.2—2008。

二、接收质量限(AQL)及其作用

在 GB/T 2828.1 中,接收质量限 AQL 有特殊意义,起着极其重要的作用。接收质量限是当一个连续交验收抽样时,可允许的最差过程平均质量水平。它反映了使用方对生产过程质量稳定性的要求即要求在生产连续稳定的基础上的过程不合格品率的最大值。

在 GB/T 2828.1 中,AQL 也被作为一个检索工具。使用这些按 AQL 检索的抽样方案,来自质量等于或好于 AQL 的过程的检验批,将以较高的概率被接收。AQL 是可以接收和不可以接收的过程平均之间的界限值。

接收质量限 AQL 用不合格品百分数或每百单位产品不合格数表示,当以不合格品百分数表示质量水平时,AQL 值不超过 10(%),当以每百单位产品不合格数表示质量水平时,可使用的 AQL 值最高可达每百单位产品中有 1 000 个不合格。

例题和习题分析(教材 P151～P154)

【3-18】(多项选择题 20):下列关于接收质量限(AQL)描述正确的是(　　)。

A. AQL 被用来作为一个检验工具

B. AQL 是可以接收和不可以接收的过程平均之间的界限值

C. AQL 不应与实际的过程质量相混淆

D. AQL 用不合格品百分数或每百单位产品不合格数表示

E. 当以不合格品百分数表示质量水平时，AQL 值不超过 10%，当以每百单位不合格数表示时，可使用的 AQL 值最高可达每百单位产品中有 1 000 个不合格

答案及分析：AQL 被作为一个检索工具，而不是检验工具。AQL 反映了使用方对生产过程质量稳定性的要求，即要求在生产连续稳定的基础上的过程不合格品率的最大值。AQL 不应与实际的过程质量相混淆。因此选择 B、C、D、E。

【3-19】(单项选择题 18)：在 GB/T 2828.1 中，以不合格品百分数表示质量水平时，AQL 的范围是(　　)。

A. 1.0～100　　　　B. 0.01～10

C. 0.01～1 000　　　　D. 0.1～1 000

答案及分析：在 GB/T 2828.1 中，以不合格品百分数表示质量水平时，AQL 的范围是 0.01～10。故选择 B。

【3-20】(多项选择题 26)：在 GB/T 2828.1 中，AQL 用(　　)表示。

A. 每单位产品不合格数　　　　B. 每百单位产品不合格数

C. 不合格品率　　　　D. 不合格品百分数

答案及分析：在 GB/T 2828.1 中，AQL 一般用每百单位产品不合格品(或不合格)数来表示。故选择 B、D。

三、抽样方案检索要素的确定

1. 接收质量限 AQL 的确定

掌握接收质量限 AQL 及其确定方法　　**考试大纲**

接收质量限 AQL 是对生产方过程平均的要求，在确定 AQL 时应以产品为核心，应考虑所检产品特性的重要程度，并应根据产品的不合格分类分别规定不同的 AQL 值。对于同一不合格类的多个项目也可以规定一个 AQL 值，在规定时注意，项目越多，AQL 值应越大。

在确定 AQL 时也要考虑产品用途，如对于同一种电子元器件，一般军用设备比用于民用设备所选的 AQL 值应小些；产品的复杂程度、发现缺陷的难易程度均影响着 AQL 的取值，产品复杂程度大或缺陷只能在整机运行时才发现时，AQL 值应小些。在确定 AQL 值时，也必须考虑产品对下道工序的影响和产品的价格，产品对下道工序影响越大，AQL 取值越小；产品越贵重，不合格造成的损失越大，AQL 值应越小。

AQL 的确定应同时考虑检验的经济性，如产品检验费用、检验时间和是否是破坏性检验，因在 GB/T 2828.1 中，AQL 值越小，在批量、检验水平、检验严格程度和抽样类型不变时，样本量越大，检验费用也较大。因此，AQL 的确定应考虑与其他检索要素相一致。

在制定 AQL 值时除考虑上述因素外，还要兼顾生产企业和同行业生产的实际特点，要考虑同行业是否能满足要求，如果不能满足过高的要求，产品批大量不接收，会影响使用方如期接收产品，并造成双方的经济损失。

在确定 AQL 值时应兼顾企业其他的与质量有关的要求和指标。

在确定 AQL 值时还应注意：AQL 是对生产方过程质量提出的要求，不是针对个别

批质量的要求，因此不是对每个交检批均制定 AQL 值，在使用 GB/T 2828.1 时，AQL 一经确定，不能随意改变。

例题和习题分析(教材 P151～P154)

【3-21】(多项选择题 28)：使用 GB/T 2828.1 抽样检验方案时，在检索方案前进行的准备工作有(　　)。

A. 确定质量标准和不合格分类　　B. 确定 AQL 值和检验水平

C. 对批进行接收判断　　D. 确定批量和抽样类型

E. 抽取样本进行测量

答案及分析：使用 GB/T 2828.1 抽样检验方案时，在检验方案前进行的准备工作有确定质量标准和不合格分类；确定 AQL 值和检验水平；确定批量和抽样类型。故选 A、B、D。

【3-22】(多项选择题 22)：减少抽样方案的 AQL 值意味着(　　)。

A. 降低质量要求　　B. 可能会提高样本量

C. 提高对过程的质量要求　　D. 减小交检批量

答案及分析：AQL 接收质量限是指当一个连续系列批被提交验收抽样时，可允许的最差过程平均质量水平，减小 AQL 值，意味着减小最差过程平均质量水平，提高了对过程的质量要求。AQL 值越小，在批量、检验水平、检验严格度、抽样方案类型不变的条件时，样本量越大，检验越不经济。故选择 B、C。

【3-23】(单项选择题 10)：某零件有 3 个质量特性，根据其重要程度分为 A，B 和 C 类不合格，若规定 A 类不合格的 AQL＝0.10(%)，C 类不合格的 AQL＝2.5(%)，则 B 类的 AQL 值应为(　　)。

A. 0.01(%)　　B. 2.0(%)

C. 2.5(%)　　D. 4.5(%)

答案及分析：确定 AQL 的方法可按不合格类别确定。原则上，$AQL_A < AQL_B < AQL_C$。如果 $AQL_A = 0.10(\%)$，$AQL_C = 2.5(\%)$，则 AQL_B 值应为 2.0%。故选择 B。

2. 批量

熟悉确定批量的原则　　**考试大纲**

批量是指提交检验批中单位产品的数量。从抽样检验的观点来看，大批量的优点是，从大批中抽取大样本是经济的，而大样本对批质量有着较高的判别力。当 AQL 相同时，样本量在大批中的比例比在小批中的比例要小。

在 GB/T 2828.1 中，规定的是批量范围，由“2～8”，“9～15”，…，“150 001～500 000”，“500 000 及其以上”等 15 档组成。

3. 检验水平(IL)的选择

掌握检验水平的特点及其确定方法　　**考试大纲**

检验水平是抽样方案的一个事先选定的特性，主要作用在于明确 N 和 n 间的关系，当批量 N 确定时，只要明确检验水平，就可以检索到样本量字码和样本量 n。批量 N 和样本量 n 间的关系更多地是靠经验确定的，它的确定原则是批量 N 越大，样本量 n 也相应地高一些，但是样本量绝不与批量成比例。一般的，N 越大，样本量与批量的比值 n/N 就越小。也就是说，检验批量越大，单位检验费用相对较小，所以方案的设计鼓励在过程稳定的情况下组大批交检。

在 GB/T 2828.1 中，检验水平有两类：一般检验水平和特殊检验水平，一般检验包括Ⅰ,Ⅱ,Ⅲ三个检验水平，无特殊要求时均采用一般检验水平Ⅱ,Ⅰ的判别能力小于Ⅱ的判别能力，Ⅱ的判别能力小于Ⅲ的判别能力。特殊检验（又称小样本检验水平）规定了 S-1，S-2，S-3，S-4 四个检验水平，一般用于检验费用较高并允许有较高风险的场合。

选择检验水平应考虑以下几点：产品的复杂程度与价格，构造简单、价格低廉的产品检验水平应低些，检验费用高的产品应选择低检验水平；破坏性检验选低水平或特殊检验水平；生产的稳定性差或新产品应选高检验水平，批与批之间的质量差异性大必须选高检验水平，批内质量波动幅度小，可采用低检验水平。

例题和习题分析（教材 P151～P154）

【3-24】（单项选择题 9）：在 GB/T 2828.1 的检验水平中，判别能力最强的是（　　）。

A. 特殊检验水平 S-1　　B. 特殊检验水平 S-4

C. 一般检验水平Ⅰ　　D. 一般检验水平Ⅲ

答案及分析：在 GB/T 2828.1 的检验水平中一般检验水平的判断能力高于特殊检验水平，一般检验水平中判别能力依次为Ⅲ＞Ⅱ＞Ⅰ。故选 D。

【3-25】（多项选择题 24）：关于检验水平有（　　）。

A. 一般水平Ⅲ的样本量最小，检验最严格

B. 一般检验水平Ⅰ最为常用，因其样本量最大

C. 特殊水平的抽样方案风险大，只有特殊检验场合使用

D. 通常情况使用一般水平Ⅱ

答案及分析：不同的检验水平，其判别能力不同；特殊检验水平的判别能力差，因而风险大。GB/T 2828.1 标准规定：除非另有规定，应使用Ⅱ水平。故选 C、D。

【3-26】（多项选择题 27）：特殊检验水平主要用于（　　）。

A. 大批量检验　　B. 检验费用高的产品批验收

C. 生产质量不稳定的批交检　　D. 允许有较大的误判风险的情形

E. 较高质量保证的场合

答案及分析：特殊检验水平所抽取的样品较少，但判别能力较差，误判风险较大。故选 B、D。

【3-27】（多项选择题 33）：在 GB/T 2828.1 中，下述对检验水平的论述中，正确的是（　　）。

A. Ⅰ、Ⅱ、Ⅲ水平的判断力逐级提高

B. Ⅰ、Ⅱ、Ⅲ水平的判断力逐级下降

C. 对同一检验水平，N 增加时，n/N 也增加

D. 对同一检验水平，N 增加时，n/N 减少

答案及分析：在 GB/T 2828.1 中，检验水平Ⅲ的判别能力大于Ⅱ，Ⅱ的判别能力大于Ⅰ；检验水平的设计原则是：如果批量增大，样本量一般也随之增大，而当批量 N 越大，n 与 N 的比值反而减少。故选 A、D。

4. 检验严格度的规定

熟悉检验严格度的设计思想 **考试大纲**

GB/T 2828.1 规定了三种严格程度不同的检验，这里的严格度是指提交批所接受检验的宽严程度不同。三种检验分别是：正常检验、加严检验和放宽检验。正常方案是指过程平均优于 AQL 时使用的抽样方案，此时的抽样方案使过程平均优于 AQL 的产品批以高概率接收，加严检验是比正常检验更严厉的一种抽样方案，当连续批的检验结果已表明过程平均可能劣于 AQL 值时，应进行加严检验，以更好地保护使用方的利益。放宽检验的样本量比相应的正常检验方案小，因此其鉴别能力小于正常检验，当系列批的检验结果表明过程平均远好于可接收质量限时，可使用放宽检验，以节省样本量。

在检验开始时，一般采用正常检验，加严检验和放宽检验应根据已检信息和转移规则选择使用。

例题和习题分析(教材 P151～P154)

【3-28】(多项选择题 31)：在 GB/T 2828.1 中，规定抽样检验严格程度的有(　　)。

A. 正常检验　　B. 加严检验
C. 特宽检验　　D. 放宽检验
E. 暂停检验

答案及分析：在 GB/T 2828.1 中规定的抽样检验严格程度有正常检验、加严检验和放宽检验。所以选 A、B、D。

【3-29】(单项选择题 14)：计数调整型加严检验设计的主要目的是(　　)。

A. 提高对生产方交检批的质量要求　　B. 保护使用方利益
C. 扩大生产方的生产能力　　D. 检索抽样方案

答案及分析：计数调整型加严设计的主要目的是保护使用方利益。故选择 B。

【3-30】(单项选择题 3)：加严检验是强制使用的，主要目的是(　　)。

A. 减少检验量　　B. 保护使用方利益
C. 提高产品质量　　D. 降低生产方风险

答案及分析：在生产过程质量变坏时，只有通过转加严检验才能保护使用方的利益。选择 B。

5. 抽样方案类型的选取

熟悉抽样方案类型的选取原则 **考试大纲**

GB/T 2828.1 中规定了一次、二次和五次抽检方案类型，对于同一个 AQL 值和同一个样本量字码，采用任何一种抽检方案类型，其 OC 曲线基本上是一致的。选择抽样方案类型主要考虑的因素有：产品的检验和抽样的费用，一次抽样方案的平均样本量是固定的，而二次（和五次）的平均样本量低，与一次抽样方案相比节省样本量，但二次（和五次）抽样方案在所需的时间上、检验知识和复杂性都比一次抽样高。另外，从心理效果上讲二次（和五次）抽样比一次抽样好，因此往往使用方愿意采用二次或多次抽样方案。因此，选择抽样方案类型时应将上述因素综合加以考虑。

例题和习题分析（教材 P151～P154）

【3-31】（多项选择题 34）：在 GB/T 2828.1 中，抽检方案的类型有（　　）。

A. 一次　　B. 二次

C. 五次　　D. 七次

E. 序贯

答案及分析：在 GB/T 2828.1 中，抽检方案的类型有一次、二次和五次抽样。故选 A、B、C。

【3-32】（单项选择题 6）：在其他要求相同的情况下，抽样类型不同的抽样方案质量保证能力（　　）。

A. 一次抽样最强　　B. 多次抽样最强

C. 基本一致　　D. 二次抽样最强

答案及分析：在 GB/T 2828.1 中规定了一次、二次和五次抽样方案类型，对同一个 AQL 值和同一个样本量字码，采用任何一种抽样方案类型，其 OC 曲线基本上是一致的。选择 C。

6. 抽样方案的检索

掌握从 GB/T 2828.1 中检索抽样方案的方法　　**考试大纲**

抽样方案的检索首先根据批量 N 和检验水平从样本字码表中检索出相应的样本量字码，再根据样本量字码和接收质量限 AQL，利用附录的抽检表检索抽样方案。

例题和习题分析（教材 P151～P154）

【3-33】（单项选择题 12）：使用 GB/T 2828.1，批量 N＝5 000，检验水平Ⅱ，AQL＝15.0（%），查正常检验一次抽样方案为（　　）。

A. （80，21）　　B. （200，21）

C. （315，1）　　D. （310，1）

答案及分析：因为批量 N＝5 000，检验水平Ⅱ查样本大小字码表得字码 L，根据 AQL＝15.0（%）查正常一次抽样方案表，查得箭头，顺着箭头查得（21，22），根据同行的原则样本大小为 80，即抽样方案为（80，21）。故选 A。

7. 转移规则

掌握转移规则的运用　　**考试大纲**

GB/T 2828.1 规定了三种对抽样方案的使用法，或称三种状态，即正常检验、加严检验与放宽检验。

上述三种检验的检验严格度不同，从一种检验状态向另一种状态转变的规则称为转移规则。GB/T 2828.1 的转移规则如下图：

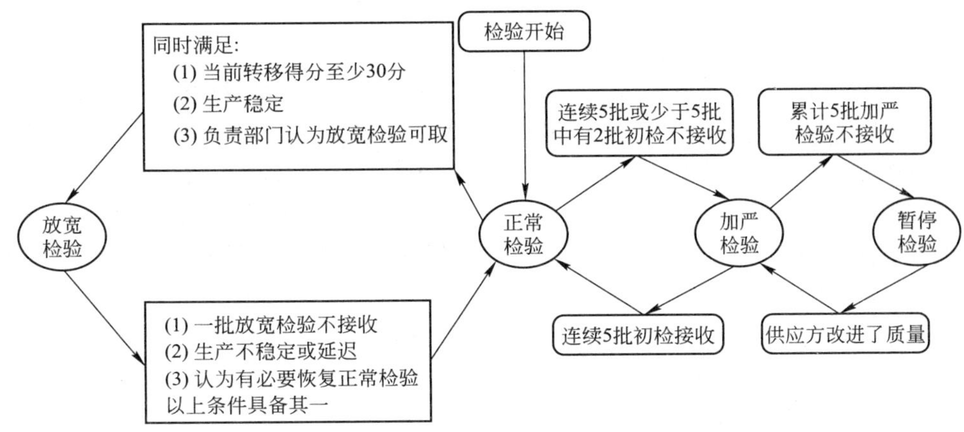

例题和习题分析(教材 P151～P154)

【3-34】(单项选择题 11)：根据 GB/T 2828.1 转移规则，执行 GB/T 2828.1 的加严检验时，已有累计 5 批不合格，暂停检验。在改进后，经负责部门同意恢复检验。应使用的抽样方案是(　　)。

A. 正常检验　　B. 放宽检验

C. 加严检验　　D. 顾客与生产方协商选定

答案及分析：在暂停检验后，若供货方确实采取了措施，改进了质量，则经主管质量部门同意后，可恢复检验，一般应从加严检验开始。故选 C。

【3-35】(多项选择题 23)：根据转移规则，由正常检验转为放宽检验表示(　　)。

A. 过程质量变坏　　B. 检验的经济性提高

C. 过程质量非常好　　D. 生产能力提高

答案及分析：GB/T 2828.1 转移规则规定"正常"转到"放宽"同时满足三个条件：1)当前的转移得分至少是 30 分；2)生产稳定；3)负责部门认为放宽抽样检验可取。这要求过程质量非常好。又因在批量、AQL、检验水平、抽样方案类型条件不变时，"放宽"严格度的样本量比"正常"严格度的少，也就减少检验工作量、降低了检验成本。故选择 B、C。

8. 抽样方案及对批的可接收性的判定

掌握批接收性的判断规则　　**考试大纲**

在 GB/T 2828.1 中的抽样方案包括一次、二次及多次(五次)抽样。根据样本中的不合格(品)数及接收准则来判定是接收批、不接收批还是需要抽取下一个样本。

例如对于五次抽样方案，至多抽取 5 个样本就必须作出对批可接收性的判定，即作出"接收"还是"不接收"批的结论。

对于产品具有多个质量特性且分别需要检验的情形，只有当该批产品的所有抽样方案检验结果均为接收时，才能判定该批产品最终接收。

9. 交检批的处理

熟悉逐批检验后的处理 **考试大纲**

对判为接收的批,使用方应整批接收,但使用方有权不接收样本中已发现的任何不合格品,生产方必须对这些不合格品加以修理或用合格品替换。

对不接收的产品批可以降级、报废(以合格品代替不合格品)处理。负责部门应明确规定对不接收批的再检验是采用正常检验还是加严检验,再检验是针对所有不合格项还是针对最初造成的不合格类别。再检验应在确保不接收批的所有产品被重新检测或重新试验,且确信所有不合格品或不合格项已被校正的基础上进行。再次提交检验时应注意,若造成产品批不被接收的不合格类型的校正会对其他不合格项产生影响时。再检验应针对产品的所有不合格类型进行。

10. 平均样本量(ASN)

了解平均样本量(ASN)曲线的含义 **考试大纲**

平均样本量是指为了作出接收或不接收决定的平均每批抽取的单位产品数。这是计数调整型抽样检验标准中重要的经济指标。

ASN 与所提交批的实际质量水平(以 p 表示)有关,是 p 的函数。下图是 GB/T 2828.1 中一次、二次和多次抽样的平均样本量曲线(当 Ac=5)。

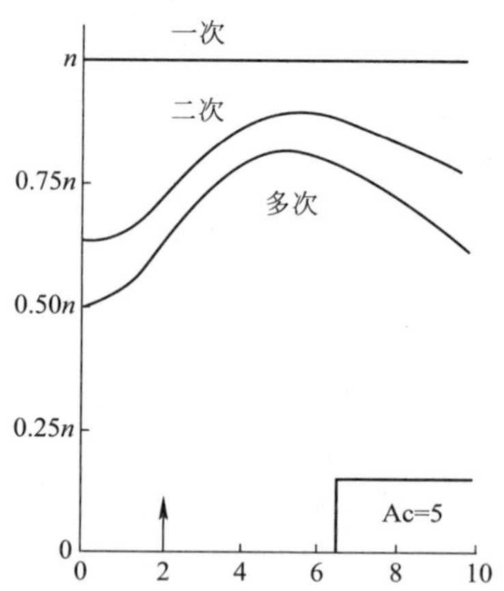

第四节 孤立批计数抽样检验及 GB/T 2828.2 的使用

一、GB/T 2828.2 的特点

熟悉孤立批抽样标准的含义及适用情况 **考试大纲**

1. 孤立批及对孤立批的检验

孤立批是相对于连续批而言的,它是脱离已生产或汇集的批系列,不属于当前检验批系列的批。在生产实际中,孤立批通常是指生产不稳定的情况下生产出来的产品批,

或者对生产过程质量不太了解的产品批，包括新产品试制或过程调试中的试生产批及从连续稳定生产的供应商处采购的一批或少数批产品。此时抽样方案的设计往往从使用方的利益出发，着眼于更好地保护使用方的利益，即不符合质量要求的产品批不予接收。GB/T 2828.2—2008《计数抽样检验程序　第2部分：按极限质量LQ检索的孤立批检验抽样方案》是适用于孤立批计数抽样检验的标准。

2. 以极限质量LQ为质量指标

对一个产品批来说，是否被接收，关键取决于生产方或使用方验收时对检验批的质量要求，在GB/T 2828.2中规定了极限质量LQ。在孤立批抽样方案中确保当产品批的质量水平接近极限质量时，批被接收的概率很小。因此孤立批的抽样方案是通过控制使用方风险来实现对批的质量保证的。

3. 根据产品的来源不同将检验分成两种模式

由于产品批的来源不同，孤立批抽样方案GB/T 2828.2提供了两种抽样模式，模式A是在生产方和使用方均为孤立批的情形下使用；模式B针对来自于稳定的生产过程的少数几批产品的验收，即对生产方是连续批，而使用方由于对这种产品采购的产品批数较少，对它而言应视为孤立批。

例题和习题分析（教材 P151～P154）

【3-36】（单项选择题2）：对孤立批提出的不可接收的质量要求是（　　）。

A. AQL　　B. LQ

C. ASN　　D. AOQL

答案及分析：孤立批抽样检验标准GB/T 2828.2—2008规定用极限质量LQ作为质量指标。故选B。

【3-37】（多项选择题21）：某企业进行新产品小批试制，决定使用抽样方案验收，应使用（　　）。

A. 孤立批抽样方案　　B. 连续批抽样方案

C. LQ检索的抽样方案　　D. AQL检索的抽样方案

答案及分析：新产品小批试制可视为孤立批，拟采用孤立批抽样检验方案，以极限质量LQ为质量指标（如GB/T 2828.2—2008标准）。故选择A、C。

【3-38】（单项选择题5）：从供方长期采购某种产品，在进行抽样验收时，应针对（　　）提出要求。

A. 单批质量　　B. 过程质量

C. 交检数量　　D. 检验量

答案及分析：样本的抽取有多种方法，为了防止产品总体会发生周期性变化时，拟针对过程质量选取合适的抽样方法。选择B。

二、GB/T 2828.2的使用

了解GB/T 2828.2的主要使用　　**考试大纲**

孤立批抽样检验方案 GB/T 2828.2 的抽样检验程序如下：

（1）规定单位产品需检验的质量特性，并规定不合格的分类；

（2）根据产品批的来源选择合适的抽样模式，GB/T 2828.2 有两种抽样模式，即模式 A 和模式 B；

（3）规定检索方案所需的要素，检索抽样方案。

第五节　其他抽样检验方法

一、计数抽样检验的其他方法

（一）序贯抽样检验

熟悉序贯抽样检验的概念和特点；了解序贯抽样检验的基本原理；了解序贯抽样检验方案的使用

考试大纲

序贯抽样检验不事先规定抽取样本的次数，每次从批中只抽取一个单位产品，检验后按某一确定规则作出接收或不接收该批产品或需继续抽检的判定。

按预先规定，在抽取到一定样本量时必须作出接收或不接收决定的序贯抽样检验称为截尾序贯抽样检验。

序贯抽样检验的原理是序贯概率比检验。序贯抽样的优越性在于：在规定的 p_0，p_1 及相应的 α，β 条件下，序贯抽样的平均抽样个数，即平均样本量（ASN）比一次、二次、多次抽样方案都要少。它的缺点是需要组织多次测试、试验，所以一般用于贵重产品。

（二）连续抽样检验与跳批检验

了解连续抽样检验与跳批检验的思想与原理

考试大纲

1. 连续抽样检验

连续抽样检验是指对连续提交的在制品的检验，主要用于正在通过检验点并不组成批交检的单位产品，包括成品、半成品、元器件、原材料、数据或其他实物的抽检，对于在制品的要求是生产过程和原材料质量稳定情况下生产的，且检验为非破坏性的。

连续抽样检验方案由两个参数（i，f）组成，其中 i 为连续合格品数，f 为抽样比率。其抽检特点是：首先对在稳定生产条件下生产的，不断通过检验点的在制品进行 100% 检验，如果在生产稳定条件下至少发现 i 个产品连续合格，且在复检中未发现不合格时，则进入抽样检验程序，抽样比率为 f，即每 $j=1/f$ 个单位产品中抽取一个，随后根据抽检结果，调整抽样比率。在质量持续好的情况下，可降低抽检比率，在质量变坏的情况下则恢复 100% 检验。

2. 跳批检验

跳批计数抽样检验程序适用于连续批系列的检验，当产品质量稳定且持续好，达到规定数目的批的抽样结果都被接收时，连续批系列的某些批不经检验即可接收，因此在跳批抽样检验中规定了跳检频率，并按规定的频率随机选取批进行检验，使企业在生产过程质量稳定的情况下减少检验量，以节省检验成本。按规定，跳批抽样检验不适用于涉及人身安全等重要产品的检验，而且跳批抽样检验也不是免检。它可作为计数调整型抽样检验中放宽检验的另一种选择，要求与 GB/T 2828.1 联合使用。

二、计量抽样检验

熟悉计量抽样检验的概念和特点；了解计量抽样方案的基本原理及使用

考试大纲

计量抽样检验是定量地检验从批中随机抽取的样本，利用样本特性值数据计算特定统计量，与判定标准比较，以判断产品批是否可接收。

计量抽样检验的优点：计量型数据比计数型数据包含更多的信息，因而，计量抽样检验与计数抽样检验相比，除了能判断批接收与否外，还能提供更多关于被检特性值的加工信息。计量抽样检验应更值得关注的是它可用较少的样本量达到与计数抽样检验相同的质量保证，可给生产者和使用者带来更大的经济效益。

计量抽样检验的局限性：使用计量抽样检验必须针对每一个特性制定一个抽样方案，因此在产品所检特性较多时，使用计量抽样较为繁琐；另外，在使用计量抽检时，要求每个特性值的分布应服从或近似服从正态分布，因为计量抽样检验方案的设计是基于质量特性值服从正态分布的基础之上的。使计量抽样检验的应用受到一定的限制。

三、监督抽样检验

了解监督抽样检验的基本特点及质量要求

考试大纲

监督抽样检验是由第三方独立对产品进行的决定监督总体是否可通过的抽样检验，其中监督总体指被监督产品的集合，其可以是同厂家、同型号、同一生产周期生产的产品，也可以是不同厂家、不同型号、不同生产周期生产的产品集合。监督抽样检验适用于质量监督部门定期或不定期对经过验收合格的产品总体实施的质量监督抽样检验。

质量监督计数抽样检验主要通过规定监督质量水平(监督总体中允许存在的不合格品数或不合格品率或每百单位产品不合格数上限值)、监督抽样检验功效(当监督总体的实际质量水平大于监督质量水平时，监督总体被判为不可通过的概率)、监督检验等级(规定了监督抽样中样本量与检验功效之间的对应关系)来选取监督抽样方案。若抽取样本中发现的不合格(品)数小于不通过判定数，则监督总体可通过；若样本中不合格(品)数大于等于不通过判定数，则监督总体不可通过，若被监督方提出异议，可申请复检。由于监督抽样方案样本量较小，被判为可通过的监督总体有较大漏判风险，因此质量监督部门对监督抽样检验通过的监督总体不负确认总体合格的责任。

第六节　抽样检验的实施

熟悉抽样检验的实施过程　**考试大纲**

抽样检验实施过程中的关键步骤有：

(1) 根据过程加工和质量管理水平的要求科学地选择抽样标准；

(2) 对产品和过程进行分析，明确质量检验的重点环节和关键的质量特性；

(3) 根据顾客要求和技术发展水平合理确定产品的质量要求；

(4) 评价所选抽样方案的质量保证能力和经济性；

(5) 根据生产实际组成检验批，并科学取样，给出正确的判定结果；

(6) 根据生产质量的变化及时合理地调整抽样方案的严格度；

(7) 根据检验结果及时对生产过程质量的波动进行报告和分析。

第四章　统计过程控制

第一节　统计过程控制概述

一、过程控制的基本概念

1. 过程控制

过程控制是指为实现产品生产过程质量而进行的有组织、有系统的过程管理活动。

2. 过程控制的主要内容

(1) 过程分析和控制标准；

(2) 过程监控和评价。

二、统计过程控制

掌握统计过程控制(SPC)含义；了解统计过程控制(SPC)的作用和特点　**考试大纲**

1. 统计过程控制的含义

SPC是应用统计技术对过程中的各个阶段进行评估和监控，建立并保持过程处于可接受的并且稳定的水平，从而保证产品或服务符合规定的要求的一种质量管理技术。

2. 统计过程控制的作用

(1) 利用控制图分析过程的稳定性；

(2) 计算过程能力指数，评价过程满足技术要求的程度。

3. 统计过程控制的特点

(1) 贯彻预防原则、强调全员参与；

(2) 重点关注过程。

例题和习题分析

【4-1】(多项选择题):SPC是过程控制的一部分,包括以下内容(　　)。

A. 利用控制图提高过程的合格率

B. 利用控制图分析过程的稳定性，对异常因素进行预警

C. 计算过程能力指数,评价过程质量水平

D. 计算过程能力指数,评价过程生产效率

答案及分析:控制图是依据分布的规律对过程实施监控,判断是否存在异常波动,不能直接用于合格判定。过程能力指数反映的是过程质量波动对于技术要求(规格)的影响程度,与合格率有关。因此正确答案是B、C。

第二节　控制图原理

一、控制图的结构

控制图的结构包括:

中心线 CL、上控制限 UCL、下控制限 LCL;

按照时间顺序的样本统计量数值描点序列。

二、控制图原理

掌握控制图的基本原理　**考试大纲**

1. 质量波动理论

引起产品质量波动的原因包括偶然原因与异常原因,偶然原因引起质量的偶然波动,虽不可避免但应当加以限制。异常原因引起的波动对质量的影响大,应尽快找出原因,采取措施加以消除。

2. 小概率原理

控制图依据小概率原理,确定上、下控制限。当样本统计量值落在控制限之外(小概率区域),即认为过程异常。

三、控制图的两种错误与8项判异准则

了解控制图的两种错误;掌握8项判异准则　**考试大纲**

控制图的使用实际上是基于小概率原理的假设检验,因此必然存在发生两种错误的风险:

(1) 第一类错误:虚发警报,发生概率记为 α;

(2) 第二类错误:漏发警报,发生概率记为 β。

为了限制两类错误发生的概率,根据 3σ 原理确定控制限的最优间距,并应用8项

判异准则。

其中“点出界就判异”(准则 1),限制了第一类错误的风险 $\alpha \leqslant 0.27\%$;而补充的判异准则“点在界内排列非随机”(准则 2～8),则强调了对第二类风险 β 的限制。

例题和习题分析(教材 P193～P196)

【4-2】(单项选择题 3):控制图主要用来(　　)。

A. 识别异常波动　　B. 判断不合格品

C. 消除质量变异　　D. 减少质量变异

答案及分析:控制图依据控制限和 8 项判异准则以识别过程是否存在异常波动,以便采取措施消除引起异常的原因,保持过程稳定。控制图中未使用规格(公差)界限,因此不能直接判断产品合格与否,也不能消除或减小质量变异,因为质量变异不仅包括了异常波动还包括了偶然波动。因此选择 A。

【4-3】(单项选择题 7):在控制图的应用中,由于界内点排列不随机导致的判异使(　　)。

A. α 不变,β 减小　　B. α 增大,β 减小

C. α 减小,β 减小　　D. α 减小,β 增大

答案及分析:依据小概率原理,点出界是过程发生异常的特征现象,按照 $\pm 3\sigma$ 确定的控制限将 α 限制在 0.27%以下,以减小错判的风险。反之,在过程发生异常时往往还会有一定比例的界内点,如果点在界内就判正常,则漏判的风险 β 就会相当大。因此在“点出界就判异”的基础上,针对“界内点排列不随机”的各种典型异常现象补充了 7 项判异准则,以减小 β 风险。各项准则中关于连续点数的规定是基于 $\alpha \leqslant 0.27\%$ 的计算结果,保证了错判概率 α 不变。因此选择 A。

第三节　分析用控制图与控制用控制图

一、常规控制图的分类

掌握常规控制图分类　　**考试大纲**

重要概念:计量值与计数值(计件、计点),正态分布、二项分布与泊松分布,分析用控制图与控制用控制图,统计稳态与技术稳态。

针对不同数据类型及其分布特征,常用的控制图可分为以下类型,根据过程特性的数据类型选用适当的控制图是正确开展 SPC 的关键。

(1) 正态分布(计量值)——均值-极差图($\overline{X}-r$)、均值-标准差图($\overline{X}-s$)、中位数-极差图($Me-R$)、单值-移动极差图($X-R_s$)。

(2) 二项分布(计件值)——不合格品率 p 控制图、不合格品数 np 控制图。

(3) 泊松分布(计点值)——单位不合格数 u 控制图、不合格数 c 控制图。

例题和习题分析(教材P193～P196)

【4-4】(单项选择题2):用于控制不合格率、废品率、交货延迟率、缺勤率、邮电、铁道部门的各种差错率等的控制图是(　　)。

A. c控制图　　B. u控制图
C. p控制图　　D. np控制图

答案及分析:p控制图是不合格率控制图,故答案选C。

【4-5】(单项选择题5):若对检验费用高的产品进行控制,最宜选取的控制图为(　　)。

A. $\overline{X}$-R控制图　　B. X-R_s控制图
C. p控制图　　D. c控制图

答案及分析:X-R_s图适用于取样费时、昂贵的场合。答案选B。

【4-6】(单项选择题6):某厂加工手表齿轮轴,为控制其直径,应采用(　　)。

A. 不合格品率p控制图　　B. 均值—极差$\overline{X}$-R控制图
C. 不合格数c控制图　　D. 不合格品数np控制图

答案及分析:齿轮轴直径测量属于计量型数据,应采用计量型控制图。答案选B。

【4-7】(单项选择题10):移动极差是(　　)。

A. 连续两个数据的较大值　　B. 连续两个数据的较小值
C. 连续两个数据的差　　D. 连续两个数据差的绝对值

答案及分析:移动极差是指连续两个数据差的绝对值。故选择D。

【4-8】(多项选择题17):关于常规控制图要求总体特性值服从的分布,以下正确的是(　　)。

A. 计点值控制图总体特性值服从泊松分布
B. 计件值控制图总体特性值服从二项分布
C. 计数值控制图总体特性值服从正态分布
D. 计量值控制图总体特性值服从正态分布

答案及分析:关于常规控制图要求总体特性服从分布:计点值控制图总体特性服从泊松分布;计件值控制图总体特性服从二项分布;计量值控制图总体特性值服从正态分布。故选择A。

【4-9】(多项选择题18):常规计数值控制图包括(　　)。

A. np控制图　　B. p控制图
C. $\overline{X}$-R控制图　　D. c控制图
E. u控制图

答案及分析:常规计数值控制图包括计件值控制图np图和p图;计点值控制图c图和u图。故选择A、B、D、E。

【4-10】(多项选择题19):如果所控制对象只有合格品与不合格品两种结果,则可以采用(　　)。

A. X控制图　　B. np控制图

C. R 控制图　　　　　　　　　　D. p 控制图

答案及分析：如果控制对象只有合格品与不合格品两种结果（计件型），则可采用 np 图和 p 图。故选择 B、D。

【4-11】（多项选择题 21）：下述控制图中采用一张控制图的是（　　）。

A. 计点值控制图　　　　　　　　B. 计件值控制图

C. 计量值控制图　　　　　　　　D. 稳态下的控制图

答案及分析：计点值控制图和计件值控制图采用一张控制图。故选择 A、B。

二、分析用控制图与控制用控制图

熟悉分析用控制图与控制用控制图的区别　　**考试大纲**

针对不同的使用阶段，控制图也可分为两类。

1. 分析用控制图

分析用控制图是首先要经历的阶段。应用的目的是通过数据的收集，将非稳态过程调整到稳态。分析内容包括：

（1）判断过程是否处于统计控制状态，即达到统计稳态；

（2）判断该过程能力指数是否满足要求，即达到技术稳态。

2. 控制用控制图

控制用控制图是从分析用控制图转化而来。应用的目的是对生产过程进行持续的动态监控。发现异常，及时告警，以使前阶段所确定的技术稳态得以长期保持。

例题和习题分析（教材 P193～P196）

【4-12】（单项选择题 1）：分析用控制图的主要作用是（　　）。

A. 用于分析、寻找过程稳态，直至达到技术稳态

B. 起到贯彻预防作用

C. 实时分析数据，监视过程运行状态

D. 消除不合格品

答案及分析：分析用控制图的作用是针对近期一段时间内收集的过程数据进行统计分析，判断该过程是否已达到统计稳态，如果不稳，必须找出异常原因并采取措施加以消除，并再次收集改进后的数据，验证措施的效果，直至过程稳定（受控），进而开展过程能力分析。在此过程中，控制图被反复使用，主要发挥的是分析作用。随着过程数据的变化，分析用控制图的中心线和控制限均会随之而改变。直至过程达到技术稳态，分析用控制图的中心线和控制限才能固定，转化为控制用控制图，起到实时监视和预防的作用。因此选择 A。

【4-13】（单项选择题 4）：在啤酒厂检测啤酒的酒精含量，应采用（　　）。

A. p 控制图　　　　　　　　B. np 控制图

C. c 控制图　　　　　　　　D. X-R_s 控制图

答案及分析：对啤酒的酒精含量的检验是流程式工艺线上的抽样测量，每个样本具有确

定的量值，因此属于计量型数据，考虑到啤酒是均匀液体，因此选择 D。

【4-14】（单项选择题）：某产品对外观质量的要求，如有划痕，则每个划痕都被认为是缺陷，每天检查的产品数量不全相同。如果控制的重点是划痕，则对于控制图的选用，下列正确的是（　　）。

A. 使用 c 控制图　　B. 使用 u 控制图

C. 使用 p 控制图　　D. 使用 np 控制图

答案及分析：属于计点型数据，由于样本量不是常数，因此应当选择使用 u 控制图，正确答案选 B。

【4-15】（单项选择题）：某电子产品生产过程中，一旦发现有缺陷，产品就报废，为了分析生产过程状况是否真正达到稳定，在连续 20 天内，每天统计报废的产品个数，且由于面向订单生产，每天产量有较大波动，这时候，应该使用下列哪种控制图？（　　）。

A. 使用 p 图或 np 图都可以　　B. 只能使用 np 图

C. 使用 c 图与 u 图都可以　　D. 只能使用 p 图

答案及分析：属于计件型数据，由于样本量不是常数，因此只能使用 p 控制图，正确答案选 D。

【4-16】（单项选择题）：某零件的厚度是关键质量特性，SPC 人员确定的数据收集计划为：样本量 $n=15$，抽样间隔 2 小时，数据类型为计量型。请判断该计划适用于控制图的是？（　　）。

A. 适用于 $\overline{X}$-R 控制图，不适用于 $\overline{X}$-s 控制图

B. 适用于 $\overline{X}$-s 控制图，不适用于 $\overline{X}$-R 控制图

C. $\overline{X}$-R 控制图和 $\overline{X}$-s 控制图都适用，没有差别

D. $\overline{X}$-R 控制图和 $\overline{X}$-s 控制图都不适用，应当用 p 图

答案及分析：数据类型为计量型，由于样本量大于 10，因此适用于 $\overline{X}$-s 控制图，而不宜使用 $\overline{X}$-R 控制图。选择 B。

【4-17】（多项选择题 15）：质量因素引起的波动分为偶然波动和异常波动，下述说法中正确的是（　　）。

A. 偶然波动可以避免　　B. 偶然波动不可以避免

C. 采取措施不可以消除异常波动　　D. 采取措施可以消除异常波动

答案及分析：根据控制图原理的第二种解释，偶因引起的偶然波动是过程固有的，始终存在、对质量影响小，但难以除去。异因则非过程固有，有时存在，对质量影响大，可以通过采取恰当的措施加以消除。选 B、D。

第四节　过程能力与过程能力指数

一、过程能力

熟悉过程能力的定义	**考试大纲**

重要概念：过程能力；过程能力指数 C_p 和 C_{pk}，过程性能指数 P_p 和 P_{pk}；单侧过程能力指数；双侧过程能力指数；短期标准差 σ_{ST}；长期标准差 σ_{LT}。

过程能力用于衡量稳态下过程质量波动的大小，主要由过程内在质量因素影响，而与公差无关。稳态下的计量型过程能力常用 6 倍标准差（6σ）表示。

二、过程能力指数

掌握过程能力指数 C_p 和 C_{pk} 的计算和评价　　**考试大纲**

过程能力指数 C_p 和 C_{pk} 用于评价过程满足技术要求（公差）的能力。计件型、计点型的过程能力采用过程平均值评价。

注意区分并掌握三种过程能力指数的定义与计算公式，包括：

（1）双侧公差情况的过程能力指数（当过程中心 μ 与公差中心 M 重合）

$$C_p = T/6\sigma_{ST} \quad (\mu = M)$$

（2）单侧公差情况的过程能力指数

$$C_{pU} = (T_u - \mu)/3\sigma_{ST} \quad (\mu > M)$$

$$C_{pL} = (\mu - T_L)/3\sigma_{ST} \quad (\mu < M)$$

（3）当过程中心 μ 与公差中心 M 不重合（有偏移）时，需要对过程能力指数加以修正：

$$C_{pk} = \min(C_{pU}, C_{pL})$$

如果将 μ 对于公差中心 M 的偏移量记为 ε，则相对偏移度 K

$$\varepsilon = |\mu - M|$$

$$K = 2\varepsilon/T$$

修正的过程能力指数为：

$$C_{pk} = (1-K)C_p$$

C_p 与 C_{pk} 的区别是：C_p 反映的是理想的潜在过程质量能力，而 C_{pk} 则反映实际的过程质量能力，$C_{pk} \leqslant C_p$。根据过程能力指数可以估计过程潜在的与实际的产品合格率。

三、过程性能指数

了解过程性能指数的概念　　**考试大纲**

过程性能指数 P_p 和 P_{pk} 又称为长期过程能力指数，其计算公式与过程能力指数 C_p 和 C_{pk} 类似，二者的主要差别是：过程能力指数公式中采用的是短期标准差 σ_{ST}，而过程性能指数公式采用长期标准差 σ_{LT}。

σ_{ST} 与 σ_{LT} 的区别在于，σ_{ST} 是根据样本平均极差 $\overline{R}$ 或样本平均标准差 $\overline{S}$ 作出的无偏估计，$\sigma_{ST} = \dfrac{\overline{R}}{d_2}$ 或 $\dfrac{\overline{S}}{C_4}$，（$d_2$ 和 C_4 是与样本量有关的修正系数）由于 $\overline{R}$ 和 $\overline{S}$ 只与样本的组

内波动有关，因此只反映了过程的短期（偶然）波动，称作短期标准差。σ_{LT} 则是根据过程长期抽样的所有样本作出标准差的点估计。

$\sigma_{LT}=\sqrt{\dfrac{\sum(x_i-\bar{x})^2}{n-1}}$，它同时包括了过程的偶然波动和异常波动，因此称作长期标准差。

四、过程改进

掌握过程改进策略 **考试大纲**

根据标准 GB/T 4091—2001《常规控制图》给出了过程改进策略。（图 4.3-9）

例题和习题分析（教材 P193～P196）

【4-18】（单项选择题 9）：当产品质量特性值分布的均值与公差中心不重合时，（　　）。

A. 不合格品率增大，过程能力指数不变

B. 不合格品率增大，过程能力指数增大

C. 不合格品率增大，过程能力指数减小

D. 不合格品率不变，过程能力指数减小

答案及分析：当产品质量特性值分布的均值与公差中心不重合时，不合格品率增大，过程能力指数减小。故选择 C。

【4-19】（单项选择题 8）：过程性能指数（　　）进行计算。

A. 要求在没有偶然因素下　　B. 要求在未出现重大故障状态下

C. 要求必须在稳态条件下　　D. 不要求在稳态条件下

答案及分析：过程性能指数 P_p 不要求在稳态下计算。故选择 D。

【4-20】（单项选择题 12）：过程改进策略包括判稳和（　　）两个环节。

A. 计算过程能力指数　　B. 计算过程性能指数

C. 评价过程能力　　D. 评价过程性能

答案及分析：过程改进策略包括判稳和评价过程能力两个环节。故选择 C。

【4-21】（多项选择题 14）：当过程处于统计控制状态时，（　　）。

A. 过程中存在特殊因素的影响　　B. 过程将持续生产出符合规格的产品

C. 过程输出是可预测的　　D. 过程的 C_p 值大于或等于 1

E. 控制图上没有呈现出失控迹象

答案及分析：统计控制状态是指过程中只有偶因而无异因产生变异的状态，故 A 错误。没有不合格品不能保证过程处于统计控制状态，故 B 错误。过程处于统计控制状态，计算所的 C_p 值既可能大于 1，也可能小于 1，D 错误。在统计控制状态下，过程的输出结果是可以预测的，在控制图上也无失控现象，故选 C、E。

【4-22】（多项选择题 20）：对双侧规范情况下过程能力指数公式 $C_p=T/6\sigma$ 的正确理解是（　　）。

A. 必须在稳态下估计 σ　　B. σ 反映过程加工质量

C. T 由操作人员改变　　　　　　　　D. σ 越小越好

答案及分析：对双侧规范情况下过程能力指数公式 $C_p=T/6\sigma$ 的正确理解是必须在稳态下估计 σ；σ 反映过程加工质量。故选择 A、B。

【4-23】(单项选择题 11)：对于同一过程而言，通常长期标准差的估计值(　　)短期标准差的估计值。

A. 大于　　　　　　　　B. 小于

C. 等于　　　　　　　　D. 不大于

答案及分析：短期标准差反映的是样本组内波动(偶然波动)，而长期标准差不但包含组内而且还包含组间(异常)波动。因此正确答案为 A。

【4-24】(单项选择题)：某电子管生产线每天抽取 200 只作为样本进行检验，以监控不合格品率。根据最近连续 30 天的数据，平均不合格品数为 5 件，控制图的上、下控制限与过程能力为(　　)。

A. $UCL=0.058, LCL=0, \overline{P}=0.025$

B. $UCL=0.058, LCL=-0.008, \overline{P}=0.025$

C. $UCL=0.010, LCL=0, \bar{u}=0.025$

D. $UCL=21, LCL=0, \overline{np}=5$

答案及分析：p 控制图的上、下控制限＝平均不合格品率 $\overline{P}\pm 3\sqrt{\bar{p}(1-\bar{p})/n}=\bar{p}\pm 0.033\ 119$，过程能力为 $\overline{P}$。由于不合格品率 P 为非负数，因此当计算结果 $LCL<0$ 时，取 0，因此选择 A。

【4-25】(多项选择题 23)：由偶然原因造成的质量变异(　　)。

A. 由 TQC 小组决策如何改善　　　　B. 改善成本高

C. 可以通过分析过程能力发现　　　　D. 只是偶然出现

E. 称为局部问题

答案及分析：在给定公差下，过程能力大小取决于由偶然原因引起的短期标准差 σ_{ST}，偶然原因是过程固有的，与过程要素(5M1E)有关，是持续存在，只可改善，不可消除的。减小偶然波动往往涉及生产设施、设备的改造，测量系统、原材料更换等，因此成本高。故选择 B、C。

【4-26】(多项选择题)：下列关于过程能力指数的分析，正确的是(　　)。

A. 若其过程计算出的 $C_p=0.85, C_{pk}=0.83$，则说明波动太大，应首先考虑降低波动

B. 若其过程计算出的 $C_p=1.3, C_{pk}=0.83$，则说明均值偏离规范中心太多，应首先考虑改善过程均值，使之靠近规范中心

C. 若其过程计算出的 $C_p=1.3, P_p=0.83$，说明该过程能力充足，产品质量保持性好

D. 若其过程计算出的 $C_p=1.3, P_p=0.83$，说明产品质量的保持性差，长期合格率偏低

答案及分析：潜在过程能力指数 C_p 未包含过程均值与规范中心偏离的影响，实际过程能力指数 C_{pk} 则包含了偏离的影响。因此如果 $C_p<1$，说明波动太大，如果 $C_p\geq 1$，而 $C_{pk}<1$，说明过程均值偏离太多。过程性能指数 P_p 反映过程的长期波动，如果 $C_p\geq 1$，而 $P_p<1$，说明组间(长期)波动影响大。故应选 A、B、C。

第五节　常规控制图的做法及其应用

掌握 $\overline{X}$-R 图、$\overline{X}$-s 图、p 图的作用和使用方法；了解 X-R_s 图、Me-R 图、c 图和 u 图的作用和应用

考试大纲

重要概念：适用范围，灵敏度，合理子组原则，中心线系数，控制限系数。

一、各类控制图的特点和使用场合

（1）$\overline{X}$-R 图、$\overline{X}$-s 图均适用于控制对象为连续变量的场合，灵敏度高。其区别在于：$\overline{X}$-R 图采用样本平均极差 R 估计总体标准差，计算较简单，但受到精度的限制，适用于样本容量 $n<10$；$\overline{X}$-s 图采用样本平均标准差 s 估计总体标准差，适用于样本容量$n \geqslant 2$。

（2）Me-R 图用样本中位数估计总体均值，计算较简便，适用于控制对象为连续变量的场合。

（3）X-R_s 图样本量 $n=1$，适用于取样费时、检验成本高（如破坏性试验）或质量均匀的流程性材料（如气体、液体）。控制对象为连续变量，且服从正态分布的情况。

（4）p 图适用于计件型过程数据（如不合格品率），其特点是样本量 n 要足够大，以保证其中包含一定数量的不合格品。p 图的控制限计算公式包含样本量 n，如果 n 不是常量，则上、下控制限间的距离也会随之变化。n 越小，距离越宽，n 越大，距离越窄。

（5）c 图和 u 图适用于计点型过程数据（如不合格数、单位不合格数），使用 c 图时样本量 n 应保持恒定，使用 u 图时样本量 n 可以根据实际情况而变动。同理，u 图上、下控制限间的距离也会随样本量 n 变化。n 越小，距离越宽，n 越大，距离越窄。

例题和习题分析

【4-27】（单项选择题）：$\overline{X}$-s 图的上、下控制限之间宽度与（　　）有关。

A. 样本容量　　　　B. 规格界限

C. 抽样频率　　　　D. 平均值 $\bar{x}$

答案及分析：控制限系数与样本量 n 有关，控制限之间的距离与样本均值无关。

二、合理子组原则

确定合理的数据抽样计划是建立控制图的基础。为了区分过程的偶然波动和异常波动，合理子组原则提出，应使子组（样本）内只反映偶然波动，而通过子组（样本）间的差异可反映异常波动。因此，合理子组原则要求：

（1）数据抽样应尽可能采用子组（样本）形式。以反映过程的偶然波动；

（2）子组内的数据应在最短时间内取得，以避免异常原因的影响；

（3）子组间应保持适当时间间隔 Δt，以反映过程的异常波动；

（4）对于不平稳的过程，子组容量（样本量）n 应尽量大些，间隔 Δt 应小些，对于较

平稳的过程，子组容量(样本量)n可缩小，间隔Δt可增大。

合理子组原则也是过程能力分析的基础，决定了短期标准差σ_{ST}和长期标准差σ_{LT}的估计是否接近过程的真实情况。

三、控制图的重新制定

当使用时间较长，或过程要素(5M1E)发生了变化，会影响到过程的波动，过去所确定的稳定状态可能发生改变。此时，需要重新收集数据制定控制图。

例题和习题分析(教材 P193～P196)

【4-28】(单项选择题)：在使用均值-极差控制图或均值-标准差控制图监控生产特性指标时，样本量的大小和抽样的频率的选取很重要。抽取样本的基本原则是(　　)。

A. 样本含量一定要与产量成比例

B. 过程能力指数C_p和C_{pk}越高，样本含量越大

C. 样本子组内差异只由普通原因造成，样本子组间差异可能由特殊原因造成

D. 样本含量只能选取 5 个

答案及分析：根据合理子组原则应选择 C。

【4-29】(单项选择题)：采用$\overline{X}$-R图或$\overline{X}$-s图时，应选择如下何种抽样方式？(　　)

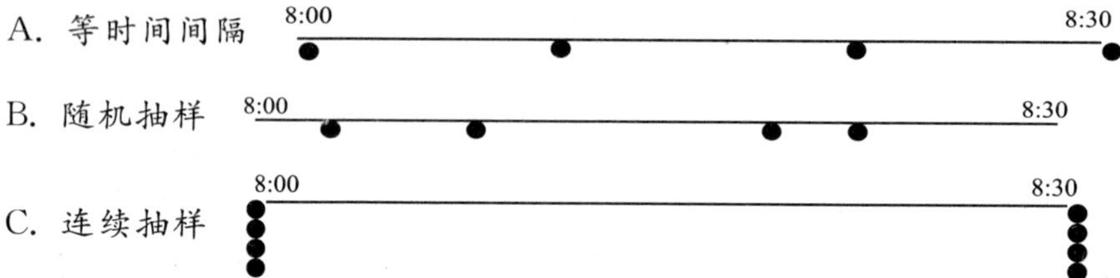

答案及分析：根据合理子组原则，组内数据应连续抽取，因此选择 C。

【4-30】(多项选择题)：在确定抽样频率(时间间隔的倒数)时，需要考虑哪些主要因素？(　　)

A. 过程均值

B. 抽样和检验成本

C. 过程能力指数

D. 过程的平稳程度

答案及分析：如果抽样频率过高，会增加成本并降低生产效率，而抽样频率过低，则难以及时反映过程的异常变化。因此正确答案为 B、D。

【4-31】(多项选择题 13)：过程抽样时一般采用子组抽样，下列关于合理子组原则理解正确的有(　　)。

A. 组内差异尽可能只由普通因素造成

B. 组间差异只能由异常因素造成

C. 组内差异主要由异常因素造成

D. 组间差异既由普通因素也由异常因素造成

E. 同一子组内的样品应尽量来自相同的生产条件

答案及分析：在采用子组抽样时，同一子组内的样品应尽量来自相同的生产条件。组内

差异应尽可能只有普通因素(偶然因素)造成,不同子组间的差异则可能既包括普通因素(偶然因素),也包括异常因素。故答案选 A、D、E。

【4-32】(多项选择题 22):关于 $\bar{x}$-R 图的优点,以下说法正确的是(　　)。

A. $\bar{x}$ 图适用范围广　　B. R 图适合范围广

C. $\bar{x}$ 图灵敏度高　　D. R 图灵敏度高

答案及分析:关于 $\bar{x}$-R 图的优点,以下说法正确的是 $\bar{x}$ 图适用范围广且灵敏度高;R 图适用范围广。故选择 A、B、C。

四、$\bar{x}-R$ 图

$\bar{x}$ 图的中心线及控制限为:

$$UCL_{\bar{x}}=\bar{\bar{x}}+A_2\bar{R}$$

$$CL_{\bar{x}}=\bar{\bar{x}}$$

$$LCL_{\bar{x}}=\bar{\bar{x}}-A_2\bar{R}$$

R 图的中心线及控制限为:

$$UCL_R=D_4\bar{R}$$

$$CL_R=\bar{R}$$

$$LCL_R=D_3\bar{R}$$

五、$\bar{X}-s$ 图

$$UCL_S=B_4\bar{S}$$

$$CL_S=\bar{S}$$

$$LCL_S=B_3\bar{S}$$

六、p 图

$$UCL_p=\bar{p}+3\sqrt{\frac{\bar{p}(1-\bar{p})}{n_i}}$$

$$CL_p\approx\bar{p}$$

$$LCL_p=\bar{p}-3\sqrt{\frac{\bar{p}(1-\bar{p})}{n_i}}$$

例题和习题分析(教材 P193～P196)

【4-33】(综合分析题):

(1) 某种插塞外径的分析用控制图,每隔半小时取 4 个观察值,总共 20 个样本。规定的容差为 0.22 dm 和 0.12 dm。根据计算,$\bar{x}$ 图的总平均值为 0.20 dm,平均标准差为 0.01 dm,则 CL、UCL、LCL 为(　　)。

A. $CL=0.17$、$UCL=0.174$、$LCL=0.166$

B. $CL=0.20$、$UCL=0.204$、$LCL=0.196$

C. $CL=0.17$、$UCL=0.188$、$LCL=0.152$

D. $CL=0.20$、$UCL=0.216$、$LCL=0.184$

答案及分析:样本量 $n=4$,$\overline{X}$-s 图控制限系数 $A_3=1.628$,上、下控制限$=CL\pm A_3\overline{S}$。因此选择 D。

(2) 如果该过程受控,是否能接受?(　　)

A. 因为控制限未超出公差,所以过程可以接受

B. 因为过程能力指数 $C_p>1.33$,所以过程可以接受

C. 因为过程能力指数 $C_p<1$,所以过程不可接受

D. 因为过程能力指数 $C_{pk}<0.67$,所以过程不可接受

E. 因为过程能力指数 $C_{pk}>1$,所以过程可以接受

答案及分析:应根据已知条件验证:过程是否受控,实际过程能力指数 C_{pk} 是否大于 1。因此选择 D。

(3) 计算过程偏移系数 $K=$(　　)

A. 1.67　　　　B. 0.6

C. 0.4　　　　D. 0.3

答案及分析:根据相对偏移度的计算公式 $K=2\varepsilon/T$。选择 B。

【4-34】(多项选择题 16):在(　　)情况下,控制图需要重新制定。

A. 点子出界

B. 环境改变

C. 改变了工艺参数或采用新工艺

D. 人员和设备变动

E. 更换原材料、零部件或更换供应商

答案及分析:人员、设备、原材料、工艺、环境属于过程要素,发生了变化会导致过程状态的重大改变,因此需要重新制定控制图。因此选择 B、C、D、E。

第六节　过程控制的实施

熟悉过程控制的基本概念;熟悉过程分析的基本步骤;熟悉过程管理的要求

考试大纲

重要概念:关键过程、特殊过程、主导因素、过程控制计划。

过程控制是指为实现产品生产过程质量而进行的有组织、有系统的过程管理活动。

过程控制的实施步骤包括:过程识别、过程分析、过程控制计划的制定与实施。

(1) 需要识别的内容包括:基本过程、关键过程、特殊过程。

(2) 过程分析的关键环节是运用技术分析和统计分析等方法判断过程的适宜性、

明确影响过程质量的主导因素及其最佳水平。

(3) 过程控制计划包括全面控制计划和过程管理点控制计划。

例题和习题分析

【4-35】(多项选择题):表面硬度是某零件热处理工序的关键质量特性,直接影响硬度的工艺因素包括:加热温度、升温时间、保温时间等。经观察发现,设备定时器的控制精度很高,而加热温度则因为受到各种因素影响,时有波动。在热处理工序的控制计划中,应当针对(　　)特性采用控制图。

A. 表面硬度　　B. 加热温度

C. 升温时间、保温时间　　D. 所有质量特性

答案及分析:零件的表面硬度是过程输出的关键质量特性,需要用控制图进行连续监控。而由于热处理是特殊过程,还需要特别关注其控制特性(工艺因素)。在主要工艺因素中,由于加热温度时有波动,因此需要采用控制图进行监控,以保证输出质量受控。正确答案为 A、B。

【4-36】(综合分析题):设电阻规范下限为 95 Ω,规范上限为 105 Ω。

(1) 一批电阻阻值取自正态总体 $N(100,2^2)$,记 $\Phi(x)$ 为标准正态分布的累积分布函数,则合格品率为(　　)。

A. $\Phi(2.5)-\Phi(-2.5)$　　B. $\Phi(2.5)+\Phi(-2.5)$

C. $2\Phi(2.5)$　　D. $2\Phi(2.5)-1$

(2) 过程能力指数为(　　)。

A. $\frac{3}{5}$　　B. $\frac{5}{6}$

C. $\frac{6}{5}$　　D. $\frac{5}{3}$

(3) 现设电阻规范上、下限不变,另一批电阻阻值取自正态总体 $N(101,1^2)$,则过程能力指数 C_{pk} 为(　　)。

A. $\frac{2}{3}$　　B. 1

C. $\frac{4}{3}$　　D. 2

(4) 在此状态下说明技术管理能力(　　)。

A. 过高　　B. 很好

C. 较勉强　　D. 很差

答案及分析:

利用标准正态分布函数 $\Phi(x)$ 表计算合格率步骤如下:

(1) 根据 $N(\mu,\sigma^2)=N(100,2^2)$,可知:$\mu=100\ \Omega$,$\sigma=2\ \Omega$

规范上限 $T_U=105\ \Omega$,下限 $T_L=95\ \Omega$

令 $x_1=\frac{T_U-\mu}{\sigma}=\frac{105-100}{2}=2.5$

$$x_2=\frac{T_L-\mu}{\sigma}=\frac{95-100}{2}=-2.5$$

该批产品合格率应为 $\Phi(x_1)-\Phi(x_2)=\Phi(2.5)-\Phi(-2.5)=2\Phi(2.5)-1$，故答案选 A、D。

(2) $\because M=\frac{T_U+T_L}{2}=\frac{105+95}{2}=100=\mu$，过程无偏移，

$\therefore C_p=\frac{T_U-T_L}{6\sigma}=\frac{105-95}{6\times 2}=\frac{10}{12}=\frac{5}{6}$。故答案选 B。

(3) 从 $N(101, 1^2)$ 可知，该批电阻 $\mu=101\ \Omega$，$\sigma=1\ \Omega$

$$C_{pU}=\frac{T_U-\mu}{3\sigma}=\frac{105-101}{3\times 1}=\frac{4}{3}$$

$$C_{pL}=\frac{\mu-T_L}{3\sigma}=\frac{101-95}{3\times 1}=\frac{6}{3}=2$$

$$C_{pk}=\min(C_{pU},C_{pL})=C_{pU}=\frac{4}{3}$$，故答案选 C。

(4) 根据《考试专用教材》表 4.5-1，过程能力指数 C_{pk} 处于Ⅱ级，说明技术管理能力很好，故答案选 B。

第五章 可靠性基础知识

第一节 可靠性的基本概念及常用度量

一、故障(失效)及其分类

掌握故障(失效)的概念 **考试大纲**

产品或产品的一部分不能或将不能完成预定功能的事件或状态称为故障。对于不可修复的产品也称失效。故障的正式定义为终止即丧失完成规定的功能。在本章中，在多数场合，故障一词也可用失效代替。

产品的故障分类有多种。按故障的规律可分为偶然故障和耗损故障。按故障引起的后果可分为致命性故障和非致命性故障。按故障的统计特性又可分为独立故障和从属故障。

例题和习题分析(教材 P220～P222)

【5-1】(单项选择题 1)：偶然故障阶段的主要特点是(　　)。

A. 故障率较低，且处于平衡状态

B. 故障率较高，且迅速下降

C. 故障主要由老化、磨损等因素引起

D. 暴露出的缺陷主要是设计缺陷

答案及分析:偶然故障阶段是指在产品投入使用一段时间后,产品的故障率可降到一个较低的水平,且基本处于平稳状态,可以近似认为故障率为常数。因此选 A。

二、可靠性

掌握可靠性的概念　**考试大纲**

产品在规定的条件下和规定的时间内,完成规定功能的能力称为可靠性。

产品的可靠性可分为固有可靠性和使用可靠性。产品可靠性还可分为基本可靠性和任务可靠性。

例题和习题分析(教材 P220～P222)

【5-2】(多项选择题 17):产品可靠性定义中的规定时间可用(　　)度量。

A. 小时　　B. 天数

C. 里程　　D. 次数

E. 安培

答案及分析:产品可靠性定义中的规定时间因产品不同表达有所不同,一般产品常用普通日历时间,如小时或天数表示;而对开关、继电器类产品则用次数表示;对汽车类产品则用里程表示。因此选 A、B、C、D。

【5-3】(单项选择题 4):计算产品任务可靠性时考虑的故障是(　　)。

A. 任务期间影响任务完成的故障　　B. 寿命期间所有的故障

C. 修理时发现的故障　　D. 反应产品对维修人力的要求

答案及分析:评定产品任务可靠性时仅考虑在任务期内发生的影响完成任务的故障。因此选 A。

三、维修性

掌握维修性的概念　**考试大纲**

产品在规定的条件下和规定的时间内,按规定的程序和方法进行维修时,保持或恢复执行规定状态的能力称为维修性。规定条件指维修的机构和场所及相应的人员、技能与设备、设施、工具、备件、技术资料等。规定的程序和方法指的是按技术文件规定采用的维修工作类型、步骤、方法等。能否完成维修工作当然还与规定时间有关。

例题和习题分析(教材 P220～P222)

【5-4】(多项选择题 19):产品维修性定义中与(　　)有关。

A. 规定的条件　　B. 规定的时间

C. 规定的程序和方法　　D. 规定的维修地点

E. 规定费用

答案及分析:维修性的定义是:产品在规定的条件下和规定的时间内,按规定的程序和方法进行维修时,保持或恢复执行规定的状态的能力。因此选 A、B、C。

四、保障性

熟悉保障性的概念　**考试大纲**

系统(装备)的设计特性和计划的保障资源满足平时和战时使用要求的能力称为保障性。保障性是装备系统的固有属性,它包括两方面含义,即与装备保障有关的设计特性和保障资源的充足和适用程度。

例题和习题分析(教材 P220～P222)

【5-5】(多项选择题 20):产品保障性与(　　)有关。

A. 保障的设计特性　　B. 计划的保障资源

C. 性能设计特性　　D. 可靠性和维修性

答案及分析:保障性是装备系统的固有属性,它包括两方面含义,即与装备保障有关的设计特性和保障资源的充足和适用程度。保障性不仅与设计有关,还与保障资源的充足程度和适用程度有关。因此选 A、B、D。

五、可用性和可信性

熟悉可用性和可信性的概念　**考试大纲**

可用性是在要求的外部资源得到保证的前提下,产品在规定的条件下和规定的时刻或时间区间内处于可执行规定功能状态的能力。它是产品可靠性、维修性和维修保障的综合反映,这里的可用性定义是固有可用性的定义,外部资源(不包括维修资源)不影响产品的可用性。

可信性是一个集合性术语,用来表示可用性及其影响因素:可靠性、维修性、维修保障。可信性仅用于非定量条款中的一般描述,可信性的定性和定量具体要求是通过可用性、可靠性、维修性、维修保障的定性和定量要求表达的。

六、可靠性与产品质量的关系

了解产品质量与可靠性的关系　**考试大纲**

产品质量是产品的一组固有特性,描述该产品满足要求的能力。对产品一组固有特性的要求是多方面的,其中包括性能特性、专门特性、及时性、适应性等。性能特性用性能指标表示,它可以通过各种测量仪器及设备对性能的每一个参数逐一进行直接测试,就能对产品是否合格作出评价。及时性指的是产品的开发和供应者能否及时提供给顾客需要的产品，也就是产品的交货期。是顾客能直观地作出决策的。同样，产品适应性也是顾客可以直观得出结论的。在质量特性中唯独专门特性是顾客最关心，但也是顾客难于直观判断的。所谓专门特性包括可靠性、维修性和保障性等。

例题和习题分析（教材 P220～P222）

【5-6】（单项选择题 14）：下述关于质量与可靠性的表述中，正确的是（　　）。

A. 质量是产品可靠性的重要内涵　　B. 可靠性是产品质量的重要内涵

C. 可靠性与产品质量无关　　D. 产品可靠，质量自然就好

答案及分析：质量特性包括：性能特性、专门特性、及时性、适应性，而专门特性包括可靠性、维修性和保障性等，因此选 B。

七、可靠性与维修性的常用度量

掌握可靠性的主要度量参数　　**考试大纲**

1. 可靠度

产品在规定的条件下和规定的时间内，完成规定功能的概率称为可靠度，一般用 $R(t)$表示。若产品的总数为 N_0，工作到 t 时刻产品发生的故障数为 $r(t)$，则产品在 t 时刻的可靠度的观测值为：

$$R(t)=\frac{N_0-r(t)}{N_0}$$

2. 故障（失效）率

工作到某时刻尚未发生故障（失效）的产品，在该时刻后单位时间内发生故障（失效）的概率，称为产品的故障（失效）率，也称瞬时故障（失效）率。故障率一般用 $\lambda(t)$表示。

一般情况下，$\lambda(t)$可用下式进行计算：

$$\lambda(t)=\frac{\Delta r(t)}{N_S(t)\Delta t}$$

式中：$\Delta r(t)$——t 时刻后，Δt 时间内的发生故障的产品数；

Δt——所取时间间隔；

$N_S(t)$——在 t 时刻没有发生故障的产品数。

对于低故障率的元器件常以 $10^{-9}/h$ 为故障率的单位，称之为菲特（Fit）。

当产品的故障服从指数分布时，故障率为常数，此时可靠度为：

$$R(t)=e^{-\lambda t}$$

3. 平均失效（故障）前时间（*MTTF*）

设 N_0 个不可修复的产品在同样条件下进行试验，测得其全部失效时间为 t_1，t_2，…，t_{N_0}。其平均失效前时间（$MTTF$）为：

$$MTTF=\frac{1}{N_0}\sum_{i=1}^{N_0}t_i$$

由于对不可修复的产品，失效时间即是产品的寿命，故 $MTTF$ 也即为平均寿命。

当产品的寿命服从指数分布时，

$$MTTF = \int_0^{\infty} e^{-\lambda t} dt = 1/\lambda$$

4. 平均故障间隔时间（*MTBF*）

一个可修复产品在使用过程中发生了 N_0 次故障，每次故障修复后又重新投入使用，测得其每次工作持续时间为 $t_1, t_2, \cdots, t_{N_0}$，其平均故障间隔时间 $MTBF$ 为：

$$MTBF = \frac{1}{N_0}\sum_{i=1}^{N_0} t_i = \frac{T}{N_0}$$

式中：T——产品总的工作时间。

对于完全修复的产品，因修复后的状态与新产品一样，一个产品发生了 N_0 次故障相当于 N_0 个新产品工作到首次故障。因此：

$$MTBF = MTTF = \int_0^{\infty} R(t)dt$$

当产品的寿命服从指数分布时，产品的故障率为常数 λ，则 $MTBF = MTTF = 1/\lambda$。

5. 贮存寿命

产品在规定条件下贮存时，仍能满足规定质量要求的时间长度称为贮存寿命。

6. 平均修复时间（*MTTR*）

在规定的条件下和规定的时间内，产品在任一规定的维修级别上，修复性维修总时间与在该级别上被修复产品的故障总数之比。

简单地说就是排除故障所需实际直接维修时间的平均值（这里不包括维修保障的延误时间，例如等待备件等）。其观测值是修复时间 t 的总和与修复次数之比：

$$MTTR = \sum_{i=1}^{n} t_i / n$$

式中：t_i——第 i 次修复时间；

n——修复次数。

例题和习题分析（教材 P220～P222）

【5-7】（单项选择题 7）：产品可靠性随着工作时间的增加而（　　）。

A. 逐渐增加　　B. 保持不变

C. 逐渐降低　　D. 先降低后提高

答案及分析：由产品可靠性的度量参数可靠度的观测值计算式 $R(t) = \frac{N_0 - r(t)}{N_0}$ 可知，随着时间的增加，故障数 $r(t)$ 增大，而 N_0 不变，故 $R(t)$ 减小。因此选 C。

【5-8】（单项选择题 11）：下述的参数中，属于测试性度量参数的是（　　）。

A. 故障率　　B. 平均故障间隔时间

C. 故障检测率　　D. 故障修理时间

答案及分析：A 和 B 都属于可靠性度量参数，而 D 明显不是测试性度量参数，是维修性度量参数，采用排除法，只有 C 属于测试能力的度量参数。因此选 C。

【5-9】（单项选择题 12）：常用的维修性度量参数是（　　）。

A. $MTTF$　　B. $MTBF$

C. λ　　D. $MTTR$

答案及分析：维修性的常用度量参数是平均修复时间($MTTR$)，而 $MTTF$、$MTBF$ 和 λ 是可靠性的常用度量参数。因此选 D。

八、浴盆曲线

熟悉浴盆曲线　　**考试大纲**

大多数不可修复产品的故障率随时间的变化曲线形似浴盆，故将故障率曲线称为浴盆曲线。产品故障机理虽然不同，但产品的故障率随时间的变化大致可以分为三个阶段：

1. 早期故障期

在产品投入使用的初期，产品的故障率较高，且具有迅速下降的特征。

2. 偶然故障期

在产品投入使用一段时间后，产品的故障率可降到一个较低的水平，且基本处于平稳状态，可以近似认为故障率为常数，这一阶段就是偶然故障期。

3. 耗损故障期

在产品投入使用相当长的时间后，产品就会进入耗损故障期，其特点是产品的故障率迅速上升，很快出现产品故障大量增加直至最后损坏。

例题和习题分析(教材 P220～P222)

【5-10】(单项选择题 5)：产品典型的故障率曲线中不包括(　　)阶段。

A. 早期故障阶段　　B. 报废故障处理阶段

C. 偶然故障阶段　　D. 耗损故障阶段

答案及分析：产品典型的故障率随时间的变化大致分为早期故障阶段、偶然故障阶段和耗损故障阶段。因此选 B。

【5-11】(多项选择题)：一般产品浴盆曲线的三个阶段是(　　)。

A. 早期故障期　　B. 偶然故障期

C. 耗损故障期　　D. 贮存故障期

E. 平稳故障期

答案及分析：产品的故障率随时间的变化大致可以分为三个阶段：早期故障期、偶然故障期、耗损故障期。因此选 A、B、C。

第二节　基本的可靠性设计与分析技术

一、可靠性设计的基本内容

了解可靠性设计的基本内容和主要方法　　**考试大纲**

产品的可靠性是设计出来的、生产出来的，也是管理出来的。可靠性设计的主要技术有：

(1) 规定定性定量的可靠性要求。最常用的可靠性指标是 *MTBF*、失效率、可靠度等。

熟悉可靠性模型及串、并联模型的计算　**考试大纲**

(2) 建立可靠性模型。用于预计或估计产品可靠性的模型叫可靠性模型。

可靠性模型包括可靠性方框图和可靠性数学模型。产品典型的可靠性模型有串联模型和并联模型。串联模型是指组成产品的所有单元中任一单元发生故障都会导致整个产品故障的模型。并联模型是指组成产品所有单元同时工作时，只要有一个单元不发生故障，产品就不会发生故障，也称工作贮备模型。

对于复杂产品的一个或多个功能模式，用方框表示的各组成部分的故障或它们的组合如何导致产品故障的框图叫可靠性框图。串、并联模型的可靠性框图和数学模型见下表。

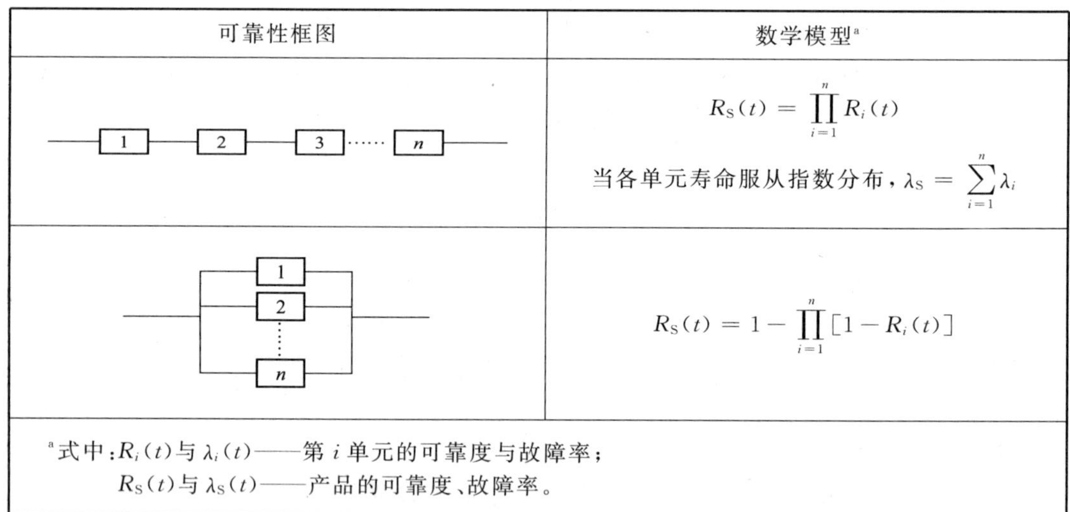

可靠性框图	数学模型[a]
1 — 2 — 3 …… n	$R_S(t)=\prod_{i=1}^{n}R_i(t)$ 当各单元寿命服从指数分布，$\lambda_S=\sum_{i=1}^{n}\lambda_i$
1、2、…、n 并联	$R_S(t)=1-\prod_{i=1}^{n}[1-R_i(t)]$

[a]式中：$R_i(t)$与$\lambda_i(t)$——第 i 单元的可靠度与故障率；
$R_S(t)$与$\lambda_S(t)$——产品的可靠度、故障率。

例题和习题分析(教材 P220～P222)

【5-12】(单项选择题 2)：(　　)是指组成产品的所有单元工作时，只要有一个单元不发生故障，产品就不会发生故障，也称工作贮备模型。

A. 并联模型　　B. 串联模型

C. 串并联模型　　D. 以上说法均不对

答案及分析：并联模型是指产品的所有单元工作时，只要有一个单元发生故障，产品就不会发生故障的一种可靠性模型。因此选 A。

【5-13】(单项选择题 6)：某产品由 5 个单元组成串联系统，若每个单元的可靠度均为 0.95，该系统可靠度为(　　)。

A. 0.77　　B. 0.87

C. 0.97　　D. 0.67

答案及分析：根据串联系统的可靠性数学模型，系统的可靠度为：

$$R_S(t)=\prod_{i=1}^{5}R_i(t)=0.95^5=0.77$$，因此选择 A。

【5-14】(多项选择题 22)：最常用的可靠性模型有(　　)。

A. 串联　　B. 并联

C. 旁联　　D. 互联

E. 混联

答案及分析：产品典型的可靠性模型有串联模型和并联模型。因此选 A、B。

【5-15】(综合分析题)：一个由单元 A、单元 B、单元 C、单元 D 和单元 E 组成的串联系统，其寿命服从指数分布，5 个单元的故障率分别为：

$$\lambda_A=0.0006/\text{h}\quad \lambda_B=0.002/\text{h}\quad \lambda_C=0.0015/\text{h}$$

$$\lambda_D=0.0005/\text{h}\quad \lambda_E=0.0004/\text{h}$$

(1) 画出系统的可靠性方框图。

(2) 写出系统的可靠性数学模型。

(3) 求系统的故障率。

(4) 求系统的平均故障间隔时间 $MTBF$。

(5) 求系统工作 200 h 时的可靠度。

(6) 指出系统可靠性的最薄弱环节。

答案及分析：

(1) 因系统为串联，其可靠性框图为：

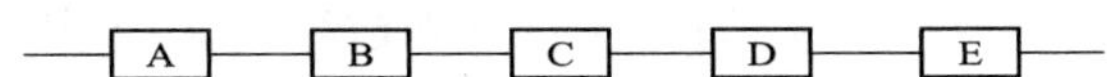

(2) 系统的可靠性数学模型为：

$$\begin{aligned}R_S&=\prod_{i=A}^{E}R_i=R_AR_BR_CR_DR_E\\&=e^{-\lambda_At}e^{-\lambda_Bt}e^{-\lambda_Ct}e^{-\lambda_Dt}e^{-\lambda_Et}\\&=e^{-(\lambda_A+\lambda_B+\lambda_C+\lambda_D+\lambda_E)t}\end{aligned}$$

(3) 系统的故障率为：

$$\begin{aligned}\lambda_S&=\lambda_A+\lambda_B+\lambda_C+\lambda_D+\lambda_E\\&=0.0006\ \text{h}^{-1}+0.002\ \text{h}^{-1}+0.0015\ \text{h}^{-1}+0.0005\ \text{h}^{-1}+0.0004\ \text{h}^{-1}\\&=0.005\ \text{h}^{-1}\end{aligned}$$

(4) 因系统各单元的寿命服从指数分布，故系统的平均故障间隔时间为：

$$MTBF=\frac{1}{\lambda_S}=\frac{1}{0.005\ \text{h}^{-1}}=200\ \text{h}$$

(5) 系统工作到 200 h 时的可靠度为：$R(200)=e^{-\lambda_St}=e^{-0.005\times200}=e^{-1}$

(6) 比较 A、B、C、D、E 等 5 个单元的故障率，其中 B 单元的故障率最高，且高出近一个数量级，因此，B 单元是该串联系统中可靠性的最薄弱环节。

熟悉可靠性预计和可靠性分配　**考试大纲**

(3) 可靠性分配。可靠性分配是为了将产品总的可靠性的定量要求分配到规定的产品层次。通过分配使整体和部分的可靠性定量要求协调一致。它是一个由整体到局部、由上到下的分解过程。可靠性分配有许多方法，如评分分配法、比例分配法等。

(4) 可靠性预计。可靠性预计是在设计阶段对系统可靠性进行定量的估计，是根据相似产品可靠性数据、系统的构成和结构特点、系统的工作环境等因素估计组成系统的部件及系统的可靠性。系统的可靠性预计是一个自下而上、从局部到整体的系统综合过程。可靠性预计有许多方法，如元器件计数法、应力分析法、上下限法等。电子产品可靠性预计通常采用元器件计数法和应力分析法。

(5) 可靠性设计准则。可靠性设计准则是把已有的、相似产品的工程经验总结起来，使其条理化、系统化、科学化，成为设计人员进行可靠性设计所遵循的原则和应满足的要求。

(6) 耐环境设计。产品使用环境对产品可靠性的影响十分明显。因此，在产品开发时应开展抗振动、抗冲击、抗噪声、防潮、防霉、防腐设计和热设计。

(7) 元器件选用与控制。电子元器件是完成产品规定功能而不能再分割的电路基本单元，是电子产品可靠性的基础。制定并实施元器件大纲是控制元器件的选择和使用的有效途径。

(8) 电磁兼容性设计。对电子产品来说，电磁兼容设计是不可缺少的。它包括静电抗扰性、浪涌及雷击抗扰性、电源波动及瞬间跌落抗扰性、射频电磁场辐射抗扰性等。

(9) 降额设计与热设计。元器件、零部件的故障率是与其承受的应力紧密相关的，降低其承受的应力可以提高其使用中的可靠性。

二、故障模式、影响及危害性分析(FMECA)

熟悉故障模式、影响及危害性分析(FMECA)　**考试大纲**

故障模式、影响及危害性分析(FMECA)是针对产品所有可能的故障，并根据对故障模式的分析，确定每种故障模式对产品工作的影响，找出单点故障，并按故障模式的严酷度及其发生概率确定其危害性。

例题和习题分析(教材 P220～P222)

【5-16】(多项选择题 15)：影响 FMEA 工作效果的因素有(　　)。

A. 分析者的专业水平　　B. 可利用的信息

C. 计算机的应用　　D. 分析的时机

答案及分析：影响 FMEA 工作效果的因素有三个：分析者的专业水平、可利用的信息的多少和分析的时机。因此选 A、B、D。

三、故障(失效)树分析(FTA)

了解故障树分析(FTA) **考试大纲**

与FMECA类似,故障树分析(FTA)是分析产品故障原因和结果之间关系的另一重要的可靠性分析工具。

故障树表示产品的那些组成部分的故障模式或外界事件或它们的组合导致产品的一种给定故障模式的逻辑图。它用一系列事件符号、逻辑符号和转移符号描述系统中各种事件之间的因果关系。

四、维修性设计

熟悉维修性设计与分析的基本方法 **考试大纲**

产品的维修性是设计出来的,只有在产品设计开发过程开展维修性设计与分析工作,才能将维修性设计到产品中。维修性设计的主要方法有定性和定量两种方法。维修性的定性设计是最主要的,只要设计人员有维修性的意识和工程经验就能将维修性设计进产品。维修性定性设计主要有简化设计、可达性设计、标准化互换性与模块化设计、防差错及识别标志设计、维修安全设计、故障检测设计、维修中人素工程设计等。

第三节 可靠性试验

可靠性试验是对产品的可靠性进行调查、分析和评价的一种手段。

可靠性试验可以是实验室的试验,也可以是现场试验。现场试验是产品在典型使用现场所进行的一种试验,因此,必须记录现场的环境条件、维修以及测量等各种因素的影响。实验室试验是在规定的受控条件下的试验,它可以模拟现场条件,也可以不模拟现场条件。

可靠性试验一般可分为工程试验和统计试验。工程试验包括环境应力筛选试验和可靠性增长试验;统计试验包括可靠性测定试验、可靠性鉴定试验和可靠性验收试验。

例题和习题分析(教材P220~P222)

【5-17】(多项选择题18):可靠性试验一般分为工程试验和统计试验,下述属于工程试验的是(　　)。

A. 环境应力筛选试验　　B. 可靠性鉴定试验

C. 产品性能试验　　D. 可靠性验收试验

E. 可靠性增长试验

答案及分析:在可靠性试验中,环境应力筛选试验和可靠性增长试验属工程试验。因此选A、E。

一、环境应力筛选试验

掌握环境应力筛选　　**考试大纲**

环境应力筛选试验是通过在产品上施加一定的环境应力，以剔除由不良元器件、零部件或工艺缺陷引起的产品早期故障的一种工序或方法。

例题和习题分析(教材 P220～P222)

【5-18】(单项选择题 8)：在批生产阶段早期环境应力筛选应(　　)。

A. 100%进行

B. 抽样进行

C. 视产品质量情况具体决定试验样本量

D. 条件不具备可部分进行

答案及分析：无论是产品开发阶段，还是批生产阶段早期，环境应力筛选在元器件、组件、部件等产品层次上都应 100%的进行。因此选 A。

二、可靠性增长试验

了解可靠性增长试验　　**考试大纲**

可靠性增长试验是一个在规定的环境应力下，为暴露产品薄弱环节，并证明改进措施防止薄弱环节再现而进行的试验。规定的环境应力可以是产品工作的实际环节应力、模拟环境应力或加速变化的环境应力。

可靠性增长试验是通过发现故障、分析和纠正故障以及对纠正措施的有效性而进行验证以提高产品可靠性水平的过程。一般称为试验—分析—改进。增长试验包含对产品性能的监测、故障检测、故障分析及其以减少故障再现的设计改进措施的检验。

例题和习题分析(教材 P220～P222)

【5-19】(单项选择题 3)：为暴露产品薄弱环节，并证明改进措施防止薄弱环节再现，在规定的环境应力下进行的试验是(　　)。

A. 可靠性鉴定试验　　B. 可靠性增长试验

C. 加速寿命试验　　D. 可靠性测定试验

答案及分析：为暴露产品薄弱环节，并证明改进措施防止薄弱环节再现，在规定环境应力下进行的试验是可靠性增长试验。因此选 B。

三、加速寿命试验

了解加速寿命试验　　**考试大纲**

在不改变产品的失效机理的条件下，通过提高工作环境的应力水平来加速产品的失效，尽快地暴露产品设计过程中的缺陷，发现故障模式，称这种超过正常应力水平下的寿命试验为加速寿命试验。

加速寿命试验有如下三种常见的试验类型：

(1) 恒定应力加速寿命试验；

(2) 步进应力加速寿命试验；

(3) 序进应力加速寿命试验。

四、可靠性测定试验

熟悉可靠性测定试验　　**考试大纲**

可靠性测定试验的目的是通过试验测定产品的可靠性水平。电子产品的寿命多为指数分布，其测定试验是从 $t=0$ 时刻起投入若干产品进行寿命试验，其中一种试验是累计试验到规定的时间 T^* 停止试验叫定时截尾试验。另一种是试验中出现的故障数到规定的 r 个故障数时停止试验，叫定数截尾试验。

设定时截尾试验时间为 T^*，出现的故障数为 r，于是 $MTBF$ 的点估计值 $\hat{\theta}$ 为：

$$\hat{\theta}=\frac{T^*}{r}$$

给定置信水平 γ，θ 的相应单边置信下限 θ_L 为：

$$\theta_L=\frac{2r}{\chi_\gamma^2(2r+2)}\hat{\theta}$$

式中：$\chi_\gamma^2(2r+2)$ 是自由度为 $2r+2$ 的 χ^2 分布的 γ 分位点。

五、可靠性鉴定试验

了解可靠性鉴定试验　　**考试大纲**

为了验证开发的产品的可靠性是否与规定的可靠性要求一致，用具有代表性的产品在规定条件下所作的试验叫可靠性鉴定试验，并以此作为是否满足要求的依据。

可靠性鉴定试验是一种验证试验。验证试验就其方法而言是一种抽样检验程序，与其他抽样验收的区别在于，它考虑的是与时间有关的产品质量特性，如平均故障间隔时间（$MTBF$）。因此，产品可靠性指标的验证工作原理是建立在一定寿命分布假设的基础上。目前使用最多的是指数分布假设情形下的统计鉴定试验方案。

例题和习题分析（教材 P220～P222）

【5-20】（单项选择题 9）：可靠性鉴定试验是一种（　　）试验。

A. 工程试验　　B. 性能试验

C. 统计试验　　　　　　　　　　　　　D. 环境试验

答案及分析：可靠性试验一般可分为工程试验和统计试验。工程试验包括环境应力筛选试验和可靠性增长试验；统计试验包括可靠性测定试验、可靠性鉴定试验和可靠性验收试验。因此选 C。

【5-21】(单项选择题 10)：可靠性鉴定试验中鉴别比 d=(　　)。

A. θ_1/θ_0　　　　　　　　　　　　B. θ_0/θ_1

C. $\theta_1+\theta_0$　　　　　　　　　　　　D. $\theta_1-\theta_0$

答案及分析：可靠性试验中，d 表示鉴定比，$d=\theta_0/\theta_1$，θ_0 是 $MTBF$ 检验的上限值；θ_1 是 $MTBF$ 检验的下限值。因此选 B。

六、可靠性验收试验

用已交付或可交付的产品在规定条件下所作的试验，以验证产品的可靠性不随生产期间工艺、工装、工作流程、零部件质量的变化而降低，其目的是确定产品是否符合规定的可靠性要求。

第四节　可信性管理

掌握可信性管理基本原则与可信性管理方法　　**考试大纲**

产品可信性是通过一系列工程活动、设计和制造到产品中去的，而这些活动进行需要恰当的组织和管理。开展可信性活动的指导思想是预防故障，尽早发现故障，及时纠正故障，并验证纠正措施有效性和验证可信性指标。可信性管理就是从系统的观点出发，通过制定和实施一项科学的计划，去组织、控制和监督可信性活动的开展，以保证用最少的资源实现顾客所要求的产品可信性。

一、可信性管理应遵循的基本原则

(1) 可信性工作必须从头开始；

(2) 产品的可信性管理是产品系统工程管理的重要组成部分；

(3) 可信性工作必须遵循预防为主；

(4) 可信性管理应重视和加强可靠性信息工作和故障报告、分析和纠正措施系统；

(5) 贯彻可靠性维修性等标准和有关的法规，制定并实施产品开发的可靠性保证大纲；

(6) 严格技术状态管理；

(7) 坚持一次成功的思想；

(8) 严格进行可信性评审。

二、管理的基本职能、对象和方法

管理的基本职能是计划、组织、监督、控制和指导。管理的对象是产品开发、生产、使用过程中与可信性有关的全部活动，但重点是产品开发阶段的设计和试验活动。

管理的基本方法是计划、组织、监督和控制。

例题和习题分析(教材 P220～P222)

【5-22】(多项选择题 13):产品固有可靠性与(　　)无关。

A. 设计　　B. 制造

C. 管理　　D. 使用

答案及分析:产品固有可靠性是产品在设计、制造中赋予的,是产品的一种固有特性,因此它与设计、制造和管理有关,而与使用无关。因此选 D。

【5-23】(多项选择题 16):可靠性是产品的一种固有特性,下面表述中正确的有(　　)。

A. 可靠性是设计出来的　　B. 可靠性是计算出来的

C. 可靠性是管理出来的　　D. 可靠性是制造出来的

答案及分析:产品的可靠性是产品在设计、制造中赋予的,是产品的一种固有特性,因此它与设计、制造和管理有关,而与计算无关。因此选 A、C、D。

【5-24】(多项选择题 23):产品可靠性是(　　)出来的。

A. 设计　　B. 生产

C. 管理　　D. 检验

E. 试验

答案及分析:产品的可靠性是设计出来的、生产出来的,也是管理出来的。因此选 A、B、C。

三、建立故障报告、分析和纠正措施系统(FRACAS)

了解故障报告、分析及纠正措施系统　　**考试大纲**

产品可靠性是用故障出现的频率加以度量的。对产品可靠性的分析、评价和改进都离不开故障信息。建立故障报告、分析和纠正措施系统(FRACAS)的目的是保证故障信息的正确性和完整性,并及时利用故障信息对产品进行分析、改进,以实现产品的可靠性增长。

四、可信性评审

了解可信性评审作用和方法　　**考试大纲**

可信性评审是运用及早告警原理和同行评议的原则,对可信性设计等有关可信性工作进行监控的一种管理手段,是尽早发现设计缺陷最经济和最有效的方法。它在产品开发过程中设置若干关键的控制节点,组织非直接参加设计的同行专家和有关方面的代表,对设计、试验等可信性工作进行详细的审查,以便及时地发现潜在的设计缺陷,加速设计的成熟、降低决策风险。

可信性设计评审的作用有:

（1）评价产品设计是否满足合同规定的要求，是否符合设计规范及有关标准和准则；

（2）发现和确定薄弱环节和可信性风险较高的区域，研讨并提出改进建议；

（3）研制、开发、监督、检查及保障资源是否恰当；

（4）检查可信性保证大纲的全面实施；

（5）减少设计更改，缩短开发周期，降低全寿命周期费用。

第六章 质量改进

第一节 质量改进的概念及意义

一、质量改进的概念

掌握质量改进的概念 **考试大纲**

根据 GB/T 19000—2008，质量改进是质量管理的一部分，致力于增强满足质量要求的能力。

质量改进就是通过采取各种有效措施，提高产品、过程或体系满足质量要求的能力，使质量达到一个新的水平、新的高度。

注意：质量改进与质量控制的区别，控制是维持水平、满足要求，而改进则是在控制的基础上要提高到一个新水平，控制是消除偶发性问题，而改进是消除系统性问题。

例题和习题分析（教材 P285～P290）

【6-1】（单项选择题 2）：质量改进旨在消除（　　）问题。

A. 偶然性　　B. 系统性

C. 多发性　　D. 常规性

答案及分析：质量控制消除偶发性的问题，质量改进消除系统性问题。根据本题意，应选 B。

【6-2】（多项选择题 22）：下列关于质量改进的说法中正确的是（　　）。

A. 质量控制也称质量维持

B. 质量控制是通过消除偶发性问题，增强满足质量要求的能力

C. 质量控制的重点是防止差错或问题的发生

D. 质量控制是通过不断采取纠正和预防措施来消除异常波动的

E. 质量控制应在质量改进的基础上进行，没有质量改进，质量控制的效果无法保证

答案及分析：质量控制是消除偶发性问题，使产品质量保持在规定的水平，即质量

维持；质量控制的重点是防止差错或问题的发生，充分发挥现有的能力。故选择A、C。

二、质量改进的意义

熟悉质量改进的意义（必要性、重要性） **考试大纲**

质量改进的意义可以从两方面去理解，即质量改进的必要性与重要性。

1. 质量改进的必要性

（1）在现有技术中，需要改进的地方很多；

（2）技术与资源之间的匹配，需要技术不断改进；

（3）技术再先进，方法、程序要跟上。

2. 质量改进的重要性

（1）改进投资回报率高；

（2）可以促进新产品开发；

（3）更加合理、有效使用资金和技术力量；

（4）提高产品制造质量；

（5）有利于发挥企业各职能部门的功能。

例题和习题分析

【6-3】（多项选择题）：质量改进是为了增强满足质量要求的能力，在企业中开展质量改进活动意义重大，可以从（　　）方面理解。

A. 质量改进的必要性　　B. 质量改进的紧迫性

C. 质量改进的重要性　　D. 质量改进的可行性

答案及分析：改进意义重大，我们知道改进是方方面面的，单就企业技术、生产、质量方面等，改进应体现在它的必要性与重要性两方面，所以应选择A、C。

第二节　质量改进的步骤和内容

一、质量改进的步骤

掌握质量改进的步骤 **考试大纲**

质量改进可由以下七个步骤构成：

（1）选择课题；

（2）掌握现状；

（3）分析问题原因；

（4）拟定对策并实施；

(5) 确认效果;
(6) 防止再发生及标准化;
(7) 总结。

二、质量改进的内容

熟悉质量改进的每一步的内容 **考试大纲**

1. 选择课题

选题通常在质量、成本、交货期、安全、激励、环境等六个方面。

(1) 明确所选问题的重要性;
(2) 问题的背景;
(3) 用语言数据表达;
(4) 确定课题和目标值;
(5) 选组长与组员;
(6) 对费用作预算;
(7) 拟定活动的时间表。

2. 掌握现状

(1) 问题的特征;
(2) 从人、机、料、法、环、测等进行调查;
(3) 去现场收集第一手资料。

3. 分析问题原因

(1) 设立假设,选择可能的原因;
(2) 验证假设,找出主要因素。

4. 拟定对策并实施

(1) 将对策区别开来;
(2) 采取对策后,不要有副作用;
(3) 选择最佳方案。

5. 确认效果

(1) 使用同一张图表;
(2) 将特性换成金额;
(3) 所有成果都要列举出来。

6. 防止再发生及标准化

(1) 制定程序文件;
(2) 进行有关标准的准备;
(3) 实施教育培训。

7. 总结

(1) 找出遗留问题;
(2) 考虑解决问题,下一步打算;

（3）总结本次活动。

三、PDCA 循环

熟悉质量改进的步骤、内容和 PDCA 循环的关系 **考试大纲**

质量改进要遵循 PDCA 循环，即策划—实施—检查—处置。

第一阶段策划：制定方针、目标、计划书、管理项目等；

第二阶段实施：按计划脚踏实地去做，去落实具体对策；

第三阶段检查：把握对策的效果；

第四阶段处置：总结成功经验，实施标准化，然后按标准进行。

质量改进的步骤完全是按照 PDCA 循环来实现的。

例题和习题分析（教材 P285～P290）

【6-4】（单项选择题 3）：PDCA 循环也可称作（　　）。

A. 朱兰环　　B. 戴明环

C. 石川环　　D. 甘特环

答案及分析：PDCA 由休哈特首先提出，戴明将 PDCA 循环介绍到日本，日本人在实践中丰富了它的内涵，因他们崇敬戴明，所以把 PDCA 循环又称作戴明环。本题选 B。

【6-5】（单项选择题 4）：质量改进的步骤之一的"掌握现状"就是（　　）。

A. 掌握问题的现状

B. 掌握影响原因的现状

C. 掌握实施效果的现状

D. 掌握实际采取对策的现状

答案及分析：质量改进通常分为四个阶段七个步骤，其中第二个步骤为掌握现状，质量改进的课题选好后，就要进一步把握当前问题的现状，抓问题特征，从各种不同角度进行调查，收集有关信息等，所以本题应选 A。

【6-6】（单项选择题 9）：质量改进的过程中，"掌握现状"阶段用的统计工具有（　　）。

A. 因果图　　B. 直方图

C. PDPC 法　　D. 树图

答案及分析：在质量改进"掌握现状"阶段，针对课题确定后，就要了解把握当前问题的现状。就题中给出的四种工具来说，直方图能直观反映数据现状分布情况，通过直方图可以观测并研究这批数据的取值范围，集中及分散等分布情况。因此应选择 B。

【6-7】（单项选择题 19）：质量改进过程中，"确认效果"时将效果换算成金额的好处在于（　　）。

A. 活动效果可比　　B. 说明该课题的重要度

C. 引起企业领导的重视　　　　　　　　D. 让大家重视经济效益

答案及分析：质量改进过程中，"确认效果"时将效果换算成金额的好处在于会让企业经营者认识到该项工作的重要性。因此选择 C。

【6-8】(多项选择题 45)：解决质量问题时，制定对策并取得成效后，为了防止质量问题再发生，必须做到(　　)。

A. 再次确认 5W1H 的内容，并将其标准化

B. 进行标准的准备与传达

C. 找出遗留问题

D. 实施教育培训

E. 建立保证严格遵守标准的质量责任制

答案及分析：对质量改进有效的措施，要进行标准化。为改进工作，应再次确认 5W1H，进行有关标准的准备及宣贯，实施教育培训，建立保证严格遵守标准的质量责任制。因此选择 A、B、D、E。

第三节　质量改进的组织与推进

一、质量改进的组织形式

了解质量改进的组织形式	**考试大纲**

在质量改进活动中，依据质量改进的主体，质量改进的组织形式可以分为员工个人的改进和团队的改进。

1. 员工个人的改进

在员工个人参与的改进形式中，最典型的就是合理化建议和技术革新。

2. 团队改进

在团队改进的形式中，最典型的是 QC 小组和六西格玛团队。

二、质量改进的组织与管理

熟悉质量改进的组织与管理	**考试大纲**

质量改进的组织分为两个层次，一是管理层，即管理委员会；二是实施层，即质量改进团队，名称可以有多种。

(1) 质量委员会主要职责为制定改进方针，参与质量改进、配备资源、成绩评估、公开认可。

(2) 质量改进团队主要职责

1) 组长的主要职责：与其他成员一道完成改进任务，保证会议开始、结束，做好准备工作和公布，与上层联系，编写改进成果报告。

2）组员的主要职责：分析问题、解决问题，提出建议，提出预防措施，将措施标准化，准时参加各类活动。

三、质量改进的障碍

了解质量改进的障碍 **考试大纲**

有的企业开展质量改进活动很有章法，有的企业不愿开展质量改进活动，主要存在以下的障碍：

（1）对质量水平的错误认识；

（2）对失败缺乏正确的认识；

（3）高质量意味着高成本的错误认识；

（4）对权利下放的错误理解；

（5）员工的顾虑。

四、质量改进的手段与方法

熟悉持续开展质量改进的手段与方法 **考试大纲**

改进过程是一个持续的过程，要搞好质量改进活动，就必须熟悉质量改进的手段与方法。通常要做好以下几方面工作：

（1）使质量改进制度化；

（2）检查，定期对改进成果检查；

（3）表彰，通过表彰使员工有认同感、成就感；

（4）报酬，增加对质量改进指标进行报酬；

（5）培训，对担当质量改进任务的人员，需要进行知识和技能的培训。

例题和习题分析（教材 P285～P290）

【6-9】（单项选择题 7）：质量委员会通常由（　　）组成。

A. 企业董事长和部分董事

B. 企业高级管理层的部分成员、中层领导与工人三结合的形式

C. 企业高级管理层的部分成员

D. 企业基层员工参加的，加上部分管理人员

答案及分析：质量委员会通常是由高级管理层的部分成员组成，因此本题选 C。

【6-10】（多项选择题 34）：质量改进的组织有不同的层次，具体可分为（　　）。

A. 质量委员会　　B. 质量改进团队

C. 质量管理部门　　D. 质量检验部门

E. 生产车间

答案及分析：质量改进的组织通常有两类：质量委员会、质量改进团队。因此应选择 A、B。

第四节　质量改进的常用工具

一、因果图

熟悉因果图的作用　**考试大纲**

1. 因果图的概念

因果图是由日本质量专家石川馨发明的，形状像鱼的骨头，因此有多种叫法，又叫石川图、鱼刺图、特性要因图等。

因果图是一种用于分析质量特性（结果）与可能影响质量特性的因素（原因）的一种工具。

2. 因果图的作用

（1）分析因果关系；

（2）表达因果关系；

（3）通过识别症状、分析原因、寻找措施，促进问题解决。

3. 因果图的绘制

掌握因果图绘制方法和注意事项　**考试大纲**

绘制因果图有两种方法：

（1）逻辑推理法，从主骨、大骨、中骨、小骨一步一步寻找因果关系绘出。

（2）发散整理法，关键找出各原因之间的关系，用因果关系箭头联接。

4. 注意事项

（1）绘制因果图的注意事项

1）确定原因时，要大家集思广益，组织讨论；

2）确定原因时，应尽可能具体；

3）一张因果图针对一个质量问题；

4）验证时，原因可以采取对策。

（2）使用因果图的注意事项

1）在数据的基础上客观评价每个因素；

2）因果图在使用中可以动态改进。

例题和习题分析（教材 P285～P290）

【6-11】（多项选择题 35）：在确定影响产品质量原因时，常用的统计工具为（　　）。

A. 因果图　　B. 排列图

C. 回归分析　　D. 方差分析

E. PDPC 法

答案及分析：在确定影响产品质量原因时，常用的统计工具为因果图、排列图、回归分析、方差分析等，因此选择 A、B、C、D。

【6-12】(多项选择题 36)：应用因果图的过程中，经常用来整理问题可能存在的影响原因，应用时应该注意的事项包括(　　)。

A. 图中各影响因素要写得具体

B. 应在图上注明哪个是主要原因

C. 要到现场查找原因成立的证据

D. 因果图最终画得越小，往往越有效

E. 要经过试验证实因果图关系是否存在

答案及分析：因果图是建立假说的有效工具，图中所有因素都被假设为问题的原因，尽可能写得具体，因果图最终画得越小(影响因素小)，往往越有效，因此选择 A、D。

二、排列图

熟悉排列图的概念和种类	**考试大纲**

1. 排列图的概念

排列图是为了对发生频次从最高到最低的项目进行排列而采用的简单图示技术。

排列图是根据意大利经济学家帕累托(Pareto)提出社会财富在关键的少数人手里的公式，美国经济学家洛伦兹用图表的形式提出类似理论，质量管理大师朱兰运用洛伦兹的图表法将质量问题分为“关键的少数”和“次要的多数”，并将该方法命名为“帕累托分析法”。

2. 排列图的分类

排列图是用来确定“关键的少数”的方法，根据用途排列图可分两类：分析现象用排列图、分析原因用排列图。

(1) 分析现象用排列图

1) 质量：不合格、故障、抱怨、维修；

2) 成本：费用、损失；

3) 交货期：延期、短缺、违约；

4) 安全：事故、差错等。

(2) 分析原因用排列图

1) 操作者；

2) 机器设备；

3) 原材料供货；

4) 作业方法、程序等。

注意：分析现象用排列图与不良结果有关，而分析原因用排列图与过程因素有关，都是用来发现问题的主要原因。

3. 排列图的作图步骤

掌握排列图的作图步骤	**考试大纲**

(1) 确定所要调查的问题及如何收集数据；
(2) 设计一张数据记录表；
(3) 将数据填入表中，并合计；
(4) 制作排列图用数据表；
(5) 按数量从大到小顺序，填入数据表中；
(6) 画两根纵轴和一根横轴；
(7) 在横轴上按频数大小画出矩形；
(8) 在每个直方柱右侧上方标上累计值描点，画出帕累托折线；
(9) 在图上表明有关必要事项。

例题和习题分析

【6-13】(多项选择题)：以下对排列图论述正确的是(　　)。

A. 排列是用来抓关键的少数

B. 排列图由朱兰发明的

C. 排列图由分析现象用与分析原因用排列图

D. 排列图是按频次从最大到最小顺序排列的

答案及分析：排列图是用来抓关键的少数，即 20/80 原则，0～80％为关键因素，排列图由朱兰引用到质量管理方面，它的分类有两类，即分析现象用排列图与分析原因用排列图，排列图是按数量大小从最大到最小排列的一种图示。根据本题意选择 A、C、D。

【6-14】(多项选择题)：排列图作图步骤中要画两根纵轴、一根横轴，还有一条帕累托折线，这条线条是根据每个直方柱右上侧打点，这右上侧的累计值指的是(　　)。

A. 频数累计值　　B. 频率百分数累计值

C. 不合格项累计值　　D. 其他累计值

答案及分析：排列图制作过程中，在每个直方柱右侧上方，标上累计值主要是指左纵轴的累计频数，右纵轴的累计频率百分数，故本题应选择 A、B。

三、直方图

熟悉直方图的概念　　**考试大纲**

1. 直方图的概念

直方图是对定量数据分布情况的一种图形表示，它由一系列矩形(直方柱)组成。它将一批数据按取值大小划分为若干组，在横坐标上将各组为底作矩形，以落入该组的数据的频数或频率为矩形的高。

2. 直方图的分类

直方图根据使用的各组数据是频数还是频率分为频数直方图与频率直方图，在表示分布时又分为一般直方图与累计直方图两种。

3. 常见直方图的类型及其特征

熟悉常见直方图的类型及其特征　**考试大纲**

（1）标准型（对称型）。数据的平均值与最大值和最小值的中间值相同或接近，平均值附近的数据频数最多，并向两边缓慢下降，左右对称。

（2）锯齿型。分组过多、测量有问题或读数不正确，会出现这种状况。

（3）偏锋型。数据的平均值位于中间值的左侧（或右侧），从左至右（或从右至左），数据分布的频数增加后突然减少，形状不对称。当上下限受到公差等因素限制时，由于心理因素往往会出现这种状况。

（4）陡壁型。平均值远左离（或右离）直方图的中间值，频数自左至右减少（或增加），直方图不对称，当工序能力不足，剔除了合格产品，或过程中存在自动反馈调整时，常出现这种状况。

（5）平顶型。当几种平均值不同的分布混在一起，或过程中某种要素缓慢劣化时，常出现这种状况。

（6）双峰型。靠近直方图中间值的频数较少，两侧各有一个“峰”。当有两种不同的平均值相差大的分布混在一起时，常出现这种状况。

（7）孤岛型。在标准型的直方图的一侧有一个“小岛”，这是由于夹杂了其他分布的少量数据，如工序异常、测量错误或混入另一少量分布数据。

4. 直方图与公差之间的关系

掌握直方图与规格限（公差）之间的关系，并能作出基本判断　**考试大纲**

直方图与规格限（公差）之间的关系见下图：

(1) 直方图符合公差要求

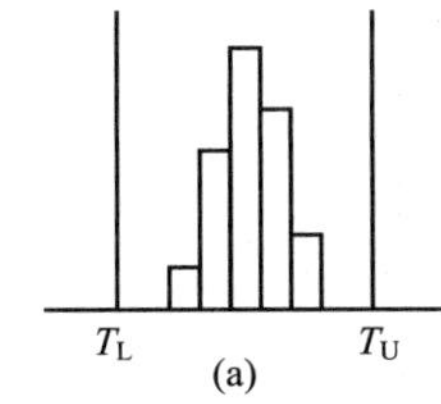

(a)

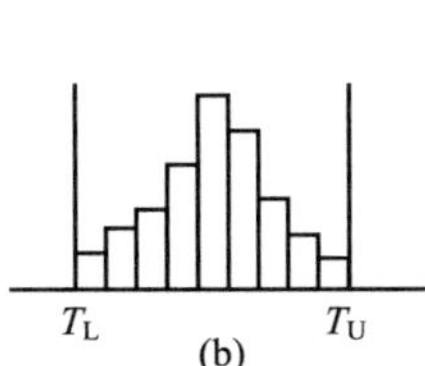

(b)

(2) 直方图不符合公差要求

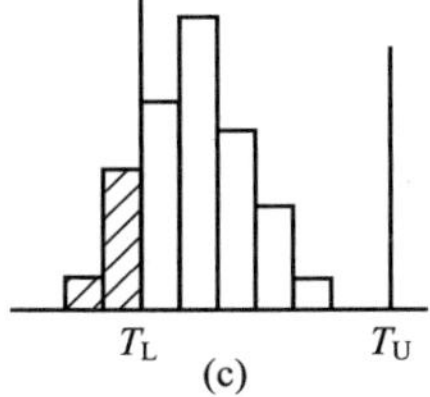

(c)

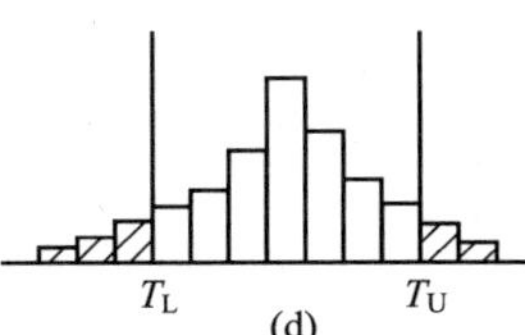

(d)

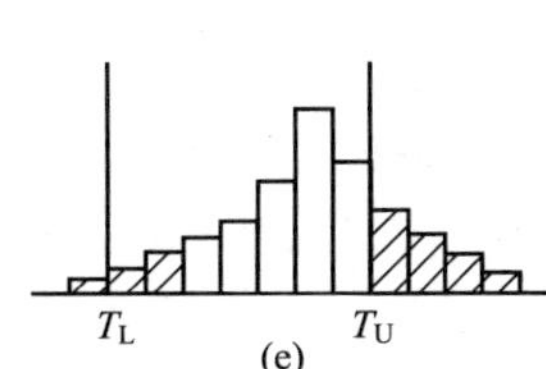

(e)

（1）当直方图符合公差要求时［见上图中（1）］：

图（a）：状况不需要调整，因为直方图充分满足公差要求。

图(b):直方图能满足公差要求,但不充分。这种情况下,应考虑减少波动。

(2) 当直方图不满足公差要求时[见上图中(2)]:

图(c):必须采取措施,使平均值接近规格的中间值。

图(d):要求采取措施,以减少变差(波动)。

图(e):要同时采取(c)和(d)的措施,既要使平均值接近规格的中间值,又要减少波动。

例题和习题分析(教材 P285~P290)

【6-15】(多项选择题 31):绘制控制图时,如果连续多点连续均匀上升而报警,将这些构成异常的数据绘成直方图,可能出现的类型有(　　)。

A. 正常型　　B. 平顶型

C. 双峰型　　D. 标准型

答案及分析:绘制控制图时,如果发现连续很多点均匀上升,说明过程有异常,如果将这些数据绘成直方图,可能会出现平顶型或双峰型,因此本题应选 B、C。

【6-16】(综合分析题 46):对某工序进行分析,收集该产品一个月内的数据,测定某重要质量特性绘制的直方图如下:

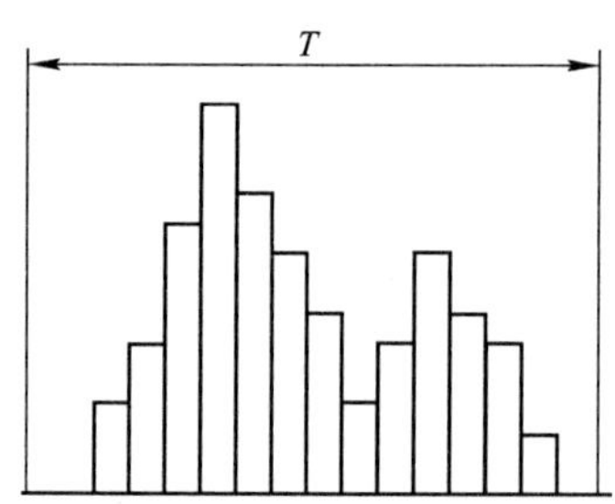

(1) 这种直方图属于(　　)。

A. 平顶型　　B. 孤岛型

C. 双峰型　　D. 偏峰型

(2) 可能存在的原因是(　　)。

A. 产品经过了挑选　　B. 产品中混进了其他型号的产品

C. 加工过程中存在主观倾向　　D. 数据分层不当

(3) 可以考虑的对策有(　　)。

A. 提高计量检测的精度

B. 增加空调,减少白班与夜班的温差

C. 减少不同供应商的材料之间的质量差异

D. 校准计量检测仪器,防止仪器失准

E. 对新工人进行培训,缩小与老工人之间的差别

答案及分析:直方图图型有标准型、平顶型、双峰型、偏峰型、孤岛型、锯齿型、陡壁型等 7 种,因此(1)题中选择 C。产生双峰型的原因是把不同加工者或者不同材料、不同加工方法、不同设备生产的两批产品混在一起。因此(2)题中选 B、D。可以考虑的对策有对

新工人进行培训等。因此(3)题中选 B、C、D、E。

四、头脑风暴法

掌握头脑风暴法的基本概念和用途 **考试大纲**

1. 基本概念

头脑风暴法,又叫畅谈法、集思法等,是由美国人奥斯本博士于 1941 年提出。它主要是采用开会的方式,集思广益,引导每个与会者围绕中心议题,广开思路,激发灵感,掀起风暴,毫无顾忌,畅所欲言地发表独立见解的一种创造性思考方法。

2. 用途

头脑风暴法可用来识别存在的质量问题并寻找其解决方法,还可用来识别潜在质量改进机会,它可以与因果图、亲和图、树图等结合使用。

3. 应用步骤

了解头脑风暴法应用的三阶段 **考试大纲**

(1) 准备阶段

准备会场、确定会议组织者、确定会议主题,准备必要的用具。

(2) 引发和产生创造思维的阶段

与会者平等、成员依次发言、相互补充,不可评论,更不能批驳,欢迎不同提法、记录等。

(3) 整理阶段

重述、去掉重复无关的观点、评价、论证,进行归纳。

例题和习题分析(教材 P285～P290)

【6-17】(多项选择题 44):头脑风暴法又叫(　　)。

A. 畅谈法　　B. 风暴法

C. 旋风思维法　　D. 集思法

E. KJ 法

答案及分析:头脑风暴法又叫畅谈法、集思法等。因此选择 A、D。

【6-18】(多项选择题 43):头脑风暴法的用途包括(　　)。

A. 识别存在的质量问题　　B. 锻炼大家的思维方式

C. 识别潜在的质量改进机会　　D. 与其他方法联合使用

E. 引导大家进行创造性思考

答案及分析:头脑风暴法的用途是识别问题,还可用于识别潜在质量改进的机会,可与因果图、树图、亲和图联用,引导大家创造性思考。因此选择 A、C、D、E。

五、树图

了解树图的概念和作用 **考试大纲**

1. 树图的概念

树图能将事物或现象分解成树枝状，又称树形图或系统图。树图就是把要实现的目的与需要采取的措施或手段，系统地展开，并绘制成图，明确问题的重点，寻找最佳手段或措施。

2. 树图的分类

熟悉树图的分类 **考试大纲**

分为两大类：

（1）一类是把组成事项展开，称为“构成因素展开型”，可与因果图对换。

（2）另一类把解决问题和达到目的或目标的手段、措施加以展开，称为“措施展开型”。

3. 树图的主要用途

（1）新产品开发中设计质量展开；

（2）制定质保计划时，对质保活动展开；

（3）方针、目标、实施事项的展开；

（4）部门职能、管理职能的明确；

（5）有关质量、成本、交货期等问题解决的创意展开。

4. 绘制树图的步骤

掌握绘制树图的步骤 **考试大纲**

（1）确定具体的目的或目标，多问几个“为什么”，“为什么要实现该目的、目标”；

（2）提出手段和措施，从高水平到低水平，或从低水平到高水平，或不分高低水平按随意想到的方式，提出手段、措施；

（3）对措施、手段进行评价，可行或不可行，调查之后才能确认等评价；

（4）绘制手段、措施卡片，用通俗易懂的语言写在卡片上；

（5）形成目标手段的树状展开图；

（6）确认目标能否充分地实现；

（7）制定实施计划。

例题和习题分析（教材 P285～P290）

【6-19】（单项选择题 17）：树图可用于（　　）。

A. 提出详细的质量改进计划

B. 明确管理职能

C. 在质量改进活动实施过程中，随时对实施方案进行调整

D. 认识新事物

答案及分析：树图的主要用途：新产品研制过程中设计质量的展开，明确部门职能、管理职能等。因此选择 B。

【6-20】（单项选择题 18）：可与树图联合使用的工具有（　　）。

A. PDPC 法　　　　B. 控制图

C. 头脑风暴法　　　　D. 因果图

答案及分析：可与树图联合使用的工具有头脑风暴法。因此选择 C。

六、过程决策程序图(PDPC)

1. PDPC 法概念及特征

熟悉 PDPC 法的概念及特征　　**考试大纲**

(1) 概念

PDPC 法是运筹学中的一种方法，其工具就是 PDPC 图。所谓 PDPC 法，是为了完成某个任务或达到某个目标，在制定行动计划或进行方案设计时，预测可能出现的障碍和结果，并相应地提出多种应变计划的一种方法。是一种有助于使事态向理想方向发展的解决问题的方法。

(2) 特征

1) PDPC 法不是从局部，而是从全局、整体掌握系统的状态，可作全局性判断；

2) 可按时间先后顺序掌握系统的进展情况；

3) 注意系统进程的动向，找出"非理想状态"；

4) 在实施过程中，可动态不断补充，修订计划措施。

2. PDPC 法实施步骤

掌握 PDPC 法的实施步骤　　**考试大纲**

(1) 召集有关人员讨论所要解决的课题；

(2) 从自由讨论中提出手段措施；

(3) 对提出的手段措施，预测结果，在行不通时，应采取的措施和方案；

(4) 将各措施按紧迫程度、所需工时、实施的可能性以及难易程度分类；

(5) 决定各项措施先后顺序；

(6) 落实负责人及实施期限；

(7) 动态地不断修订 PDPC 法。

3. PDPC 法的用途

熟悉 PDPC 法的用途　　**考试大纲**

(1) 制定方针目标管理中的实施计划；

(2) 制定科研项目的实施计划；

(3) 在系统或产品设计中对重大事故或故障进行预测；

(4) 提前预测，制定控制工序的方案和措施。

例题和习题分析(教材 P285～P290)

【6-21】(单项选择题 14)：制定项目实施计划可采用(　　)。

A. PDPC 法　　B. 直方图

C. 排列图　　D. 亲和图

答案及分析:PDPC 法的用途是制定方针目标管理中的实施计划,制定科研项目的实施计划,因此选择 A。

【6-22】(单项选择题 16):(　　)的情况下,可用 PDPC 法。

A. 选择适宜的作业路径

B. 确定具体的质量改进目标

C. 对可能出现的问题提前做好准备

D. 找出解决问题的主要途径

答案及分析:PDPC 法是为了完成某个任务或达到某个目标,在制定行动计划或进行方案计划时,预测可能出现的障碍和结果,并相应提出多种应变计划的一种方法。因此应选择 C。

【6-23】(多项选择题 32):PDPC 是(　　)。

A. 计划、实施、检查、处理的不断循环

B. 找出关键路径的一种方法

C. 计划决策程序图

D. 一种运筹学方法

E. 计划、实施、计划、检查等活动的英语单词的缩写

答案及分析:PDPC 法是一种运筹学的方法,是计划决策程序图的英文首个字母的组合,因此选择 C、D。

【6-24】(多项选择题 42):PDPC 法的特征有(　　)。

A. 注重全局

B. 注重全局,兼顾局部

C. 按时间顺序掌握系统的进展情况

D. 每循环一次,都要经历计划、实施、计划、检查四个阶段

E. 能够找出“非理想状态”

答案及分析:PDPC 法的特征:PDPC 法不是局部的,而是全局的、整体的,它可以按时间顺序掌握系统的进展情况,也能找出“非理想状态”。因此选择 A、C、E。

七、网络图

1. 网络图的概念与作用

了解网络图的概念、作用　　**考试大纲**

(1) 概念

网络图又称为网络计划技术,它是安排和编制最佳日程计划,有效地实施进度管理的一种科学管理方法,其工具是箭条图,故又称矢线图。它是把推进计划所必需的各项工作,按其时间顺序和从属关系,用网络形式表示的一种“矢线图”。

(2) 作用

1）制定详细的计划；

2）可以在计划阶段对方案进行推敲；

3）实施阶段，可以根据情况作调整；

4）能够了解延期对总体工作的影响及采取对策。

2. 网络图的构造

网络图是一张有向无环图，由节点、作业活动构成。

3. 网络图的绘制规则

（1）节点编号从小到大，不能重复；

（2）网络图中不能出现闭环；

（3）相邻两个节点之间只能有一项作业；

（4）网络图只能有一个起始点和一个终点节点；

（5）网络图绘制时，不能有缺口。

4. 网络图节点时间的计算方法

掌握网络图节点时间计算方法 **考试大纲**

网络图节点时间可以根据网络图依次计算各工序最早开工时间、最迟开工时间、最早完工时间、最迟完工时间。

（1）计算节点最早开工时间，从第一节点开始依次往后逐一计算。

（2）计算节点最迟完工时间值，从最后一个节点开始依次反向逐一计算。

例题和习题分析（教材 P285～P290）

【6-25】（单项选择题 15）：网络图中的虚线箭头代表（　　）。

A. 该项作业人力资源充分，不怎么花费时间

B. 该项作业不需要太多的资金

C. 该项作业不需要时间

D. 该项作业很容易完成，几乎不需要时间

答案及分析：网络图中的虚线箭头指的是虚作业，它不占用时间，因此选择 C。

【6-26】（多项选择题 39）：网络图的作用包括（　　）。

A. 拟订详细计划

B. 保证计划的严密性

C. 易于掌握不同计划以及后果的全貌

D. 计划实施后，根据情况可适时作出调整

E. 有助于工程项目能按期完工

答案及分析：网络图的作用包括拟定详细计划，保证计划的严密性，计划实施后，根据情况可适时作出调整，有助于工程项目按期完工。因此选择 A、B、D、E。

【6-27】（多项选择题 40）：关键路线的意义是指（　　）。

A. 各条路线中工期最短的

B. 各条路线中工期最长的

C. 对关键路线上的作业,完成时间上有富裕,有机动时间
D. 对关键路线上的作业,完成时间无富裕,无机动时间
E. 有时差的节点连结成的线路

答案及分析:在网络图中,关键线路是路径最长的线路,它的长度代表完成整个工程的最短时间,称为总工期。由于只有通过压缩关键路线上的活动时间,才能使整个工期缩短,因此关键路线上的活动是影响整个工程的主要因素。因此应选择B、D。

【6-28】(多项选择题41):网络图的绘制规则包括(   )。

A. 节点的编号不能重复
B. 图中只能存在少量的环
C. 两个结点之间只能有一条线路
D. 不能有缺口
E. 只能有一个起点和终点

答案及分析:网络图绘制规则:节点编号不重复,不能出现闭环,只能有一个起点、一个终点,不能有缺口等。因此选择A、D、E。

八、矩阵图

1. 矩阵图的概念和类型

熟悉矩阵图的概念和类型 **考试大纲**

(1) 矩阵图的概念

所谓矩阵图是一种利用多维思考去逐步明确问题的方法。它是从问题的各种关系中找出成对要素 $L_1,L_2,\cdots,R_1,R_2,\cdots$,用数学上矩阵的形式排成行和列,在其交点上标出 L 和 R 各因素之间的相互关系,从中确定关键点的方法。

(2) 矩阵图的种类

在矩阵图法中,按矩阵图的型式可将矩阵图分为L型、T型、X型和Y型四种。

1) L型矩阵图是一种最基本的形式,它由两类因素配置组成。

2) T型矩阵图是由两个L型矩阵图构成,共由三类因素配置组成。

3) X型矩阵图是由四个L型矩阵图构成,共由四类因素配置组成。

4) Y型矩阵图是由三个L型矩阵图构成,共由三类因素配置组成。

2. 矩阵图的用途

熟悉矩阵图的用途 **考试大纲**

矩阵图的用途很广,主要有:

(1) 确定系统产品开发、改进的着眼点;
(2) 被广泛应用于质量功能展开(QFD)中;
(3) 全面核实产品质量与各项操作乃至管理活动的关系;
(4) 发现制造过程不良品的原因与其他要素之间的关系;
(5) 了解市场与产品的关联性分析,制定市场开发战略;
(6) 明确项目与相关技术之间的关系;
(7) 探讨现有材料、元器件、技术的应用新领域。

例题和习题分析(教材 P285～P290)

【6-29】(单项选择题 11):矩阵图可与(　　)结合一起使用。

A. 树图　　B. 直方图

C. 控制图　　D. 排列图

答案及分析:绘制矩阵图时,关键找出与问题有关的属于同一水平的对应因素,这些因素可用树图展开。因此选择 A。

【6-30】(单项选择题 12):矩阵图可用于(　　)。

A. 制定质量改进活动的先后程序

B. 确定系统产品开发、改进的着眼点

C. 拟订质量改进计划

D. 确定项目实施的关键工序

答案及分析:矩阵图的主要用途有:确定系统产品开发、改进的着眼点,应用于质量功能展开等。因此选择 B。

【6-31】(单项选择题 13):常用的矩阵图种类有(　　)。

A. A 型　　B. S 型

C. H 型　　D. X 型

答案及分析:常用矩阵图种类有 L 型、T 型、X 型、Y 型,因此选择 D。

【6-32】(多项选择题 38):矩阵图主要用于(　　)。

A. 确定质量改进的着眼点　　B. 制定质量改进方案

C. 发现制造过程不良品的原因　　D. 质量功能展开

E. 帮助拟订质量改进计划

答案及分析:矩阵图的主要用途:确定系统产品开发改进的着眼点,质量功能展开,发现制造过程不良品的原因等。因此选择 A、C、D。

九、亲和图

1. 亲和图法的概念

了解亲和图的概念　　**考试大纲**

亲和图又称 KJ 法或 A 型图解法,是由日本学者川喜田二郎于 1970 年前后研究开发并加以推广的方法。它主要是针对某一问题,充分收集各种经验、知识、创意和意见等语言文字资料,通过亲和图进行汇总,并按其相互亲和性归纳整理,使问题明确起来,求得统一认识和协调工作,以利于问题解决的一种方法。

2. 亲和图的用途

熟悉亲和图的用途　　**考试大纲**

(1) 认识事物,对未知事物或领域,认真收集资料,理出关系,达成共识。

(2) 打破常规,打破旧框框,创造新思想。

(3) 归纳思想,为着共同的目标,提出自己的经验、意见和想法,进行整理。

(4) 贯彻方针,举行讲座,充分讨论,集思广益,将方针自然贯彻下去。

3. 亲和图的绘制

掌握亲和图的绘制步骤　**考试大纲**

(1) 确定课题。需要时间,慢慢解决,不容易解决而非解决不可的问题。

(2) 收集语言资料。可以根据不同的用途与目的,有六种方法:直接观察法、文献调查法、面谈阅读法、头脑风暴法、回忆法、内省法等。语言资料有三种:事实资料、意见资料、设想资料。

(3) 将语言资料制成卡片。按内容分类,用简洁的语言写在卡片上。

(4) 整理综合卡片。反复阅读,将内容相近的卡片汇集在一起,编组起名。

(5) 制图。卡片整理后,将总体结构用 A 型图形来表示。

(6) 应用。绘制出亲和图,反复观看,采用小组形式,轮流讲解,逐步达到使用亲和图的目的。

例题和习题分析(教材 P285~P290)

【6-33】(单项选择题 10):亲和图法可用于(　　)。

A. 提出新的观念和方针　　B. 寻求项目实施的关键路线

C. 寻找产生不良品的原因　　D. 制定市场产品发展战略

答案及分析:亲和图主要用途:认识事物;打破现状,提出新的方针;促进协调,统一思想;贯彻方针。因此选择 A。

【6-34】(多项选择题 29):亲和图的主要用途有(　　)。

A. 认识事物　　B. 促进协调,归纳思想

C. 为使用头脑风暴法作准备　　D. 打破常规,开展创新

答案及分析:亲和图的主要用途是:认识事物;打破常规;归纳思想;贯彻方针。根据题意,本题应选 A、B、D。

【6-35】(多项选择题 33):亲和图法可用于(　　)。

A. 认识未知事物　　B. 制定项目实施计划

C. 促进协调,统一思想　　D. 贯彻方针

E. 制定市场产品发展战略

答案及分析:亲和图法又称 KJ 法或 A 型图解法,针对某一问题,充分收集多种经验知识、想法和意见等语言、文字资料,通过亲和图汇总,它能认识未知事物,贯彻方针,促进协调,统一思想,因此选择 A、C、D。

【6-36】(多项选择题 37):亲和图可以解决(　　)问题。

A. 必须要解决而又一时解决不了的

B. 需要快速解决的

C. 难以找出解决方法的

D. 有充分的时间去慢慢调查分析的

E. 比较复杂的

答案及分析：亲和图可以用来解决必须要解决又一时解决不了的，难以找出解决方法的比较复杂的问题，要有充分时间去慢慢调查分析的问题，因此应该选择A、C、D、E。

十、流程图

1. 流程图的概念

了解流程图的概念 **考试大纲**

流程图是将过程（如工艺过程、检验过程、质量改进过程等）的步骤用图的形式表示出来的一种图示技术。

流程图可用于从原材料直至产品销售和售后服务全过程的所有方面。

流程图可以用来描述现有的过程，也可用来设计新的过程。

2. 流程图的应用程序

熟悉流程图的应用程序 **考试大纲**

（1）判别过程的开始和结束；

（2）观察或判断从开始到结束的整个过程；

（3）规定在该过程中的步骤（输入、活动、判断、决定、输出）；

（4）画草图；

（5）评审草图；

（6）改进草图；

（7）验证改进后的流程图；

（8）注明正式流程图的日期。

3. 绘制流程图的方法

掌握绘制流程图的方法 **考试大纲**

（1）开始或结束用椭圆表示；

（2）活动说明用矩形表示；

（3）决策、判断用菱形表示；

（4）过程流程的流向用向右单箭头表示。

例题和习题分析

【6-37】（多项选择题）：具体用流程图描述一个过程的步骤有（　　）。

A. 输入、输出　　B. 活动

C. 判断　　D. 思维

答案及分析：流程图可以用来描述已有过程或设计新过程，对某一过程来说，通常有输入、活动、判断、决策、输出等步骤，根据本题意要选择A、B、C。

十一、水平对比法

1. 水平对比法的概念和用途

了解水平对比法的概念和用途　**考试大纲**

（1）水平对比法的概念

水平对比法是组织将自己的产品和服务的过程或性能与公认的领先水平进行比较，以识别质量改进机会的方法。

对比的对象可以是行业内的，也可以是行业外的，也可以是组织内部的，总之应该是最佳运作典范的组织。

（2）水平对比法的用途

使用水平对比法，可有助于认清目标和确定计划编制和优先顺序，以使自己在市场竞争中处于有利地位。

2. 水平对比法的应用步骤

掌握水平对比法的应用步骤　**考试大纲**

（1）选择用来进行水平比较的项目

注意：比较的项目应是影响产品或服务的关键质量特性。

（2）确定对比的对象

对比项目是公认的领先者，可以是行业内的竞争对手，也可以是其他行业的非竞争对手。

（3）收集数据

根据不同的对比对象，可以采取如直接法、间接法。

内部水平对比，通常采取直接法。如对过程直接观察，内部材料研究等。

外部水平对比，直接法有：现场调查、问卷调查；

间接法有：市场分析、文化研究、会议、咨询、经验交流等。

（4）归纳对比分析数据

通过对比数据，找出差距，制定最佳实践目标。

（5）实施改进

根据顾客需求、领先者的绩效，确定自己的质量改进机会。

制定实施追赶计划并予以实施。

例题和习题分析

【6-38】（多项选择题）：根据水平对比法使用的频率不同，可以将其分为（　　）。

A. 单独的　　B. 众多的

C. 定期的　　D. 连续的

答案及分析：水平对比法有不同分法，根据对象有，行业内对比、行业外对比、组织内部对比，本题意，根据使用频率可以分为单独的、定期的、连续的对比，因此选择 A、C、D。

第五节　质量管理小组活动

一、QC 小组的概念和特点

掌握 QC 小组的概念和特点　**考试大纲**

1. QC 小组的概念

QC 小组是指在生产或工作岗位上从事各种劳动的职工，围绕企业的经营战略、方针目标和现场存在的问题，以改进质量、降低消耗、提高人的素质和经济效益为目的组织起来，运用质量管理的理论和方法开展活动的小组。QC 小组又叫质量管理小组、品管圈、团结圈、QCC 等。

2. QC 小组的特点

(1) 明显的自主性；

(2) 广泛的群众性；

(3) 高度的民主性；

(4) 严密的科学性。

3. QC 小组在实施全面质量管理中的作用

了解 QC 小组在实施全面质量管理中的作用　**考试大纲**

QC 小组体现了全面质量管理的全员参与和持续改进的特点，遵循 PDCA 循环，运用统计方法和其他科学方法分析问题解决问题。因此，QC 小组活动是实施全面质量管理的有效手段，是群众基础和活力源泉。

例题和习题分析(教材 P285～P290)

【6-39】(多项选择题 23)：下列有关 QC 小组在实施全面质量管理中的作用，其说法正确的有(　　)。

A. QC 小组充分体现了中层领导人员的决策力和判断力，遵循 PDCA 循环的科学程序，运用统筹方法分析问题，解决问题

B. QC 小组活动是实施全面质量管理的有效手段，是全面质量管理的群众基础和活力源泉

C. 实施全面质量管理，可以通过 QC 小组的形式，把广大职工群众发动和组织起来，不断发现问题、分析问题和解决问题，以不断夯实质量管理的基础工作，促进质量管理水平的不断提高

D. QC 小组充分体现了全面质量管理的全员参与和持续改进的特点，遵循 PDCA 循环的科学程序，运用统计方法和其他科学方法分析问题、解决问题

E. QC 小组在实施全面质量管理中，由领导进行分析问题，下达命令后全体职工进行解决问题

答案及分析：QC小组在实施全面质量管理中的作用重大，它是实施TQM的有效手段；通过组建QC小组，可以发现问题、解决问题、促进质量水平不断提高；它充分体现了全员参与和持续改进的特点。根据本题意，应选择B、C、D。

二、QC小组活动的启动

1. 组建QC小组的原则

掌握组建QC小组的原则 **考试大纲**

(1) 自愿参加，上下结合；
(2) 实事求是，灵活多样。

2. QC小组的组建程序

熟悉QC小组的组建程序和注册登记 **考试大纲**

(1) 了解其他QC小组的活动情况；
(2) 阅读有关QC小组的出版物；
(3) 与有关领导交谈、沟通；
(4) QC小组组长由小组成员自己选择；
(5) 小组成员控制在10名以内；
(6) 给小组命名。

3. QC小组的注册登记

QC小组的组成尽管是自愿的，但是还要到主管部门申请登记、统一编号、管理，每年对QC小组注册登记一次。课题登记每做完一个再登记一个，假如一个课题跨年度了还做不完要书面说明。

例题和习题分析

【6-40】(单项选择题)：组建QC小组的原则之一"自愿参加，上下结合"，正确的是(　　)。
A. 强调自愿参加，意味着QC小组可以自发产生
B. 强调自愿参加，管理者可以放弃指导与领导
C. 上下结合是指把上层领导的组织与员工的自觉自愿相结合
D. 上下结合是要员工绝对服从上层领导的指导

答案及分析：组建QC小组的原则之一"自愿参加，上下结合"，这里的自愿参加不是放任自流，这里的上下结合是指把上层领导的组织、引导与员工的自愿相结合，根据本题意应选择C。

三、QC小组活动的推进

1. QC小组组长的职责及对其要求

熟悉QC小组组长的职责及对QC小组长的要求 **考试大纲**

(1) 组长的职责

1) 抓好 QC 小组的质量教育;

2) 制定小组活动计划,按计划组织好小组活动;

3) 做好 QC 小组的日常管理工作。

(2) 要求

1) 是推进全面质量管理的热心人;

2) 业务知识较丰富;

3) 具有一定的组织能力。

2. 推进 QC 小组活动应做好的工作

掌握推进 QC 小组活动应做好的工作　　**考试大纲**

(1) 自始至终抓好质量教育;

(2) 制定企业年度的 QC 小组活动推进方针与计划;

(3) 提供开展活动的环境条件;

(4) 对 QC 小组活动给予具体指导;

(5) 建立健全企业 QC 小组活动管理办法。

例题和习题分析

【6-41】(多项选择题):对 QC 小组活动给予具体指导正确的是(　　)。

A. 对选题要给予关注

B. 小组活动当好参谋

C. 提供开展活动的时间、场所、工具

D. 给予成果评价和鼓励

答案及分析:推进 QC 小组活动应给予具体的指导,正确的做法首先要给予选题关注,其次要对小组活动作好参谋,最后对成果发表要给予评价和鼓励。应选择 A、B、D。

四、QC 小组活动在全企业的推广

1. QC 小组成果发表的作用

了解 QC 小组成果发表的作用　　**考试大纲**

(1) 交流经验,相互启发,共同提高;

(2) 鼓舞士气,满足小组成员自我实现的需要;

(3) 现身说法,吸引更多职工参加 QC 小组活动;

(4) 评选优秀 QC 小组。

2. 组织成果发表的注意事项

熟悉组织成果发表的注意事项　　**考试大纲**

（1）发表形式服从于发表目的；
（2）发表会的主持人要积极启发倡导听众对发表的成果提出问题；
（3）每个成果发表答辩后，应由专家客观评价；
（4）尽可能让同一层最高领导出席成果发布会。

3. QC小组的激励手段

熟悉对QC小组的激励手段 **考试大纲**

（1）物质激励
（2）精神激励
1）荣誉激励；
2）培训激励；
3）组织激励；
4）关怀与支持激励。

4. QC小组成果评价的方法和内容

掌握对QC小组成果评价的方法和内容 **考试大纲**

评价的方法有现场评审和发表评审
（1）现场评审内容
1）QC小组的组织，如登记注册、出勤、组内分配等；
2）活动情况与记录，活动内容、程序、记录；
3）活动成果及成果的维持、巩固，成果核实、经济效益、改进措施等；
4）QC小组教育，对方法、工具的了解等。
（2）发表评审内容
1）选题：自选还是其他，简洁、明确、目标量化；
2）原因分析：因果关系明确，分析、要因确认，工具适用正确；
3）对策与实施：针对要因制定对策，按5W1H制定，工具运用正确、适宜；
4）效果：经济效益实事求是，无形成果也要注意，改进纳入标准；
5）发表：资料连贯性好，以图表、数据为主，通俗易懂；
6）特点：具体务实，有新意，有启发性。

例题和习题分析

【6-42】（多项选择题）：现场评审和发表评审两项综合形式对QC小组活动成果的评审总成绩，企业评审的中心应该在审核成果的（　　）上。

A. 真实性　　B. 符合性
C. 有效性　　D. 适宜性

答案及分析：企业评审的中心应放在成果的真实性、实用性、有效性上，一般现场评审的比重要大于发表评审，根据本题意选择A、C。

第六节 六西格玛管理

一、六西格玛质量的含义

了解六西格玛质量的含义 **考试大纲**

六西格玛管理是20世纪80年代中期由美国摩托罗拉公司创立的一种质量改进的方法。六西格玛质量是指：首先，质量特性必须满足顾客的要求；其次，质量特性形成过程或结果避免缺陷，达到六西格玛水平。

二、六西格玛质量的统计定义

了解六西格玛质量的统计定义 **考试大纲**

六西格玛管理强调对组织的过程满足顾客要求能力进行量化，并在此基础上确定改进目标和寻找改进机会。西格玛水平是过程满足顾客要求能力的一种度量。

“西格玛”一词源于统计学中标准差 σ 的概念。

理论上 6σ 质量水平是指，正态分布从 -6σ 到 $+6\sigma$ 均在规范下限到规范上限范围内。实际过程输出的分布中心受到5M1E因素的影响会偏离目标值，分布中心一般设定向左或右移动 1.5σ，通常所说的六西格玛质量水平对应于3.4 ppm缺陷率。

三、六西格玛管理中的关键角色与职能

了解六西格玛管理中的关键角色与职能 **考试大纲**

1. 执行领导

执行领导就是组织的最高管理者，负有以下职责：

(1) 建立六西格玛管理愿景；

(2) 确定战略目标和绩效测量系统；

(3) 六西格玛项目的重点；

(4) 建立六西格玛管理方法与工具的环境。

2. 倡导者

倡导者是具体的实施领导者，负有以下职责：

(1) 负责部署六西格玛管理；

(2) 构建六西格玛管理基础；

(3) 向执行领导报告六西格玛管理进展；

(4) 负责实施中的沟通与协调。

3. 黑带主管(又称黑带大师)

六西格玛管理专家，为倡导者出谋划策，为黑带提供项目指导与技术支持，有以下职责：

(1) 对六西格玛管理理念和技术方法具有较深体验;

(2) 培训黑带和绿带,掌握工具与方法;

(3) 提供指导;

(4) 协调、指导项目实施;

(5) 协助领导选择项目。

4. 黑带

专职的种子选手,具有一定的背景,负有以下职责:

(1) 领导项目团队,实施项目;

(2) 向团队成员提供培训;

(3) 识别改进机会,选择有效工具与技术;

(4) 向团队传达六西格玛理念,建立共识;

(5) 向领导报告项目的进展;

(6) 知识传递;

(7) 为绿带提供项目指导。

5. 绿带

绿带是团队成员,结合本职工作完成项目。

四、六西格玛管理的策划

了解六西格玛管理的策划 **考试大纲**

(1) 项目选择原则

有意义的,可管理的。

(2) 衡量六西格玛项目的标准

运用平衡计分卡来衡量项目,从顾客、财务、企业内部过程和学习与增长四个层面来综合考虑问题。

(3) 项目特许任务书

特许任务书是提供关于项目或问题书面指南的重要文件。

五、六西格玛管理中常用的度量指标的计算

掌握六西格玛管理中常用的度量指标的计算 **考试大纲**

1. 西格玛水平 Z(1.5σ 偏移)

西格玛水平是描述满足顾客要求或规定要求的能力的参数。

$$Z=Z_0+1.5 \quad Z_0=\frac{T_U-T_L}{2\sigma}$$

2. 百万机会缺陷数 DPMO

$$\text{机会缺陷率}:DPO=\frac{\text{缺陷数}}{\text{产品数}\times\text{机会数}}$$

$$\text{百万机会缺陷数}:DPMO=\frac{\text{总的缺陷数}\times 10^6}{\text{产品数}\times\text{机会数}}$$

3. 流通合格率 *RTY*

$$RTY=Y_1\cdot Y_2\cdot Y_3\cdot Y_4\cdots$$

六、六西格玛的改进模式DMAIC

熟悉六西格玛的改进模式DMAIC　**考试大纲**

1. 界定阶段D

确定顾客的关键需求并识别需要改进的产品或过程,将改进项目界定在合理的范围内。

2. 测量阶段M

通过对现有过程的测量,确定过程的基线以及期望达到的目标,识别影响过程输出Y的输入X_s,并对测量系统有效性作出评价。

3. 分析阶段A

通过数据分析确定影响输出Y的关键X_s,即确定过程的关键影响因素。

4. 改进阶段I

寻找优化过程输出Y并且消除或减小关键X_s影响的方案,使过程的缺陷或变异降低。

5. 控制阶段C

使改进后的过程程序化并通过有效的检测方法保持过程改进的成果。

例题和习题分析(教材P285～P290)

【6-43】(单项选择题1):某生产线有3道批次独立的工序,3道工序的合格率分别为:90%、95%、98%,每道工序后有一检测点,可检出该道工序的缺陷,此时整条线的流通合格率为(　　)。

A. 90%　　B. 98%

C. 83.79%　　D. 94.3%

答案及分析:流通合格率的计算应为每道工序合格率的连乘,根据题意应选C。

【6-44】(单项选择题21):某六西格玛团队,界定某项目过程的输出时,明确某产品可能出现的缺陷有甲、乙、丙三种。经过调查统计2个月的数据,结果是在抽样的200个产品中,发现甲种的缺陷个数为2、乙种的缺陷个数为3、丙种的缺陷个数为1,则*DPMO*为(　　)。

A. 60 000　　B. 30 000

C. 10 000　　D. 600

答案及分析:某六西格玛团队,在界定某项目过程的输出时,要算出其*DPMO*,根据题意,应选C。

【6-45】(多项选择题24):下列有关六西格玛管理说法正确的是(　　)。

A. 六西格玛管理是20世纪80年代初期由美国通用电气公司创立的一种质量改进方法

B. DMAIC方法是六西格玛管理中现有流程进行突破式改进的主要方式

C. 六西格玛管理是通过过程的持续改进,追求卓越质量,提高顾客满意度,降低成本的一种质量改进方法

D. 六西格玛管理不同于以往的质量管理,是一门全新的科学

答案及分析:六西格玛管理是20世纪80年代由美国摩托罗拉公司率先提出并实施的一种质量改进方法,DMAIC方法作为六西格玛改进的一种主要模式,通过不断追求卓越,提高顾客满意度降低成本,与传统的QC小组对比,六西格玛是自上而下进行的质量改进,根据本题意应选择B、C、D。

【6-46】(多项选择题25):在六西格玛策划时,衡量六西格玛项目的标准有(　　)等。

A. 财务　　　　B. 内部过程

C. 学习与增长　　　　D. 技术水平

答案及分析:在六西格玛策划时,衡量六西格玛项目标准有财务、顾客、内部过程以及学习与增长。因此本题应选A、B、C。

【6-47】(多项选择题26):以下职责中,属于黑带职责的是(　　)。

A. 协调和指导跨职能的六西格玛项目

B. 领导六西格玛项目团队,实施并完成六西格玛项目

C. 识别过程改进机会

D. 选择最有效的工具和技术

答案及分析:开展六西格玛活动,需要人员保证,通常黑带的职责是领导六西格玛团队、实施并完成六西格玛项目、误别过程改进机会,根据具体情况,选择最有效的工具和技术,故本题应选B、C、D。

第五部分

质量专业理论与实务练习题

第一章　概率统计基础知识

一、单项选择题(每题备选的项中，只有1个最符合题意)

1. 已知 $P(A)=0.5$，$P(B)=0.6$，$P(A\cup B)=0.8$，则 $P(AB)=$________。

a. 0.2　　b. 0.3

c. 0.4　　d. 0.5

2. 某种动物能活到20岁的概率为0.8，活到25岁的概率是0.4，如今已活到20岁的这种动物至少能再活5年的概率是________。

a. 0.3　　b. 0.4

c. 0.5　　d. 0.6

3. 若干瓶洗发水质量的离差平方和为32.5 g，若瓶子的质量都为20 g，则除去瓶子的质量，这些瓶洗发水净重的离差平方和为________ g。

a. 2.5　　b. 32.5

c. 20　　d. 12.5

4. 服从指数分布的随机变量 X 可能取值的范围为________。

a. $(-\infty,+\infty)$　　b. $[0,+\infty)$

c. $(-\infty,0)$　　d. $[0,1]$

5. 等式 $\mathrm{Var}(X+Y)=\mathrm{Var}(X)+\mathrm{Var}(Y)$ 成立的条件是________。

a. X 与 Y 同分布　　b. X 与 Y 同均值

c. X 与 Y 相互独立　　d. X 与 Y 同方差

6. 已知 A 与 B 相互独立，且 $P(A)=0.2$，$P(A\cup B)=0.6$，则 $P(B)=$________。

a. 0.4　　b. 0.5

c. 0.6　　d. 0.7

7. 某企业A种设备一年内发生重大故障数 X 服从泊松分布，根据过去多年的故障记录，该种设备在一年内平均发生1.5起重大故障，则在一年内至少发生1起重大事故的概率为________。

a. 0.368　　b. 0.632

c. 0.223　　d. 0.777

8. 样本空间Ω含有35个等可能的样本点，而事件A与B各含有28个与16个样本点，其中9个是共有的样本点，则$P(\overline{A}/B)=$________。

a. $\frac{9}{13}$　　b. $\frac{7}{16}$

c. $\frac{9}{16}$　　d. $\frac{13}{20}$

9. 在10个产品中有2个不合格品，现从中任取4个，其中不合格品数X的分布列为：

X	0	1	2
p	0.33	0.53	0.14

则该分布列的均值$E(X)$和标准差$\sigma(X)$为________。

a. 0.81和0.66　　b. 0.81和0.43

c. 1.14和0.66　　d. 1.14和0.43

10. 设A、B是两个事件，$P(A)=\frac{1}{2}$，$P(B)=\frac{1}{4}$，$P(AB)=\frac{1}{3}$，则$P(A\cup B)$为________。

a. $\frac{5}{12}$　　b. 1

c. $\frac{3}{4}$　　d. $\frac{7}{12}$

11. 现有5个样本数据为10，10.1，9.7，10.3，9.9，其标准差为S_A，若从上述数据中删去一个数据10，重新计算标准差S_B，则________。

a. $S_A>S_B$　　b. $S_A<S_B$

c. $S_A=S_B$　　d. $S_A^2=S_B^2$

12. 从正态总体$N(10,2^2)$中随机抽出样本量为4的样本，则样本均值的标准差为________。

a. 2　　b. 4

c. 1　　d. 0.5

13. 将一颗骰子连掷2次，“至少出现一次6点”的概率为________。

a. $\frac{1}{11}$　　b. $\frac{1}{36}$

c. $\frac{11}{36}$　　d. $\frac{25}{36}$

14. 10件产品中有2件不合格品，现从中随机抽取3件，至少有1件不合格品的概率为________。

a. 0.47　　b. 0.53

c. 0.93　　　　d. 0.67

15. 甲、乙两批材料的转化率分别为 0.8 和 0.7，从两批材料中随机各取 1 件，则

(1) 两件都可转化的概率是________。

a. 0.56　　　　b. 0.06

c. 0.38　　　　d. 0.94

(2) 两件中至少有一件可转化的概率是________。

a. 0.56　　　　b. 0.06

c. 0.38　　　　d. 0.94

16. 10 只产品中有 3 只不合格品，每次从中随机抽取一只(取出后不放回)，直到把 3 只不合格品都取出，设 X 为抽取的次数，则 X 的可能取值共有：________个。

a. 10　　　　b. 7

c. 8　　　　d. 3

17. 样本空间共有 20 个等可能的样本点，事件 A 包含 8 个样本点，B 包含 5 个样本点，且 A 与 B 有 3 个样本点是相同的，则 $P(A|B)=$________。

a. $\frac{8}{20}$　　　　b. $\frac{5}{20}$

c. $\frac{3}{20}$　　　　d. $\frac{3}{5}$

18. 某生产班组由 5 人组成，现从中选正、付组长各一人(一人不兼二职)，将所有选举的结果构成样本空间，则其中包含的样本点共有：________。

a. 5　　　　b. 10

c. 20　　　　d. 15

19. 一盒螺钉共有 20 个，其中 19 个是合格品，另一盒螺母也有 20 个，其中 18 个是合格的，现从两盒中各取一个螺钉和螺母，求两个都是合格品的概率是________。

a. $\frac{19}{20}$　　　　b. $\frac{9}{10}$

c. $\frac{19}{200}$　　　　d. $\frac{171}{200}$

20. 抛三颗骰子，则样本空间中所包含的样本点数为________。

a. 156　　　　b. 216

c. 186　　　　d. 66

21. 从 1 000 米布匹中随机抽取 3 米进行检验，若 3 米中无瑕疵才可接收，假设一米布上瑕疵个数服从泊松分布，送检布匹平均每米有一个瑕疵，则被拒收的概率为________。

a. 0.05　　　　b. 0.90

c. 0.95　　　　d. 0.72

22. 在一批产品中，事件"随机抽取 3 件产品，最多有一件是正品"与事件"随机抽取 3 件产品，有两件正品一件次品"是________事件。

a. 互不相容　　　　b. 互相独立

c. 互相对立　　d. 包含

23. 某产品的质量 $X \sim N(160, \sigma^2)$，若要求 $P(120 < X \leqslant 200) \geqslant 0.80$，则 σ 最大取值为________。

a. $\frac{20}{u_{0.9}}$　　b. $\frac{u_{0.9}}{40}$

c. $\frac{40}{u_{0.9}}$　　d. $\frac{u_{0.9}}{20}$

24. 设离散型随机变量 X 的分布列为

X	0	1	2	3	4	5
P	0.1	0.2	0.2	0.1	0.3	0.1

则：$P(1 < X \leqslant 3)$ 为________。

a. 0.5　　b. 0.3

c. 0.4　　d. 0.15

25. 已知 $P(A)=0.5$，$P(B)=0.41$，$P(C)=0.40$，$P(ABC)=0.04$，则 $P(AB/C)=$________。

a. 1/2　　b. 1/5

c. 2/5　　d. 1/10

26. 上题中 $E(X)$ 为________。

a. 1.0　　b. 2.7

c. 2.6　　d. 3.0

27. 上题中 $V_{ar}(X)$ 为________。

a. 2.44　　b. 9.2

c. 6.76　　d. 2.6

28. 自动包装食盐，每 500 g 装一袋，已知标准差 $\sigma=3$ g，要使每包食盐平均质量的 95% 置信区间长度不超过 4.2 g，样本量 n 至少为________。

a. 4　　b. 6

c. 8　　d. 10

29. 原假设 H_0：某生产过程的不合格品率不大于 p_0，则第二类错误指的是：________。

a. 认为该过程生产的不合格品过多，但实际并不多

b. 认为该过程生产的不合格品不过多，但实际过多

c. 认为该过程生产的不合格品不过多，但实际也不过多

d. 认为该过程生产的不合格品过多，但实际也过多

30. 设随机变量 $X \sim N(1,4)$，则 $P(0 < X \leqslant 2)$ 为：________。

a. $1-2\Phi(0.5)$　　b. $2\Phi(0.5)-1$

c. $2u_{0.5}-1$　　d. $1-2u_{0.5}$

31. 设一项 H_0：$\mu=\mu_0$，H_1：$\mu \neq \mu_0$ 的 t 检验的 a 值为 0.05，它表示________。

a. 有 5% 的概率判断不存在差异，但实际上有差异

b. 做出正确判断的概率为 5%

c. 有5%的概率判断存在差异，但实际上原假设为真

d. 做出错误判断的概率为95%

e. 原假设属正确的概率为95%

32. 从某灯泡厂生产的灯泡中随机抽取100个样品组成一个样本，测得其平均寿命为2 000小时，标准差为20小时，则其样本均值的标准差约为：________。

a. 20小时　　b. 10小时

c. 2小时　　d. 200小时

33. 某市在大学里随机调查了一批20岁左右男女青年的体重情况，经计算得到男青年的平均体重为60.29 kg，标准差为4.265 kg；女青年的平均体重为48.52 kg，标准差为3.985 kg。为比较男女青年体重间的差异大小，应选用下列最适宜的统计量为________。

a. 样本变异系数　　b. 样本均值

c. 样本方差　　d. 样本标准差

34. 服从对数正态分布随机变量的取值范围在________。

a. $(-\infty,+\infty)$　　b. $[0,+\infty)$

c. $[0,1]$　　d. $(0,+\infty)$

35. 从某灯泡厂生产的一批灯泡中，随机抽取100个灯泡组成一个样本。已知该灯泡的平均寿命为2 100小时，标准差为30小时，则该样本均值的标准差为________小时。

a. 3　　b. 9

c. 30　　d. 300

36. 某产品的寿命服从指数分布 $Exp(3)$，则该产品寿命超过0.1小时的概率为________。

a. 0.740 8　　b. 0.870 4

c. 0.470 8　　d. 0.074 8

37. 上题中产品的平均寿命为________小时。

a. $\frac{1}{10}$　　b. $\frac{1}{9}$

c. $\frac{1}{7}$　　d. $\frac{1}{3}$

38. 上题中产品的寿命标准差为________。

a. $\frac{1}{10}$　　b. $\frac{1}{9}$

c. $\frac{1}{7}$　　d. $\frac{1}{3}$

39. 已知一批电阻的阻值服从正态分布，其规格限为 $T_L=7.79$，$T_U=8.21$，已知其均值的估计为8.05，标准差的估计为0.125，则该批电阻的阻值低于下规格限的概率约为________。

a. $\Phi(2.08)$　　b. $1-\Phi(2.08)$

c. $\Phi(16.64)$　　d. $1-\Phi(16.64)$

40. 设随机变量 X 的均值为 5，标准差为 2，又设随机变量 Y 的均值为 1，方差为 9，则 $Z=2X-3Y$ 的方差为________。

a. 35　　　　b. 43

c. 89　　　　d. 97

41. 设 $P(A)=0.7$，$P(A-B)=0.3$，则 $P(\overline{AB})=$________。

a. 0.4　　　　b. 0.5

c. 0.6　　　　d. 0.7

42. X 为$[a,b]$上的连续分布，若已知 $c-a=d-c=b-d$，$a<c<d<b$ 则下列说法正确的是________。

a. $P(c<x\leqslant b)=2P(d\leqslant x<b)$　　　　b. $P(c<x\leqslant b)=2P(a<x\leqslant c)$

c. $P(x=a)=P(x=d)$　　　　d. $P(c<x<d)=1/3$

43. 在作假设检验时，接受原假设 H_0 时可能________错误。

a. 犯第一类　　　　b. 犯第二类

c. 既犯第一类，又犯第二类　　　　d. 不犯任一类

44. 设总体 $X\sim N(\mu,0.09)$，随机抽取容量为 4 的一个样本，其样本均值为 $\bar{x}$，则总体均值 μ 的 95%的置信区间是________。

a. $\bar{x}\pm 0.15u_{0.95}$　　　　b. $\bar{x}\pm 3u_{0.95}$

c. $\bar{x}\pm 0.15u_{0.975}$　　　　d. $\bar{x}\pm 0.3u_{0.95}$

45. 对正态分布，当 σ 未知，样本容量为 10，确定总体均值的置信区间应用________。

a. 正态分布　　　　b. t 分布

c. F 分布　　　　d. χ^2 分布

46. 某溶液中硫酸的浓度服从正态分布，现从中抽取 $n=5$ 的样本，求得 $\bar{x}=12.25$；$s=0.10$，则总体标准差 σ 的 95%的置信区间为：________。

a. [0.060,0.287]　　　　b. [0.056,0.219]

c. [0.067,0.321]　　　　d. [0.062,0.245]

[$x^2_{0.975}(4)=11.14$，$x^2_{0.975}(5)=12.83$，$x^2_{0.025}(4)=0.484$，$x^2_{0.025}(5)=0.831$]

47. 某物体质量的称重服从正态分布，μ 未知，标准差为 0.1 克（根据衡器的精度给出），为使 μ 的 90%的置信区间的长度不超过 0.1，则至少应称________次。

a. 4　　　　b. 11

c. 3　　　　d. 16

48. 假设检验中的显著性水平 a 表示：________。

a. 犯第一类错误的概率不超过 $1-a$　　　　b. 犯第二类错误的概率不超过 $1-a$

c. 犯第一类错误的概率不超过　　　　d. 犯两类错误的概率之和不超过 a

49. 20 个数据的均值为 158，另 10 个数据的均值为 152，则此 30 个数据的均值为________。

a. 153　　　　b. 154

c. 155　　　　d. 156

50. 在掷两颗骰子的试验中，已知其和为 7 的条件下，其中有一颗骰子为 3 的概率

是________。

a. 1　　b. 1/18

c. 1/16　　d. 1/3

二、多项选择题(每题的备选项中,至少有 2 个是符合题意的)

1. 某打字员一分钟内打错字的个数 X 服从 $\lambda=1.5$ 的泊松分布,则________是正确的。

a. $E(X)=1.5$

b. 该打字员一分钟内未打错字的概率为 $e^{-1.5}$

c. $P(X=x)=\frac{1.5^x}{x!}e^{-1.5},x=0,1,2,\cdots$

d. 该打字员一分钟内平均打错字的个数为 2.25

2. 设 $X_1,X_2,\cdots,X_n$ 是简单随机样本,则有________。

a. $X_1,X_2,\cdots,X_n$ 相互独立　　b. $X_1,X_2,\cdots,X_n$ 有相同分布

c. $X_1,X_2,\cdots,X_n$ 彼此相等　　d. X_1 与 $(X_1+X_2)/2$ 同分布

e. X_1 与 X_n 的均值相等

3. 设 $[\theta_L,\theta_U]$ 是 θ 的置信水平为 $1-\alpha$ 的置信区间,则有________。

a. α 越大,置信区间长度越短　　b. α 越大,置信区间长度越长

c. α 越小,置信区间包含 θ 的概率越大　　d. α 越小,置信区间包含 θ 的概率越小

e. 置信区间长度与 α 大小无关

4. 在正态方差未知时,正态均值 μ 的 $1-\alpha$ 置信区间的长度与________。

a. 样本量 n 的平方根成反比　　b. 样本标准差成反比

c. 样本均值成正比　　d. 样本标准成正比

e. α 成正比

5. 设 $X\sim N(u,\sigma^2)$,σ^2 已知,$H_0:\mu=\mu_0$,$H_1:\mu\neq\mu_0$ 则该假设检验的显著性水平为 α 的拒绝域可表示为________。

a. $|u|\geqslant u_\alpha$　　b. $|u|\geqslant u_{\alpha/2}$

c. $|u|\geqslant u_{1-\alpha}$　　d. $|u|\geqslant -u_{\frac{\alpha}{2}}$

e. $|u|\geqslant u_{1-\frac{\alpha}{2}}$

6. 记 $t_p(n-1)$ 是自由度为 $n-1$ 的 t 分布的 p 分位数,则有________。

a. $t_{0.2}>0$　　b. $t_{0.2}<0$

c. $t_{0.5}=0$　　d. $t_{0.7}>0$

e. $t_{0.3}=-t_{0.7}$

7. 设 A、B 为两个事件,以下表述是正确的有:________。

a. 若 A、B 相互独立,则 $P(A\cup B)=P(A)+P(B)$

b. 若 A、B 互不相容,则 $P(A\cup B)=P(A)+P(B)$

c. 若 A、B 相互独立,则 $P(AB)=P(A)P(B)$

d. 若 A、B 互不相容,则 $P(AB)=P(A)P(B)$

8. 设某质量特性 $X\sim N(\mu,\sigma^2)$,USL 与 LSL 为 X 的上、下规范限,则不合格品率 $p=$

p_L+p_U，其中________。

a. $p_L=\Phi\left(\frac{LSL-\mu}{\sigma}\right)$　　b. $p_L=1-\Phi\left(\frac{LSL-\mu}{\sigma}\right)$

c. $p_U=\Phi\left(\frac{USL-\mu}{\sigma}\right)$　　d. $p_U=1-\Phi\left(\frac{USL-\mu}{\sigma}\right)$

9. 设随机变量 X_1 和 X_2 服从的分布分别是 $N(\mu,\sigma_1^2)$和 $N(\mu,\sigma_2^2)$，概率密度函数分别是 $p_1(x)$和 $p_2(x)$，当 $\sigma_1>\sigma_2$ 时，研究 $p_1(x)$和 $p_2(x)$的图形，下述说法正确的是________。

a. $p_1(x)$和 $p_2(x)$的图形均在 X 轴上方　　b. $p_1(x)$和 $p_2(x)$图形对称

c. $p_1(x)$和 $p_2(x)$图形的形状重合　　d. $p_1(x)$的最大值小于 $p_2(x)$的最大值

10. 设样本Ⅰ为 1,3,5,7,9，其均值为$\overline{x_1}$，方差为 S_1^2；样本Ⅱ为 3,4,5,6,7，其均值为，$\bar{x}_2$ 方差为 S_2^2，样本Ⅲ为 1,5,9，其均值为 $\bar{x}_3$，方差为 S_3^2，则三个样本的均值之间与方差之间下列关系正确的有________。

a. $S_3^2>S_1^2>S_2^2$　　b. $S_1^2>S_2^2>S_3^2$

c. $S_1^2>S_3^2>S_2^2$　　d. $\bar{x}_1>\bar{x}_2>\bar{x}_3$

e. $\bar{x}_1=\bar{x}_2=\bar{x}_3$

11. 设某质量特性值 X 服从正态分布 $N(\mu,\sigma^2)$，则 $p(|X-\mu|\geqslant 3\sigma)$等于________。

a. 63 ppm　　b. 2 700 ppm

c. 0.997 3　　d. 0.002 7

12. 设 X_1 和 X_2 分别表示掷两颗骰子各出现的点数，则有________。

a. $X_1+X_2=2X_1$　　b. $E(X_1)+E(X_2)=2E(X_1)$

c. $Var(X_1)+Var(X_2)=2Var(X_1)$　　d. $Var(X_1)+Var(X_2)=4Var(X_1)$

13. 设 $x_1,x_2,\cdots,x_8$ 是来自均匀分布 $U(0,1)$的一个随机样本，则 $Y=x_1+x_2+\cdots x_8-4$ 的均值与方差分别为________。

a. $E(Y)=0$　　b. $E(Y)=4$

c. $Var(Y)=\frac{1}{8}$　　d. $Var(Y)=\frac{2}{3}$

14. 设 θ 是总体的一个待估参数，现从总体中抽取容量为 n 的一个样本，从中得到参数 θ 的一个置信水平为 95%的置信区间$[\theta_L,\theta_U]$，下列提法正确的是：________。

a. 置信区间$[\theta_L,\theta_U]$是随机区间　　b. 100 次中大约有 95 个区间能包含真值 θ

c. 置信区间$[\theta_L,\theta_U]$不是随机区间　　d. 100 次中大约有 5 个区间能包含真值 θ

15. 设 X 是只能取以下 5 个值的随机变量，其分布列为

X	1	2	3	4	5
P	P_1	P_2	P_3	P_4	P_5

有关 $P(2\leqslant X<5)$的下列说法中，正确的是________。

a. $P(2\leqslant X<5)=p_2+p_3+p_4$　　b. $P(2\leqslant X<5)=1-p(X<2)-p(X=5)$

c. $P(2\leqslant X<5)=1-p_1-p_5$　　d. $P(2\leqslant X<5)=P(2<X<5)$

16. 设 A 与 B 是任意两个事件，则 $A-B=$________。

a. $A-AB$　　b. $B-AB$

c. $\overline{A}B$　　　　d. $A\overline{B}$

17. 设 $X\sim N(\mu,\sigma^2)$，μ 已知，σ^2 未知，$X_1,\cdots,X_n$ 为 X 的一个样本，则下面是统计量的有________。

a. $\sum_{i=1}^{n}(X_i-\mu)^2$　　　　b. $\frac{X_1-\mu}{\sigma}$

c. $\min\{X_1,X_2,\cdots,X_n\}$　　　　d. $\frac{1}{n}\sum_{i=1}^{n}X_i$

18. 在大样本的场合对比例 p 的检验问题：$H_0:p\leqslant p_0$，$H_1:p>p_0$，显著性水平为 α 的拒绝域可表示为________。

a. $\{u>u_{1-\alpha/2}\}$　　　　b. $\{u>u_{1-\alpha}\}$

c. $\{u<u_\alpha\}$　　　　d. $\{u>-u_\alpha\}$

19. 设随机变量 $X\sim b(n,p)$，则：________。

a. 分布列：$p(X=x)=\binom{n}{x}p^x(1-p)^{n-x}$，$(x=0,1,2,\cdots,n)$

b. $E(X)=np$

c. $Var(X)=np(1-p)^2$

d. $Var(X)=np(1-p)$

20. 设 $X\sim N(\mu,\sigma^2)$，$\bar{x}$ 是容量为 n 的样本均值，s 为样本标准差，则下列结论成立的有________。

a. $\frac{\overline{X}-\mu}{\sigma/\sqrt{n}}\sim N(0,1)$　　　　b. $\frac{\overline{X}-\mu}{\sigma}\sim N(0,1)$

c. $\bar{x}\sim N\left(\mu,\frac{\sigma^2}{n}\right)$　　　　d. $\frac{\overline{X}-\mu}{s/\sqrt{n}}\sim N(0,1)$

21. 设 $U\sim N(0,1)$，则有________。

a. $P(U>0)=0.5$　　　　b. $P(U<u_\alpha)=\alpha$

c. $P(U<0)=0.5$　　　　d. $P(U>u_\alpha)=\alpha$

22. 以下表明事件 A 与 B 相互独立的等式有________。

a. $P(AB)=P(A)P(B)$　　　　b. $P(A/B)=P(A)$

c. $P(AB)=P(B)P(A/B)$　　　　d. $P(A\cup B)=P(A)+P(B)-P(A)P(B)$

e. $P(A\cap B)=0$

23. 设 θ 是总体的一个待估参数，现从总体中抽取容量为 n 的一个样本，从中得到参数 θ 的一个 95%的置信区间 $[\theta_L,\theta_U]$，下列提法正确的是：________。

a. 置信区间 $[\theta_L,\theta_U]$ 是唯一的　　　　b. 100 次中大约有 95 个区间能包含真值 θ

c. 置信区间 $[\theta_L,\theta_U]$ 是随机区间　　　　d. 100 次中大约有 5 个区间能包含真值 θ

24. 设随机变量 X 服从二项分布 $b(16,0.9)$，则其均值与标准差分别为________。

a. $E(X)=1.6$　　　　b. $E(X)=14.4$

c. $\sigma(X)=1.44$　　　　d. $\sigma(X)=1.2$

25. 以下可作为假设检验中的原假设 H_0 的有________。

a. 两总体方差相等　　b. 两总体均值相等

c. 样本均值相等　　d. 总体不合格品率 $p=0.2$

26. 设标准正态变量 $Z\sim N(0,1)$，等式 $P(Z\leqslant 0)=0.50$ 的含义是________。

a. 0.5 是 0 的分位数　　b. 0 是 0.5 分位数

c. 0.5 是标准正态分布的中位数　　d. 0 是标准正态分布的中位数

27. 设 10 个观测值的平均值为 5，方差为 10，若第 11 个观测值为 5，那么________。

a. 11 个观测值的平均值为 5　　b. 11 个观测值的平均值为 6

c. 11 个观测值的样本方差为 10　　d. 11 个观测值的样本方差为 9

28. 相关系数 $r=0$，意味着两个变量 X 与 Y 的关系可能是________。

a. 不相关　　b. 相互独立

c. 完全线性相关　　d. 可能有某种曲线关系

29. 对任何总体来说，下面________是正确的。

a. 样本均值是总体均值的无偏估计

b. 样本极差是总体标准差的无偏估计

c. 样本方差是总体方差的无偏估计

d. 样本标准差是总体标准差的无偏估计

30. 设 u_α 为标准正态分布的 α 分位数，则有________。

a. $U_{0.2}>0$　　b. $U_{0.4}<0$

c. $U_{0.5}=0$　　d. $U_{0.7}<0$

e. $U_{0.8}>0$

31. 设 X、Y 为两个随机变量，C 为常数，则下列等式成立的有________。

a. $E(C)=0$　　b. $Var(C)=0$

c. $E(X\pm Y)=E(X)\pm E(Y)$　　d. $Var(X\pm Y)=Var(X)\pm Var(Y)$

32. 设某产品质量特 Z 服从 $N(\mu,\sigma^2)$，若取规范限 $\mu\pm 2\sigma$，则下述正确的是________。

a. 合格品率为 $2\Phi(2)-1$　　b. 合格品率为 $2[1-\Phi(2)]$

c. 不合格品率为 $2\Phi(2)-1$　　d. 不合格品率为 $2[1-\Phi(2)]$

33. 设 X 服从泊松分布 $P(2)$，则下列各式成立的有________。

a. $P(X=1)=2\mathrm{e}^{-2}$　　b. $E(X)=2$

c. $Var(X)=2$　　d. $\sigma(X)=2$

34. 某设备生产的钢轴的长度服从 $N(\mu,\sigma^2)$，现从生产线上随机抽取 5 根，测其长度为：(单位：厘米)9.8，10.2，11.0，10.0，9.6，则均值 μ 与方差 σ^2 的无偏估计是________。

a. $\hat{\mu}=10.12$　　b. $\hat{\mu}=10.73$

c. $\hat{\sigma}^2=0.263$　　d. $\hat{\sigma}^2=0.292$

35. 评价点估计优良性的标准有________。

a. 无偏性　　b. 对称性

c. 渐近性　　d. 有效性

36. 事件的表示方法有________。

a. 用集合表示　　b. 用语言表示，但要明白无误

c. 用数学期望表示　　　　d. 用随机变量表示

37. 设 A 与 B 是任意两个事件，其概率分别为 $P(A)$ 与 $P(B)$，则下列等式成立的有________。

a. $P(A\cup B)=P(A)+P(B)$　　　　b. $P(AB)=P(A)P(B)$

c. $P(A-B)=P(A)-P(AB)$　　　　d. $P(A\cup B)=1-P(\overline{A}\overline{B})$

e. $P(B)P(A/B)=P(A)P(B/A)$

38. 设 A、B 为两个事件且相互独立，以下表述是正确的有________。

a. $P(A)=P(B/A)$　　　　b. $P(B)=P(A/B)$

c. $P(A)=P(A/B)$　　　　d. $P(AB)=P(A)P(B)$

39. 设 X 服从二项分布 $b(15,0.1)$，其中 0.1 是不合格品率，则________。

a. $E(X)=1.5$

b. $Var(x)=1.5$

c. 恰有 1 个不合格品的概率为 $\binom{15}{1}\times 0.1\times 0.9^{14}$

d. 多于 2 个不合格品的概率为 $0.915+15\times 0.1\times 0.914+105\times 0.12\times 0.913$

三、综合分析题（下列各题，可能是单选，也可能是多选）

（一）设随机变量 X 服从$[-2,2]$上的均匀分布，则

1. $P(0<X\leqslant 3)$为：________。

a. $\frac{1}{3}$　　　　b. $\frac{1}{2}$

c. $\frac{1}{4}$　　　　d. 1

2. $E(X)$为：________。

a. 2　　　　b. 1

c. 0　　　　d. 4

3. $Var(X)$为：________。

a. $\frac{3}{4}$　　　　b. $\frac{4}{3}$

c. 4　　　　d. $\frac{2}{3}$

（二）某厂生产的电子元件的寿命 X（单位：小时）服从正态分布，标准规定：批的平均寿命不得小于 225 小时。现从该批中随机抽取 16 个元件，测得 $\bar{x}=241.5$ 小时，$s=98.7$ 小时。

1. 检验该批产品是否合格的原假设是：________。

a. $\mu=225$　　　　b. $\mu\neq 225$

c. $\mu\leqslant 225$　　　　d. $\mu\geqslant 225$

2. 检验方法采用：________。

a. u 检验法　　　　b. t 检验法

c. F 检验法　　　　d. x^2 检验法

3. 取 $a=0.05$,由样本判断：________。

a. 接收该批　　　　b. 拒收该批

c. 不能确定　　　　d. 接收 H_0 ：$\mu \geqslant 225$

$[u_{0.95}=1.645, t_{0.95}(15)=1.753, x^2_{0.95}(15)=24.996, F_{0.95}(15,15)=2.40]$

(三) 某团队完成某项目的天数 X 是一个随机变量,其概率分布为：

X	100	110	120	130
P	0.4	0.3	0.2	0.1

1. 该团队完成此项目所需的平均天数为________天。

a. 110　　　　b. 115

c. 120　　　　d. 125

2. 它的标准差是________天。

a. 5　　　　b. 10

c. 15　　　　d. 20

3. 设该工程队所获利润(单位:元)为 $Y=5\ 000(130-X)$,则其可获得平均利润为________元。

a. 100 000　　　　b. 110 000

c. 120 000　　　　d. 130 000

(四) 已知某种型号钢丝的抗拉强度 X 服从正态分布,即 $X \sim N(45,9)$,抗拉强度属望大特性,产品规范规定 $T_L=41\ \mathrm{kg/mm^2}$,则

1. $E(X)$为________。

a. 45　　　　b. 9

c. 15　　　　d. 3

2. $\sigma(X)$为________。

a. 45　　　　b. 9

c. 3　　　　d. 81

3. 其不合格品率为________。

a. $\Phi(-1.33)$　　　　b. $1-\Phi(-1.33)$

c. $\Phi(1.33)-1$　　　　d. $1-\Phi(1.33)$

第二章　常用统计技术

一、单项选择题(每题备选的项中,只有 1 个最符合题意)

1. 根据两个变量的 18 对观测数据建立一元线性回归方程。在对回归方程作检验时,残差平方和的自由度为________。

a. 18　　b. 17

c. 16　　d. 1

2. 在单因子方差分析中，若因子 A 有 r 个水平，每个水平下进行 m 次重复试验，试验结果用 y_{ij}，$i=1,2,\cdots,r$，$j=1,2,\cdots,m$ 表示，又用 $\bar{y}_i$ 表示第 i 个水平下试验结果的均值，$\bar{y}$ 表示全部试验结果的总平均，那么组内的离差平方和为________。

a. $\sum_{i=1}^{r}\sum_{j=1}^{m}(y_{ij}-\bar{y})^2$　　b. $\sum_{i=1}^{r}\sum_{j=1}^{m}(y_{ij}-\bar{y}_i)^2$

c. $\sum_{i=1}^{r}(\bar{y}_i-\bar{y})^2$　　d. $\sum_{i=1}^{r}m(\bar{y}_i-\bar{y})^2$

3. 所考察的 3 因子 2 水平试验的因子水平表如下：

因子 / 水平	A	B	C
1	10	3.5	甲
2	20	1.5	乙

选用 $L_4(2^3)$ 安排试验，表头设计如下：

列号 / 试验号	A 1	B 2	C 3
1	1	1	1
2	1	2	2
3	2	1	2
4	2	2	1

则第 3 号试验条件为________。

a. 10，3.5，甲　　b. 10，1.5，乙

c. 20，3.5，乙　　d. 20，1.5，甲

4. 某单因子试验得到如下方差分析表：

来源	离差平方和 S	自由度 f	均方	F
因子 A	56.29	3	18.76	
误差 e	48.77	16	3.05	
合计 T	105.06	19		

则 F 值为________。

a. $F=6.25$　　b. $F=1.16$

c. $F=6.15$　　d. $F=1.26$

5. 在上题试验中，若 $F_A>F_{0.95}(3,16)$，则表示因子 A ________。

a. 在 $\alpha=0.05$ 水平上显著　　b. 在 $\alpha=0.95$ 水平上显著

c. 因子 A 不显著　　d. 不能判断

6. 在对单因子试验进行方差分析时，其中的一个前提是不同水平下________。

a. 各平均值相等　　b. 各平均值不相等

c. 各方差相等　　d. 各方差不相等

7. 某单因子试验，在试验中 A 因子为 4 个水平，在每一水平下各做 5 次重复试验，则

(1) A 因子自由度(f_A)________。

a. $f_A=1$　　b. $f_A=3$

c. $f_A=6$　　d. $f_A=5$

(2) 总的自由度(f_T)________。

a. $f_T=4$　　b. $f_T=9$

c. $f_T=19$　　d. $f_T=25$

(3) 误差自由度(f_e)________。

a. $f_e=16$　　b. $f_e=6$

c. $f_e=1$　　d. $f_e=4$

8. 对于有 3 个水平在每个水平下进行 4 次重复试验的单因子方差分析问题，记 S_A 为组间离差平方和，S_e 为组内离差平方和，那么在给定显著性水平 α 下，求得的 F 比值应当是________。

a. $9S_A/2S_e$　　b. $2S_A/9S_e$

c. $9S_e/2S_A$　　d. $2S_e/9S_A$

9. 某单因子试验，A 因子为 r 个水平，在每一水平下各做 m 次重复试验，则

(1) 误差自由度(f_e)________。

a. $f_e=r-1$　　b. $f_e=m-1$

c. $f_e=r(m-1)$　　d. $f_e=rm-1$

(2) A 因子自由度(f_A)________。

a. $f_A=r$　　b. $f_A=r-1$

c. $f_A=m-1$　　d. $f_A=m$

(3) 总的自由度(f_T)________。

a. $f_T=rm$　　b. $f_T=rm-1$

c. $f_T=(r+m)-1$　　d. $f_T=r-m$

10. 在某项试验中考察五个二水平因子，有技术人员提出应考察因子 A、B 的交互作用，另有技术人员提出 B 与 C 因子间存在交互作用，则应使用正交表________。

a. $L_9(3^4)$　　b. $L_8(2^7)$

c. $L_{18}(3^7)$　　d. $L_{12}(2^{11})$

11. 在单因子试验的方差分析表中列出了 S_A、S_e、f_A、f_e，

(1) MS_A 的计算式为________。

a. $MS_A=\dfrac{S_A}{f_e}$　　b. $MS_A=\dfrac{S_A}{f_A}$

c. $MS_A=\dfrac{S_A}{S_e}$　　d. $MS_A=\dfrac{f_A}{S_A}$

(2) F_A 的计算式为________。

a. $\frac{S_A}{S_e}$

b. $\frac{MS_A}{MS_e}$

c. $\frac{MS_A}{f_A}$

d. $\frac{S_e}{f_e}$

12. 在四水平正交表 $L_{16}(4^5)$ 中,记第 i 个水平对应的试验结果之和为 $T_i(i=1,2,3,4)$,全部 16 个试验结果之和为 T,则任一列的平方和的计算公式为________。

a. $\frac{1}{4}\sum_{i=1}^{4}T_i^2-\frac{T^2}{4}$

b. $\frac{1}{4}\sum_{i=1}^{4}T_i^2-\frac{T^2}{16}$

c. $\max(T_1,T_2,T_3,T_4)-\min(T_1,T_2,T_3,T_4)$

d. $\sum_{i=1}^{4}\left(T_i-\frac{T}{16}\right)^2$

13. 在单因子试验中,因子 A 有 4 个水平,若因子 A 的 $F_A>F_{0.99}(f_A,f_e)$ 表示因子 A ________。

a. 在 $\alpha=0.99$ 水平上显著

b. 不显著

c. 在 $\alpha=0.01$ 显著

d. 不能判断

14. 记 r_1 为一组观察值 (x_i,y_i), $i=1,2,\cdots,n$ 的相关系数,r_2 为 (x_i+1,y_i+2), $i=1,2,\cdots,n$ 的相关系数,则有________。

a. $r_1=r_2$

b. $r_1>r_2$

c. $r_1<r_2$

d. $r_1+1=r_2+2$

15. 两个变量 (x,y) 的 n 组观察值 (x_i,y_i) $i=1,2,\cdots,n$,在直角坐标系中标出这 n 个点,如果 n 个点在一条直线上,则相关系数 r 的取值满足________。

a. $r=0$

b. $r^2=1$

c. $r>0$

d. $r<0$

16. 在单因子方差分析中,若因子 A 有 r 个水平,每个水平下进行 m 次重复试验,试验结果用 y_{ij}, $i=1,2,\cdots,r$, $j=1,2,\cdots,m$ 表示,又用 $\bar{y}_i$ 表示第 i 个水平下试验结果的均值,$\bar{y}$ 表示全部试验结果的总平均,那么误差的离差平方和为________。

a. $\sum_{i=1}^{r}\sum_{j=1}^{m}(y_{ij}-\bar{y})^2$

b. $\sum_{i=1}^{r}\sum_{j=1}^{m}(y_{ij}-\bar{y}_i)^2$

c. $\sum_{i=1}^{r}(\bar{y}_i-\bar{y})^2$

d. $\sum_{i=1}^{r}m(\bar{y}_i-\bar{y})^2$

17. 对于给定的显著性水平 α,当 $|r|$ 大于某个临界值时,可以认为两个变量存在一定的线性相关关系,该临界值为________。

a. $r_{1-\alpha}(n)$

b. $r_{1-\alpha}(n-1)$

c. $r_{1-\alpha/2}(n-1)$　　　　d. $r_{1-\alpha/2}(n-2)$

e. $r_{1-\alpha}(n-2)$

18. 某单因子试验得到如下方差分析表：

来源	离差平方和 S	自由度 f	均方和	F
因子 A	55.53	4	13.88	6.1
误差 e	34.38	15	2.29	
合计 T	89.81	19		$F_{0.99}(4,15)=4.9$

请判别 A 因子的显著性________。

a. 不能判定　　　　b. 因子 A 不显著

c. 因子 A 在 $\alpha=0.01$ 水平上显著　　　　d. 因子 A 在 $\alpha=0.99$ 水平上显著

19. 当一元性回归方程的相关系数 $r=0$ 时，则表明两个变量间为________。

a. 正相关　　　　b. 负相关

c. 不相关　　　　d. 相互独立

20. 所考察的 3 因子 2 水平试验的因子水平表如下：

水平＼因子	A	B	C
1	10	3.5	甲
2	20	1.5	乙

选用 $L_4(2^3)$ 安排试验，表头设计如下：

试验号＼列号	A 1	B 2	C 3
1	1	1	1
2	1	2	2
3	2	1	2
4	2	2	1

则第 2 号试验条件为________。

a. 10，3.5，甲　　　　b. 10，1.5，乙

c. 20，3.5，乙　　　　d. 20，1.5，甲

21. 说明正交试验中符号 $L_n(q^p)$ 的含义。

(1) L 表示________；　　　　(2) n 表示________；

(3) q 表示________；　　　　(4) p 表示________；

a. 水平数　　　　b. 列数

c. 试验次数　　　　d. 正交表代号

e. 试验重复数

22. 在一元线性回归方程 $\hat{y}=a+bx$ 中，若设 $b>0$，则变量 x 与 y 间的相关系数 r 为________。

a. $r<0$　　b. $r>0$

c. $r=0$　　d. $r=1$

23. 在有交互作用的正交设计中，根据表头设计避免混杂的原则，要求考察的所有因子与交互作用自由度之和________。

a. $\leqslant n$　　b. $\geqslant n$

c. $\leqslant n-1$　　d. 无限制

24. 在单因子试验中，因子 A 有三个水平，它们的重复试验次数分别为8，6，4，根据试验结果已算得因子 A 的平方和 $S_A=157.38$ 误差平方和 $S_e=96.75$，由此算得 F 比值为________。

a. 11.20　　b. 11.73

c. 12.20　　d. 13.78

25. 某橡胶硫化工艺的试验，变动的因子有：因子 A 为硫黄加入量，取6%、8%两个水平；因子 B 为硫化温度，取140 ℃、142 ℃两个水平；因子 C 为硫化时间，取3小时、4小时两个水平。且因子 A 与 B，A 与 C 有交互作用。则可选用的合适的正交表为________。

a. $L_4(2^3)$　　b. $L_8(2^7)$

c. $L_{16}(2^{15})$　　d. $L_9(3^4)$

e. $L_{27}(3^{13})$

26. 有12对观察值 (x_i,y_i)，$i=1,2,\cdots,12$，经计算得到 $L_{xx}=238$，$L_{yy}=106$，$L_{xy}=-153$，则可算得其相关系数 r 为________。

a. 0.963　　b. -0.963

c. 0.896　　d. -0.896

27. 某单因子试验得到如下方差分析表：

来源	离差平方和 S	自由度 f	均方	F
因子 A 误差 e	56 48	3 16	18.6 3.0	
合计 T	104	19		$F_{0.99}(3,16)=5.29$

请判别 A 因子的显著性________。

a. 不能判定　　b. 因子 A 不显著

c. 因子 A 在 $\alpha=0.01$ 水平上显著　　d. 因子 A 在 $\alpha=0.99$ 水平上显著

28. 某正交试验，要考虑3个两水平因子 A，B，C，还要考察交互作用 $A\times C$，使用 $L_8(2^7)$ 安排试验，表头设计与各列平方和如下：

表头设计	A	B		C	$A\times C$		
列号	1	2	3	4	5	6	7
平方和	53.7	78.2	5.7	703.1	253.1	3.1	28.1

则交互作用 $A\times C$ 的均方为________。

a. 253.10　　b. 126.55

c. 63.28　　d. 31.64

29. 在单因子方差分析中因子 A 有四个水平，各水平试验的重复数分别为 3，4，5，6，则总平方和的自由度为________。

a. 14　　b. 17

c. 18　　d. 3

30. 某试验要考虑 8 个两水平因子，若不考察因子间的交互作用，可选用正交表________来安排试验。

a. $L_4(2^3)$　　b. $L_8(2^7)$

c. $L_{16}(2^{15})$　　d. $L_9(3^4)$

31. 在一个单因子试验中，因子 A 有三个水平，在水平 A_1 下重复进行 8 次试验，在水平 A_2 下重复进行 6 次试验，在水平 A_3 下重复进行 7 次试验，则误差平方和的自由度是________。

a. 18　　b. 20

c. 21　　d. 22

32. 在单因子试验中，因子 A 有 4 个水平，其中水平 A_1 下重复试验 8 次，水平 A_2 下重复试验 6 次，水平 A_3 与 A_4 下各重复试验 7 次，则误差平方和的自由度 f_e 为________。

a. 22　　b. 24

c. 26　　d. 28

33. 在有交互作用的正交试验中，设 A 与 B 皆为三水平因子，则交互作用 $A\times B$ 的自由度为________。

a. 3　　b. 4

c. 6　　d. 9

二、多项选择题（每题的备选项中，至少有 2 个是符合题意的）

1. 在单因子方差分析中，有________。

a. 组内平方和＝因子平方和　　b. 组内平方和＝误差平方和

c. 组间平方和＝因子平方和　　d. 组间平方和＝误差平方和

e. 总平方和＝因子平方和＋误差平方和

2. 将 4 个两水平因子 A,B,C,D 安排在正交表 $L_8(2^7)$ 上，通过方差分析发现因子 A 与 C 显著，交互作用 $A\times B$ 也显著，而 B 与 D 不显著，而且因子的主次关系为 $A\times B\rightarrow C\rightarrow A$，为寻找最好的条件应该________。

a. 分别找出因子 A 的最好水平与因子 B 的最好水平

b. 找出因子 C 的最好水平

c. 找出因子 A 与 B 的最好水平搭配

d. 找出使生产成本较低的因子 D 的水平

e. 找出因子 A 与 C 的最好水平搭配

3. 在填写方差分析表中，该表各列内容包括________。

a. 序号　　b. 来源

c. 离差平方和　　d. 自由度、均方

e. F 比

4. 一元线性回归方程 $\hat{y}=4.5+1.8x$ 表明________。

a. 随着 x 增加，y 有增加趋势　　b. 随着 x 增加，y 有减少趋势

c. 相关系数 $r<0$　　d. 相关系数 $r>0$

5. 判别一元线性回归方程的显著性可用________。

a. 统计量 U　　b. 相关系数 r

c. 统计量 F　　d. 标准正态分布分位数

6. 为建立 y 对 x 的线性回归方程 $\hat{y}=a+bx$，收集了 n 组数据 (x_i,y_i)，$i=1,2,\cdots,n$，若已求得 $L_{xx}=320$，$L_{yy}=90.0$，$L_{xy}=160$ 则________。

a. $S_e=80.0$　　b. $S_R=80.0$

c. $b=2.0$　　d. $b=0.5$

7. 两个变量 (x,y) 的 n 组观察值 (x_i,y_i) $i=1,2,\cdots,n$，在直角坐标系中标出这 n 个点，如果 n 个点在一条直线上，则相关系数 r 取值________。

a. $r=0$　　b. $r=+1$

c. $r>0$　　d. $r<0$

e. $r=-1$

8. 在一个某 $L_9(3^4)$ 正交试验中，各列的离差平方和如下表所列：

因子	A	B	C		计
列	1	2	3	4	
离差平方和 S	1 320	5 110	468	88	$S_T=6\ 986$

给定 $F_{0.90}(2,2)=9.0$、$F_{0.95}(2,2)=19.0$，请判别下列与本数据结果有关的正确项________。

a. A、B、C 为显著

b. 在显著性水平 $\alpha=0.10$ 上 A 因子显著

c. 在显著性水平 $\alpha=0.05$ 上 B 因子显著

d. $S_4\neq S_e$

9. 下列曲线回归方程中________可以通过变换化为线性回归：

a. $y=ae^{bx}$　　b. $y=a+be^{cx}$

c. $y=\dfrac{1}{a+be^{-x}}$　　d. $y=100+e^{a+bx}$

10. 在正交试验设计中，记 T_i 为第 i 个水平下的试验结果之和，T 为全部试验结果之和，则有________。

a. 在 $L_9(3^4)$ 中，每列平方和 $S=\sum\limits_{i=1}^{3}\dfrac{T_i^{\ 2}}{3}-\dfrac{T^2}{9}$

b. 在 $L_8(2^7)$ 中，每列平方和 $S=\dfrac{(T_1-T_2)^2}{8}$

c. 在 $L_8(2^7)$ 中，每列平方和 $S=\dfrac{T_1{}^2}{4}+\dfrac{T_2{}^2}{4}-\dfrac{T^2}{8}$

d. 在 $L_9(3^4)$ 中，每列平方和 $S=\dfrac{(T_1-T_2)^2}{9}$

11. 在一个实际问题中当有几个非线性回归方程可使用时，可以用________作比较。

a. $R^2=\sum(\hat{y}_i-\bar{y})^2/\sum(y_i-\bar{y})^2$

b. $R^2=1-\sum(y_i-\hat{y}_i)^2/\sum(y_i-\bar{y})^2$

c. $S=\sqrt{\sum(y_i-\hat{y}_i)^2/(n-2)}$

d. $S=\sqrt{\left[1-\dfrac{\sum(\hat{y}_i-\bar{y})^2}{\sum(y_i-\bar{y})^2}\right]\Big/(n-2)}$

12. 在单因子方差分析中，因子 A 有 2 个水平，每个水平下各重复试验 3 次，试验结果如下表所列：

水　平	数　据		
A_1	6	5	7
A_2	2	1	3

各平方和及均方的计算结果正确的有________。

a. 因子 A 的平方和 $S_A=2$

b. 误差的平方和 $S_e=4$

c. 误差的均方 $MS_e=2$

d. 因子 A 的均方 $MS_A=12$

e. 总平方和 $S_T=28$

13. 正交表具有正交性，这是指________。

a. 每行中不同的数字重复次数相同

b. 每列中不同的数字重复次数相同

c. 将任意两列的同行数字看成一个数对，那么一切可能数对重复次数相同

d. 将任意两列的同行数字看成一个数对，那么一切可能数对重复次数不相同

14. 相关系数 $r=0$，意味着两个变量 X 与 Y 间的关系可能是________。

a. 完全线性相关

b. 不相关

c. 相互独立

d. 可能有某种曲线关系

15. 在正交设计中，因子都是两水平，可以选择的正交表有________。

a. $L_4(2^3)$

b. $L_9(3^4)$

c. $L_{27}(3^{13})$

d. $L_{32}(2^{31})$

e. $L_{16}(2^{15})$

16. 某试验获得 10 对观察值 (x_i,y_i)，$i=1,2,\cdots,10$，经计算得 $\sum_{i=1}^{10}x_i=170$，$\sum_{i=1}^{10}y_i=111$，$\sum_{i=1}^{10}x_iy_i=2\,055$，$\sum_{i=1}^{10}x_i{}^2=3\,220$，则可计算一元线性回归方程 $\hat{y}=a+bx$ 中的 a 与 b 分别为________。

a. $a=2.347$

b. $a=3.278$

c. $b=0.509$　　　　d. $b=-0.509$

17. 对正交表 $L_9(3^4)$来讲，下列表述中正确的有________。

a. 是正交表　　　　b. 是 9 水平的正交表

c. 可考察交互作用的 3 水平正交表　　　　d. 是 4 水平的正交表

18. 现根据 n 对试验观察值(x_i, y_i)，$i=1,2,\cdots,n$ 建立一元线性回归方程 $\hat{y}=a+bx$，设 $\hat{y}_i=a+bx_i$，$i=1,2,\cdots,n$。若采用方差分析法对回归方程进行显著性检验，则回归平方和 S_R 的计算公式可用________。

a. bL_{xx}　　　　b. bL_{xy}

c. bL_{yy}　　　　d. $\sum_{i=1}^{n}(y_i-\hat{y}_i)^2$

e. $\sum_{i=1}^{n}(\hat{y}_i-\bar{y})^2$

19. 某橡胶硫化工艺的试验，变动的因素有：因子 A 为硫黄加入量，取 6%、8%两个水平；因子 B 为硫化温度，取 140℃、142℃两个水平；因子 C 为硫化时间，取 3 小时、4 小时两个水平。因子 A 与 B，A 与 C 有交互作用。则可选用的正交表有________。

a. $L_4(2^3)$　　　　b. $L_8(2^7)$

c. $L_{16}(2^{15})$　　　　d. $L_9(3^4)$

e. $L_{27}(3^{13})$

20. 设 A 和 B 是三水平因子，C 是四水平因子，则交互作用 $A\times B$ 和 $A\times C$ 的自由度分别为________。

a. $A\times B$ 的交互作用为 6　　　　b. $A\times B$ 的交互作用为 4

c. $A\times C$ 的交互作用为 7　　　　d. $A\times C$ 的交互作用为 6

21. 在常用统计技术中，F 统计量的表达式有________。

a. 在单因子方差分析中，$F=\frac{\text{组间平方和}}{\text{组内平方和}}$

b. 在单因子方差分析中，$F=\frac{\text{因子的均方}}{\text{误差的均方}}$

c. 在一元线性回归中，$F=\frac{\text{回归平方和}}{\text{残差平方和}}$

d. 在一元线性回归中，$F=\frac{\text{回归均方}}{\text{残差均方}}$

e. 在正交试验设计中，$F=\frac{\text{因子的均方}}{\text{误差的均方}}$

22. 由试验数据得到一元线性回归方程 $\hat{y}=a+bx$，r 为其相关系数，则有________。

a. 若 $r=0$，则 $b\neq0$　　　　b. r 与 b 同为零

c. r 与 b 符号一定相同　　　　d. r 与 b 符号不一定相同

23. 用正交表安排试验时，应满足的条件是________。

a. 因子的自由度与所在列的自由度相同

b. 所有因子的自由度的和与正交表的总自由度相同

c. 交互作用的自由度等于各因子的自由度的乘积

d. 交互作用的自由度与所在列自由度之和相等

24. 一元线性回归方程 $\hat{y}=a+bx$ 中的常数 a 与回归系数 b 的估计分别为________。

a. $a=\bar{y}-b\bar{x}$

b. $a=\bar{x}-b\bar{y}$

c. $b=\frac{L_{xx}}{L_{yy}}$

d. $b=\frac{L_{xy}}{L_{xx}}$

25. 为提高某特性值，用 $L_8(2^7)$ 安排了一个正交试验，各因子的离差平方和如下表所列：

因子	A	B	C	D	A×B	总计(T)
离差平方和 S	8.0	18.0	60.5	4.5	50.0	146.0

A 与 B 各水平组合下试验结果均值：

	A_1	A_2
B_1	90.5	93.5
B_2	92.5	85.5

A、B、C、D 各因子每一水平下的试验均值：

A_1 A_2	91.5 89.5	B_1 B_2	92.0 89.0
C_1 C_2	87.75 93.25	D_1 D_2	89.75 91.25

在 $\alpha=0.05$ 水平上，F 检验的临界值为 18.5，下列结论是正确的有________。

a. 最佳水平组合是 $A_1B_1C_2D_2$

b. 最佳水平组合是 $A_2B_1C_2$

c. D 因子不显著

d. A×B 交互作用显著

e. A 因子，B 因子显著

f. C 因子不显著

26. 将四个三水平因子安排在 $L_{27}(3^{13})$ 上，得如下表头设计，则下列表述中正确的有________。

表头设计	A	B	C×D		C			B×C	C×D		B×C		D
$L_{27}(3^{13})$	1	2	3	4	5	6	7	8	9	10	11	12	13

a. 因子 B 的平方和 $S_B=S_2$

b. 交互作用 C×D 的平方和 $S_{C\times D}=S_3+S_9$

c. 误差平方和 $S_e=S_4+S_6+S_7+S_{10}+S_{12}$

d. 交互作用 C×D 的自由度 $f_{C\times D}=2$

e. 误差平方和的自由度 $f_e=5$

27. 在一元线性回归分析中，给出 n 对数据(x_i, y_i)，$i=1,2\cdots,n$，若其回归方程为 $\hat{y}=a+bx$，则下列结论成立的有________。

a. 总离差平方和 $S_T=L_{yy}$　　b. 回归平方和 $S_R=bL_{xy}$

c. 残差平方和 $S_e=S_T-S_R$　　d. 残差平方和的自由度$=n-1$

28. 曲线回归方程的比较准则中决定系数 R^2 可表示为________。

a. $R^2=\frac{S_e}{S_T}$　　b. $R^2=1-\frac{S_e}{S_T}$

c. $R^2=1-\frac{\sum(y_i-\hat{y}_i)^2}{\sum(y_i-\bar{y})^2}$　　d. $R^2=1-\frac{\sum(y_i-\bar{y})^2}{\sum(y_i-\hat{y}_i)^2}$

29. 在正交表的表头设计中，混杂现象包括________。

a. 一列上出现一个因子　　b. 一列上出现两个因子

c. 一列上出现一个因子与一个交互作用　　d. 一列上出现两个交互作用

三、综合分析题（下列各题，可能是单选，也可能是多选）

（一）考虑温度对某一化工产品得率的影响，特选 5 种不同温度进行试验，并在统一温度下各进行 3 次重复试验，试验结果如下：

温度/℃	50	60	70	80	90	
得率 Y_{ij}（皆已减去 82）	8	15	14	2	2	
	10	11	14	1	4	
	6	10	11	6	0	
和 T_i	24	36	39	9	6	$T=114$

利用上述数据可计算得到：

$$\sum_{i=1}^{3}\sum_{j=1}^{5}y_{ij}^2=1\ 220,\sum_{i=1}^{3}\sum_{j=1}^{5}(y_{ij}-\bar{y})^2=353.6,\sum_{j=1}^{5}3(\bar{y}_j-\bar{y})^2$$

$$=303.6,\sum_{i=1}^{3}\sum_{j=1}^{5}(y_{ij}-\bar{y}_j)^2=50$$

(1) 因子 A 的平方和为________。

a. 303.6　　b. 353.6

c. 1 220　　d. 50

(2) 误差平方和的自由度为________。

a. 14　　b. 10

c. 5　　d. 4

(3) 若取显著性水平 $\alpha=0.05$，查 F 分布表得临界值是 3.48，则________。

a. 因子 A 显著　　b. 因子 A 不显著

c. 误差方差 σ^2 的估计为 5　　d. 误差方差 σ^2 的估计为 12.5

（二）对某加工工艺进行试验，试验结果 y 与 x 之间存在某种相关关系。测得数据如下表：

x	8	18	24	34	13	22	27
y	21	4	−3	−5	11	3	1

（$L_{xx}=457,\sqrt{L_{xx}}=21.38,L_{yy}=476,\sqrt{L_{yy}}=21.82,L_{xy}=-433,\bar{x}=20.8,\bar{y}=4.6,t_{0.975}{}^{(5)=2.571}$）

1. 相关系数 r 为________。

a. 0.928　　b. 0.063

c. −0.063　　d. −0.928

2. y 与 x 为________。

a. 正相关　　b. 负相关

c. 不相关　　d. 曲线相关

3. 若采用方差分析对回归方程进行显著性检验，则 F 值为________。

a. 30.2　　b. 31.2

c. 32.2　　d. 33.2

4. 当 x_0 为 24 时，$\hat{y}_0$ 概率为 95%的预测区间为________。

a. (−8.5,13.7)　　b. (−8.5,10.7)

c. (10.1,11.7)　　d. (−8.5,11.7)

（三）为测定在 20℃下某材料的电阻（单位：微欧）y 与材料中碳含量 x 的关系进行了试验，收集了 17 组数据，且求得：

$\bar{x}=0.5357$　　$\bar{y}=20.7714$，

$L_{xx}=0.5336$　　$L_{xy}=6.6671$　　$L_{yy}=84.0343$

1. 回归方程式为________。

a. $\hat{y}=14+12.5x$　　b. $\hat{y}=14-12.5x$

c. $\hat{y}=1.4+12.5x$　　d. $\hat{y}=1.4-12.5x$

2. 相关系数 r 为________。

a. 1　　b. 0

c. −0.995 7　　d. 0.995 7

（四）某单位研究蔗渣的硫酸盐硬浆的蒸煮，使用 6%，8%，10%三种不同用碱量。在 165 ℃，保温 30 分钟，每种用碱量都进行了 3 次蒸煮，数据如下表。为判定三种不同碱量对粗浆硬度进行有无显著影响列出了方差分析表：

试验号 \ 用碱量	6%	8%	10%
1	92	83	53.3
2	107.1	84.8	53.6
3	89.3	95.7	56.0

来源	离差平方和	自由度	均方	$F_{比}$	$F_{0.95}$	$F_{0.99}$
因子 A 误差 e	$S_A=2\ 943.3$ $S_e=282.87$	$f_A=2$ $f_e=6$	1 471.7 47.15	31.2	5.14	10.9
总计 T	$S_T=3\ 226.2$	8				

1. 通过上表给定的数据在5%的显著性水平上判定________。

a. 因子 A 显著　　b. 因子 A 不显著

c. 不能判定　　d. 因子 A 不太显著

2. 三种不同碱量对粗浆硬度________。

a. 有明显的差异　　b. 无明显的差异

c. 不能判定　　d. 不相关

（五）在单因子方差分析中，因子 A 取了3个水平，各水平重复试验数据如下：

A	试验结果						均值	离差平方和
A_1	x_{11}	x_{12}	x_{13}	x_{14}	x_{15}		12	25.87
A_2	x_{21}	x_{22}	x_{23}	x_{24}	x_{25}	x_{26}	20	46.35
A_3	x_{31}	x_{32}	x_{33}	x_{34}			15	35.78

1. 因子 A 的平方和 S_A=________。

a. 81　　b. 108

c. 126　　d. 180

2. 误差平方和 S_e=________。

a. 98　　b. 108

c. 118　　d. 106

3. 误差均方 MS_e=________。

a. 8.14　　b. 9.25

c. 9.00　　d. 12.00

4. 误差标准差的估计值 $\hat{\sigma}$=________。

a. 2.86　　b. 4.35

c. 3.00　　d. 3.46

第三章　抽样检验

一、单项选择题（每题备选的项中，只有1个最符合题意）

1. 抽样方案对顾客的影响可以通过________来分析。

a. 样本量　　b. 使用方风险

c. 生产方风险　　d. 批量

2. 在采用 GB/T 2828.2 对孤立批抽样检验中，使用模式 B 实施抽样检验时，要求批量大于________。

a. 100　　b. 200

c. 300　　d. 400

3. 在一次计数型抽样方案(10,0)中，生产方认为生产方风险质量 $p_0=0.5\%$，此时生产方风险 α 为________。

a. 4.89%　　b. 0.5%

c. 99.5%　　d. 95.11%

4. 根据样本的平均值和标准差来判断产品批是否合格的检验方案是________。

a. 计点检验　　b. 计件检验

c. 计数检验　　d. 计量检验

5. 对任一抽检方案(n,Ac)都可作出相应的 OC 曲线，若 Ac 固定，n 变大，则方案越________；若 n 固定，Ac 变小，则方案越________。

a. 宽松，严格　　b. 宽松、宽松

c. 严格，宽松　　d. 严格，严格

6. 在 GB/T 2828.1 中，检验水平(IL)的主要作用在于明确________间的关系。

a. 批量与接收概率　　b. 批量与合格判定数

c. 批量与样本量　　d. 样本量与合格判定数

7. 计数调整型抽样检验正常检验的设计原则是保护________的利益。

a. 使用方　　b. 生产方

c. 以上都不对　　d. 以上都对

8. 计数调整型抽样检验正常检验的设计原则是当批质量优于________时，应以很高的概率接收检验批，以保护生产方的利益。

a. AOQL　　b. LQ

c. AQL　　d. RQL

9. OC 曲线单调________，不合格品率不断增大时，产品接收的可能性________。

a. 下降，减小　　b. 下降，增大

c. 上升，减小　　d. 上升，增大

10. 使用计量型抽样方案，用________判断该批产品是否可接受。

a. 样本中的不合格品数　　b. 样本中的不合格品率

c. 样本均值和样本标准差　　d. 批量或样本量

11. GB/T 2828.1 主要适用于________的检验。

a. 孤立批　　b. 连续批

c. 检验生产过程稳定性　　d. 检验产品非破坏性

12. GB/T 2828.1 检验水平中的特殊检验一般用于________的检验。

a. 破坏性检验或费用低　　b. 非破坏性检验或费用低

c. 破坏性检验或费用高　　d. 非破坏性检验或费用低

13. 不合格是指单位产品的任一个质量特性不符合规范要求，B类不合格是________。

a. 认为最被关注的一种不合格

b. 认为关注程度比A类稍低的一种类别的不合格

c. 关注程度比A类稍高的一种类型不合格

d. 关注程度低于A类和C类的一类不合格

14. 若某厂出厂检验采用GB/T 2828.1，其正常二次抽样方案为(n_1，n_2；Ac_1，Ac_2，Re_1，Re_2)=(200，200；0，1，2，2)，则第一次抽样中发现不合格品数为2，则应________此批产品。

a. 接收　　b. 拒收

c. 继续抽第2个样本　　d. 转入加严方案

15. 在计数标准型抽样检验中，p_1/p_0 越小，其样本量 n ________。

a. 不变　　b. 视具体情况定

c. 越小　　d. 越大

16. A类不合格的AQL应________。

a. 大于B类不合格的AQL　　b. 等于B类不合格的AQL

c. 小于B类不合格的AQL　　d. 大于C类不合格的AQL

17. 某厂产品出厂检验中采用GB/T 2828.1，规定AQL=0.04，采用S-2水平，当 N= 100时检索出的一次正常抽样方案为[315；0，1]，所以该厂的抽样方案为________。

a. [315；0，1]　　b. [100；0，1]

c. 全检　　d. 采用百分比抽样方案

18. GB/T 8051中的序贯抽样方案是________，检验后来判断该批产品是否可被接受或继续抽样。

a. 一次抽取 n 件单位产品

b. 每次从批中只抽取一个单位产品

c. 先抽取 n_1 件单位产品，再抽取 n_2 件单位产品

d. 先抽取 n_1 件单位产品，然后根据情况再定

19. 在下列抽样方案中________的ASN最小。

a. 标准型抽样方案　　b. 一次抽样方案

c. 二次抽样方案　　d. 五次抽样方案

20. 在使用GB/T 2828.1标准时，当加严检验开始后，若不接收批数(不包括再次提交的检验批)累计到________批，则应暂停检验。

a. 2　　b. 3

c. 4　　d. 5

21. 在抽样检验中，与生产方风险对应的质量指标是________。

a. α　　b. β

c. AQL　　d. LQ

22. 某厂对一批产品进行检验

(1) 批量 $N=100$，不合格品率 $p=0.01$，采用(10，0)的抽样方案，则接收概率

为________。

a. 0.99　　b. 0.01

c. 0.10　　d. 0.90

(2) 当批量 $N=1\ 000$,不合格品率 $p=0.04$,采用(30,1)的抽样方案,则接收概率为________。

a. 0.661 2　　b. 0.338 4

c. 0.616 6　　d. 0.666 1

23. 使用 GB/T 2828.1 对连续批进行检验时,________。

a. 仅使用正常抽样方案

b. 按照转移规则使用不同严格度的抽样方案

c. 对不同的批使用不同的检验水平

d. 使用不同样本量的抽样方案

24. 接收质量限是可允许的________过程平均质量水平。

a. 最好　　b. 最差

c. 一般　　d. 短期

25. 某厂产品检验按 GB/T 2828.1 实施,除非另有规定在检验开始使用________。

a. 放宽检验　　b. 特宽检验

c. 加严检验　　d. 正常检验

26. 计数调整型抽样方案通过________,以保护使用方的利益。

a. 放宽检验　　b. 控制生产方风险

c. 设立加严检验　　d. 选取抽样类型

27. 某车间从生产线上随机抽取 100 个元件进行检验,发现 3 个产品有 A 类不合格;2 个产品有 B 类不合格;3 个产品既有 A 类又有 B 类不合格;2 个产品既有 B 类又有 C 类不合格;1 个产品有 C 类不合格。

(1) 不合格合计为________。

a. 11　　b. 16

c. 14　　d. 12

(2) 不合格品合计为________。

a. 11　　b. 16

c. 14　　d. 12

28. 采用 GB/T 2828.1 标准时,实施一次正常抽样方案,当 Ac=2,该批在第一个样本检验后判定该批接收,且 AQL 加严一级后仍被接收,则转移得分为________。

a. 3 分　　b. 1 分

c. 2 分

29. 使用 GB/T 2828.1,批量 $N=2\ 000$,检验水平Ⅱ,AQL=15(%),查正常检验一次抽样方案为________。

a. 查不到合适的方案　　b. (125,21)

c. (80,21)　　d. (80,0)

30. 在一次抽样检验中，接收数和拒收数有如下关系________。

a. Ac=Re+1　　b. Ac=Re
c. Re=Ac+1　　d. Ac>Re

31. 采用GB/T 2828.1标准时，当前实施一次正常抽样检验，当Ac=0时，该批接收，其转移得分应加________。

a. 3分　　b. 2分
c. 4分　　d. 1分

32. 采用GB/T 2828.1标准实施抽样检验，对于正常转移到放宽检验是________。

a. 强制性的　　b. 非强制性的
c. 无规定要求　　d. 有规定要求

33. 采用孤立批抽样检验以________为质量指标。

a. AQL　　b. IL
c. LQ　　d. AOQ

34. 采用GB/T 2828.1标准时，由正常检验转移到加严检验是________。

a. 非强制性的　　b. 无规定要求
c. 强制性的　　d. 视情况而定

35. 孤立批抽样检验方案设计着眼于更好的保护________利益。

a. 生产方　　b. 使用方
c. 中介方　　d. 服务方

36. 检验合格入库的所有产品的不合格品率大小是用________衡量

a. AQL　　b. AOQ
c. ATI　　d. ASN

37. 每百单位产品不合格数表示的是________的批质量。

a. 计量抽样检验　　b. 计件抽样检验
c. 计点抽样检验　　d. 以上都不是

38. 用抽签法进行抽样，属________。

a. 分层抽样　　b. 简单随机抽样
c. 等距抽样　　d. 整群抽样

39. 当使用一次正常抽样方案(80,1)对产品进行连续批验收时，样本中的不合格品数依次为：

0,2,1,0,1,1,1,0,0,1,1,1,0,0,1,0,1,1,

则从第________批开始符合从正常检验转移到放宽检验的条件之一。

a. 10　　b. 15
c. 17　　d. 18

40. 反映批量 N 与样本量 n 关系的检索抽样方案的要素是________。

a. AQL　　b. IL
c. LQ　　d. AOQ

41. 在具有相同的质量保证的前提下，计量抽样检验的样本量比计数抽样检验________。

a. 多 b. 少

c. 不一定 d. 相等

二、多项选择题(每题的备选项中,至少有2个是符合题意的)

1. 多次抽样与一次抽样相比,具有________的特征。

a. 平均样本量低 b. 抽样检验的风险低

c. 管理复杂性高 d. 简单适用

e. 多次抽样与一次抽样的OC曲线基本相同

2. 选择计数调整型抽样方案时,为降低使用方风险可选择________。

a. 特殊检验水平 b. 一般水平Ⅲ

c. 多次抽样 d. 样本量大的抽样方案

e. 较大的AQL值

3. 计数型抽样方案的OC曲线是用________计算接收概率的。

a. 泊松分布 b. 超几何分布

c. 二项分布 d. 正态分布

e. 指数分布

4. 确定AQL时,应考虑________等因素。

a. 生产能力 b. 使用方对过程能力的要求

c. 过程平均和所检产品特性的重要程度 d. 产品质量不合格的种类

5. GB/T 2828.1中确定样本大小字码取决于________。

a. AQL b. 批量

c. IL检验水平 d. 抽样类型

6. 计数标准型抽样检验标准GB/T 13262适用于对________的检验。

a. 给出生产方风险

b. 给出使用方风险

c. 孤立批

d. 同时给出生产方风险质量和使用方风险质量

e. 批量很大的批

7. 抽样检验一般不适用于________。

a. 非破坏性检验

b. 具有自动检测装置的生产流水线

c. 检验后交付的产品不合格品数为零的场合

d. 数量多、检验工作量大

8. 计量抽样检验衡量批质量的方法,用批中所有单位产品的某个特性的________。

a. 平均值 b. 极差

c. 标准差 d. 变异系数

9. 计数一次抽样的方案(n,Ac)的严格程度主要与________有关。

a. N b. n

c. Ac d. 不合格数 d

10. 使用二次抽样方案，主要特点有________。

a. 二次抽样实际抽取样本个数是不确定的

b. 二次抽样比相应的一次抽样方案严格

c. 批质量越差，抽取的样本个数越少

d. 二次抽样的平均样本量比一次抽样要小

11. GB/T 2828.1 的使用程序一般包括________。

a. 确定质量标准和不合格分类

b. 确定抽样方案类型和规定检验严格度

c. 确定 IL、AQL 和批量

d. 确定样本量和合格判定数

12. 在 GB/T 2828.1 标准中，只要出现下列________情况，就从放宽检验转到正常检验。

a. 5 批放宽检验不接收 b. 1 批放宽检验不接收

c. 生产不稳定或延迟 d. 主管部门认为有必要

13. 使用计数标准型抽样方案对孤立批产品的检验，在制定抽样方案时，通过________来保护使用方的利益。

a. ATI b. AOQL

c. p_0 d. p_1

14. 抽样检验适用于________。

a. 希望节省检验费用的检验 b. 破坏性检验

c. 水泥、煤炭、钢水等流程性材料检验 d. 产品极重要，必须 100%合格的产品检验

e. 不能允许一个不合格品的验收批检验

15. 使用方风险是指________。

a. 质量不合格的批被接收，即使用方所承担的风险

b. 质量不合格的批被接收，即生产方所承担的风险

c. 质量不合格的批被接收的概率

d. 质量不合格的批被拒收的概率

16. 对于给定的计数标准型抽样方案，下述对术语的理解中正确的有________。

a. 当批质量水平为某一指定可接受值(如 p_0)时，抽样方案的拒收概率为 α

b. 当批质量水平为某一指定可接受值(如 p_0)时，抽样方案的接受概率为 α

c. 当批质量水平为某一指定的不满意值(如 p_1)时，抽样方案的接收概率为 β

d. 当批质量水平为某一指定的不满意值(如 p_1)时，抽样方案的拒收概率为 β

17. 对 n 个试验编号为 $1,2,\cdots,n$ 的产品进行抽样时，其随机化的实现可用________。

a. 抽签 b. 查随机数表

c. 按编号次序从小到大进行 d. 按编号从大到小进行

18. 在 GB/T 2828.1 中对检验水平的下述论述中正确的是________。

a. Ⅰ、Ⅱ、Ⅲ水平的判别力逐级提高

b. Ⅰ、Ⅱ、Ⅲ水平的判别力逐级下降
c. 对同一检验水平，n/N 之比为常数（n 为样本大小）
d. 对同一检验水平，批量 N 越大时，n/N 亦越大
e. 对同一检验水平，批量 N 越大时，n/N 越小

19. 采用 GB/T 2828.1 标准时，确定 AQL 值应考虑________。
a. 产品特性的重要度　　b. 批量大小
c. 产品的用途　　d. 检验的成本
e. 过程平均

20. 抽样检验要求样本具有代表性，其抽取方法有________。
a. 简单随机抽样法　　b. 系统抽样法
c. 全面抽样　　d. 分层抽样法

21. 采用 GB/T 2828.1 标准时，确定检验水平 IL 应考虑________。
a. 产品的复杂程度　　b. 产品价格
c. 检验人员水平　　d. 检验成本
e. 产品质量水平

22. 对某种产品进行分层抽样时，可以根据________进行。
a. 不同加工设备　　b. 不同生产线
c. 不同产品　　d. 不同日期

23. GB/T 2828.1 标准的转移规则规定从正常检验转为放宽检验的条件为________。
a. 生产稳定　　b. 检验人员水平高
c. 当前转移得分至少 30 分　　d. 负责部门同意

24. 使用一次抽样方案对产品批进行验收，当接收质量限为 1 时，接收概率为 90%，这表示________。
a. 批质量水平为 90%的批接收可能性为 10%
b. 该抽样方案的使用方风险为 10%
c. OC 曲线经过(0.01,0.90)点
d. 生产方风险为 10%
e. 当过程质量水平为 1%时，平均约有 90%的批被接收

25. 计数抽样检验标准中表示质量水平的指标有________。
a. AQL　　b. LQ
c. IL　　d. CL

26. 某企业按 GB/T 2828.1 对产品批连续验收，规定 AQL=1.0(%)，随着检验的进行，拒收批逐渐增加，若企业要继续进行抽样验收，则应________。
a. 降低检验水平
b. 根据转移规则选取抽样方案
c. 减小 AQL 值，提高方案的严格度
d. 提高 AQL 值，降低方案的严格度

27. 根据生产方式和组批方式的不同，检验批可分为________。

a. 初次检验批　　b. 再次提交批
c. 孤立批　　d. 连续批

28. 在质量要求不变的情况下，选择二次或多次抽样的目的主要是________。

a. 提高质量保证能力　　b. 使心理效果更好
c. 使管理更简单　　d. 降低检验的平均样本量

29. 以下属于单位产品的是________。

a. 1 米布　　b. 一批电冰箱
c. 1 升汽油　　d. 一项服务

30. 用二项分布计算计数一次抽样方案的接收概率并作 OC 曲线，影响 OC 曲线的参数有________。

a. AQL　　b. N（批量）
c. n（样本量）　　d. α
e. Ac

31. AQL 表示的是________。

a. 可允许的最差过程质量水平
b. 可允许的最好过程质量水平
c. 可允许的生产方过程平均最大值
d. 可允许的生产方过程平均最小值

三、综合分析题（下列各题，可能是单选，也可能是多选）

（一）企业长期从供应商处采购某种电子元器件，已知供应商在生产过程中对过程质量控制较为严格，生产相对稳定。根据企业对采购质量的要求进行如下分析：

1. 企业对采购质量控制的重点宜放在________。

a. 对供应商过程提出质量要求，监督供应商不断改进质量
b. 对产品批进行严格的检验，争取做到对产品全检
c. 放弃产品检验，对产品实行免检
d. 对每一个批次提出质量要求，保证批批合格

2. 为了保证采购质量受控，进行入厂验收时可采用________。

a. 连续批抽样方案　　b. GB/T 2828.1 抽样方案
c. 孤立批抽样方案　　d. GB/T 2828.2 抽样方案

3. 在对供应商的监督评价过程中，可以使用________分析供应商的实际过程质量。

a. 极限质量　　b. 过程能力指数
c. 可接收质量限　　d. 平均检出质量

4. 如果供应商的质量得到不断改善，采购企业得到的益处是________。

a. 减少检验量　　b. 降低质量成本
c. 优化企业组织结构　　d. 采购产品的质量得到了保证

（二）对批量为 2 000 的某产品，采用 AQL＝1.0，检验水平为Ⅱ的一次正常检验，最近连续 15 批的检验记录如下表：

批号	抽验方案				检验结果		
	N	n	Ac	Re	不合格品数	批合格与否	结论
1	2 000	125	3	4	1	合格	接收
2	2 000	125	3	4	0	合格	接收
3	2 000	125	3	4	2	合格	接收
4	2 000	125	3	4	1	合格	接收
5	2 000	125	3	4	0	合格	接收
6	2 000	125	3	4	1	合格	接收
7	2 000	125	3	4	2	合格	接收
8	2 000	125	3	4	1	合格	接收
9	2 000	125	3	4	0	合格	接收
10	2 000	125	3	4	2	合格	接收
11	2 000	125	3	4	1	合格	接收
12	2 000	125	3	4	0	合格	接收
13	2 000	125	3	4	0	合格	接收
14	2 000	125	3	4	0	合格	接收
15	2 000	125	3	4	1	合格	接收

1. 在连续多批正常检验，转移得分至少________分，且生产稳定，有关部门同意时，可转为放宽检验。

a. 20　　b. 30

c. 40　　d. 50

2. 从上表可知，从________批起可由正常检验转为放宽检验。

a. 5　　b. 11

c. 15　　d. 16

（三）

1. 某厂产品出厂检验中采用 GB/T 2828.1，规定 AQL＝0.10，IL＝Ⅱ，当 $N=50$ 时正常检查一次抽样方案应为________。

a. [125；0，1]　　b. [50；0，1]

c. 无法实施 GB/T 2828.1 标准　　d. 采用百分比抽样方案

2. 若检验采用 GB/T 2828.1，规定 AQL＝4.0，其正常二次抽样方案为（n_1，n_2；Ac_1，Ac_2，Re_1，Re_2）＝________。

a. (5，5；0，2，1，2)　　b. (5，5；0，1，2，2)

c. (8，8；0，2，1，2)　　d. (8，8；0，1，2，2)

3. 若采用上述二次正常抽样方案，第一次抽样中发现不合格数为 1，则应________。

a. 拒收此批产品　　b. 继续抽第 2 个样本

c. 接收此批产品　　d. 转入加严方案

（四）采用 GB/T 2828.1 对批量为 1000 的某产品进行连续批抽样检验，确定 AQL＝

1.0,IL=Ⅰ,其21批正常一次抽检的不合格品数依次为:
1,0,1,1,0,3,1,0,0,1,0,1,0,0,1,0,1,1,0,1,0,
则:

1. 其正常一次抽检方案为________。

a. (32,0) b. (50,0)

c. (32,1) d. (50,1)

2. 在生产稳定和管理部门同意的情况下,可从第________批起实施放宽检验。

a. 11 b. 16

c. 21 d. 22

3. 若剔除不接收的批,计算其用不合格品百分数表示的过程平均为________。

a. 0.01 b. 100

c. 1 d. 0.1

第四章 统计过程控制

一、单项选择题(每题备选的项中,只有1个最符合题意)

1. 使用控制图对过程进行监控时,将稳定的过程判为异常的可能性为________。

a. α b. β

c. $1-\alpha$ d. $1-\beta$

2. 贯彻________是现代质量管理的核心与精髓。

a. 预防原则 b. 质量管理体系认证

c. 产品质量监督检查 d. 严格质量检验

3. 计算过程能力指数的前提是________。

a. 生产中按顺序等间隔的抽取数据 b. 随机抽取一些数据

c. 选取顾客满意的一些数据 d. 过程处于稳态下搜集数据

4. 统计过程控制的重点是对过程的________进行监控,一旦发生,就应尽快找出原因,采取措施加以消除。

a. 偶然波动 b. 异常波动

c. 设备运行状态 d. 不合格品

5. 统计控制状态下生产的好处中不包括________。

a. 对产品的质量有完全的把握 b. 生产是最经济的

c. 管理的安排是最合理的 d. 过程的变异仅由偶然原因引起的

6. 统计过程控制的目标是________。

a. 保持过程质量水平稳定 b. 防止不合格品流入下道工序

c. 对工艺纪律的检查和控制 d. 优化产品的性能指标

7. 全稳生产线是指________。

a. 一道工序达到控制状态的生产线

b. 某几道工序达到控制状态的生产线
c. 有十道以上的工序达到控制状态的生产线
d. 道道工序都达到控制状态的生产线

8. 制作控制图时,样本数据应________。
a. 随意抽取　　b. 从过程中挑选获得
c. 选择过程首件和末件　　d. 按照合理子组原则随机抽取

9. 如果生产过程尚未稳定,________。
a. 不能使用分析用控制图
b. 此时采用控制用控制图有助于将非稳态过程调整到稳态
c. 此时采用分析用控制图有助于将非稳态过程调整到稳态
d. 此时采用分析用控制图与控制用控制图都可以

10. $\bar{x}$-S 图适用于________控制。
a. 计件型统计量　　b. 计量型统计量
c. 计点型统计量　　d. 上述全对

11. 当控制图的质量指标为不合格品率或合格品率时,控制图应选________。
a. $\overline{X}$-R 图　　b. $\overline{X}$-s 图
c. p 图　　d. c 图

12. 当采用 np 控制图时,样本容量________。
a. 大小应保持不变　　b. 大小可以不同
c. 越小越好　　d. 上述都不对

13. 某传呼台采用 SPC,统计量为“每小时平均差错数”,适用控制图为________。
a. p 图　　b. np 图
c. c 图　　d. u 图

14. 过程能力是指________。
a. 过程生产率　　b. 过程加工的质量能力
c. 过程所能达到的技术指标　　d. 过程维持正常工作的时间长短

15. 一批砝码,平均质量为 50 g,标准差为 0.01 g。
(1) 据此估计,质量在 49.97 g～50.03 g 之间的砝码约为________。
a. 99%　　b. 99.73%
c. 95%　　d. 98.7%
(2) 若规范限为(50±0.01)g,则此批零件合格率约为________。
a. 68.3%　　b. 95%
c. 99.7%　　d. 50%

16. 某电子元件合格品率为 99.73%,其不合格品率为________。
a. 99.73 ppm　　b. 9 973 ppm
c. 0.27 ppm　　d. 2 700 ppm

17. 一批机械装置,其出厂噪声声压级允许值≤85 分贝,实测平均值为 82 分贝,标准差为 1 分贝。

(1) 则过程能力指数 C_{pU} 为________。

a. 0.67　　b. 1

c. 1.33　　d. 1.67

(2) 若 $C_{pU}=0$,表示过程能力严重不足,这时过程不合格品率达________以上。

a. 50%　　b. 60%

c. 70%　　d. 80%

18. 统计控制状态是指________。

a. 过程中只有偶然波动,而没有异常波动的状态

b. 过程中只有异常波动,而不存在偶然波动的状态

c. 对过程采取了统计监控

d. 对过程质量控制采用了统计技术

19. 某机器生产电子盘片,为控制其重量,应采用________。

a. 不合格品率 p 控制图　　b. 均值-极差控制图

c. 中位数-极差 Me-R 图　　d. 不合格品数 np 控制图

20. $\overline{X}$-R 控制图应用中________。

a. 应先分析 R 图,待判稳后再分析 $\overline{X}$ 图　　b. 应先分析 $\overline{X}$ 图,待判稳后再分析 R 图

c. 两图分析无所谓先后　　d. 两图必须同时分析

21. 对过程能力指数 C_p 值 $1.33>C_p\geqslant 1.00$ 的评价最适当的是________。

a. 过程能力充足,但技术管理能力较勉强,应设法提高

b. 过程能力充分,表示技术管理能力已很好,应继续维持

c. 过程能力不足,表示技术管理能力已很差,应采取措施立即改善

d. 以上选项都不正确

22. 反映长期过程能力指数的指标是________。

a. 过程能力 6σ　　b. 过程能力指数 C_p

c. 过程性能指数 P_{pk}　　d. 过程能力指数 C_{pk}

23. 过程能力是指________。

a. 过程生产率　　b. 过程所能达到的技术指标

c. 过程维持正常工作的时间　　d. 过程加工的质量能力

24. 在使用 p 控制图时,增加样本量,会使________。

a. 不合格品率提高　　b. 控制域变窄

c. 控制限保持不变　　d. 控制中心发生偏移

25. 下述结论________是正确的。

a. $C_p<C_{pk}$　　b. $C_p>C_{pk}$

c. $C_p\geqslant C_{pk}$　　d. $C_p=C_{pk}$

26. 合理子组原则要求在尽可能短的时间收集一个子组的样品,主要因为________。

a. 尽快计算不合格品率　　b. 尽快绘制出控制图

c. 希望节省取样时间　　d. 尽量缩小组内差异

27. 双侧过程能力指数 C_p 的计算公式是________。

a. $(UCL-LCL)/6\sigma$

b. $T/6\sigma$

c. $(1-K)T/6R$

d. $(T-M)/3S$

（其中，σ 是总体标准差，S 为样本标准差，R 为平均样本极差，K 为偏离度，T 为公差范围，M 为公差中心。）

28. 利用样本数据绘制控制图，已知 $\overline{\overline{x}}=32.5$，$\overline{R}=1.2$，$n=5$，$A_2=0.577$，$D_4=2.115$，$D_3=0$，则 R 控制图上、下控制限为________。

a. 2.538，0

b. 2.506 8，0

c. 1.2，0

d. 32.5，0

29. 控制图应用中的犯第一类错误是指________。

a. 生产正常，但点子偶然出界，判异

b. 过程异常，但点子排列未显示异常，判稳

c. 控制限计算有错误

d. 选择控制图不当

30. 控制图的上下控制限可以用来判断________。

a. 产品合格与否

b. 过程能力指数是否满足技术要求

c. 过程中心与技术要求中心是否发生偏移

d. 过程是否稳定

31. 控制图是对________进行测定、记录、评估和监督过程是否处于统计控制状态的一种用统计方法设计的图。

a. 质量管理体系运行

b. 设备维护保养计划执行情况

c. 过程质量特性值

d. 计量检测系统

32. SPC 的作用中没有________功能。

a. 判断过程的异常

b. 进行诊断

c. 及时告警

d. 评估和监察

33. 下列与产品质量波动无关的因素有________。

a. 原材料

b. 生产设备

c. 操作者

d. 抽样方案

e. 工艺方法

34. 下列控制图上下控制限的计算公式错误的是________。

a. $UCL=\mu+3\sigma$

b. $CL=\mu$

c. $LCL=\mu-3\sigma$

d. $CL=\mu+3\sigma$

35. $\overline{X}$-R 控制图要求样本量为________。

a. $n>10$

b. $n<10$

c. $n>50$

d. $n<50$

36. 在牙膏厂灌膏工序，为了控制灌膏重量，宜采用________。

a. 不合格品率 p 控制图
b. 均值-极差控制图
c. 不合格数 c 控制图
d. 单值-移动极差 $X\text{-}R_s$ 控制图
e. 不合格品数 np 控制图

37. 一批树脂漆规定其细度不超过 60 μm，实测平均值为 57 μm，标准差为 1 μm，则过程能力指数为________。

a. 1.33
b. 1.67
c. 0.67
d. 1.0

38. 在啤酒厂检验啤酒的酒精含量，可以采用________。

a. 不合格品率 p 控制图
b. 均值-极差控制图
c. 不合格数 c 控制图
d. 单值-移动极差 $X\text{-}R_s$ 控制图
e. 不合格品数 np 控制图

39. 稳态或控制状态是指________。

a. 平平稳稳的状态
b. 未发生重大事故的生产过程
c. 只存在偶因而不存在异因的状态
d. 无任何波动的状态

40. 过程能力指数应该________进行计算。

a. 收集一些令顾客满意的数据
b. 在统计控制状态下收集数据
c. 在非稳态下随机收集数据
d. 在生产过程无偶然因素影响的情况下收集数据

41. 在________情形下生产的不合格品。

a. 管理正规就能少出不合格品
b. 过程既是统计稳态又是技术稳态
c. 严格执行奖惩制度，出不合格品者重罚
d. 质量检验时采用全检

42. 下列说法正确的是________。

a. 产品质量特性落在大于 $\mu+3\sigma$ 一侧的概率为 0.27%
b. 处于受控状态的过程中，只有偶因没有异因
c. 统计稳态下，过程不会产生不合格品
d. 过程中只有偶因没有异因存在时，产品的合格率可以达到 100%

二、多项选择题（每题的备选项中，至少有 2 个是符合题意的）

1. 选择常规控制图的主要因素为________。

a. 加工设备
b. 工艺方法
c. 使用方便
d. 控制对象的数据性质
e. 控制关键指标的个数

2. 选用控制图时，应考虑________。

a. 控制图检出力大小
b. 取样难易程度
c. 取样的经济性
d. 检验数据的类型
e. 公差范围

3. 均值控制图上出现下述________情形时，认为过程失控。

a. 连续 6 点递减
b. 连续 8 点在中心线同一侧
c. 连续 14 点在 C 区内
d. 一点落在控制上限外
e. 连续 8 点在中心线两侧，但无一在 C 区内

4. 统计过程控制的特点是________。

a. 强调全员参与
b. 强调预防原则
c. 强调百分之百检验
d. 强调按时交付

5. 过程能力________。

a. 与过程是否稳定无关
b. 应在过程稳态下进行评定
c. 与要求的公差带宽度有关
d. 与过程的质量因素(人、机、料、法、环)有关

6. 当生产过程处于统计控制状态下________。

a. 不良成本低
b. 产品质量稳定
c. 技术要求提高
d. 可以予测未来

7. 在洗衣粉厂灌粉工序，为了控制灌粉重量，可以采用________。

a. p 控制图
b. $\overline{X}$-R 控制图
c. c 控制图
d. $\overline{X}$-s 控制图
e. np 控制图

8. 控制图的控制限________。

a. 可以用来判断合格与不合格
b. 用以区分偶然波动与异常波动
c. 是根据 3σ 原则确定的
d. 是根据设计要求计算出来的

9. 在控制图中发现________应认为过程不稳定。

a. 数据点波动无明显规律
b. 连续 8 点在上、下控制线附近，无一落在 C 区域
c. 连续 14 个数据点呈上下交替变化
d. 连续 6 点递增或递减

10. 统计控制状态是指________。

a. 已在生产过程中采用了控制图管理
b. 过程的产量、合格率、出勤率应进行连续的记录和统计
c. 控制图显示过程平稳，样本点在控制线内随机分布
d. 过程中只有偶因引起的波动而无异常波动

11. $\overline{X}$-R 图的上、下控制线之间宽度与________有关。

a. 样本容量
b. 规范界限
c. 抽样频率
d. 平均极差

12. 过程能力指数 C_p，C_{pk}________。

a. 一经确定，不会改变
b. 过程能力指数越高，产品不合格率越高
c. 在过程调整后应重新计算
d. 过程能力指数越高，产品不合格率越低

13. p 图的控制限________。

a. 总是一条直线　　b. 样本容量 n 不同则控制线有凹凸变化

c. 与样本容量无关　　d. 样本容量越大，上、下控制线间距越短

14. 过程改进策略包括两个环节：________。

a. 判断过程是否处于统计控制状态　　b. 判断过程生产效率是否够高

c. 评价过程能力指数是否满足要求　　d. 判断设备完好率是否满足要求

15. 下列说法正确的是________。

a. 处于统计控制状态的过程合格率最高

b. 处于技术控制状态的过程是合格率满意的过程

c. 处于统计控制状态的过程合格率较稳定

d. 只有同时具备统计控制状态和技术控制状态的过程才能长期保证顾客满意

16. 过程能力指数 C_P，C_{pk} 与过程性能指数 P_p，P_{pk} 的不同点在于________。

a. 计算使用的标准差不一样

b. 计算使用的规范限不一样

c. C_p，C_{pk} 使用的 $\hat{\sigma}st$ 是在稳态下的短期标准差

d. P_p，P_{pk} 使用的 $\hat{\sigma}Lt$ 是在稳态下的长期标准差

17. 某工序在原产量稳定的情况下，以每天产品不合格品率 p 为质量特性制作 p 控制图。现由于计划原因，日产量不稳定，请问可采取的措施有________。

a. 暂停制作控制图

b. 当日产量 n_i 变化不大，用平均日产量 $\bar{n}$ 计算控制限

c. 按实际不同的日产量 n_i 计算控制限

d. 保持原控制图的控制限不变

e. 当 n_i 变化较大，采用标准化变量 Z_i 点绘 p 图

18. 产品质量的统计过程控制理论的主要依据包括________。

a. 产品质量特性具有变异性　　b. 产品质量水平经长期观测是不变的

c. 产品质量的变异具有统计规律性　　d. 产品质量变异的原因都是可查明的

19. 在过程处于稳态下，由于控制图打点出界，从而判断过程异常，则________。

a. 出现这种情况的概率为 α　　b. 发生了第一类错误

c. 过程中无偶然因素的影响存在　　d. 出现这种情况的概率为 β

e. 出现这种情况的概率为 $1-\alpha$

20. 下列生产情况下可能使用常规控制图的是________。

a. 车间里大批量生产的钢球　　b. 批量为 20 的一批产品的生产

c. 成批连续生产的齿轮　　d. 批量小组品种繁多的模具车间

e. 连续生产的流程性材料

21. 过程能力指数 C_p ________。

a. 与规格界限有关　　b. 应通过百分之百检验获得

c. 与过程的分散程度有关　　d. 与过程平均值的偏离有关

22. 应用计量控制图对生产过程进行控制，应满足的基本条件有________。

a. 控制对象不能定量
b. 控制对象能够定量
c. 生产过程具有重复性
d. 生产过程不具有统计规律性

23. 控制图的上、下控制限可以用来判断________。

a. 产品是否合格
b. 过程是否稳定
c. 过程能力是否满足要求
d. 过程存在异常波动

24. 过程控制的主要内容有________。

a. 对过程质量进行评估和监控
b. 对过程进行分析并建立控制标准
c. 消除过程波动
d. 对过程进行改进

25. 过程能力的含义是________。

a. 过程的设备能力
b. 过程的操作者能力
c. 过程的加工产品数量的能力
d. 过程的加工产品质量的能力

26. 常规控制图主要用于区分________。

a. 过程处于稳态还是非稳态
b. 生产能力的大小
c. 过程加工的不合格品率的大小
d. 过程中存在偶然波动还是异常波动

27. 作为分析用控制图，主要分析的内容包括________。

a. 分析生产过程是否处于统计控制状态
b. 分析该过程的过程能力指数是否满足要求
c. 计算过程的不合格品率
d. 计算过程的偏移系数

28. p 图的控制限________。

a. 总是一条直线
b. 样本容量 n 不同，则控制线有凹凸变化
c. 与样本容量无关
d. 样本容量越大，上、下控制线间距越窄

29. 统计过程控制的基本特点是________。

a. 强调统计分析
b. 强调预防为主
c. 强调全员参与
d. 强调全检

30. 过程改进策略包括________两个环节。

a. 判断过程是否处于统计控制状态
b. 评价过程能力
c. 判断过程是否处于异常状态
d. 判断过程的离散程度

31. 为使控制图能够正确反映生产过程的实际情况，应注意________。

a. 合理确定取样间隔
b. 合理确定子组容量
c. 子组数最好大于 25
d. 可以剔除不明原因的异常数据

32. 当所控制对象是不合格品率或不合格品数时，可以采用________。

a. X 控制图
b. np 控制图
c. p 控制图
d. c 控制图
e. u 控制图

33. $\overline{X}$-R 图中，R 图的优点有________。

a. 适用范围广
b. 操作简便
c. 信息利用不充分
d. 灵敏度低

34. 计量常规控制图包括________。

a. p 控制图
b. $\overline{X}$-R 控制图
c. X-R_s 控制图
d. $\overline{X}$-S 控制图

35. $\overline{X}$-R 图中，R 图的缺点有________。

a. 适用范围广
b. 操作简便
c. 信息利用不充分
d. 灵敏度低

36. 在________情况下，控制图需重新制定。

a. 点子出界
b. 环境改变
c. 人员和设备均变动
d. 改变工艺参数或采用新工艺
e. 更换供应商或更换原材料、零部件

37. 应用 $\overline{X}$-S 控制图时以下正确的有，________。

a. 先分析 S 图，再分析 $\overline{X}$ 图
b. 对子组大小无限制，即 $n \geqslant 2$
c. S 图的中心线 CL_S 为 $B_4 s$
d. $\overline{X}$-S 控制图可应用于计数质量特性

38. 统计过程控制(SPC)的贡献至少有________。

a. 诊断
b. 判断异常
c. 控制成本在一定范围
d. 告警

39. 利用数据绘制 S 控制图，每个子组 $n=5$，根据计算得到$\overline{\overline{x}}=63.21$，$\overline{S}=4.5$，$\overline{R}=5.6$，查表得 $A_2=0.577$，$B_3=0$，$B_4=2.089$，则 $\overline{x}$ 图和 S 图的中心线 CL 值为________。

a. 63.21
b. 4.5
c. 0
d. 46.79

40. 提高 C_{pk}的途径有________。

a. 缩小公差
b. 减少偏离量
c. 降低标准差
d. 与顾客协商，适当加大公差

41. 关于 $\overline{X}$ 控制图，下列说法正确的是________。

a. 点子的散布反映了数据分散程度的变化
b. 控制限是根据正态分布原理计算得到的
c. 控制限即为规范限
d. 控制限可以用来判断产品批合格与否

42. 关于质量波动，下面说法正确的是________。

a. 质量因素可以分为偶然因素和异常因素两类
b. 异因为过程所固有，难以去除，通常采取系统措施加以消除
c. 偶因为过程所固有，难以去除，通常采取系统措施加以减弱
d. 异因非过程所固有，不难去除，通常可采取措施加以消除

43. 因偶然波动和异常波动引起质量变异，下述说法中正确的是________。

a. 偶然波动可以避免
b. 偶然波动不可以避免
c. 采取措施不可以消除异常波动
d. 采取措施可以消除异常波动

44. X-R_s 控制图适宜在________的情况下使用。

a. 取样费用高 b. 检验时间长

c. 产品质量均匀 d. 灵敏度要求高

三、综合分析题(下列各题,可能是单选,也可能是多选)

(一)某种铜管内径 X 的规格为 210 ± 5,若生产过程稳定,且 X 服从正态分布 $N(210, 2.49^2)$。

1. 过程能力指数 C_{pk}=________。

a. 0.44 b. 0.56

c. 0.67 d. 1.11

2. 过程的不合格品率 p=________。

a. 0.000 063 b. 0.002 7

c. 0.045 5 d. 0.317 3

3. 若过程中心发生偏移,过程中心移至 212,但标准差不变仍为 2.49,此时过程能力指数 C_{pk}=________。

a. 0.87 b. 1.00

c. 0.67 d. 0.40

4. 经采取措施,使分布中心与公差中心重合且标准差降为 1.25,此时过程能力指数 C_{pk}=________。

a. 1.25 b. 1.15

c. 1.67 d. 1.33

(二)某金加工车间对加工的轴承外径进行控制,规范要求为 $\Phi(50\pm4)$mm,规定子组样本量为 5,子组数为 25 个,根据收集的数据计算得 $\bar{\bar{x}}=50.5$ mm,$\bar{s}=2.5$ mm,$A_2=0.577$,$A_3=1.427$,$B_3=0$,$B_4=2.089$,$D_3=0$,$D_4=2.115$,$C_4=0.94$,$d_2=0.429\,9$,则:

1. $\overline{X}$ 控制图的控制限 LCL 和 UCL 分别为________。

a. 46.93,54.07 b. 49.06,51.94

c. 50.5,50.78 d. 53.27,51.85

2. S 控制图的控制限 LCL 和 UCL 分别为________。

a. 0,1.44 b. 0,3.56

c. 0,5.22 d. 0,5.28

3. 加工过程能力为________。

a. 10.8 b. 15

c. 15.96 d. 34.89

4. 过程能力指数 C_{pk} 为________。

a. 0.20 b. 0.44

c. 0.47 d. 0.64

5. 若收集了 3 组数据,均值分别为 46.94,47.32,51.24,则________。

a. 点子均在界内,但无法判断其随机性 b. 可以认为点子在界限内随机排列

c. 点子出界,判异　　d. 点子在界内非随机排列,判异

(三) 一批袋盐,平均重量为 1 000 g,标准差为 5 g。

1. 袋盐重量在 985 g～1 015 g 内的概率为________。

a. 95.45%　　d. 99%

c. 99.73%　　d. 68.72%

2. 公差 $T=(1\,000\pm5)$g,该批袋盐合格率为________。

a. 99.73%　　b. 99.45%

c. 99%　　d. 68.27%

(四) 某种规格的轴,其直径要求为 $\Phi(18\pm0.2)$mm。长期检验结果表明,其直径均值为 $\mu=18.05$ mm,标准差为 $\sigma=0.039\,9$。

1. 该生产过程的偏移系数 k 为________。

a. 0.5　　b. 0.25

c. 1.0　　d. 0.4

2. 该生产过程的能力指数为 C_{pk} 为________。

a. 1.33　　b. 2.0

c. 1.25　　d. 1.67

3. 在上述状况下,你认为技术与管理能力为________。

a. 过高　　b. 很好

c. 尚可(较勉强)　　d. 很差

第五章　可靠性基础知识

一、单项选择题(每题备选的项中,只有 1 个最符合题意)

1. 下述关于可靠性的表述中,正确的是________。

a. 产品功能越多越可靠　　b. 产品维修越多越可靠

c. 产品结构越简单越可靠　　d. 产品的可靠性随着工作时间的增加而提高

2. 计算产品任务可靠性时考虑的故障是________。

a. 寿命期间的所有故障　　b. 任务期间影响任务完成的故障

c. 修理时发现的故障　　d. 局限于是否危及任务成功的故障

3. 菲特(Fit)是故障率的一种度量单位,以下故障率为 10 Fit 的是________。

a. $10^{-2}\ h^{-1}$　　b. $10^{-5}\ h^{-1}$

c. $10^{-8}\ h^{-1}$　　d. $10^{-9}\ h^{-1}$

4. 可信性管理的基本方法中不包括的是________。

a. 计划　　b. 组织

c. 协调　　d. 监督

e. 控制

5. 某并联系统是由两个零件组成,每个零件的可靠度服从指数分布,失效率分别为

0.1/h;0.2/h。则系统可靠度的表达式为________。

a. $e^{-0.3t}$　　b. $1-e^{-0.3t}$

c. $1-(1-e^{-0.1t})(1-e^{-0.2t})$　　d. $(1-e^{-0.1t})(1-e^{-0.2t})$

6. 最常用的可靠性的度量参数中平均故障间隔时间是________。

a. $MTBF$　　b. $MTTF$

c. $\frac{1}{\lambda}$　　d. λ

7. 环境应力筛选试验要求________。

a. 准确模拟真实的环境

b. 不必准确模拟真实环境,但不应超过产品设计能耐受的极限

c. 不必准确模拟真实环境,也不必考虑产品设计耐受能力

d. 仅考虑产品设计耐受能力

8. 下列说法正确的是________。

a. 使产品不能完成规定任务或导致人或物的重大损失称为故障

b. 偶然故障是由于偶然因素引起的故障,只能通过概率统计来预测

c. 故障按统计特性可分为偶然故障和耗损故障

d. 偶然故障可以通过预防维修防止故障的发生,延长产品的使用寿命

9. 故障分布服从指数分布的产品,其故障率为 λ,当工作时间 $t=\frac{1}{\lambda}$ 时,其可靠度等于________。

a. $e^{-0.1}$　　b. $e^{-0.5}$

c. e^{-1}　　d. $e^{-0.01}$

10. 故障率函数 $\lambda(t)$:________。

a. 是时刻 t 后的一个单位时间内,产品的故障数与总产品数之比

b. 是工作到某时刻尚未失效的产品,在该时刻后单位时间内发生故障的概率

c. 反映了产品故障概率密度

d. 是 $F(t)$ 的导数

11. 一台设备由三个部件组成,各部件的寿命分布均服从指数分布,且个部件的失效率分别为 25 次失效/10^6 小时,30 次失效/10^6 小时,15 次失效/10^6 小时,若其中一个失效,设备也失效,则该备工作 1000 小时其可靠度为________。

a. 0.63　　b. 0.73

c. 0.83　　d. 0.93

12. 可靠度是________。

a. 在规定的时间内和规定的条件下,完成规定功能的能力

b. 在规定的时间内和规定的条件下,完成规定功能的概率

c. 保持系统处于满意状态的概率

d. 在规定时间内,产品保持规定功能的能力

13. 一台整机,修复 5 次,各次修复时间分别为 5 小时,4 小时,6 小时,6.5 小时,3.5 小

时，则其平均修复时间($MTTR$)为________。

a. 4 小时　　b. 5 小时

c. 6 小时　　d. 6.5 小时

14. 失效率越高，则________。

a. 产品可靠性越高　　b. 产品可靠性越低

c. 产品有效性越高　　d. 具有良好的维修性

15. 用 100 个电子元件做试验，试验到 100 h 时统计有 3 个损坏，再继续工作 100 h 时，又有 1 个损坏。问该电子元件工作到 100 h 时的故障率约是________。

a. $\frac{3}{10\,000}\text{h}^{-1}$　　b. $\frac{3}{9\,700}\text{h}^{-1}$

c. $\frac{1}{9\,700}\text{h}^{-1}$　　d. $\frac{1}{10\,000}\text{h}^{-1}$

16. 若已知产品的可靠度函数为 $R(t)=\mathrm{e}^{-\lambda t}$，则其故障密度函数为________。

a. $1-\mathrm{e}^{-\lambda t}$　　b. $-\lambda\mathrm{e}^{-\lambda t}$

c. $\lambda\mathrm{e}^{-\lambda t}$　　d. $\mathrm{e}^{-\lambda t}$

17. 某电子产品是由 A、B 两部件组成的且为指数分布的并联系统。已知 A、B 的可靠度分别为 0.8 和 0.9，其系统可靠度是________。

a. 0.72　　b. 0.98

c. 0.85　　d. 0.02

18. 产品固有可靠性与________无关。

a. 设计　　b. 制造

c. 管理　　d. 使用

19. 考察一个手机按键的可靠性时，评价其所规定的时间是________。

a. 工作次数　　b. 工作时间

c. 里程　　d. 环境

20. 产品累积故障分布完全可以通过大量样品的试验获得，其中最简单的分布是________。

a. 对数正态分布　　b. 正态分布

c. 指数分布　　d. 威布尔分布

21. 某产品由 5 类主要部件组成，若第 i 类部件使用的数量为 N_i，通用故障率为 λ_i(单位 10^{-4}/h)，通用质量系数 π_{Qi} 都为 1，见如下表：

编号	组成部件名	N_i	λ_i
1	阀门	25	0.5
2	过滤器	16	0.7
3	伺服马达	5	2.5
4	连接器	120	0.3
5	密封件	100	0.5

用元器件计数法预计该产品的故障率为________(单位:10^{-4}/h)。

a. 4.50　　b. 266

c. 31.1　　d. 122.2

22. ________是对产品的可靠性进行调查、分析和评价的一种手段。

a. 可靠性设计　　b. 可靠性试验

c. 可靠性管理　　d. 维修性设计

23. 下述各种活动中哪一种可以提高产品固有可靠性________。

a. 可靠性计算　　b. 维修性计算

c. 改进设计　　d. 可靠性试验

24. 产品可靠性与________无关。

a. 规定时间　　b. 规定条件

c. 规定功能　　d. 规定维修

25. 可靠性验收试验是一种________试验。

a. 统计　　b. 工程

c. 筛选　　d. 环境

26. 由老化、疲劳、磨损、腐蚀等引起得故障称为________。

a. 偶然故障　　b. 从属故障

c. 耗损故障　　d. 早期故障

27. 产品的可靠性和维修性是产品的________。

a. 管理特性　　b. 制造特性

c. 设计特性　　d. 维修特性

二、多项选择题(每题的备选项中,至少有 2 个是符合题意的)

1. 产品可信性与________有关。

a. 可靠性　　b. 先进性

c. 维修性　　d. 系统性

e. 维修保障

2. 可靠性是产品的一种固有特性,下面表述正确的是________。

a. 可靠性是制造出来的　　b. 可靠性是试验出来的

c. 可靠性是计算出来的　　d. 可靠性是管理出来的

e. 可靠性是设计出来的

3. 在定时截尾的可靠性鉴定试验中,决定试验方案的参数有________。

a. 生产方风险 α　　b. 使用方风险 β

c. 产品合格品率　　d. 鉴别比 d

e. 产品研制的风险

4. 表示系统可靠性的度量参数是________。

a. 可靠度　　b. $MTBF$

c. FTA　　d. $MTTR$

e. *MTTF*

5. 可靠性增长试验包含________工作。

a. 对产品性能的监测
b. 故障检测
c. 应力筛选
d. 改进措施的检验
e. 故障分析

6. 常用的可靠性分析方法有________。

a. FMECA
b. COPQ
c. VA
d. FTA
e. CA

7. 工程试验包括________。

a. 环境应力筛选
b. 可靠性增长试验
c. 可靠性鉴定试验
d. 可靠性验收试验

8. 可用性是产品________的综合反映。

a. 可靠性
b. 可信性
c. 维修性
d. 维修保障

9. 可靠性增长是通过________来提高产品可靠性。

a. 偶然故障
b. 耗损故障
c. 发现故障
d. 分析故障
e. 纠正故障

10. 可靠性的定义是产品在规定的条件下和规定的时间内,完成规定功能的能力,则规定的条件是指________。

a. 环境条件
b. 工作条件
c. 客观条件
d. 指定条件

11. 下列属于可靠性设计技术的有________。

a. 可靠性预计
b. FRACAS
c. 元器件的选用与降额设计
d. 可靠性分配
e. 电磁兼容设计

12. 产品的故障按故障的规律可分为________。

a. 偶然故障
b. 耗损故障
c. 独立故障
d. 从属故障
e. 早期故障

13. 可靠性试验的主要目的是通过试验发现________方面的缺陷,以便采取有效的纠正措施,使产品可靠性增长。

a. 原材料
b. 维修过程
c. 元器件和零部件
d. 产品设计
e. 工艺过程

14. 可靠性管理的职能是________。

a. 计划
b. 组织

c. 实施　　d. 监督

e. 控制指导

15. 引起产品早期故障的原因可包括________。

a. 产品设计不当　　b. 磨损

c. 材料先天缺陷　　d. 安装不当

16. 组成产品所有单元同时工作时，只要有 1 个单元不发生故障，产品就不会发生故障，此可靠性模型称________。

a. 串联模型　　b. 并联模型

c. 贮备模型　　d. 指数模型

17. 对电子产品进行环境应力筛选试验时，最有效的方法是________。

a. 随机振动试验　　b. 暴露试验

c. 温度循环试验　　d. 现场试验

18. 选择故障率为分配参数，主要考虑的影响因素有________。

a. 重要度　　b. 技术成熟度

c. 可靠度　　d. 复杂度

e. 环境条件

19. 在下述术语中，与维修性密切关联的有________。

a. 易替换性　　b. 耐磨损性

c. 易修复性　　d. 易拆卸性

e. 平稳性

20. 故障分析包括________。

a. 故障调查、核实　　b. 工程分析

c. 系统分析　　d. 统计分析

21. 下列叙述中正确的是________。

a. 可靠性是从延长其正常工作时间来提高产品可用性，而维修性是从缩短因维修的停机时间来提高可用性

b. 可信性是一个集合性术语，其定性和定量具体要求可通过可用性、可靠性、维修性、维修保障的定性和定量要求表达

c. 产品可用性是产品性能随时间的保持能力

d. 可用性是产品可靠性、维修性和维修保障的综合反映

22. 产品保障性与________有关。

a. 与装备有关的设计特性　　b. 保障资源的充足程度

c. 保障资源的计划性　　d. 保障资源的适用程度

23. 设 T 为产品发生故障（失效）的时间，即寿命。而 $R(t)$，$F(t)$，$f(t)$分别为产品的可靠度函数、累积故障分布函数及故障密度函数，下列表达式正确的有________。

a. $R(t)=P(T\leqslant t)$　　b. $F(t)=P(T\leqslant t)$

c. $R(t)+F(t)=1$　　d. $f(t)=\frac{\mathrm{d}F(t)}{\mathrm{d}t}$

e. $R(t)=\int_0^t f(u)\mathrm{d}u$

三、综合分析题(下列各题,可能是单选,也可能是多选)

(一) 若已知某产品的故障密度函数为 $f(t)=0.002e^{-0.002t}$,(单位为小时)则:

1. 平均故障时间为________。

a. 500 小时　　b. 200 小时

c. 2 000 小时　　d. 5 000 小时

2. 产品的可靠度为 0.9 时的工作时间为________。

a. 小于 40 小时　　b. 52.68 小时

c. 46.37 小时　　d. 82.4 小时

3. 当产品的可靠度与不可靠度相等时的工作时间为________。

a. 500 小时　　b. 346.57 小时

c. 213.45 小时　　d. 414.34 小时

(二) 某一微型收音机可视为一个由 10 个电子元器件组成的,且假定是失效分布为指数分布的串联系统。若知其中含有集成电路 1 块、电阻器 3 只、电容器 3 只、电感器 2 只和耳机 1 只,且它们单个元器件的失效率依次分别为:$1\times10^{-7}\mathrm{h}^{-1}$,$2\times10^{-7}\mathrm{h}^{-1}$,$3\times10^{-6}\mathrm{h}^{-1}$,$1\times10^{-6}\mathrm{h}^{-1}$和 $3\times10^{-6}\mathrm{h}^{-1}$。问:

1. 该收音机的失效率是________ Fit。

a. 1.47　　b. 14.7

c. 147　　d. 14 700

2. 该收音机的平均故障间隔时间是________ h。

a. 0.68×10^7　　b. $\frac{1}{147}\times10^7$

c. 1.47×10^7　　d. $\frac{1}{147}\times10^{11}$

3. 为了提高其固有可靠性,可采取以下________措施。

a. 增加元器件数量　　b. 提高单个元器件的可靠性

c. 进行环境应力筛选试验　　d. 减小单个元器件的失效率

4. 在对该收音机进行可靠性鉴定试验时,当确定鉴别比 $d=3$,且知 $\theta_1=10^4\mathrm{h}$ 时,则其 $MTBF$ 检验的上限(θ_0)是________ h。

a. 0.33×10^4　　b. 3×10^4

c. 0.5×10^4　　d. 3.3×10^4

5. 失效率随时间的变化可分为________。

a. 早期故障期　　b. 独立故障期

c. 偶然故障期　　d. 耗损故障期

6. 为缩短或消除早期故障期,我们可能采取的措施有________。

a. 进行环境应力筛选试验　　b. 进行可靠性增长试验

c. 加强质量管理　　d. 进行可靠性测定试验

（三）某公司生产车间开展可靠性试验工作

1. 可靠性测定试验的目的是通过试验测定 A 产品的可靠性水平。如果在试验中出现的故障数到规定 r 个故障时，就停止试验称________试验。

a. 定时截尾　　b. 定数截尾

c. 鉴定　　d. 增长

2. 若 A 产品做累积试验时间为 8 000 小时的定时截尾试验，共出现 2 次故障，则 MTBF 的点估计为________。

a. 2 000 h　　b. 3 000 h

c. 4 000 h　　d. 8 000 h

3. 在上述条件下，若给定 $\gamma=0.95$，查表得 $\chi^2_{0.95}(6)=12.59$，$\chi^2_{0.95}(4)=9.49$，$\chi^2_{0.05}(6)=1.64$，$\chi^2_{0.05}(4)=0.711$，则 θ 的单边置信下限为________。

a. 1 271　　b. 1 686

c. 9 756　　d. 22 504

第六章　质量改进

一、单项选择题（每题备选的项中，只有 1 个最符合题意）

1. 亲和图法可用于________。

a. 提出新的观念和方针

b. 寻求项目实施关键的路线

c. 相关系数的分析

d. 分析所获取的样本是否来自于某个总体

2. 六西格玛团队的关键是取得团队的共识和团队领导及成员的选择，团队人数为________不等。

a. 3～5 人　　b. 5～8 人

c. 5～10 人　　d. 3～10 人

3. 某企业生产某种盘片，规定厚度为 70 μm～160 μm，从生产现场抽取 100 个产品进行测量，计算得 $\bar{x}=115$ μm，$S=24.6$ μm，则该企业生产此种盘片的西格玛水平为________。

a. 1.42　　b. 1.72

c. 1.83　　d. 4.25

4. 考虑无偏情况下的六西格玛水平的对应过程出现缺陷的概率是________。

a. 3.4 ppm　　b. 0.001 7 ppm

c. 0.57 ppm　　d. 63 ppm

5. 流程图使用的符号中，“⬭”中内容是________。

a. 过程流向说明　　b. 判断决策

c. 开始和结束　　d. 活动说明

6. 质量改进的重点是________。

a. 提高质量保证能力　　b. 防止差错或问题的发生

c. 日常的检验、试验　　d. 配备相关的资源

7. 对 QC 小组活动成果的评审包括________。

a. 资料评审和成果评审　　b. 现场评审和资料评审

c. 发表评审和现场评审　　d. 现场评审和专家评审

8. 质量改进是消除________的问题。

a. 偶发性　　b. 系统性

c. 隐患性　　d. 复杂性

9. 将巴雷托原理引用到质量管理中，可以这样认为________。

a. 大多数质量问题是由相对少数的原因造成的

b. 大多数质量改进课题可依靠少数专家来解决

c. 质量管理的途径是抓住关键少数

d. 在分析问题时要善于抓住关键少数

10. 树图中上一级________成为下一级手段的行动目的。

a. 目的　　b. 目标

c. 手段　　d. 计划

11. 找出下述网络图的关键路径________。

a. (1)-(2)-(4)-(5)-(7)-(12)-(13)

b. (1)-(3)-(5)-(6)-(12)

c. (1)-(2)-(3)-(5)-(7)-(11)-(13)

d. (1)-(2)-(4)-(5)-(8)

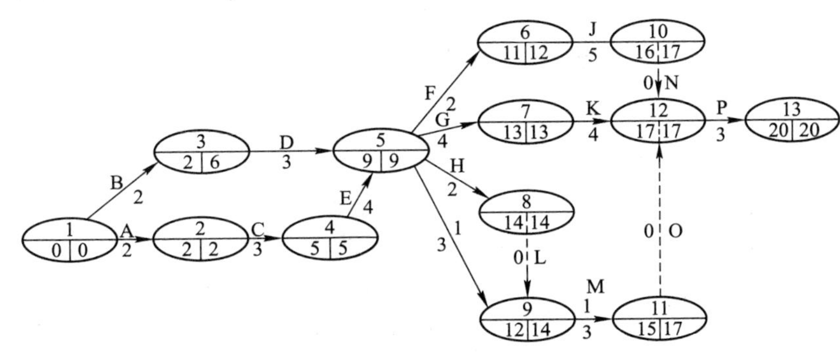

12. 流程图是将一个________的步骤用图的形式表示出来的一种图示技术。

a. 质量策划　　b. 过程

c. 设计和开发　　d. 质量管理

13. 在某 L 型矩阵图中通过 L_1, L_2, L_n 和 R_1, R_2, R_n 两对要素相互总结对比，得到了解决问题的关键点，◎为强关系；○为有关系；△为没关系，为此对________采取对策。

a. ◎　　b. ◎+○

c. ◎+○+△　　d. ◎+○+△+潜在的原因

14. 在绘制亲和图时，用于贯彻方针目标时常用的语言文字资料收集方法有________。

a. 回忆法　　b. 文献调查法

c. 头脑风暴法　　d. 面谈阅读法

15. 在亲和图的使用过程中________是重要的一环。

a. 认识事物　　b. 资料收集

c. 统一思想　　d. 确定课题

16. 有两个质量特性，就要绘制________。

a. 2 张因果图　　b. 2 张排列图

c. 1 张因果图　　d. 1 张排列图和 1 张因果图

17. 在排列图的每个直方柱右侧上方标上________描点，用实线连接成线。

a. 累计频数值　　b. 累计频率百分数值

c. 百分比数值　　d. 累计值(累计频数和累计频率百分数)

18. 在树图中对提出的手段措施要一一评价，有的需要经过________才能确认。

a. 汇报　　b. 预测

c. 调查　　d. 计划

19. 在对直方图的形状观察时，当收集的数据是由几种平均值不同的分布混在一起，或过程中某种要素缓慢劣化时所形成的直方图图形，我们称为________。

a. 陡壁型　　b. 双峰型

c. 标准型　　d. 平顶型

20. 在利用头脑风暴法引发创造思维的阶段，对各人不同的意见________。

a. 可以评论　　b. 进行民主集中的讨论

c. 不能讨论　　d. 不能批驳

21. 消除引起问题结果的原因，防止再发生的对策是________。

a. 应急对策　　b. 永久对策

c. 纠正　　d. 临时对策

22. 在排列图上通常把累计比率为 0～80%的因素称为________。

a. 次要因素　　b. 主要因素

c. 一般因素　　d. 重要因素

23. 为防止同样的质量问题再次发生，纠正措施必须________。

a. 系列化　　b. 组合化

c. 标准化　　d. 文件化

24. 使用亲和图可以与________结合。

a. 控制图　　b. 矩阵图

c. 头脑风暴法　　d. PDPC

25. ________是一种用于分析质量特性(结果)与可能影响质量特性的因素(原因)的一种工具。

a. 排列图　　b. 直方图

c. 控制图　　d. 因果图

26. 从甲地到乙地可以有多种到达的通道，在策划行动计划时可以用________。

a. 控制图法
b. PDPC
c. 系统图法
d. PDCA 循环

27. 排列图分为分析________用排列图和分析原因用排列图。

a. 不合格
b. 故障
c. 现象
d. 结果

28. QC 小组活动成果的评审由________和发表评审两个部分组成。

a. 内部质量审核
b. 管理评审
c. 现场评审
d. 专家认定

29. 在网络图中，关键路线是路经________的线路，它的长度代表完成整个工程的最短时间，称为总工期。

a. 最短
b. 最长
c. 较短
d. 较长

30. 头脑风暴法是引导参加会议的人围绕某个中心议题，毫无顾忌、畅所欲言地发表独立见解的一种________思考方法。

a. 系统性
b. 逻辑性
c. 创造性
d. 启发性

31. ________是质量改进“分析问题原因”步骤中建立假设的有效工具。

a. 因果图
b. 排列图
c. 对策表
d. 散布图

32. 六西格玛管理是 20 世纪 80 年代中期由美国________公司创立的一种质量改进方法。

a. 通用电气
b. 联合信号
c. 摩托罗拉
d. 福特汽车

33. 水平对比法是组织将自己的产品和服务的过程和性能与________进行对比。

a. 先进企业
b. 公认的领先对手
c. 合作伙伴
d. 行业先进指标

34. 树图中把组成事项展开，可与因果图对换内容的。称为________。

a. 构成因素展开型树图
b. 措施展开型树图
c. 宝塔型树图
d. 故障树图

35. QC 小组是自下而上或上下结合组建的群众性组织，带有________组织的特性。

a. 正式的
b. 正规的
c. 非正式的
d. 非正规的

36. 因果图是一种用于分析质量特性（结果）与可能影响质量特性的因素（原因）的一种工具。因果图中的主要因素在________上。

a. 大骨
b. 中骨
c. 主骨
d. 末稍

37. 依据________步骤，可以有效地实现六西格玛突破性改进。

a. DAMIC　　b. DMAIC
c. DMACI　　d. DIMAC

38. 头脑风暴法又叫畅谈法、集息法，是由美国的________提出。

a. 朱兰　　b. 休哈特
c. 德鲁克　　d. 奥斯本

39. 假如在 100 块电路板中，每一个电路板都含有 100 个缺陷机会，若在制造这 100 块电路板时共发现 6 个缺陷，则 *DPMO* 百万机会缺陷数为________。

a. 60　　b. 600
c. 6 000　　d. 6

40. 工序分布检查表与________相似。

a. 排列图　　b. 直方图
c. 因果图　　d. 分层法

41. 在质量改进第一步骤"选择课题"中，以下哪个不属于该步骤的活动内容，________。

a. 明确所要解决的问题为什么比其他问题重要
b. 如有必要，对改进活动的费用做出预算
c. 拟定改进活动的时间表
d. 从人、机、料、法、环等各种角度选题

42. 以下哪个不是日本玉川大学谷律进教授的质量改进步骤内容：________。

a. 提出问题　　b. 调查实情
c. 整理原因　　d. 分析原因
e. 验证假设________　　f. 制定对策

43. 以下哪个不是质量委员会的主要职责，________。

a. 制定质量改进方针　　b. 为质量改进团队配备资源
c. 对主要质量改进成绩公开认可　　d. 编写质量改进成果报告

44. 因果图是一种用于分析质量特性(结果)与可能影响质量特性的因素(原因)的一种工具，它是由________发明的。

a. 朱兰　　b. 休哈特
c. 石川馨　　d. 菲根堡姆

二、多项选择题(每题的备选项中，至少有 2 个是符合题意的)

1. 在进行质量改进的第二步骤，即"掌握现状"的活动中，为抓住问题的特征，需要调查时间、________。

a. 人员　　b. 地点
c. 种类　　d. 特征

2. 常用的矩阵图种类有________。

a. T 型　　b. S 型
c. H 型　　d. X 型

e. L 型

3. QC 小组与行政班组的主要不同点在于________。

a. 组织的原则不同　　b. 活动的目的不同

c. 活动的方式不同　　d. 活动的人员不同

4. 网络图中的时差表示________。

a. 与工程总工期要求期限之间的差　　b. 节点前后道作业之间时间上的余量

c. 不同工序作业时间之差　　d. 节点前后道作业的机动时间的长短

5. QC 小组活动成果现场评审项目有 QC 小组的组织、________。

a. 活动情况与活动记录　　b. 活动成果及成果的维持、巩固

c. 人员培训情况　　d. QC 小组教育

6. 绘制树图的一般步骤包括：确定具体的目的、目标；提出手段和措施；________形成目标手段树状展开图；确认目标能否实现和制定实施计划。

a. 把目标定量化　　b. 对手段措施进行分析

c. 对措施、手段进行评价　　d. 绘制手段措施卡片

7. 组建 QC 小组要坚持________原则。

a. 持续改进　　b. 实事求是

c. 自愿参加　　d. 下达任务

8. 推进 QC 小组活动应作好的工作是：抓好质量教育________给予具体指导，建立活动管理办法。

a. 制定小组推进方针和计划　　b. 运用统计技术

c. 外出学习、交流　　d. 提供活动的环境条件

9. PDPC 图的特征是________。

a. 全局性判断　　b. 掌握进展情况

c. 列出非理想状态　　d. 补充、修订措施

e. 制定改进方案

10. 网络图中的虚作业________。

a. 作业时间关系　　b. 表示作业时间为零

c. 表示作业间的先后逻辑关系　　d. 指明作业前进方向

11. 企业需要改进的问题很多，通常围绕________等方面选题。

a. 质量、成本　　b. 交货期、安全

c. 激励、环境　　d. 设备、设施

12. 网络图是一张有向无环图，由________组成。

a. 节点　　b. 步骤

c. 作业活动　　d. 时间

13. 头脑风暴法可与________一起运用。

a. 因果图　　b. 树图

c. 排列图　　d. 亲和图

14. 质量改进的步骤中，分析解决问题的过程的几个阶段可用下图表示出来，图中的

(A)是________(B)是________。

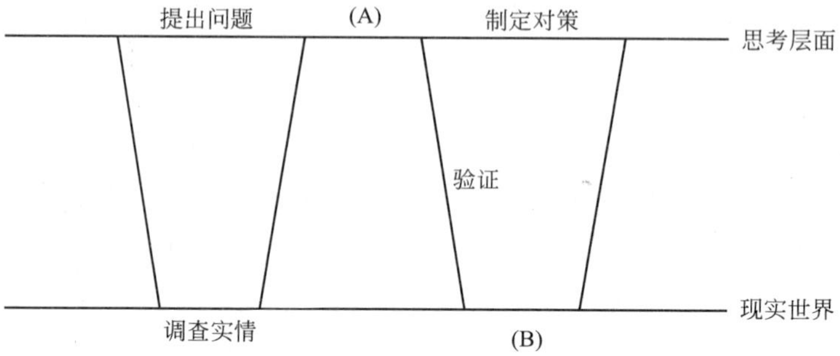

提出问题　(A)　制定对策　思考层面
验证
调查实情　(B)　现实世界

a. (A)整理原因　　b. (B)验证假说
c. (A)掌握现状　　d. (B)判断原因

15. 树图能将事物或现象分解成树枝状，一般可分为________。
a. 构成因素展开型　　b. 措施展开型
c. 目标展开型　　d. 方针展开型

16. 质量改进的“分析问题原因”步骤中一般有________等过程。
a. 调查原因　　b. 设立假说
c. 验证假说　　d. 整理原因

17. 流程图可以对一个过程中各步骤之间的总体进行研究，以达到________目的。
a. 发现故障存在的潜在原因　　b. 知道哪些环节薄弱
c. 对薄弱环节进行质量改进　　d. 提供步骤之间活动所需的资源

18. 根据水平对比法使用频率，可以将其分为________。
a. 单独的　　b. 定期的
c. 连续的　　d. 不连续的

19. 在组织内使用树图是比较广泛的，可以用于________。
a. 方针目标措施的制定展开　　b. 与 PDPC 法结合使用
c. 明确部门职能，管理职能　　d. 制定质量保证计划及展开

20. 质量改进中，采取对策后没有出现预期效果时，应该考虑以下中的________情况。
a. 是否按计划实施　　b. 是否将现象与原因的排除区分开
c. 是否按 5W1H 实施　　d. 是否计划有问题

21. 质量改进的步骤中“拟定对策并实施”的对策有________。
a. 去除现象(结果)　　b. 确认效果
c. 验证假说　　d. 消除引起结果的原因，防止再发生

22. 网络图中计算非关键工序时差的目的在于合理安排和调度劳动力、________等资源。
a. 机器设备　　b. 物料
c. 资金　　d. 时间

23. 流程图就是将一个过程的步骤用图的形式表示出来的一种图示技术，此处讲得过程通常指________。

a. 工艺过程
b. 体系过程
c. 检验过程
d. 质量改进过程

24. 质量委员会的主要职责为________。

a. 制定质量改进方针
b. 参与质量改进
c. 配备资源
d. 评估并公开认可成绩
e. 鼓励属下

25. 网络图是________等方法的结合。

a. 过程决策程序图法(PDPC)
b. 计划评审法(PERT)
c. 亲和图法(KJ)
d. 关键路线法(CPM)

26. 在质量管理中,用PDPC法可有助于________。

a. 在解决问题的过程中,恰当地提出所可能的手段或措施
b. 在实施过程中碰到问题能迅速采取对策
c. 新产品研制过程中质量的展开
d. 识别存在的质量问题并寻求其解决的办法

27. 对QC小组组长的要求________。

a. 是推行全面质量管理的热心人
b. 业务知识较丰富
c. 具有一定的组织能力
d. 学历高

28. 不合格项目排列图有________等内容。

a. 不合格件数
b. 分项百分比
c. 不合格原因
d. 不合格项目
e. 累计百分比

29. 亲和图适用于那些________的问题。

a. 需要时间
b. 尽快得到成效
c. 慢慢解决
d. 容易解决
e. 不容易解决而非解决不可

30. 利用逻辑推理法绘制因果图的步骤分为:确定质量特性(结果)、将质量特性写在右侧、将原因写在左侧________最后在因果图上记录必要的信息。

a. 找出多原因之间的关系,用箭头联接
b. 列出影响结果的大骨
c. 列出影响大骨的原因
d. 指示对结果有显著影响的重要因素

31. 矩阵图的形式可分为L型和________等。

a. T型
b. X型
c. H型
d. Y型

32. 直方图和公差限出现以下图示:

以下观点是正确的有________。

a. 直方图符合公差要求
b. 直方图不符合公差要求
c. 直方图能满足公差要求
d. 要求采取措施,以减少变差(波动)

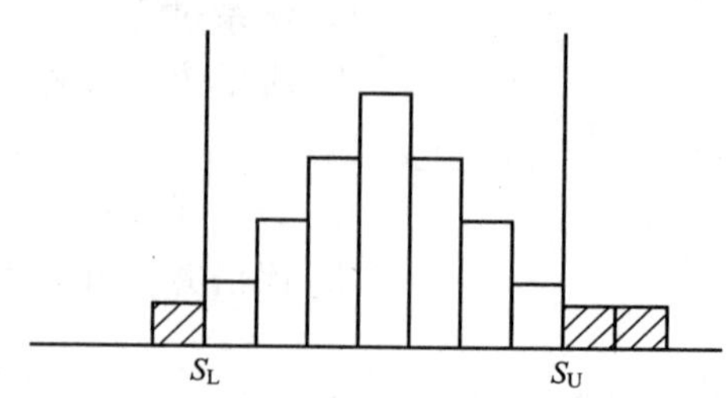

33. 为了抓住"关键的少数"、排列图把累计比率分为以下几类：________。

a. 重要因素　　b. 主要因素

c. 一般因素　　d. 次要因素

34. 水平对比法的应用步骤包括：选择课题、确定对象和________。

a. 收集数据　　b. 组织落实

c. 归纳分析　　d. 实施改进

e. 计算成果

35. 六西格玛管理是通过过程的持续改进，________的一种质量改进方法。

a. 全员参与　　b. 追求卓越质量

c. 提高顾客满意度　　d. 降低成本

36. 单从技术的角度看，质量改进的必要性体现在________。

a. 现有技术中需要改进的地方很多

b. 顾客质量要求变化

c. 优秀人才需要不断学习新知识

d. 技术再先进，方法、程序不对路也达不到目的

37. 组织的六西格玛管理是由执行领导、倡导者、________和项目团队传递并实施的。

a. 黑带大师　　b. 质量工程师

c. 黑带　　d. 绿带

38. 在质量改进"确认效果"步骤中，没有达到预期的结果时，可以对计划进行审视，计划出问题，往往是________。

a. 现状把握不准　　b. 信息有误，测量不准

c. 把握不住实际的能力　　d. 对计划的传达或理解有误

39. 六西格管理的核心特征是________。

a. 最高顾客满意度　　b. 避免缺险

c. 最低资源成本　　d. 创造价值

40. 企业需要改进的问题很多，经常提到的不外乎是________。

a. 质量、成本、交货期　　b. 安全、环境

c. 设施　　d. 激励

41. 以下哪些是质量改进的障碍，认为________。

a. 高投入低产出，没有改进的必要

b. 高质量意味着高成本

c. 管理者只参与意识教育，其余可以下放

d. 批准质量方针和目标

42. 在六西格玛改进 DMAIC 的 I 改进阶段中，常用的工具和技术有________。

a. 试验设计　　b. 田口方法

c. 控制图　　d. 响应曲面法

三、综合分析题（下列各题，可能是单选，也可能是多选）

（一）某企业质量部门决定在企业内部开展一次质量分析活动，要求各车间将日常的产品检测数据利用起来，分析质量现状、寻找改进机会。根据要求，一车间上报的数据为两个月来某产品 100 件不合格品的不合格项记录；二车间数据为两个月来某生产线 200 件产品的性能检测数据。则：

1. 若对一车间数据进行分析，适宜使用________。

a. 控制图　　b. 直方图

c. 排列图　　d. 不合格项调查表

2. 对一车间数据进行分析应围绕________进行。

a. 关键的路线　　b. 分析过程随时间的变化情况

c. 活动流程　　d. 关键的不合格项

3. 如果用直方图对二车间数据进行分析，可以________。

a. 显示不合格项的分布情况　　b. 找出解决质量问题的途径和方法

c. 显示检测产品性能数据的分布情况　　d. 确定影响质量的主要因素

4. 如果根据数据画出的直方图为平顶形，可能是由于________。

a. 工人操作水平熟练且一致　　b. 过程稳定

c. 无重大质量问题　　d. 工人操作水平有较大差异

5. 通过对两个车间的分析发现了企业目前的质量问题，质量管理部门召集了有关部门共同分析问题的原因，此时可使用的方法为________。

a. 头脑风暴法　　b. 树图

c. 因果图　　d. 直方图

e. 控制图

（二）某企业实施质量改进项目，采用网络图技术

1. 该网络图中的关键线路为：________。

a. ①→②→③→⑤→⑥　　b. ①→②→④→⑤→⑥

c. ①→③→⑤→⑥　　d. ①→④→⑥

2. 确定关键线路，便于________。

a. 确定工序　　b. 查找原因

c. 控制工程进度　　d. 计算关键工序时差

3. 网络图中________。

a. 因为有缺口所以可以有闭环

b. 可以出现闭环

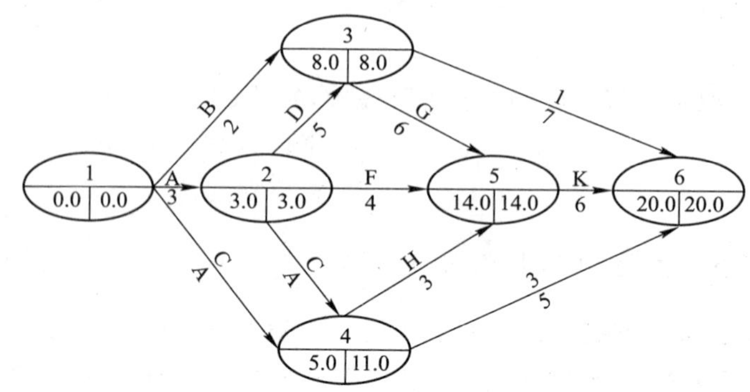

c. 因为两个节点间只能有一项作业所以应该有闭环

d. 不能出现闭环

4. 网络图中的“虚作业”是指________。

a. 不占时间　　　　b. 指明先后作业前进方向

c. 先后作业有逻辑关系　　　　d. 省略作业时间

（三）PDPC法又称过程决策程序图法。

1. PDPC是为了完成某项任务或达到某个目标，在制定行动计划或方案时________，并相应提出多种应变计划。

a. 分析可能出现的障碍和结果　　　　b. 把所有可能发生的问题都全部考虑进去

c. 预测可能出现的障碍和结果　　　　d. 从局部推出全面的判断

2. PDPC法的特征有：________。

a. 可按时间先后顺序掌握系统的进展情况

b. 追踪系统运转，掌握非理想状态的原因

c. 计划措施可被不断补充和修订

d. 从某一输入出发，依次追踪系统的运转，能找出“理想状态”

3. PDPC法的用途有：________。

a. 制定方针目标管理中的实施计划　　　　b. 制定系统的质量计划

c. 对重大事故进行预测　　　　d. 制定控制工序的措施

4. PDPC将各研究措施按________及难易程度予以分类。

a. 紧迫程度　　　　b. 所需工时

c. 实施的可能性　　　　d. 遇到的障碍

5. 特别是对当前要着手进行的措施，应根据预测的结果明确首先应该做什么，并用________向理想的方向连接起来。

a. 直线　　　　b. 箭条

c. 虚线　　　　d. 关键路线

（四）某车间有A、B、C三个组在某台车床上加工某一产品，三个组的产品用直方图来表示分布，分布的类型为：A班：锯齿型；B班：标准型；C班：双峰型；请回答以下问题。

1. A、B、C三个班中，其产品分布________是最常见的。

a. A和B班　　　　b. B和C班

c. A 班　　d. B 班

e. C 班

2. B 班的产品分布是________。

a. 平均值左右不对称　　b. 平均值左右对称

c. 平均值不同的混合　　d. 平均值左右不存在对称或不对称

3. C 班产品分布的原因是________。

a. 心理因素　　b. 测量误差

c. 混入两种不同的分布　　d. 混有另一分布的少量数据

4. A 班产品作频数分布时可能会有以下问题________。

a. 测量方法问题　　b. 读错数据

c. 混入别的产品　　d. 分组过多

5. B 班产品数据平均值与最大值和最小值的中间值________。

a. 相同　　b. 有距离

c. 接近　　d. 无法比

6. 在作直方图分析时，当过程能力不足，为找出符合要求的产品经过全数检查后，常出现的形状是________。

a. 锯齿型　　b. 偏峰型

c. 陡壁型　　d. 孤岛型

7. 分组时若组数取得较多，作出的直方图过于分散会呈现________。

a. 双峰状　　b. 孤岛状

c. 锯齿状　　d. 偏峰状

（五）某车间的质量改进团队对 A 系列产品的不合格品项目进行改进时做了以下工作：

1. 团队成员通过质量改进的培训后认为解决 A 系列产品的不合格品项目应通过________。

a. 集体讨论，群策群力　　b. 不断采取纠正和预防措施

c. 有问题就纠正，一个个解决　　d. 不断暴露问题，制定对策

2. 为了找出 A 系列产品中的主要不合格品项目，小组可以使的工具有________。

a. 排列图　　b. 检查表

c. 控制图　　d. 因果图

3. 通过统计分析，现在找出了 A_3 为主要不合格产品项目，对此要进行原因分析，小组可以用________方法绘制因果图。

a. 原因分析法　　b. 检查表法

c. 分层法　　d. 逻辑推理法

e. 发散整理法

4. 在因果图分析中进行了设立假说，接着，小组应________验证假说的正确性，从而找出主要原因。

a. 应用数据　　b. 用设立假设的材料

c. 经讨论由多数意见　　d. 去现场取证

5. 对找出的主要原因应采取________对策以防止再发生。

a. 临时　　b. 永久

c. 应急　　d. 合理

e. 科学

（六）某企业六西格玛团队，界定项目过程输出的缺陷机会有A、B、C、D四个机会，现统计三个月的历史数据，抽查了100个产品，发现缺陷A的个数为1，B的个数为2，C的个数为1，D没有缺陷，则：

（1）机会缺陷率 *DPO* 为：________

a. 4%　　b. 4

c. 1%　　d. 1

（2）百万机会缺陷数 *DPMO* 为：________

a. 40 000　　b. 4

c. 10 000　　d. 1

（3）在六西格玛过程改进流程中，通常在________阶段要做测量系统分析。

a. D　　b. M

c. A　　d. I

e. C

第六部分

质量专业理论与实务模拟试题

一、单项选择题(共 40 题，每题 1 分。每题的备选项中，只有 1 个最符合题意)

1. 设三个事件 A、B、C 相互独立，发生概率均为 1/3，则 A、B、C 中恰好发生一个的概率为________。

a. 1/9　　b. 2/9

c. 4/9　　d. 5/9

2. 设随机变量 x 服从 $\lambda=2$ 的泊松分布，则 $P(X\leqslant 2)=$________。

a. e^{-2}　　b. $3e^{-2}$

c. $5e^{-2}$　　d. $7e^{-2}$

3. 某厂自动包装机包装味精，每 500 g 装一袋，已知标准差 $\sigma=2$ g，要使每包味精的平均质量的 95%置信区间不超过 4 g，样本量 n 至少为________。

a. 4　　b. 6

c. 8　　d. 10

4. 设 $X_1, X_2, \cdots, X_{27}$ 是来自均匀分布 $U(0,3)$ 的一个样本，则样本均值 $\overline{X}$ 的近似分布为________。

a. $N\left(3,\left(\frac{1}{\sqrt{3}}\right)^2\right)$　　b. $N\left(1.5,\left(\frac{1}{\sqrt{3}}\right)^2\right)$

c. $N\left(3,\left(\frac{1}{6}\right)^2\right)$　　d. $N\left(1.5,\left(\frac{1}{6}\right)^2\right)$

5. 一个分组样本为：

分组区间	(35,45]	(45,55]	(55,65]	(65,75)
频数	3	8	7	2

则 $\overline{X}$ 近似为________。

a. 50　　b. 54

c. 62　　d. 64

6. 设 T 为一次电话的通话时间(单位:分),若 T 服从 $Exp(0.25)$,则打一次电话所用的平均时间为________分钟。

a. 0.25　　b. 2.25

c. 2　　d. 4

7. 设某二项分布的均值等于3,方差等于2.7,则二项分布参数 p=________。

a. 0.9　　b. 0.1

c. 0.7　　d. 0.3

8. 在单因子方差分析方法中,已确认因子 A 在显著性水平 $\alpha=0.05$ 下是显著因子,在不查分位数表的情况下,下列命题中正确的是________。

a. 在 $\alpha=0.10$ 下,A 是显著因子　　b. 在 $\alpha=0.10$ 下,A 不是显著因子

c. 在 $\alpha=0.01$ 下,A 是显著因子　　d. 在 $\alpha=0.01$ 下,A 是不显著因子

9. 由两个变量的10组数据 (x_i, y_i), $i=1,2,\cdots,10$,计算得到 $\sum_{i=1}^{10} x_i = 60$, $\sum_{i=1}^{10} y_i = 30$, $\sum_{i=1}^{10} x_i y_i = 215$,则 $\sum_{i=1}^{10}(x_i-\bar{x})(y_i-\bar{y})$ 为________。

a. 15　　b. 25

c. 35　　d. 45

10. 某单因子试验得到如下方差分析表:

来源	离差平方和 S	自由度 f	均方和	F
因子 A 误差 e	150 80	2 16		
合计 T	230	18		$F_{0.99}(2,16)=6.23$

A因子的显著性________。

a. 不能判别　　b. 不显著

c. 在 $\alpha=0.01$ 水平上显著　　d. 在 $\alpha=0.99$ 水平上显著

11. 为提高某产品的质量指标,需考虑3个三水平因子:A、B、C,把这3个因子依次安排在正交表 $L_9(3^4)$ 的前三列上,通过试验和计算获得各列各水平的平均值如下:

	A	B	C
水平1	4.08	3.72	0.70
水平2	3.41	3.47	3.91
水平3	3.69	3.99	6.57

如要求质量指标越大越好,利用直观分析应选取的较好因子水平组合是________。

a. $A_1B_3C_3$　　b. $A_2B_2C_1$

c. $A_1B_1C_3$　　d. $A_3B_3C_3$

12. 设因子 A 有3个水平,因子 B 有4个水平,则其交互作用 $A\times B$ 的自由度

是________。

a. 7　　b. 6

c. 5　　d. 4

13. 产品的检验为破坏性检验时，可以考虑使用序贯抽样，其理由是________。

a. 序贯抽样方案每次抽取一个单位产品，抽样简单

b. 在同样的质量保证前提下，序贯抽样的的平均样本量最小

c. 序贯抽样对产品质量要求更高

d. 序贯抽样设计原理更科学

14. 使用 GB/T 2828.1 对产品批进行验收时，下列情况中适宜选低检验水平的是________。

a. 质量保证要求高的检验　　b. 对成品质量影响大的特性的检验

c. 检验费用高的检验　　d. 批间质量差异大的产品批检验

15. 对连续多批产品进行抽样检验，使用计数调整型抽样方案需要应用转移规则的主要原因是________。

a. 降低生产过程的不合格品率

b. 提高对生产过程的质量要求

c. 在控制两类风险的前提下，尽量减少检验样本量

d. 降低检验费用

16. 用抽样方案(30,0)对产品进行连续验收，当批不合格品率为 1%时，方案的接收概率为 73.97%，则平均检出质量为________。

a. 0.260 3%　　b. 0.739 7%

c. 99.261%　　d. 99.739%

17. 在计数调整型抽样检验中，使用放宽检验或改用跳批检验的目的是________。

a. 降低检验成本　　b. 保护使用方利益

c. 放松质量要求　　d. 提高生产能力

18. GB/T 4091—2001 标准中规定了 8 种判异准则，其中准则 8 为连续 8 点在中心线两侧，但无一在 C 区中。造成这种现象的主要原因是________。

a. 数据分层不够　　b. 维修逐渐变坏

c. 原材料不合格　　d. 工具逐渐磨损

19. 在解释 C_p 和 C_{pk} 的关系时，正确的表述是________。

a. 规格中心与分布中心重合时，$C_p = C_{pk}$

b. C_{pk} 总是大于或等于 C_p

c. C_p 和 C_{pk} 之间没有关系

d. C_{pk} 总是小于 C_p

20. 控制图的使用中合理子组的原则是要求在尽可能短的时间内收集一个子组的样品，主要因为________。

a. 尽快计算不合格品率　　b. 尽快绘制出控制图

c. 尽量缩小组内差异　　d. 尽量缩小组间差异

21. 某电子元件公司每天都从当天生产的产品中随机抽取一个样本，检验其不合格品数。过去一个月中每天抽取的样本量（子组大小）为 150，240，…，360。为控制产品的不合格品率，应采用________。

a. $\bar{x}$-R 控制图　　b. np 控制图

c. p 控制图　　d. c 控制图

22. 某产品由 5 类主要部件组成，若第 i 类部件使用的数量为 N_i，通用故障率为 λ_i（单位 10^{-4}/h），通用质量系数 π_{Qi} 都为 1，见如下表：

编号	组成部件名	N_i	λ_i
1	阀门	25	0.5
2	过滤器	16	0.7
3	伺服马达	5	2.5
4	连接器	120	0.3
5	密封件	100	0.5

用元器件计数法预计该产品的故障率为________（单位：10^{-4}/h）。

a. 4.50　　b. 266

c. 31.1　　d. 122.2

23. 关于可靠性评审在下列叙述中正确的是________。

a. 设计师必须按评审结论更改　　b. 评审者应负设计责任

c. 评审改变原来设计责任　　d. 评审不能改变原来的设计责任

24. 某产品有 4 个特性，抽查 20 000 个产品中，有 1 000 个产品存在 800 处缺陷。那么该产品的 *DPMO* 值是________。

a. 20 000　　b. 10 000

c. 12 500　　d. 1 250

25. 一台电子设备由 5 个电子元器件串联组成，假设每个元器件的可靠度均为 0.9，则该电子设备的可靠度是________。

a. 0.59　　b. 0.55

c. 0.61　　d. 0.63

26. 在明确一系列项目与相关技术之间的关系时可选用的工具是________。

a. 矩阵图　　b. 网络图

c. 排列图　　d. 流程图

27. 流程图使用的符号中，“▭”中内容是________。

a. 过程流向说明　　b. 判断决策

c. 开始和结束　　d. 活动说明

28. 制定项目实施计划可采用________方法。

a. PDPC 法　　b. 直方图

c. 排列图　　d. 控制图

29. 排列图和因果图结合使用的好处在于________。

a. 减少绘制因果图的步骤
b. 使排列图更加容易判断
c. 有利于查找主要原因
d. 有利于提出假设的原因

30. 根据中国质量协会(原中国质量管理协会)组织制定并颁布的 QC 小组活动成果的评审标准,QC 小组活动成果的评审主要依据________的情况来打分。

a. 现场评审
b. 专家评审
c. 体系评审
d. 发表评审

二、多项选择题(从备择答案选择正确的,共 50 题,每题 2 分,共 100 分)

1. 下列表述中,属于随机现象的是________。

a. 一天内进入超市的顾客数
b. 一天之内的小时数
c. 顾客在商场购买的商品数
d. 一棵树上出现的害虫数
e. 加工某机械轴的误差

2. 设 X 服从正态分布 $N(1,2^2)$,则 $P(|x-1|\geqslant 3)=$________。

a. $P(X>4)+P(X<-2)$
b. $P(-2<X<4)$
c. $2\Phi(1.5)-1$
d. $2[1-\Phi(1.5)]$
e. $1-\Phi(1.5)$

3. 设 X 服从二项分布 $b(15,0.1)$,其中 0.1 是不合格品率,则________。

a. $E(X)=1.5$
b. $Var(x)=1.5$
c. $Var(x)=1.35$
d. 恰有 1 个不合格品的概率为 $\binom{15}{1}\times 0.1\times 0.9^{14}$
e. 多于 2 个不合格品的概率为 $0.9^{15}+15\times 0.1\times 0.9^{14}+105\times 0.1^2\times 0.9^{13}$

4. 在假设检验中,下列可以立为假设的是________。

a. $H_0:\mu\leqslant\mu_0, H_1:\mu>\mu_0$
b. $H_0:\mu<\mu_0, H_1:\mu\geqslant\mu_0$
c. $H_0:\mu\leqslant\bar{x}, H_1:\mu>\bar{x}$
d. $H_0:p\geqslant p_0, H_1:p<p_0$
e. $H_0:\sigma^2=\sigma_0^2, H_1:\sigma^2\neq\sigma_0^2$

5. 设总体 $X\sim N(1,4^2)$,$X_1,X_2,\cdots,X_9$ 的样本均值记为 $\overline{X}$,则下面结论中,正确的有________。

a. $E(\overline{X})=4$
b. $E(\overline{X})=1$
c. $\overline{X}$ 仍服从正态分布
d. $Var(\overline{X})=\frac{4}{3}$
e. $Var(\overline{X})=\frac{16}{9}$

6. 设随机变量 $X\sim N(\mu,\sigma^2)$,下列关系式中正确的有________。

a. $P(X>\mu+\sigma)=P(X\leqslant\mu-\sigma)$
b. $P(X\geqslant\mu+2\sigma)>P(X<\mu+2\sigma)$
c. $P(X<\mu-2\sigma)>P(X>\mu+3\sigma)$
d. $P(X>\mu-\sigma)<P(X<\mu+\sigma)$

e. $P(X>\mu+\sigma)+P(X\leqslant\mu-\sigma)=1$

7. 设 $X_1,X_2,\cdots,X_n$ 是简单随机样本，则有________。

a. $X_1,X_2,\cdots,X_n$ 相互独立
b. $X_1,X_2,\cdots,X_n$ 有相同分布
c. $X_1,X_2,\cdots,X_n$ 彼此相等
d. X_1 与 $(X_1+X_2)/2$ 同分布
e. X_1 与 X_n 的均值相等

8. 当用 q 水平正交表安排试验时，正交表上有 k 列空白列，那么获得试验数据，可以对试验数据进行方差分析，此时有________。

a. 取一列空白列的离差平方和作为误差平方和
b. 取 k 个空白列的离差平方和相加作为误差平方和
c. 误差平方和的自由度是 $q-1$
d. 误差平方和的自由度是 $k(q-1)$
e. 每个因子应取 q 个不同水平

9. 相关系数 r 是表示两个变量线性关系密切程度的统计量。比较如下四个相关系数，$r_1=0.65$，$r_2=0.37$，$r_3=-0.37$，$r_4=0.95$，有________。

a. r_1 表示的两变量密切程度比 r_2 表示的密切程度强
b. r_3 表示的两变量密切程度比 r_4 表示的密切程度强
c. r_2 表示的两变量密切程度比 r_3 表示的密切程度相同
d. r_2 表示的两变量密切程度比 r_4 表示的密切程度强
e. r_2 表示的两变量密切程度比 r_3 表示的密切程度强

10. 在下列有关正交试验的叙述中，正确的是________。

a. 在表头设计时，先安排所有因子，然后在空白列上任意安排交互作用
b. 在表头设计时，应尽可能避免混杂现象
c. 在制定试验方案前，应先确定因子水平表和表头设计
d. 试验时，按正交表规定的顺序进行试验
e. 选择正交表时必须满足条件：所考察的因子与交互作用自由度之和 $\geqslant n-1$

11. 将四水平因子 A 与 B 放置在正交表 $L_{16}(4^5)$ 的表头上时，有________。

a. 交互作用 $A\times B$ 的自由度 $f_{A\times B}=6$
b. 交互作用 $A\times B$ 的自由度 $f_{A\times B}=9$
c. 交互作用 $A\times B$ 在 $L_{16}(4^5)$ 上占 2 列
d. 交互作用 $A\times B$ 在 $L_{16}(4^5)$ 上占 3 列
e. 正交表 $L_{16}(4^5)$ 每列的自由度为 4

12. 在一元线性回归分析中，根据数据 (x_i,y_i)，已知：$L_{xx}=10$，$L_{xy}=8$，以下计算正确的有________。

a. 总平方和 $S_T=5.5$
b. 回归平方和 $S_R=6.4$
c. $r=1.25$
d. $b=0.8$
e. 残差平方和 $S_e=7$

13. 在 GB/T 2828.1 抽样标准中，接受质量限 AQL 的正确描述是________。

a. AQL 是对连续批检验设立的质量指标

b. AQL反映的是使用方对质量的要求

c. AQL值越大，使用方得到的产品的质量越差

d. 实际的过程质量水平应大于AQL值

e. AQL值越小，使用方得到的产品质量越差

14. 生产方风险是指________。

a. 质量差的产品批被接收的概率

b. 质量差的产品被拒收的概率

c. 质量好的产品批被拒收的概率

d. 质量好的产品批被接收，即使用方所承担的风险

e. 质量好的产品批被拒收，即生产方所承担的风险

15. 使用抽样方案(n,Ac)抽检不合格品率为p的产品，当批的接收概率为$L(p)$时，该方案的平均检验总数ATI为________。

a. $nL(p)+N[1-L(p)]$

b. $n+NL(p)$

c. $nL(p)+NL(p)$

d. $n+(N-n)[1-L(p)]$

e. $nL(p)+N$

16. 对零部件的检验使用计数调整型抽样，AQL值的设计应考虑________。

a. 由这些零部件组成的整机产品的质量水平

b. 零部件在整机中的作用

c. 零部件的MTTF

d. 零部件的材质

e. 检验成本和检验时间

17. 下列场合中更适用使用极限质量的有________。

a. 仅对批质量把关的检验

b. 新产品试制的产品批

c. 连续稳定生产的产品批的检验

d. 长期稳定采购的产品批检验

e. 孤立批

18. 关于调整型抽样计划的说法，正确的有________。

a. 调整型抽样计划可不断改变顾客对质量的要求

b. 调整型抽样计划可根据实际的加工过程质量调整抽样方案

c. 调整型抽样方案提出了长期质量要求AQL

d. 调整型抽样计划由一套抽样方案和一套转移规则组成

e. 调整型抽样计划强制使用放宽抽样检验方案

19. 在控制图中发现________应判为过程不稳定。

a. 点在控制限内排列有波动

b. 控制限内连续6点以上递减

c. 有越出控制限的点

d. 控制限内连续6个以上的点递增

e. 控制限内连续9点落在中心线同一侧

20. 设一瓶啤酒的净含量为(640±2)mL，生产出的一批瓶装啤酒的净含量$X\sim N(640.32,0.5^2)$，则这批啤酒净含量的________。

a. $C_p=0.67$

b. $C_p=1.33$

c. $C_{pk}=1.12$　　d. $C_{pk}=1.33$

e. 均值偏离目标值 0.32 mL

21. 在________情况下，控制图需要重新制定。

a. 人员和设备均发生变动　　b. 改变工艺参数或采用新工艺

c. 点子出界　　d. 环境改变

e. 更换原材料、零部件或更换供应商

22. 某车间应用分析用控制图对过程时行分析后，认为根据控制图的理论可以将其转为控制用控制图，这表明________。

a. 生产过程正趋于稳态　　b. 生产过程存在偶然因素影响

c. 生产过程达到稳态　　d. 生产过程不会再受到异常因素的影响

e. 过程能力指数满足要求

23. 分析用控制图的任务为________。

a. 分析产品的顾客满意度　　b. 分析过程是否为统计稳态

c. 分析过程的成本是否经济　　d. 分析过程能力指数是否满足技术要求

e. 分析过程工艺设计的合理性

24. 控制图中控制限的作用为________。

a. 区分偶然波动与异常波动

b. 判断产品的合格与否

c. 分析过程能力

d. 点子落在控制限外，判断过程未处于统计控制状态

e. 点子落在控制限内，判断过程处于统计控制状态

25. 下列关于过程性能指数的叙述中，正确的有________。

a. 过程性能指数是稳态下衡量过程加工内在一致性的指数

b. 过程性能指数又称为长期过程能力指数

c. 通常过程性能指数大于过程能力指数

d. 通常过程性能指数小于过程能力指数

e. 计算过程性能指数不要求过程处于稳态

26. 过程能力指数 C_p ________。

a. 与过程标准差成正比　　b. 与过程标准差成反比

c. 与规定的公差带宽成正比　　d. 与规定的公差带宽成反比

e. 与公差带无关

27. 在由 n 个元器件串联的系统中，下列说法正确的有________。

a. 只有当所有元器件都失效时系统才失效

b. 只要有一个元器件失效时系统就失效

c. 只要有一个元器件不发生失效系统就不会发生失效

d. 系统的可靠性大于系统中元器件可靠性之最大者

e. 系统的可靠性小于系统中元器件可靠性之最小者

28. 下列叙述中正确的是________。

a. 可靠性是从延长其正常工作时间来提高产品可用性,而维修性是从缩短因维修的停机时间来提高可用性
b. 可信性是一个集合性术语,其定性和定量具体要求可通过可用性、可靠性、维修性、维修保障的定性和定量要求表达
c. 产品可用性是产品性能随时间的保持能力
d. 可用性是产品可靠性、维修性和维修保障的综合反映
e. 产品可靠性是产品性能随时间的保持能力

29. 加速寿命试验常见的试验类型有________。
a. 恒定应力
b. 可靠性测定
c. 步进应力
d. 序进应力
e. 环境应力

30. 产品维修性与________有关。
a. 规定的程序和方法
b. 规定的地点
c. 规定的时间
d. 规定的费用
e. 规定的工作条件

31. 在六西格玛 DMAIC 方法的分析阶段,可使用________确定过程的关键影响因素。
a. 排列图
b. 测量系统分析
c. 回归分析
d. 假设检验
e. SIPOC 图

32. 使用头脑风暴法时,为了引发和产生创造性思维,需要注意的事项有________。
a. 与会者都是平等的
b. 不能提出过于荒谬的论点
c. 适当的批评,对统一认识有帮助
d. 与会者可以依次发言
e. 要将大家的观点都记录下来

33. 可根据网络图计算各工序的________。
a. 最早开工时间
b. 技术质量水平
c. 最迟开工时间
d. 最早完工时间
e. 最迟完工时间

34. 以下________属于水平对比法的应用步骤。
a. 选择用来进行水平比较的项目或课题
b. 收集数据
c. 找出 0~80%的 A 类主要竞争对手
d. 制定方针目标
e. 确定对比对象

35. 某企业对已完工的电路板进行检测,统计出每批产品中不合格的焊点数,利用此检测数据可以计算的常用的六西格玛管理度量指标有________。
a. 西格玛水平
b. 百万机会缺陷数
c. 单位缺陷数
d. 流通合格率
e. 过程最终合格率

36. PDPC法的用途很广，其中包括________。

a. 找出主要的质量问题
b. 制定方针目标管理的实施计划
c. 制定工序控制的措施
d. 制定科研项目的实施计划
e. 在产品设计时对故障进行预测

37. 亲和图法的用途包括________。

a. 认识未知事物
b. 制定未来项目的实施计划
c. 促进协调，统一思想
d. 分析质量问题的原因
e. 贯彻质量方针

38. 过程最终合格率与流通合格率的区别是________。

a. 流通合格率旨在反映企业的"过程质量"能力
b. 过程最终合格率充分考虑了过程中子过程的存在
c. 在一个多个工序的过程中，每个工序经过返工后的合格率可能都很高，但流通合格率可能却很低
d. 过程最终合格率主要考虑全过程的进展情况
e. 流通合格率能发现和揭示制造过程中的"隐蔽工厂"

39. QC小组活动成果的评审包括________。

a. 发表评审
b. 效果评审
c. 现场评审
d. 选题评审
e. 书面评审

40. 试验设计常用于DMAIC过程________阶段。

a. D界定
b. M测量
c. A分析
d. I改进
e. C控制

三、综合分析题(从备选答案中选择正确的，可能是单选，也可能是多选，每题2分，共60分)

(一) 为提高某产品的性能指标，选择三个因子 A,B,C，每个因子各取3个水平，并用正交表 $L_9(3^4)$ 安排试验(见下列表头)，根据9个试验结果可算得各水平对应的试验结果之和如下：

$L_9(3^4)$	A 1	B 2	C 3	e 4
T_1	3	24	9	24
T_2	24	39	57	33
T_3	63	27	24	33

1. 用极差对因子主次排序，结果是________。

a. A,B,C
b. A,C,B
c. C,A,B
d. C,B,A

2. 用直观分析法,使性能指标越大越好的最佳水平条件是________。

a. $A_3B_1C_1$　　b. $A_3B_2C_1$

c. $A_3B_2C_2$　　d. $A_3B_2C_3$

3. 已算得 $L_9(3^4)$ 表中各列的平方和为 $S_1=618, S_2=42, S_3=402, S_4=18$. 则各因子及误差的均方分别是________。

a. $MS_A=309$　　b. $MS_B=57$

c. $MS_C=201$　　d. $MS_e=9$

4. 若取 $a=0.05$,查表得 $F_{0.95}(2,2)=19.0$,则显著因子有________。

a. A,B,C　　b. A,B

c. A,C　　d. B,C

(二)在一个单因子方差分析中,因子 A 取 2 个水平,在每个水平下重复试验 4 次,具体数据如下:

水平	试验值				平均值	离差平方和
1	5	8	4	7	6	10
2	5	1	2	0	2	14

1. 组内离差平方和 $S_{内}=$________。

a. 8　　b. 16

c. 24　　d. 32

2. 组间离差平方和 $S_{间}=$________。

a. 8　　b. 16

c. 24　　d. 32

3. 总平方和 $S_T=$________。

a. 32　　b. 40

c. 48　　d. 56

4. 误差平方和的自由度 $f_e=$________。

a. 1　　b. 6

c. 7　　d. 8

5. σ 的估计值 $\hat{\sigma}=$________。

a. 2　　b. 4

c. 6　　d. 8

(三)从某合金钢中含碳量 x 与某质量指标 y 的 10 组数据,得如下结果:

$$\bar{x}=5.0 \quad \bar{y}=32.0$$

$$L_{xx}=25.0 \quad L_{xy}=57.0 \quad L_{yy}=144.0$$

1. x 与 y 的相关系数________。

a. -0.93　　b. 0.93

c. 0.95　　d. -0.95

2. 回归方程 $\hat{y}=a+bx$ 中，b 的估计是________。

a. 2.28　　b. －2.28

c. 43.4　　d. 20.6

3. 回归方程的常数项 a 为________。

a. 2.28　　b. －2.28

c. 43.4　　d. 20.6

4. 回归平方和 S_R 为________。

a. －129.96　　b. 129.96

c. 2 473.8　　d. 1 174.2

5. 当 $x_0=10$ 时，则指标 y 的预测值为________。

a. 20.6　　b. 66.2

c. 43.4　　d. 22.6

（四）甲、乙、丙三家企业向某整机生产企业供应同一种零部件。该整机生产企业要求供货产品生产过程的不合格品率 $p<1‰$。三家企业在质量文件中规定对产品出厂检验的方法是：甲企业对产品进行全检；乙、丙两家企业采用 AQL＝0.1(%)，检验水平为Ⅱ的一次正常抽样方案进行抽检。经过验收发现实际情况如下：甲、乙两家企业的产品很少发生质量问题，丙企业的产品有时因产品质量问题而发生退货，年末在对供应商的评价过程中发现三家企业生产该产品的过程能力指数分别为：$P_{pk甲}=1.0$，$P_{pk乙}=1.67$，$P_{pk丙}=1.0$。

请回答以下问题。

1. 根据三家企业的生产情况，下列分析正确的有________。

a. 甲企业靠检验保证了出厂产品的质量

b. 乙企业的过程能力达到了用户的要求

c. 丙企业出厂产品的质量能满足用户的要求

d. 甲、乙企业的生产过程加工质量都很好

2. 针对丙企业的问题，可以采取的措施有________。

a. 要求其提高过程能力

b. 出厂检验采用加严检验

c. 进货检验可适当减少检验量，以降低成本

d. 丙企业应进一步加强对过程的的监控和改进

3. 针对乙企业的情况，应做的调整有________。

a. 出厂检验根据转移规则采用一次放宽抽样，减少成本

b. 提高现有的过程能力

c. 整机厂进货检验可以适当减少检验量

d. 整机厂可对该企业产品进行加严进货检验

4. 如果整机生产企业缩小生产规模，仅从供应商质量保证能力角度考虑，应________。

a. 优先选择甲企业

b. 优先选择乙企业

c. 优先选择丙企业

d. 重新选择其他供应商,因三家企业都不能满足要求

(五) 加工一种轴承,其规格为(10±0.08)mm。要求 $C_{pk}\geqslant 1$。收集 25 组数据绘制分析用控制图,未显示异常。计算得到:$\hat{\mu}=10.04$ mm,$\hat{\mu}=0.02$ mm

1. 下列论述正确的是________。

a. 过程处于统计控制状态和技术控制状态

b. 过程处于统计控制状态,未处于技术控制状态

c. 过程未处于统计控制状态,处于技术控制状态

d. 过程未处于统计控制状态和技术控制状态

2. 比较经济的改进措施为________。

a. 同时调整 μ,σ　　　　b. 调整 μ

c. 调整 σ　　　　d. μ 和 σ 都无需调整

3. 如果只调整 μ,则 μ 调整为________,即可满足要求。

a. 10.00　　　　b. 10.01

c. 10.02　　　　d. 10.03

4. 如果只调整 σ,则 σ 调整为________,即可满足要求。

a. 0.010　　　　b. 0.0133

c. 0.0150　　　　d. 0.0167

(六) 某电子产品由 6 个部件组成,其中某个部件故障就会导致该产品故障,若假定故障的发生时间服从指数分布,并已知每个部件的故障率分别为:

$$\lambda_1=0.000\ 7/\text{h},\lambda_2=0.000\ 04/\text{h}$$
$$\lambda_3=0.000\ 2/\text{h},\lambda_4=0.000\ 1/\text{h}$$
$$\lambda_5=0.000\ 06/\text{h},\lambda_6=0.000\ 9/\text{h}$$

1. 该电子产品的故障率为________。

a. 0.000 3/h　　　　b. 0.003 0/h

c. 0.020 0/h　　　　d. 0.002 0/h

2. 该电子产品的 $MTBF$ 为________。

a. 3 333 h　　　　b. 333 h

c. 5 000 h　　　　d. 500 h

3. 该电子产品工作 1 000 小时的可靠度为________。

a. $e^{-0.3}$　　　　b. e^{-2}

c. e^{-3}　　　　d. e^{-20}

4. 为了提高该电子产品的可靠性,通过改进,第一个部件的故障率降低为 0.000 03/h,第 6 个部件的故障率降低为 0.000 02/h,则新产品的故障率为________。

a. 0.000 45/h　　　　b. 0.005 50/h

c. 0.000 95/h　　　　d. 0.009 50/h

(七) 某企业质量攻关小组的选题是降低产品表面的疵点个数,进行了以下活动:

1. 为掌握现状,绘制了分析用的________控制图。

a. p　　b. X

c. c　　d. $\overline{X}$

2. 为找出生产疵点的原因，借助________，绘制了因果图。

a. 网络图　　b. 对策表

c. 质量功能展开　　d. 头脑风暴法

3. 为从因果图中众多的影响因素中找出主要的影响因素，小组可使用的量化分析工具的方法是________。

a. PDPC 法　　b. 亲和图

c. 控制图　　d. 试验设计

4. 为解决疵点问题，小组从技术、经济等不同角度讨论了各种对策，最后决定采取过滤原料，取出杂质，并增加检查、打磨工序，将产品表面出现的疵点打磨掉，本轮对策包括了________等类型。

a. 去除原因　　b. 去除现象(结果)

c. 去除因果关系　　d. 弱化因果关系

第七部分

统计软件应用

“基于事实的决策方法”质量管理原则明确要求在质量管理的过程中必须注重“数据和信息的分析”。统计技术和方法是分析质量管理数据的重要手段。然而由于历史的原因，质量工作者在日常工作中普遍感到数理统计太难，以致日常工作中难以应用。

利用统计软件（如 Minitab 软件、SPSS 软件、SAS 软件等）可以帮助质量工作者从深奥和复杂的统计计算（如方差分析、假设检验等）中解脱出来，提高工作效率和决策水平。统计软件的广泛应用必将有力地推动我国质量管理工作向更高、更深的方向发展。

第一章　质量工作中常用软件简介

目前常用的统计软件有 Minitab 软件、SPSS 软件、SAS 软件等，其中以 Minitab 软件和 SPSS 软件应用最为广泛。下面分别对这两种软件进行简要介绍。

第一节　Minitab软件

Minitab 软件是 1972 年美国宾夕法尼亚州立大学为进行统计分析和教学而开发的，目前已推出 Vesion15.1 版，且已有中文版本。Minitab 软件已在工学、社会学等领域得到广泛使用，在质量管理领域也得到非常广泛的应用。由于具有良好的人机界面，曾有用户亲切地称 Minitab 软件是“非统计学者的统计软件”。下面对 Minitab 软件在质量管理工作中的应用介绍都是在 Minitab15 中文版环境下完成的。

Minitab 软件的工作界面主要包括：菜单栏、会话区域、工作表和项目管理器等（如图 7-1 所示）。

Minitab 软件作为一款得到各界充分认可的统计软件，其功能十分强大，主要功能包括：统计技术、图形制作和六西格玛管理等方面。

（1）统计技术。作为一款统计软件，统计技术应用是必不可少的。Minitab 软件在统计技术方面功能十分丰富，包括：基本统计检验、常用回归分析、方差分析、试验设计（DOE）、质量工具、常用控制图制作等。其中“质量工具”中包括了所有企业日常生产中常用的质量管理工具，如排列图、因果图、过程能力分析、测量系统分析等，如图 7-2 所示。

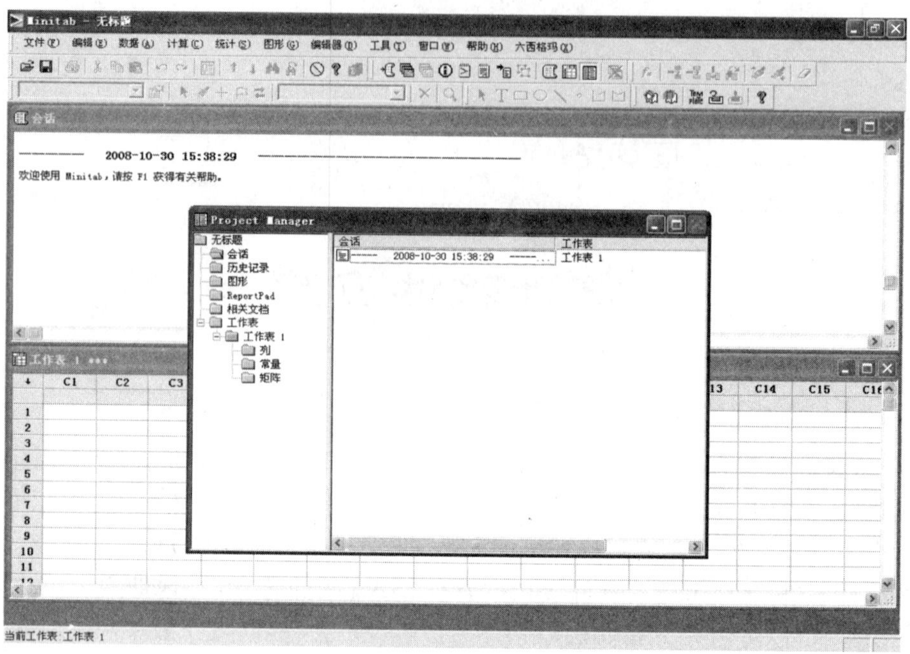

图 7-1　Minitab 软件的工作界面

（2）图形制作。Minitab 软件有很强的图形制作功能，在图形菜单中几乎提供了企业日常管理中所需的各种统计图表的制作，包括直方图、散点图、饼分图、柱形图、箱线图、概率图等，如图 7-3 所示。

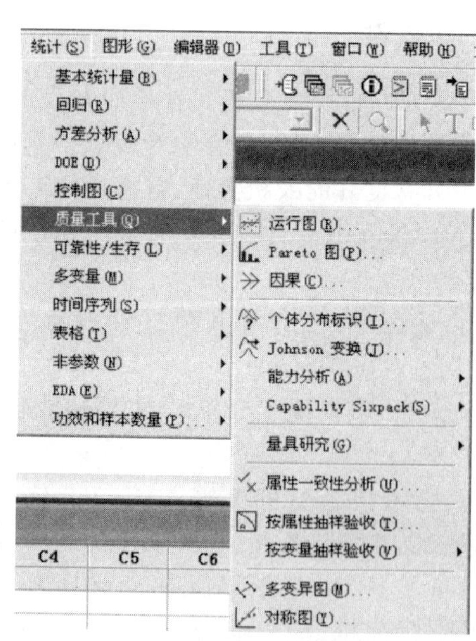

图 7-2　Minitab 软件常用统计工具

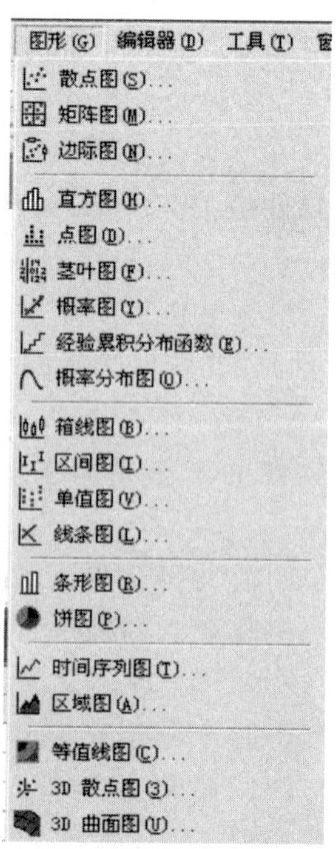

图 7-3　Minitab 软件常用的图形功能

第二节 SPSS 软件

SPSS(Statistical Package for the Social Science——社会科学统计软件包)是世界上最早的统计分析软件之一,由美国斯坦福大学的三位研究生于 20 世纪 60 年代末研制,同时成立了 SPSS 公司,并于 1975 年在芝加哥组建了 SPSS 总部。SPSS 软件广泛应用于自然科学、技术科学、社会科学的各个领域。随着业务的发展,SPSS 公司已于 2000 年正式将英文全称更改为 Statistical Product and Service Solutions,意为"统计产品与服务解决方案"。

图 7-4 是 SPSS 软件的工作界面。菜单栏是由 10 个菜单项组成的,分别是文件(File)、编辑(Edit)、视图(View)、数据(Data)、转换(Transform)、分析(Analyze)、图表(Graphs)、适用程序(Utilities)、窗口(Windows)、帮助(Help)。

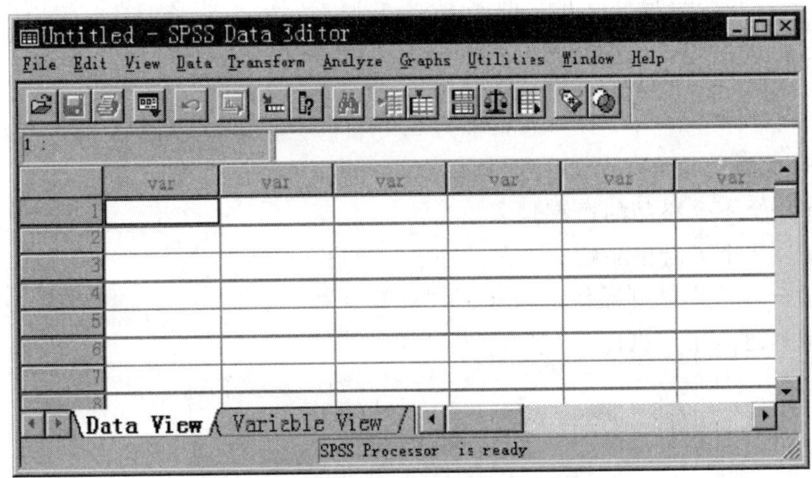

图 7-4 SPSS 软件工作界面

SPSS 软件有非常强大的统计功能,大致可以分为三大类:

(1) 基础统计

主要包括描述性统计、推断性统计、列联表分析、线性组合测量、t 检验、单因素方差分析、多重响应分析、线性回归分析、相关分析、非参数检验等。

(2) 专业统计

主要包括判别分析、因子分析、聚类分析、可靠性分析。

(3) 高级统计

主要包括 Logistic 回归分析、多变量方差分析、重复测量方差分析、多协变量方差分析、非线性回归、Probit 回归分析、Cox 回归分析、曲线回归等。

除上述专业统计软件外,还可以使用 Excel 软件。Excel 软件是微软 Office 软件中的重要组成部分,其中包含许多常用的统计函数(计算均值、方差、标准差等)和图表(如柱状图、折线图、饼分图等)。这些函数和图表也能在节能减排(JJ)小组活动中发挥重要的作用。

第二章 Minitab 软件在概率统计基础中的应用

作为一名合格的质量工程师，必须懂得一些概率统计的基础知识，主要内容包括概率基础、随机变量及其分布、统计基础以及参数估计、假设检验等内容。根据样本数据对总体进行推断是数理统计的核心，参数估计和假设检验是统计推断的两个基本内容。本节以例说明如何利用 Minitab 软件进行假设检验和参数估计。

第一节 概率应用

利用 Minitab 软件可以计算一些常见分布，如二项分布、泊松(Poisson)分布、超几何分布、正态分布、均匀分布、指数分布等的概率、累计概率和逆累计概率等。举例说明如下：

一、二项分布

【例】在一个制造过程中，不合格品率为 0.1，如今从成品中随机取出 6 个，记 X 为 6 个成品中的不合格品数，试问：

(1) 恰有 1 个不合格品的概率是多少？

(2) 不超过 1 个不合格品的概率是多少？

【解】二项分布概率计算操作路径如下："计算→概率分布→二项"(如图 7-5 所示，其他分布操作类似)，进入下一页面。

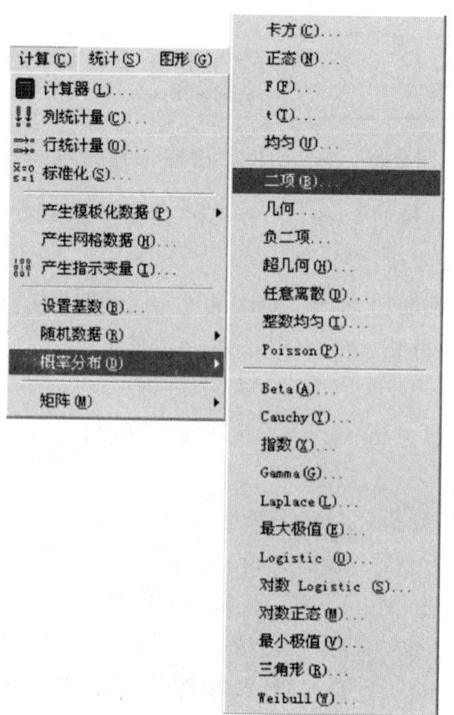

图 7-5 二项分布概率计算操作路径图

(1) 恰有 1 个不合格品的概率计算

这是计算一个事件的概率，选择参数如图 7-6 所示，选择“概率”，输入“试验数”和“事件概率”，依题意分布为“6”和“0.1”，“输入常量”为“1”。

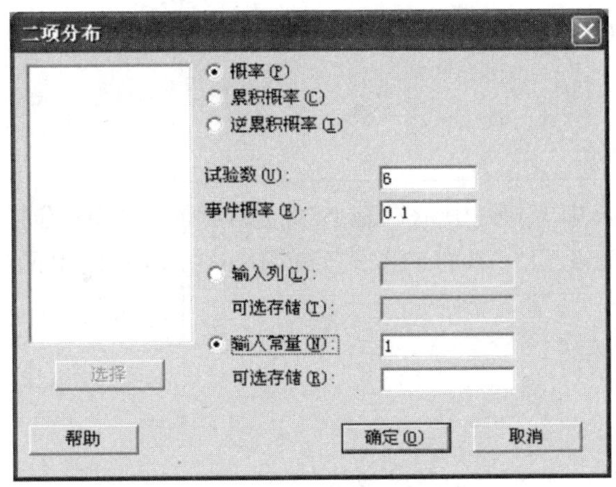

图 7-6　二项分布概率计算参数设定

点击确定，得到结果如下，即“恰有 1 个不合格品的概率”为 0.354 294。

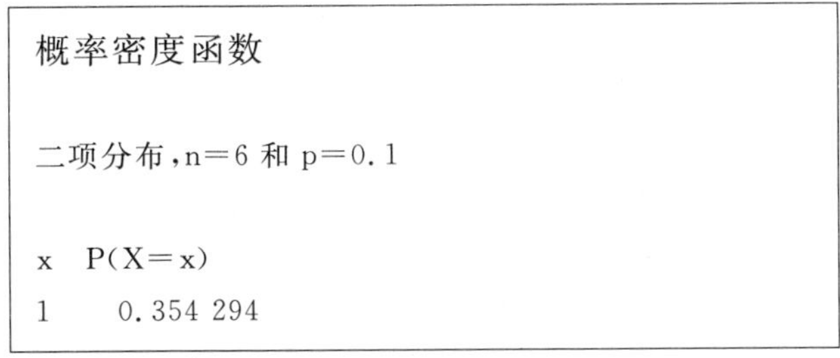

概率密度函数

二项分布，n=6 和 p=0.1

x　P(X=x)
1　　0.354 294

(2) 不超过 1 个不合格品的概率计算

这是计算累计概率，选择参数如图 7-7 所示，选择“累计概率”，输入“试验数”和“事件概率”，依题意分布为“6”和“0.1”，“输入常量”为“1”。

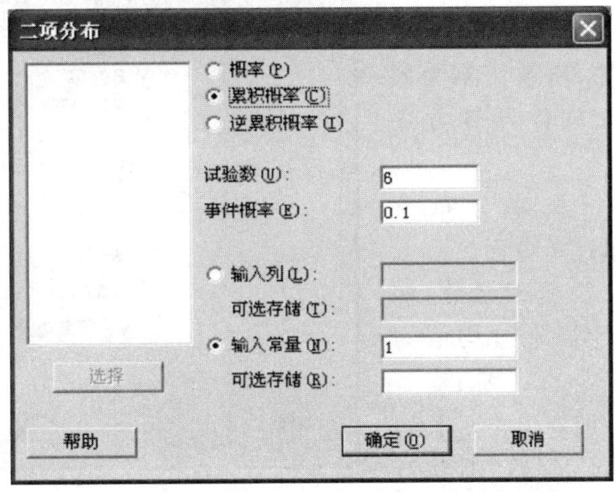

图 7-7　二项分布累计概率计算参数设定

点击确定，得到结果如下，即“不超过 1 个不合格品的概率”为 0. 885 735。

累积分布函数

二项分布，n=6 和 p=0.1

x	P(X<=x)
1	0.885 735

此外，如果在数据表中 C1 列中依次输入 0～6，参数设定时选择输入列为“C1”，则结果如下，这即是参数分布为 6 和 0.1 的二项式分布 b(6,0.1)的概率函数。

概率密度函数

二项分布，n=6 和 p=0.1

x	P(X=x)
0	0.531 441
1	0.354 294
2	0.098 415
3	0.014 580
4	0.001 215
5	0.000 054
6	0.000 001

二、泊松(Poisson)分布

【例】某大公司一个月发生重大事故数 X 是服从泊松分布的随机变量，根据过去事故的记录，该公司一个月平均发生 1.2 起重大事故。试问：该公司 1 月内发生 2 起以上重大事故的概率是多少？

【解】该公司重大事故发生数服从参数为 1.2 的泊松分布，所求概率为累计概率，利用 Minitab 软件计算方法如下。

首先，按“计算 → 概率分布 → Poisson”进入泊松分布计算页面。

然后，选择所要计算概率参数，如图 7-8所示，选择“累计概率”，均值为“1.2”，“输入常量”为“2”，点击确定。

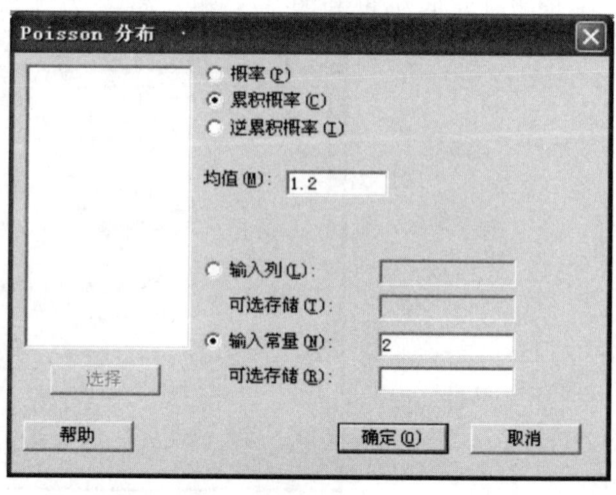

图 7-8　泊松分布参数设定

结果如下，即“1 月内发生不足 2 起重大事故的概率”为 0.879 487，则“1 月内发生 2 起以上重大事故的概率”为

1－0.879 487＝0.120 513。

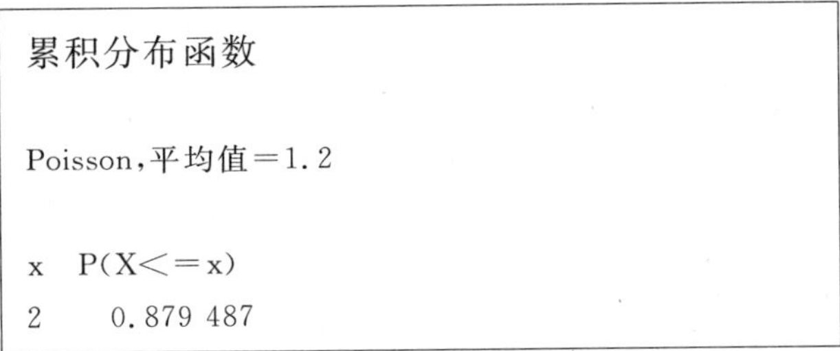

累积分布函数

Poisson，平均值＝1.2

x	P(X<＝x)
2	0.879 487

三、正态分布

【例】设 $X \sim N(10, 2^2)$，试求概率 $P(8<X<14)$。

【解】按"计算→概率分布→正态"进入正态分布概率计算页面。然后根据题意选择相关参数，$P(8<X<14)$的参数设定如图 7-9 所示，其中 C1 列中输入 8 和 14，C2 列为存储累计概率列。

点击确定，结果如图 7-10 所示，即 $P(X<8)=0.158\,655$，$P(X<14)=0.977\,25$。根据概率的性质可知，$P(8<X<14)=0.977\,25-0.158\,655=0.818\,595$。

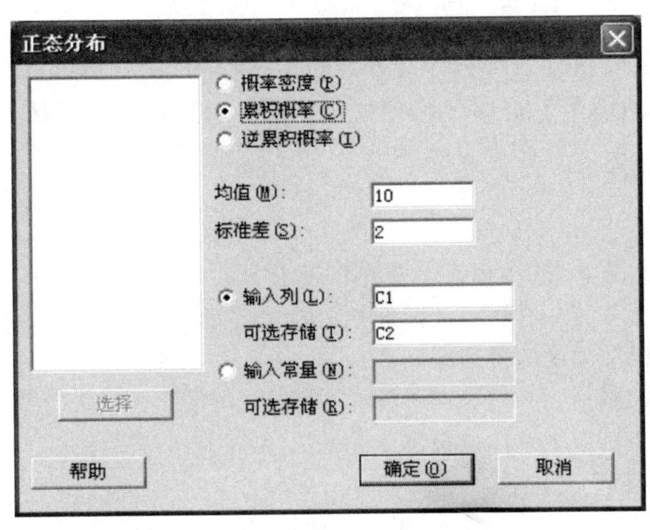

图 7-9　正态分布概率计算参数设定

工作表 1 ***

↓	C1	C2	C3
1	8	0.158 655	
2	14	0.977 250	
3			
4			

图 7-10　正态分布概率计算结果

四、指数分布

【例】某种热水器首次发生故障的时间 T（单位为小时）服从参数为 0.002 的指数分布，试求该热水器在 300 小时～500 小时之间需要维修的概率。

【解】按"计算→概率分布→指数"进入指数分布概率计算页面。然后根据题意选择相关参数，$P(8<X<14)$的参数设定如图 7-11 所示，阈值为 0，尺度为指数分布参数的倒数，即 1/0.002＝500，其中 C1 列中输入 300 和 500，C2 列为存储累计概率列。

点击确定,结果如图 7-12 所示,即 $P(T<300)=0.451\ 188$,$P(T<500)=0.632\ 121$。根据概率的性质可知,$P(300<T<500)=0.632\ 121-0.451\ 188=0.180\ 933$。

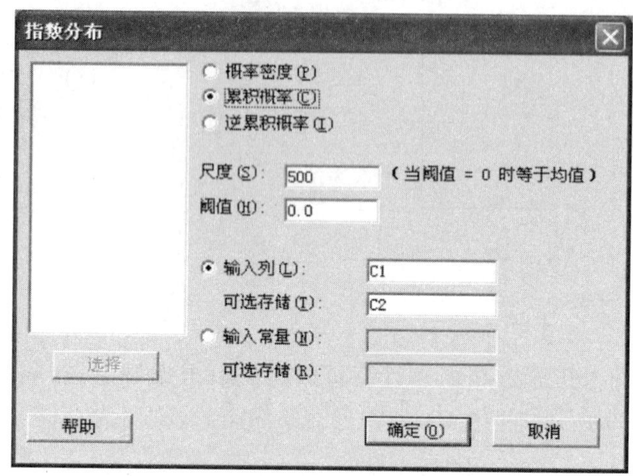

图 7-11 指数分布概率计算参数设定

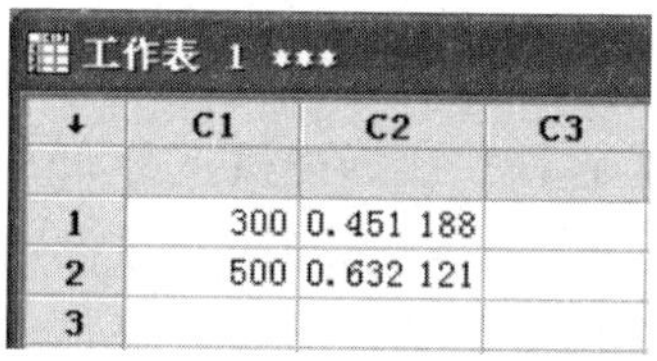

工作表 1 ***

↓	C1	C2	C3
1	300	0.451 188	
2	500	0.632 121	
3			

图 7-12 正态分布概率计算结果

第二节 参数估计

参数估计有两种形式:点估计和区间估计。点估计又分为矩法估计和极大似然估计。点估计方法较为简单,可直接计算得到结果。下面介绍如何利用 Minitab 软件进行区间估计。

一、正态总体参数的区间估计

【例】某溶液中的甲醛浓度服从正态分布,从中抽取一个样本量为 4 的样本,求得样本均值为 8.34%,样本标准差 $s=0.03\%$,试求正态均值 μ 及标准差 σ 的 95%的置信区间。

【解】分别计算正态均值 μ 和正态标准差 σ 的置信区间。

(1) 正态均值 μ 的区间估计

本例中,先求正态均值 μ 的置信区间,由于总体的标准差 σ 未知,故采用 t 分布来求。具体步骤如下:

第一步,选择"统计→基本统计量→单样本 t(1)",如图 7-13 所示,进入下一界面。

第二步,选择单样本 t(检验和置信区间)参数。本例中,数据是汇总后的数据,故选择"汇总数据"。依题意,"样本数量"为 4,"均值"为 8.34(%),"标准差"为 0.03(%),如图 7-14 所示。点击"选项"进入选项页。

第三步,选择 t 检验选项。本例中"置信水平"为 95.0,即置信区间为 95%,如图 7-15 所示。

第四步,点击确定,显示结果如下,即正态均值 μ 的 95%置信区间为(8.292 3,8.387 7)。

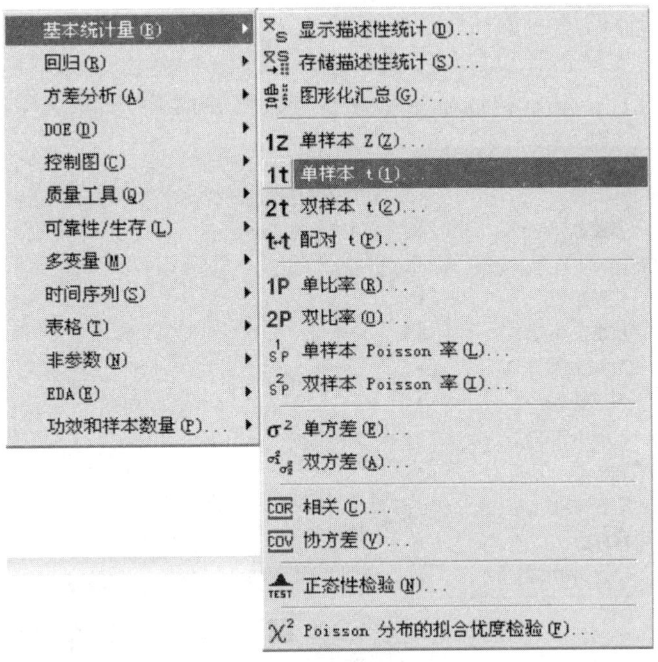

图 7-13　单样本 t(检验和置信区间)操作路径图

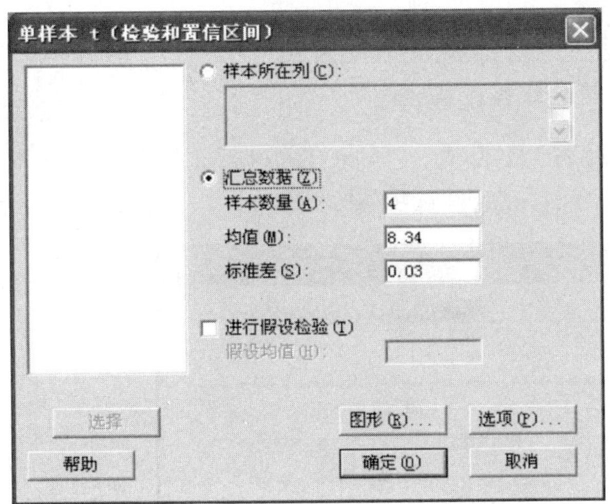

图 7-14　单样本 t(检验和置信区间)参数选择

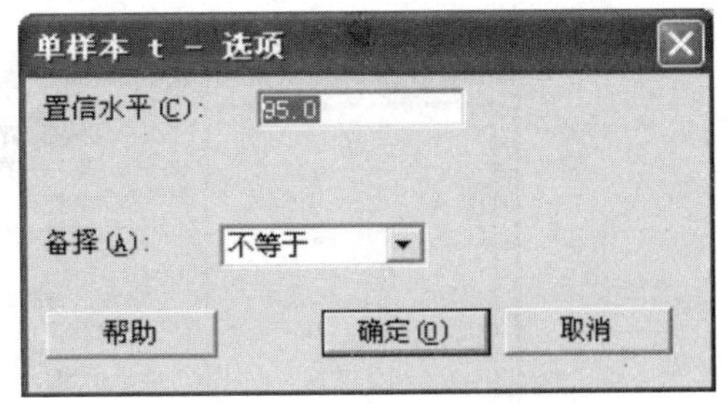

图 7-15　单样本 t(检验和置信区间)选项设置

单样本 T

N	平均值	标准差	平均值标准误	95%置信区间
4	8.340 0	0.030 0	0.015 0	(8.292 3,8.387 7)

(2) 正态标准差 σ 的区间估计

正态标准差 σ 的区间估计可按以下步骤进行。

第一步,选择"统计→基本统计量→单方差",如图 7-16 所示,进入下一界面。

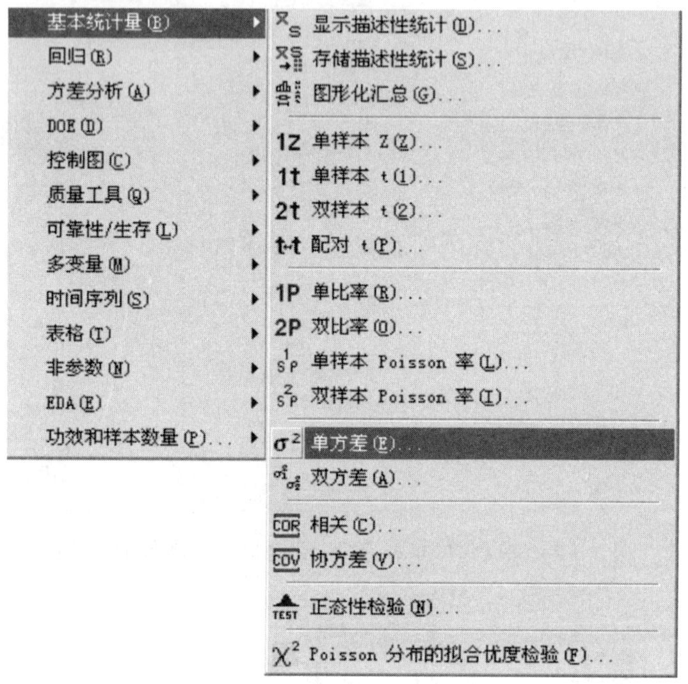

图 7-16 单方差检验操作路径图

第二步,选择参数。本例中,数据是汇总后的数据,故选择"汇总数据"。依题意,"样本数量"为 4,"标准差"为 0.03(%),如图 7-17 所示。点击"选项"进入选项页。

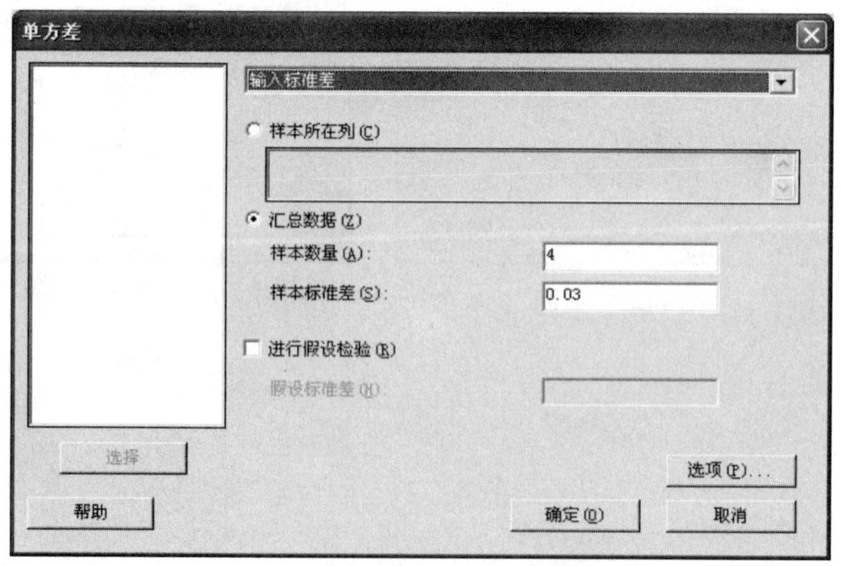

图 7-17 单方差参数选择

第三步，选择单方差选项。本例中“置信水平”为 95.0，即置信区间为 95%，如图 7-18 所示。

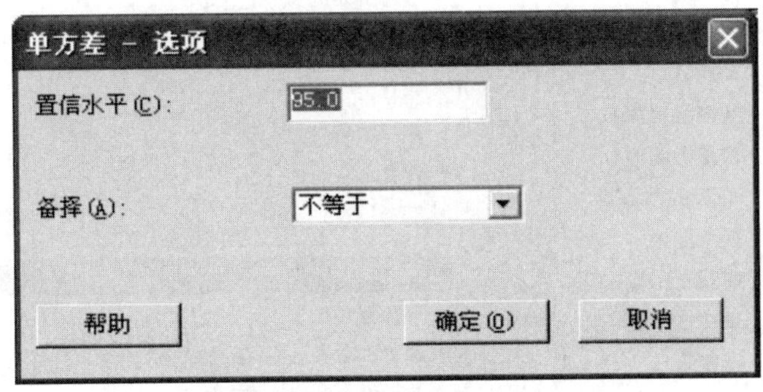

图 7-18　单方差选项设置

第四步，点击确定，显示结果如下，即正态标准差 σ 的 95% 置信区间为(0.017 0，0.111 9)，正态方差 σ 的 95%置信区间为(0.000 289，0.012 512)。

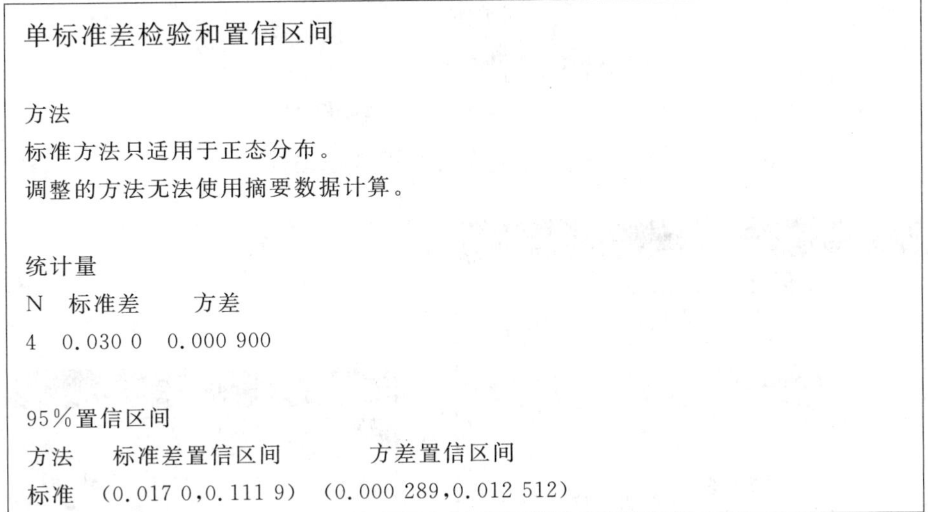

单标准差检验和置信区间

方法

标准方法只适用于正态分布。

调整的方法无法使用摘要数据计算。

统计量

N	标准差	方差
4	0.030 0	0.000 900

95%置信区间

方法	标准差置信区间	方差置信区间
标准	(0.017 0，0.111 9)	(0.000 289，0.012 512)

二、比例 p 的区间估计

当一个变量服从二点分布时，通常需要估计总体的比率的置信区间。

【例】在某电视节目收视率调查中，随机调查了 400 人，其中 100 人收看了该节目，试对该节目的收视率 p 作置信水平为 0.95 的区间估计。

【解】这是一个比例 p 的区间估计问题，可以按照以下步骤进行估计。

第一步，选择“统计→基本统计量→单比率”，如图 7-19 所示，进入下一界面。

第二步，选择参数。本例中，数据是汇总后的数据，故选择“汇总数据”。依题意，“事件数”为 100，“试验数”为 400，如图 7-20 所示。点击“选项”进入选项页。

第三步，选择“单比率检验和置信区间”选项。本例中“置信水平”为 95.0，即置信区间为 95%，如图 7-21 所示。

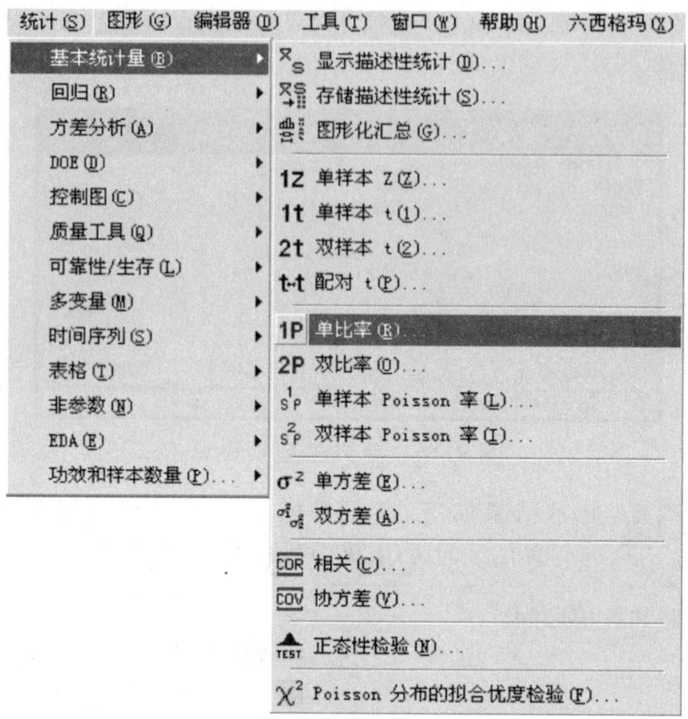

图 7-19　单比率检验和置信区间操作路径图

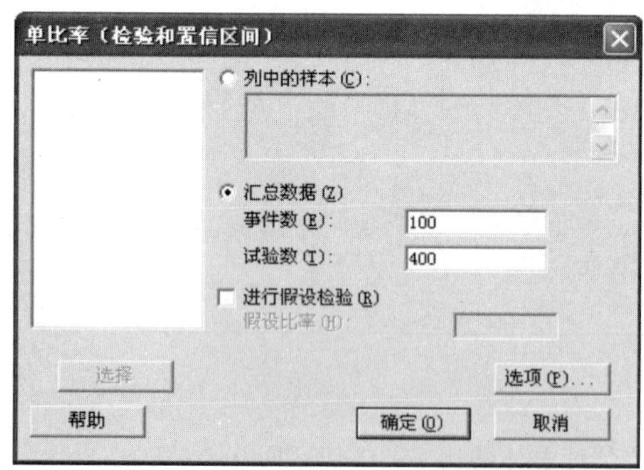

图 7-20　单比率检验和置信区间参数设置

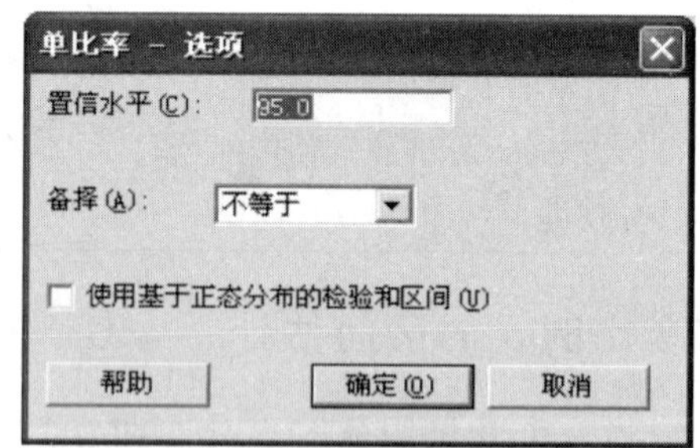

图 7-21　单比率检验和置信区间选项设置

第四步，点击确定，显示结果如下，即该节目收视率的 95% 置信区间为(0.208 302，0.295 442)。

单比率检验和置信区间

样本	X	N	样本 p	95%置信区间
1	100	400	0.250 000	(0.208 302，0.295 442)

第三节　假设检验

假设检验主要利用样本的数据对总体参数的性质、分布的类型做出结论性的判断，比如新的配方是否比原来配方更好、零件的尺寸是否服从正态分布等。

正态总体有两个参数：正态均值 μ 和正态方差 σ^2。有关这两个参数的假设检验问题通常可以分三类：正态均值 μ 的假设检验（σ 已知）；正态均值 μ 的假设检验（σ 未知）；正态方差 σ^2 的假设检验。现结合案例分述如下：

1. 正态均值 μ 的假设检验（σ 已知）

【例】某电工器材厂生产一种云母带，其厚度在正常生产下服从 $N(0.13, 0.015^2)$。某日在生产的产品中抽查了 10 次，发现其平均厚度为 0.136，如果标准差不变，试问生产是否正常？（取 $\alpha=0.05$）

【解】设立假设：$H_0:\mu=0.13$，$H_1:\mu\neq0.13$。由于 σ 已知，故选择 μ 检验。

第一步，选择“统计→基本统计量→单样本 Z”，如图 7-22 所示，进入下一界面。

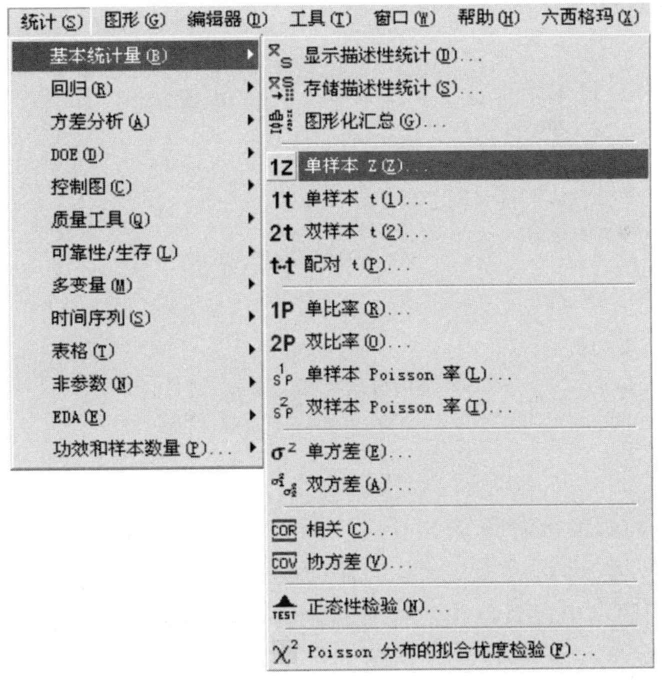

图 7-22　单样本 Z（检验和置信区间）操作路径图

第二步，选择参数。本例中，数据是汇总后的数据，故选择“汇总数据”。依题意，“样本数”为 10，“均值”为 0.136。选择“进行假设检验”并设“假设均值”为 0.13，如图 7-23 所示。点击“选项”进入选项页。

第三步，选择“单样本 Z（检验和置信区间）”选项。本例中“置信水平”为 95.0，即置信区间为 95%，“备择”为“不等于”，如图 7-24 所示。

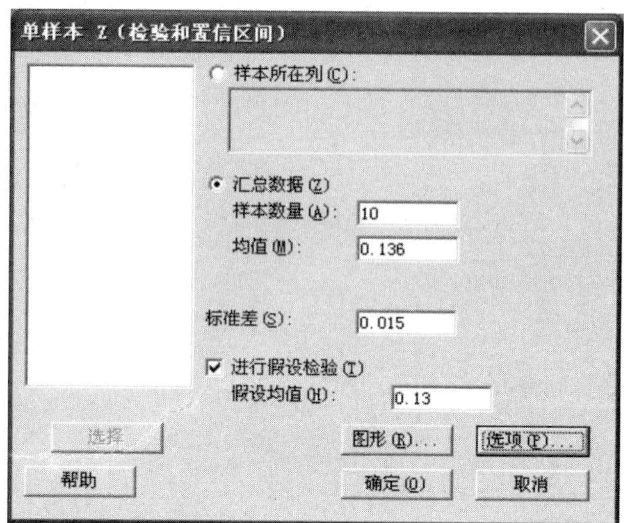

图 7-23 单样本 Z(检验和置信区间)参数设置

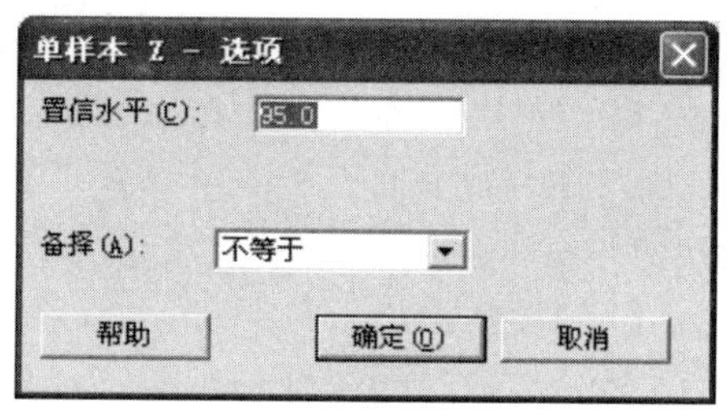

图 7-24 样本 Z(检验和置信区间)选项设置

第四步，点击确定，显示结果如下：

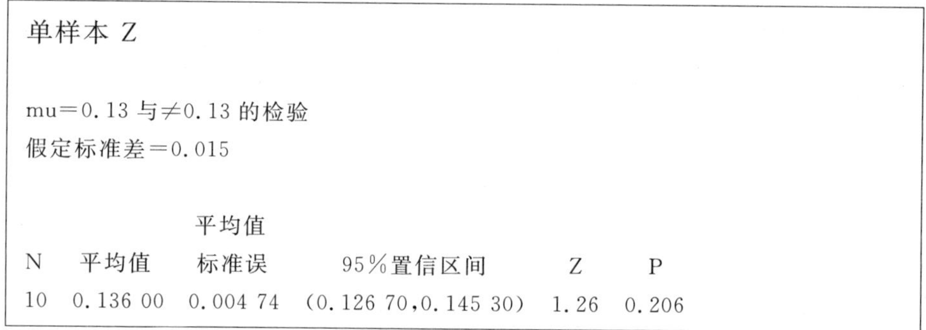
单样本 Z

mu=0.13 与≠0.13 的检验
假定标准差=0.015

N	平均值	平均值标准误	95%置信区间	Z	P
10	0.136 00	0.004 74	(0.126 70,0.145 30)	1.26	0.206

输出结果 $P=0.206>0.05$，则接收原假设 H_0，即认为该天生产是正常的。

2. 正态均值 μ 的假设检验(σ 未知)

【例】根据某地环境保护法规定，倾入河流的废水中一种有毒化学物质的平均含量不得超过 3×10^{-6}。已知废水中该有毒化学物质的含量 X 服从正态分布。该地区环保组织对沿河的一个工厂进行检查，测定每日倾入河流的废水中该物质的含量，连续 15 天的记录如下(单位为 ppm)

3.1　3.2　3.3　2.9　3.5　3.4　2.5　4.3　2.9　3.6　3.2　3.0　2.7　3.5　2.9

试在 $\alpha=0.05$ 水平上判断该厂是否符合环保规定？

【解】如果符合环保规定，那么 μ 应不超过 3 ppm，如果不符合环保规定，那么 μ 应该大于 3 ppm。所以设立假设：$H_0:\mu\leqslant3$，$H_1:\mu>3$。由于 σ 未知，故选择 t 检验。

第一步，选择“统计→基本统计量→单样本 t”，进入下一界面。

第二步，选择参数。本例中，数据是原始数据，故“样本所在列”中选择数据在数据表中的列编号“C1”。选择“进行假设检验”并设“假设均值”为 3，如图 7-25 所示。点击“选项”进入选项页。

第三步，选择“单样本 t(检验和置信区间)”选项。本例中“置信水平”为 95.0，即置信区间为 95%，“备择”为“大于”，如图 7-26 所示。

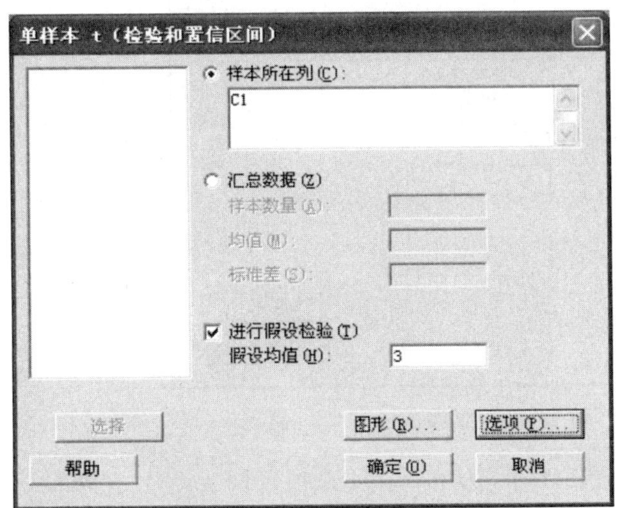

图 7-25　单样本 t(检验和置信区间)参数设置

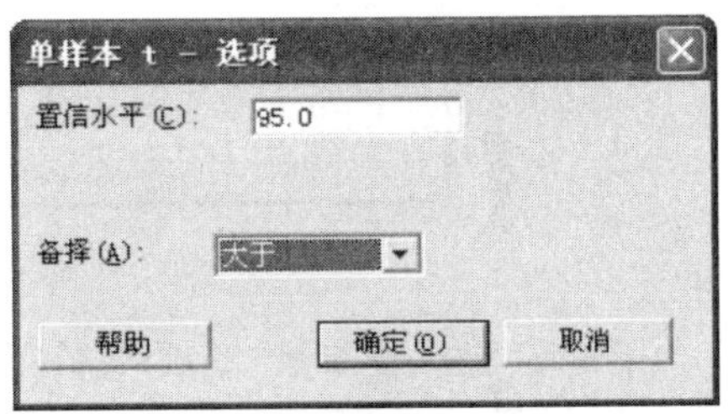

图 7-26　单样本 t(检验和置信区间)选项设置

第四步，点击确定，显示结果如下：

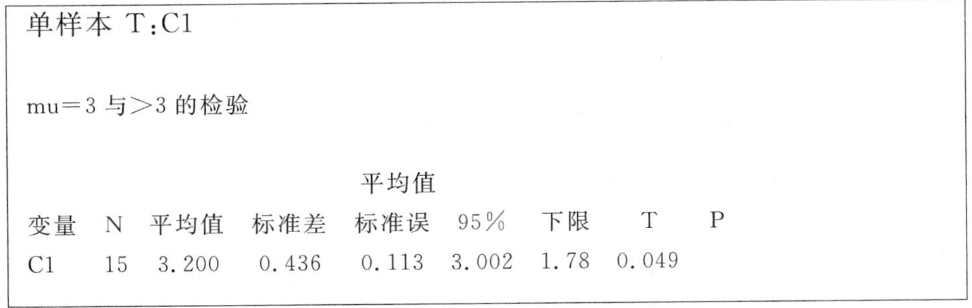

单样本 T:C1

mu=3 与>3 的检验

变量	N	平均值	标准差	平均值标准误	95%下限	T	P
C1	15	3.200	0.436	0.113	3.002	1.78	0.049

输出结果 $P=0.049<0.05$，则拒绝原假设 H_0，即认为该厂排放不符合环保规定，应采取措施降低废水中有毒化学物质的含量。

3. 正态方差 σ^2 的假设检验

【例】某种导线的电阻服从正态分布 $N(\mu,\sigma^2)$，μ 未知，其中一个质量指标为电阻的标准差不得超过 0.005 Ω。现从一批导线中随机抽取 9 根，测得样本的标准差为 $S=0.006\ 6$，试问在 $\alpha=0.05$ 水平上能否认为该批导线电阻波动合格？

【解】如果合格，那么 σ 应不超过 0.005 Ω，如果不符合环保规定，那么 σ 应该大于0.005 Ω。所以设立假设：$H_0:\sigma\leqslant 0.005$，$H_1:\sigma>0.005$。选择 χ^2 检验。

第一步，选择“统计→基本统计量→单方差”，进入下一界面。

第二步，选择参数。本例中，数据是汇总后的数据，故选择“汇总数据”。依题意，“样本数”为 9，“样本标准差”为 0.006 6。选择“进行假设检验”并设“假设标准差”为 0.005，如图 7-27 所示。点击“选项”进入选项页。

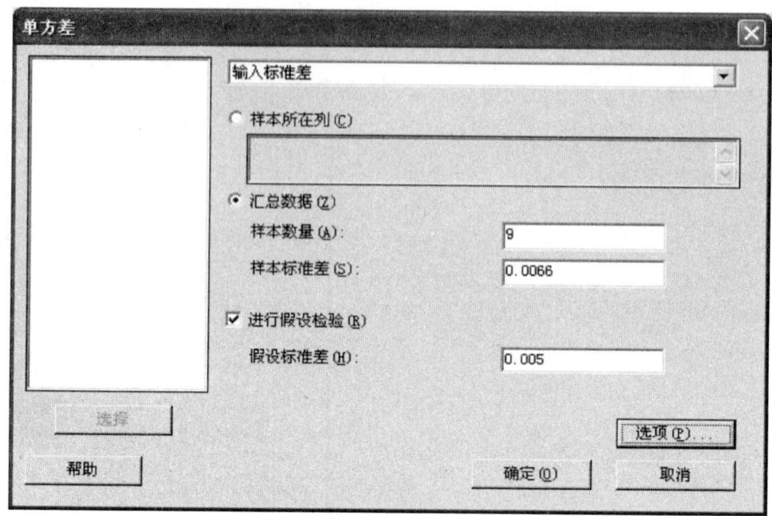

图 7-27　单方差参数设置

第三步，选择"方差"选项。本例中"置信水平"为 95.0，即置信区间为 95%，"备择"为"大于"，如图 7-28 所示。

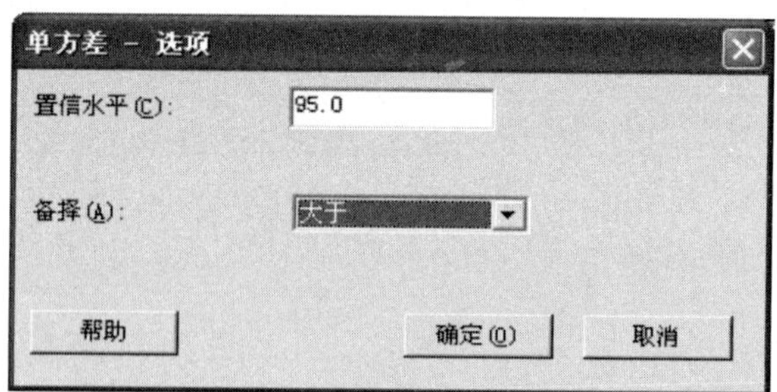

图 7-28　单方差选项设置

第四步，点击确定，显示结果如下：

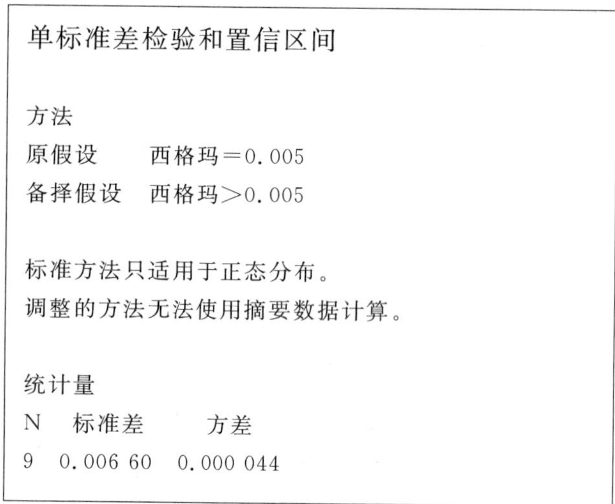
单标准差检验和置信区间

方法

原假设　西格玛＝0.005

备择假设　西格玛＞0.005

标准方法只适用于正态分布。

调整的方法无法使用摘要数据计算。

统计量

N	标准差	方差
9	0.006 60	0.000 044

```
95% 单侧置信区间
方法  标准差下限  方差下限
标准    0.004 74   0.000 022

检验
方法   卡方  自由度  P值
标准  13.94    8     0.083
```

输出结果 $P=0.083>0.05$，则接受原假设 H_0，即认为该批导线电阻波动合格。

第三章　Minitab 软件在常用统计技术中的基本应用

方差分析、回归分析和试验设计是质量工程师常用的统计技术，本节以例说明如何利用 Minitab 软件进行方差分析、回归分析和试验设计。

第一节　方差分析

方差分析是常用的统计技术之一。那么什么是方差分析呢?

在试验中通常可以获取一组结果数据，这些结果数据之间总存在一定的差异，即使在相同的条件下做几次试验，由于偶然因素的影响，所得到的数据也不尽相同。这说明，一组试验数据的波动不仅与试验条件的改变有关，还包括试验误差的影响。因此，在进行一组试验之后，不能简单的下结论，而应该把各种偶然因素所引起的数据波动和试验条件不同引起的数据波动加以区分，然后才能判断数据的波动主要是由试验误差引起的，还是试验条件的改变引起的，这就是方差分析法。

一、单因子试验的方差分析

当试验过程中只有一个因子(A)，它有 r 个水平，每个水平进行 m 次试验，需要判断因子 A 的 r 个不同水平对试验结果是否有显著影响，就需要进行单因子方差分析。

【例】在研究某型胶料过程中，为考察生胶的转动黏度对胶料压缩变形有无显著影响，进行了试验，其试验结果如表 7-1 所示。

表 7-1　试验结果

试验号 \ 黏度	139	142	147	150
1	38.2	36.5	35.6	32.4
2	33.3	35.9	34.1	31.6
3	36.0	32.8	32.8	35.6
平均值	35.8	35.1	34.2	33.2

将转动黏度记作因子 A，上述试验是一个单因子 4 水平的试验，每个水平做了 3 次重复试验。从这组数据判断 A 因子是否对胶料压缩变形有显著影响就可以使用方差分析的方法进行。

【解】在利用 Minitab 软件进行方差分析时：

首先要将试验数据输入数据表中。数据输入可以有两种方式：

① 将因子和试验结果分别输入数据表的两列中，如图 7-29 所示；

② 将试验数据按照表 7-1 方式直接输入数据表中，每一列对应一个因子水平，如图 7-30 所示。

工作表 1 ***

↓	C1	C2	C3
	因子A	试验结果	
1	139	38.2	
2	139	33.3	
3	139	36.0	
4	142	36.5	
5	142	35.9	
6	142	32.8	
7	147	35.6	
8	147	34.1	
9	147	32.8	
10	150	32.4	
11	150	31.6	

图 7-29 试验数据(1)

工作表 1 ***

↓	C1	C2	C3	C4	C5
	因子A：139	因子A：142	因子A：147	因子A：150	
1	38.2	36.5	35.6	32.4	
2	33.3	35.9	34.1	31.6	
3	36.0	32.8	32.8	35.6	
4					
5					

图 7-30 试验数据(2)

随后，按照"统计→方差分析"选择相应的分析方法，如图 7-31 所示。对于第一种数据方法，选择"单因子"，即试验数据经整理后是堆叠存放的；对第二种数据输入法，选择"单因

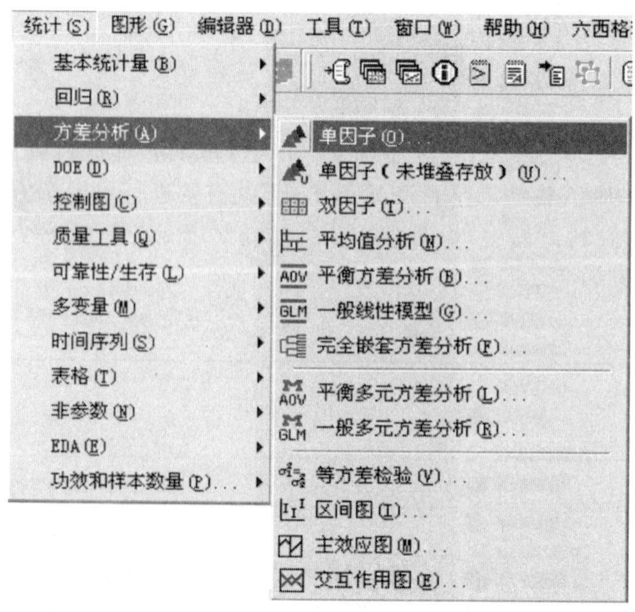

图 7-31 单因子操作路径图

子(未堆叠存放)”。

然后选择“单因子方差分析”的相关选项。

① 对于数据整理后堆叠存放的“单因子”分析方法,“响应”选择“试验结果”列,“因子”选择“因子水平”列,置信水平一般选择 90.0 或 95.0,见图 7-32。

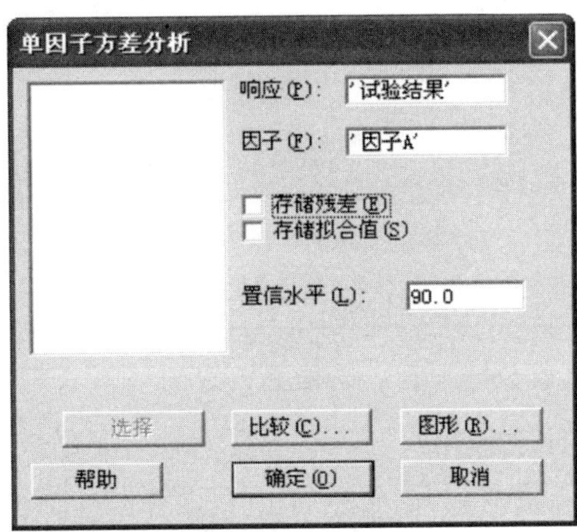

图 7-32 试验数据整理后堆叠存放的单因子方差分析选项

点击确定后,对话窗口输出如下:

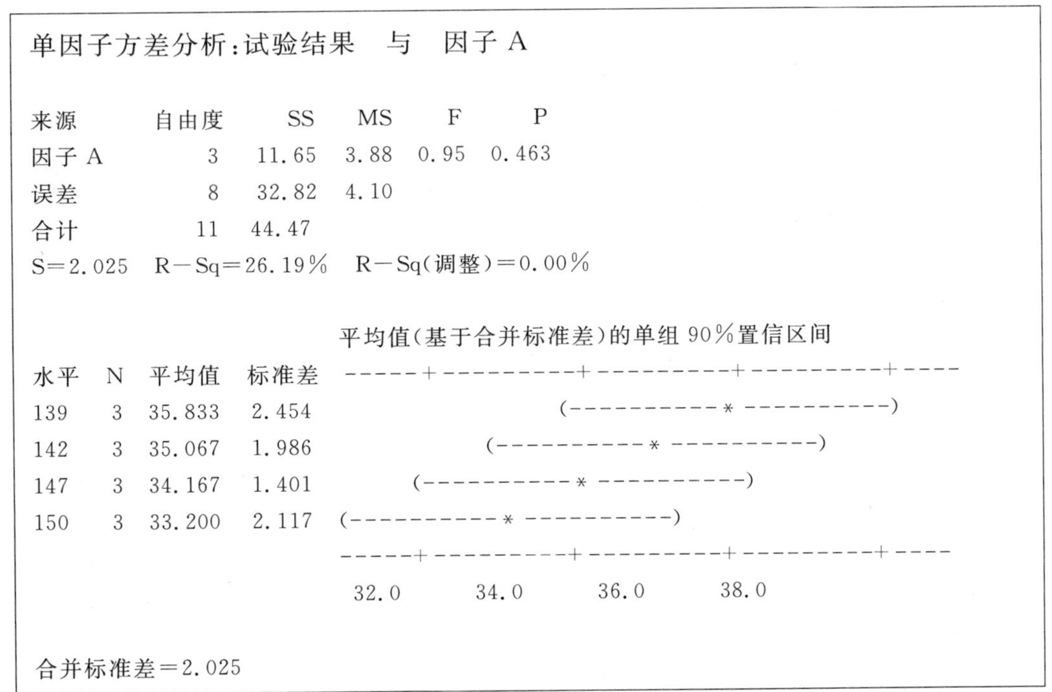

单因子方差分析:试验结果 与 因子 A

来源	自由度	SS	MS	F	P
因子 A	3	11.65	3.88	0.95	0.463
误差	8	32.82	4.10		
合计	11	44.47			

S=2.025 R-Sq=26.19% R-Sq(调整)=0.00%

```
                                平均值(基于合并标准差)的单组 90%置信区间
水平  N  平均值   标准差  -----+---------+---------+---------+----
139   3  35.833   2.454                     (----------*----------)
142   3  35.067   1.986               (----------*----------)
147   3  34.167   1.401         (----------*----------)
150   3  33.200   2.117   (----------*----------)
                          -----+---------+---------+---------+----
                             32.0      34.0      36.0      38.0
```

合并标准差=2.025

在方差分析表中,因子 A 的 p 值(0.463)表明,有足够证据证明,当 α 设置为 0.10 时,我们有 90%的把握说因子 A 的水平改变对试验结果的影响无显著差异。

② 对于“单因子(未堆叠存放)”分析方法,相关选项的选择如图 7-33 所示。相应选择因子 A 不同水平对应的试验结果,置信水平此处选择为 95.0。

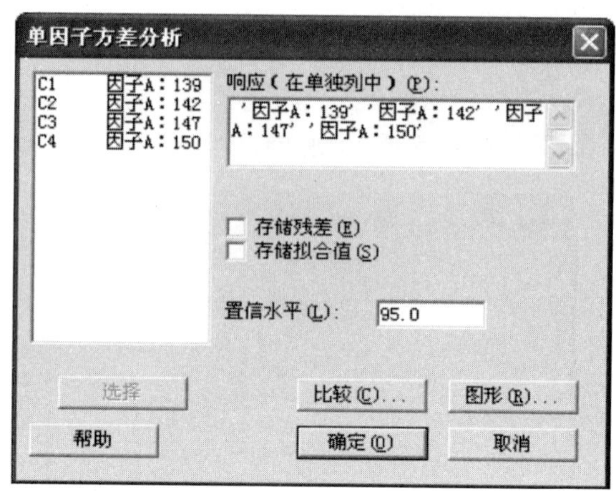

图 7-33　试验数据整理后未堆叠存放的单因子方差分析选项

点击确定，会话窗口输出如下：

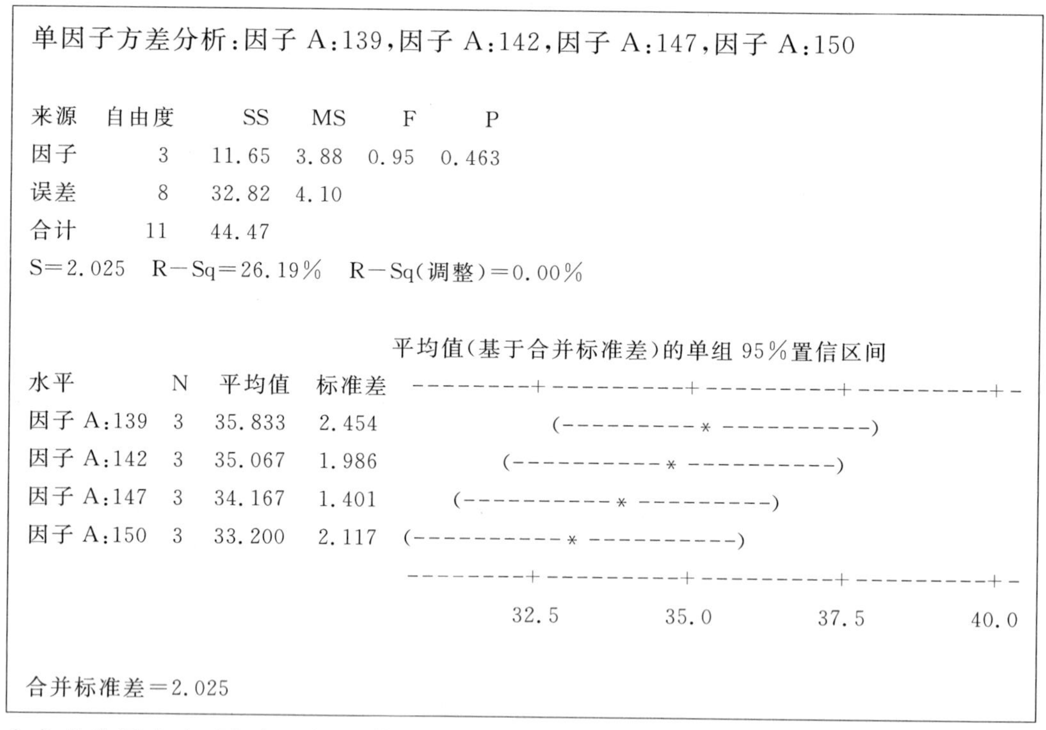

单因子方差分析：因子 A：139，因子 A：142，因子 A：147，因子 A：150

来源	自由度	SS	MS	F	P
因子	3	11.65	3.88	0.95	0.463
误差	8	32.82	4.10		
合计	11	44.47			

S=2.025　R－Sq=26.19%　R－Sq(调整)=0.00%

```
                                   平均值(基于合并标准差)的单组 95%置信区间
水平         N   平均值   标准差   --------+---------+---------+---------+-
因子 A:139   3   35.833   2.454              (---------*----------)
因子 A:142   3   35.067   1.986          (----------*----------)
因子 A:147   3   34.167   1.401       (----------*---------)
因子 A:150   3   33.200   2.117   (----------*----------)
                                   --------+---------+---------+---------+-
                                         32.5      35.0      37.5      40.0
```

合并标准差＝2.025

在方差分析表中，因子 A 的 p 值(0.463)表明，有足够证据证明，当 α 设置为 0.05 时，我们有 95%的把握说因子 A 的水平改变对试验结果的影响无显著差异。

二、多因子试验的方差分析

和单因子试验的情况一样，多因子试验其结果之间的差异同样是由于各因子水平的改变及试验误差的影响所引起的。方差分析的目的在于将试验误差引起的结果差异与试验条件的改变所引起的结果差异区分开来，以便检验哪些因子对结果有影响，哪些没有影响，并区分哪些是影响试验结果的主要因子，哪些是次要因子，从而可以着重研究其中的几个主要因子。多因子试验的方差分析经常与试验设计结合使用，下面将结合试验设计介绍如何利用 Minitab 软件进行试验设计和多因子方差分析。

第二节　试验设计

试验是人们探索和认识事物客观规律的一种基本手段和方法。但实验安排是否得当对试验效果影响很大。如何以尽可能少的试验次数获得足够有效的数据，分析得出可靠的结论是试验设计所要解决的问题。

在工业中，设计试验可用于系统地调查影响产品质量的过程变量或产品变量。确定影响产品质量的过程条件和产品组件后，可以有针对性地进行改进，以增强产品的可制造性、可靠性、质量和现场性能。例如，您可能需要调查涂层类型和炉温对钢条耐腐蚀性的影响。您可以设计试验，以便收集涂层/温度组合时的数据，测量耐腐蚀性，然后使用发现的数据调整制造条件。

由于资源有限，因此从执行的每个试验中获取最多信息是非常重要的。与偶尔执行或未经计划的试验相比，设计完善的试验可以产生更多信息，而且通常需要较少的游程。此外，设计完善的试验还将确保您可以评估已确定为重要因素的效应。例如，如果您相信两个输入变量之间存在交互作用，请确保在设计中包括这两个变量，而不要进行“一次一个因子”试验。当一个输入变量的效应受另一个输入变量的水平影响时，就会出现交互作用。设计试验的执行通常分为四个阶段：计划、筛选（也称为过程特征化）、优化和验证。

【例】电镀表支架压铸工艺试验。试验目的是需求好的工艺条件以提高压铸件的合格率，所考察的因子及水平如表 7-2 所示。

表 7-2　因子及水平

因子 水平	A 人员	B 压力	C 材料	D 压铸时间/s
1	技术高	Ⅲ级	精炼，禁止投入料饼	10
2	技术低	Ⅱ级	未精炼，允许投入料饼	2

根据以往的经验，认为人员与压力、压力和材料之间有交互作用。利用 Minitab 软件进行一般试验设计和数据分析的步骤方法如下。

【解】首先，按“统计→DOE→因子→创建因子设计”（如图 7-34 所示）开始进行试验设计。

随后，根据试验要求选择“创建因子设计”的有关选项，如图 7-35 所示。

本例中，“因子数”为 4（人员、压力、材料和压铸时间）；水平数为 2 水平，因此“设计类型”选择“2 水平因子（默认生成元）”即可。

点击“显示可用设计”可以显示常用的各种“可用因子设计（及分辨度）”，如图 7-36 所示。

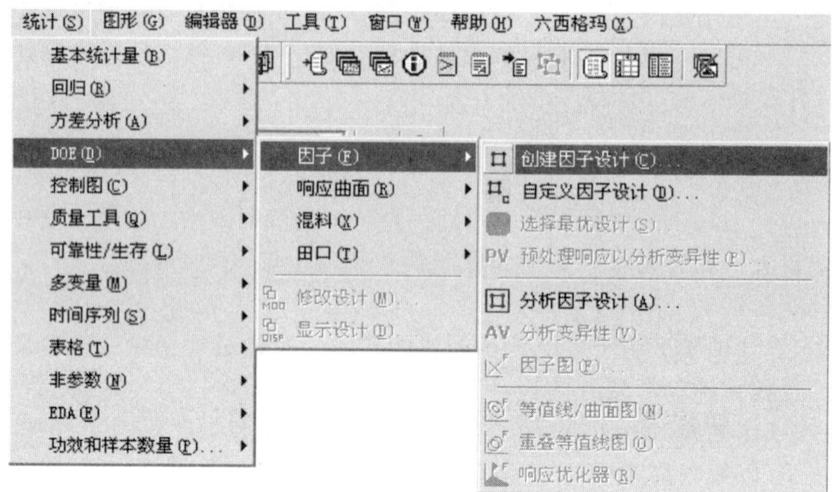

图 7-34 创建因子设计试验

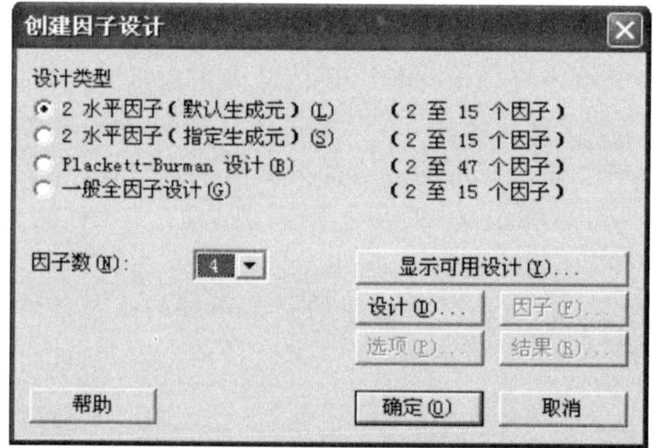

图 7-35 创建因子设计的选项

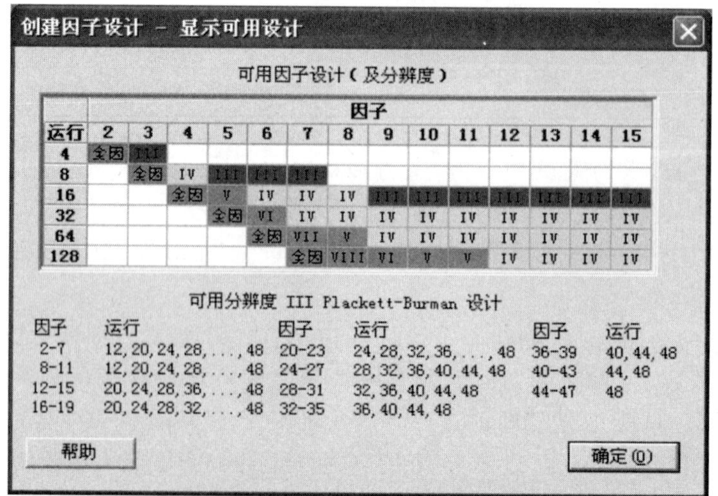

运行	2	3	4	5	6	7	8	9	10	11	12	13	14	15
4	全因	III												
8		全因	IV	III	III	III								
16			全因	V	IV	IV	IV	III	III	III	III	III	III	III
32				全因	VI	IV	IV	IV	IV	IV	IV	IV	IV	IV
64					全因	VII	V	IV	IV	IV	IV	IV	IV	IV
128						全因	VIII	VI	V	V	IV	IV	IV	IV

可用分辨度 III Plackett-Burman 设计

因子	运行	因子	运行	因子	运行
2-7	12, 20, 24, 28, ..., 48	20-23	24, 28, 32, 36, ..., 48	36-39	40, 44, 48
8-11	12, 20, 24, 28, ..., 48	24-27	28, 32, 36, 40, 44, 48	40-43	44, 48
12-15	20, 24, 28, 36, ..., 48	28-31	32, 36, 40, 44, 48	44-47	48
16-19	20, 24, 28, 32, ..., 48	32-35	36, 40, 44, 48		

图 7-36 显示可用因子设计

在“创建因子设计”的选项页中点击“设计”，出现可用的试验类型，见图 7-37。此例中有两个选项：“1/2 部分实施”和“全因子”，此处现在“1/2 部分实施”。

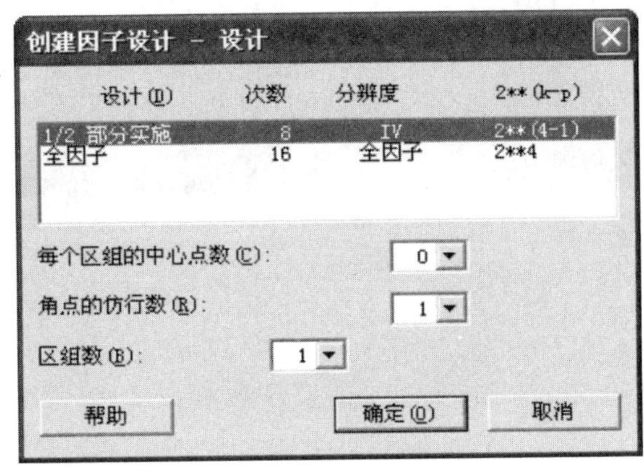

图 7-37　设计试验类型

在“创建因子设计”的选项页中点击“因子”，出现试验中因子的名称、数据类型和水平设置页面，见图 7-38。

创建因子设计 － 因子

因子	名称	类型	低	高
A	人员	文本	技术低	技术高
B	压力	文本	II级	III级
C	材料	文本	未精炼，允许	精炼，禁止投
D	压铸时间	数字	2	10

帮助　确定(O)　取消

图 7-38　设置因子名称、数据类型及水平

点击确定，完成试验设计，如图 7-39 所示。

工作表 2 ***

↓	C1 标准序	C2 运行序	C3 中心点	C4 区组	C5-T 人员	C6-T 压力	C7-T 材料	C8 压铸时间	C9 表面合格率
1	6	1	1	1	技术高	II级	精炼，禁止投入料饼	2	82.8
2	1	2	1	1	技术低	II级	未精炼，允许投入料饼	2	79.0
3	7	3	1	1	技术低	III级	精炼，禁止投入料饼	2	91.7
4	4	4	1	1	技术高	III级	未精炼，允许投入料饼	2	100.0
5	5	5	1	1	技术低	II级	精炼，禁止投入料饼	10	77.0
6	2	6	1	1	技术高	II级	未精炼，允许投入料饼	10	79.0
7	8	7	1	1	技术高	III级	精炼，禁止投入料饼	10	94.2
8	3	8	1	1	技术低	III级	未精炼，允许投入料饼	10	91.8
9									

图 7-39　自动生成的设计

然后，按照该设计依序进行试验，并将试验结果记录在“表面合格率”列的对应行中，如人员技术高、压力为Ⅲ级、材料为精炼、时间为10秒的试验数据(表面合格率)记录在“表面合格率”列(C9列)中的第7行中，以此类推。

接着，按“统计→DOE→因子→分析因子设计”开始进行试验结果分析，如图7-40所示，“响应”选择“表面合格率”，“项”中选择“A、B、C、D以及AB和BC”，点击确定即可。

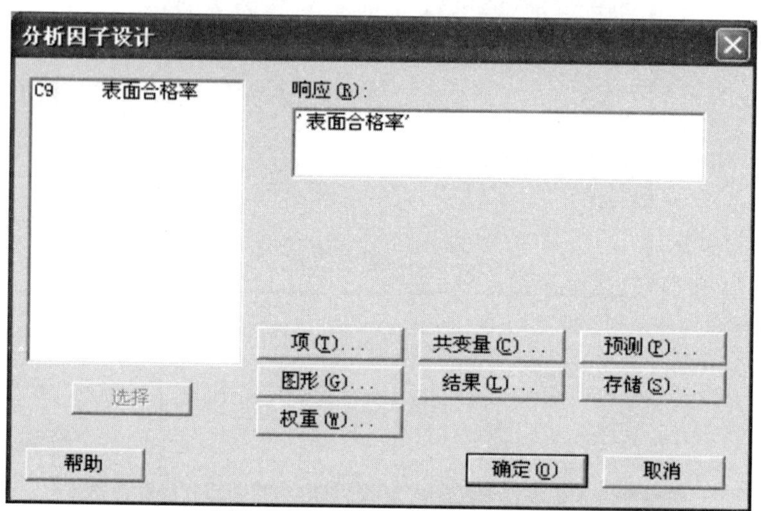

图7-40 分析因子设计选项页

会话框中输出如下：

拟合因子：表面合格率 与 人员，压力，材料，压铸时间

表面合格率 的效应和系数的估计(已编码单位)

项	效应	系数	系数标准误	T	P
常量		86.938	0.012 50	6 955.00	0.000
人员	4.125	2.062	0.012 50	165.00	0.004
压力	14.975	7.488	0.012 50	599.00	0.001
材料	−1.025	−0.512	0.012 50	−41.00	0.016
压铸时间	−2.875	−1.438	0.012 50	−115.00	0.006
人员 * 压力	1.225	0.613	0.012 50	49.00	0.013
压力 * 材料	−1.925	−0.962	0.012 50	−77.00	0.008

S=0.035 355 3　PRESS=0.08

R−Sq=100.00%　R−Sq(预测)=99.98%　R−Sq(调整)=100.00%

对于 表面合格率 方差分析(已编码单位)

来源	自由度	Seq SS	Adj SS	Adj MS	F	P
主效应	4	501.165	501.165	125.291	100 233.00	0.002
2因子交互作用	2	10.412	10.412	5.206	4 165.00	0.011
残差误差	1	0.001	0.001	0.001		
合计	7	511.579				

```
表面合格率   的系数估计,使用未编码单位的数据
项              系数
常量         89.093 8
人员          2.062 50
压力          7.487 50
材料         −0.512 500
压铸时间     −0.359 375
人员*压力     0.612 500
压力*材料    −0.962 500

别名结构
I+人员*压力*材料*压铸时间
人员+压力*材料*压铸时间
压力+人员*材料*压铸时间
材料+人员*压力*压铸时间
压铸时间+人员*压力*材料
人员*压力+材料*压铸时间
人员*压铸时间+压力*材料
```

由分析可知,四个因子对表面合格率都有较为明显的影响,其中以"压力"的影响最为明显,其次是"人员"、"压铸时间"以及"压力和材料的交互作用",主效应图如图 7-41 所示,交互作用如图 7-42 所示。

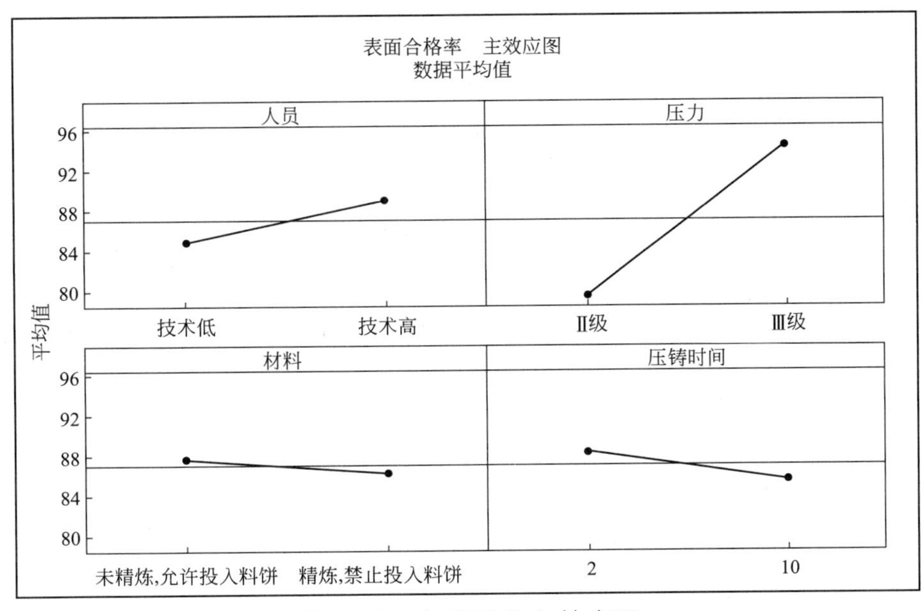

图 7-41　各因子的主效应图

由图可以看出,较优的水平组合为:

A 人员:技术高;　　B 压力:三级;

C 材料:未精炼,允许投入料饼;　　D 压铸时间:2s。

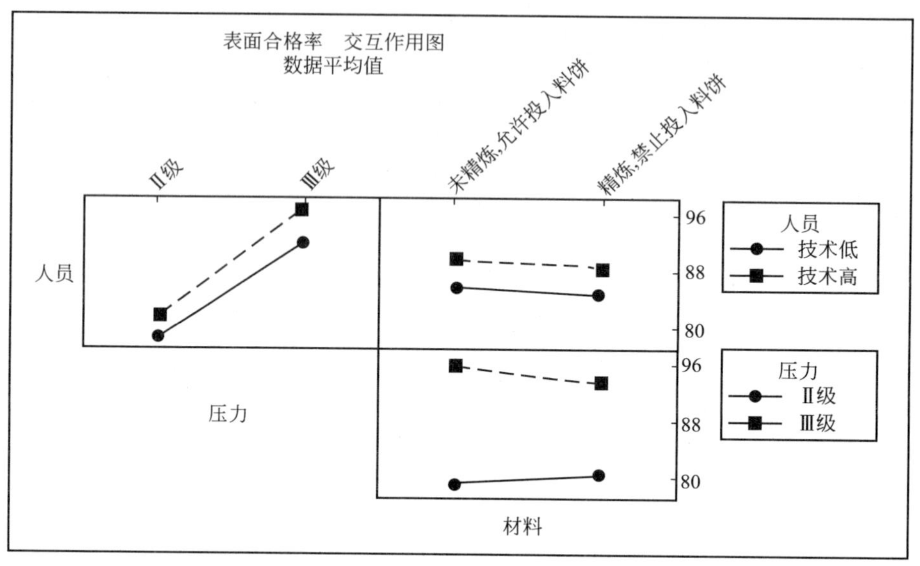

图 7-42 人员、压力和材料的交互作用图

第三节 回归分析

在质量管理中经常需要研究两个变量之间的相关关系,回归分析是处理变量相关关系的一种统计技术。回归分析主要研究定量因子(变量)。下面以例说明如何利用 Minitab 软件进行简单线性回归分析。

【例】由专业知识可知,合金的强度 y(10^7 Pa)与合金中的碳含量 x(%)有关。某钢铁厂收集到的碳含量与合金强度数据如表 7-3 所示,试分析两者之间是否存在某种相关关系。

表 7-3 某合金的碳含量及强度数据表

序号	x(%)	y(10^7 Pa)	序号	x(%)	y(10^7 Pa)
1	0.10	42.0	7	0.16	49.0
2	0.11	43.5	8	0.17	53.0
3	0.12	45.0	9	0.18	50.0
4	0.13	45.5	10	0.20	55.0
5	0.14	45.0	11	0.21	55.0
6	0.15	47.5	12	0.23	60.0

【解】将数据输入数据表中,然后按如下步骤进行回归分析。

(1) 确定回归方程

第一步,选择"统计→回归→回归"(如图 7-43 所示),进入下一界面。

第二步,进行参数设置。以题意,选择"响应"为"合金强度"所在 C2 列,"预测变量"为碳含量所在 C1 列(如图 7-44 所示)。

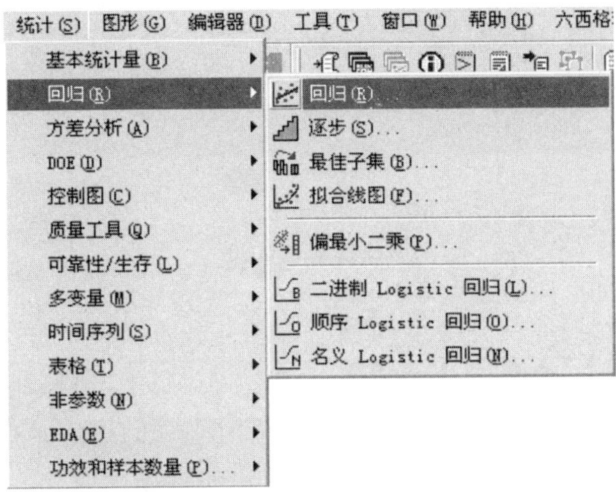

图 7-43　简单回归分析操作路径图

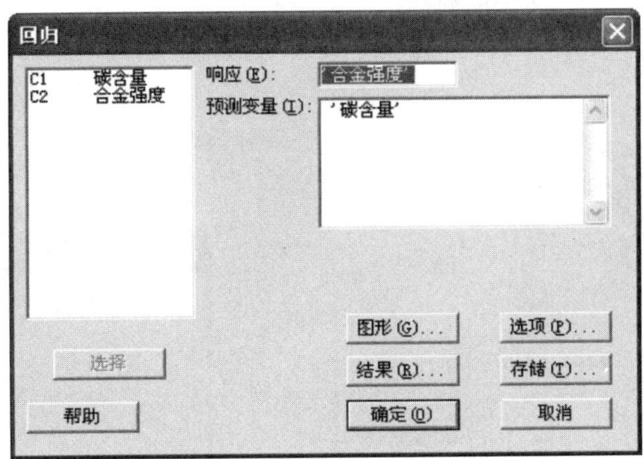

图 7-44　简单回归参数设置

第三步，点击确定，回归分析结果如下，可知合金强度 y 与合金中的碳含量 x 之间的关系为 $y=28.5+131x$，更精确一些为 $y=28.493+130.835x$。

"碳含量"回归系数的 p 值$=0.000$ 表明回归方程的斜率不为 0，系数对于自变量 x 是显著的。

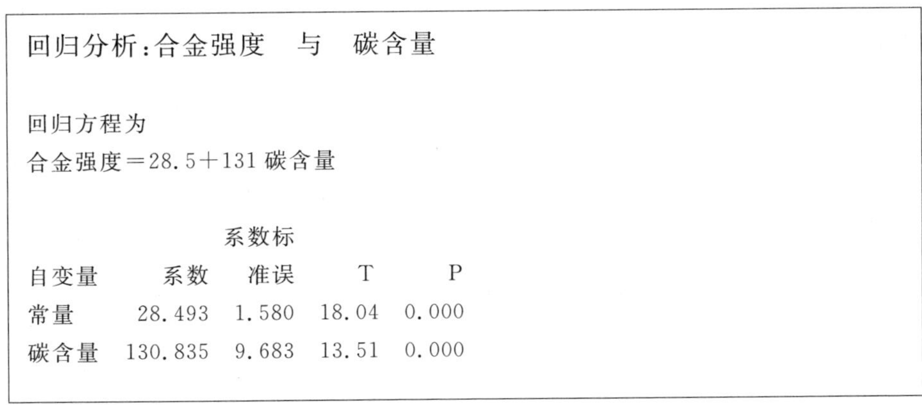

回归分析：合金强度　与　碳含量

回归方程为

合金强度＝28.5＋131 碳含量

自变量	系数	系数标准误	T	P
常量	28.493	1.580	18.04	0.000
碳含量	130.835	9.683	13.51	0.000

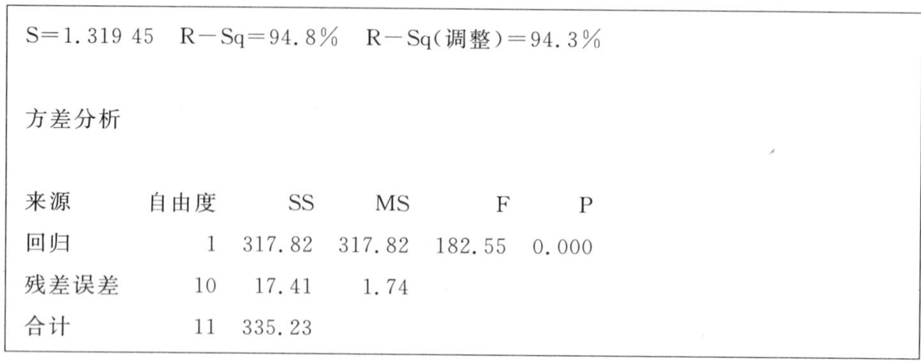
S=1.319 45　R－Sq=94.8%　R－Sq(调整)=94.3%

方差分析

来源	自由度	SS	MS	F	P
回归	1	317.82	317.82	182.55	0.000
残差误差	10	17.41	1.74		
合计	11	335.23			

(2) 计算相关系数

第一步,按"统计→基本统计量→相关"(如图 7-45 所示),点击进入下一界面。

第二步,选择相关参数(如图 7-46 所示),变量分别为"碳含量"和"合金强度"。

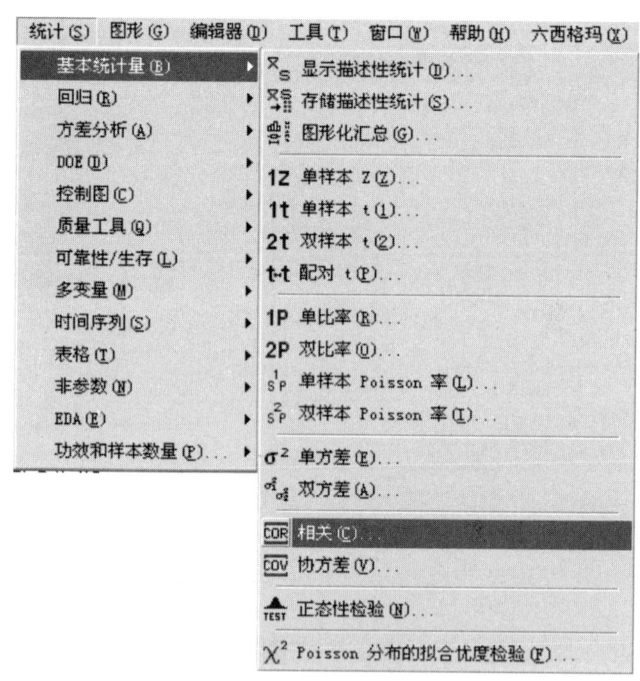

图 7-45　相关系数操作路径图

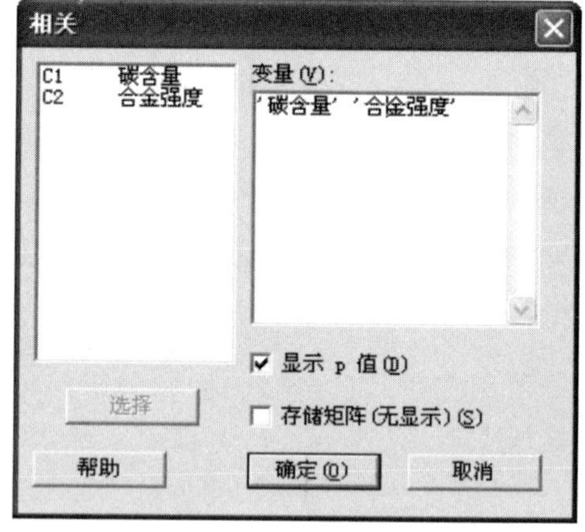

图 7-46　相关系数计算参数设置

第三步,点击确定,计算结果如下,可知碳含量和合金强度的 Pearson 相关系数为 0.974。

相关:碳含量,合金强度

碳含量　和　合金强度　的 Pearson 相关系数=0.974

P 值=0.000

第四章　Minitab软件在统计过程控制中的应用

产品生产过程中由于受到各种因素的影响，会造成产品质量的波动，波动可以分为正常波动和异常波动。统计过程控制方法是控制产品质量波动的重要方法，而控制图是其中最主要的控制工具。

第一节　常用控制图的分类及选择

国标GB/T 4901《常规控制图》中的常用控制图如表7-4所示，表中计件值控制图与计点值控制图统称计数值控制图。这些控制图各有各的用途，应根据所控制质量指标的情况和数据性质分别加以选择。

表7-4　常用控制图及用途

分布	控制图代号及名称	适用场合	用途	特点
正态分布（计量值）	$\overline{X}$-R 控制图 均值-极差控制图	适用于产品批量较大的过程	用于观察分布的变化	最常用，判断过程是否正常效果好，但计算工作量大
	$\overline{X}$-S 均值-标准差控制图	适用于产品批量较大的过程		较常用，计算工作量大
	Me-R 控制图 中位数-极差控制图	适用于产品批量较大的过程		计算简便，但不如上述二种控制图灵敏度高
	X-R_s 控制图 单值-移动极差控制图	因各种原因（时间、费用等）每次只能得到一个数据或希望尽快发现并消除异常因素		简便省事，并能及时判断工序是否处于稳定状态。缺点是不易发现分布中心的变化
二项分布（计件值）	p 不合格品率控制图	样本容量不等	用于控制过程的不合格品率	计算量大，控制线凹凸不平
	np 控制图 不合格品数控制图	样本容量相等	用于控制过程的不合格品数	较常用，计算简便，操作工人易于理解
泊松分布（计点值）	u 控制图 单位不合格数控制图	样本容量不等	用于控制过程的单位不合格数	计算量大，控制线凹凸不平
	c 控制图 不合格数控制图	样本容量相等	用于控制过程的不合格数	较常用，计算简便，操作工人易于理解

上述八种最常用控制图的选择可按图7-47所示进行：

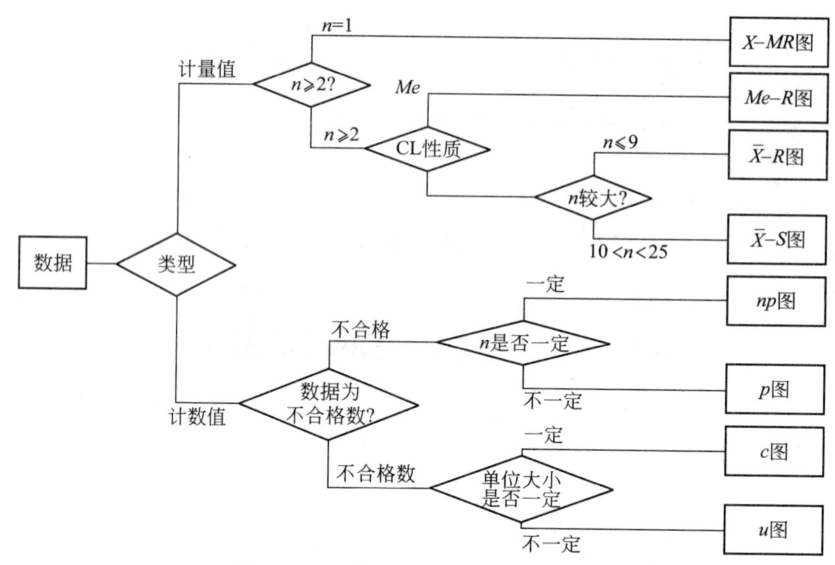

图 7-47 常用控制图选择方法

第二节 运用 Minitab 软件制作控制图

在日常生产过程中，使用控制图遇到最大的困难是计算复杂，而统计软件的广泛使用为控制图的使用铺平了道路。

一、$\overline{X}$-R、$\overline{X}$-S、Me-R 控制图

$\overline{X}$-R、$\overline{X}$-S、Me-R 三类控制图都适用于计量型数据，且样本容量大于 2 的情况，下面以具体案例为例说明 Minitab 软件制作控制图的具体步骤。

【例】某厂测量某零件间隙尺寸，每两小时从工序上抽取 5 个样本进行测量，其数据见表 7-5。

表 7-5 样本间隙尺寸数据表

日期 \ 时间		6/8 8	10	12	2	6/9 8	10	12	2	6/10 8	10	12	2	6/11 8
读数	1	0.65	0.75	0.75	0.60	0.70	0.60	0.75	0.60	0.65	0.60	0.80	0.85	0.70
	2	0.70	0.85	0.80	0.70	0.75	0.75	0.80	0.70	0.80	0.70	0.75	0.75	0.70
	3	0.65	0.75	0.80	0.70	0.65	0.75	0.65	0.80	0.85	0.60	0.90	0.85	0.75
	4	0.65	0.85	0.70	0.75	0.85	0.85	0.75	0.75	0.85	0.80	0.50	0.65	0.75
	5	0.85	0.65	0.75	0.65	0.80	0.70	0.70	0.75	0.75	0.65	0.80	0.70	0.70
日期 \ 时间		10	12	2	6/12 8	10	12	2	6/15 8	10	12	2	6/16 8	
读数	1	0.65	0.90	0.75	0.75	0.75	0.65	0.60	0.50	0.60	0.80	0.65	0.65	
	2	0.70	0.80	0.80	0.70	0.70	0.65	0.60	0.55	0.80	0.65	0.60	0.70	
	3	0.85	0.80	0.75	0.85	0.60	0.85	0.65	0.65	0.65	0.75	0.65	0.70	
	4	0.75	0.75	0.80	0.70	0.70	0.65	0.60	0.80	0.65	0.65	0.60	0.60	
	5	0.60	0.85	0.65	0.80	0.60	0.70	0.65	0.80	0.75	0.65	0.70	0.65	

请利用 Minitab 软件制作 $\overline{X}$-R 控制图和 $\overline{X}$-S 控制图(随着计算机的普遍使用,使用中位数-极差 Me-R 控制图的情况越来越少,这里不再介绍),并分析该生产过程是否稳定。

【解】

第一步,将数据输入数据表中。

第二步,选择"统计→控制图→子组变量控制图"(如图 7-48),然后选择控制图类型,其中"Xbar-R"即"$\overline{X}$-R"控制图,"Xbar-S"即"$\overline{X}$-S"控制图;

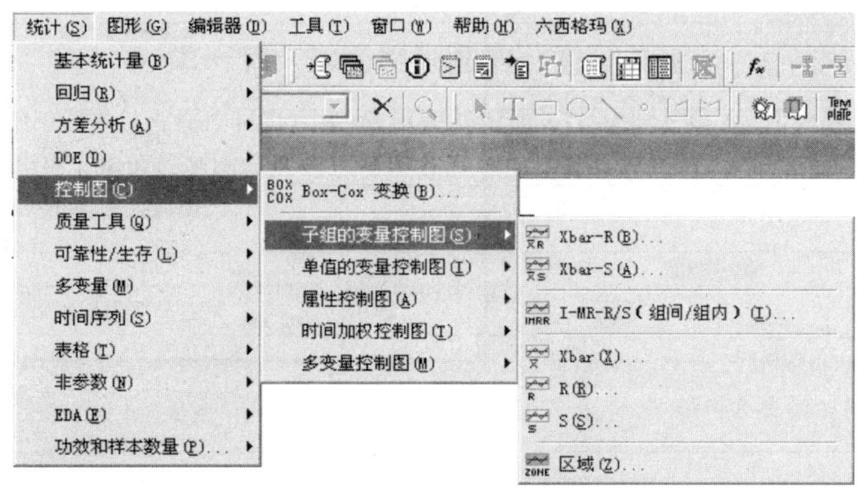

图 7-48 控制图操作菜单

第三步,选择相应控制图的有关选项,$\overline{X}$-R 控制图选项如图 7-49 所示,本例中子组大小为 5($\overline{X}$-S 控制图选项与 $\overline{X}$-R 控制图类似),点击确定。

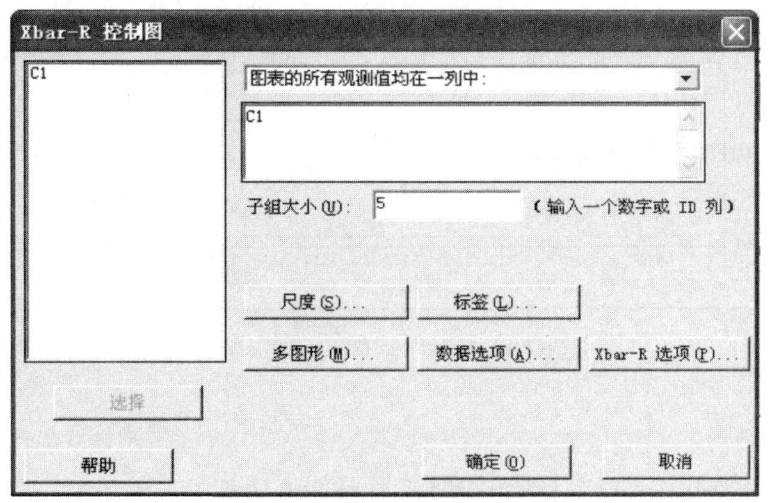

图 7-49 $\overline{X}$-R 控制图选项

由控制图(见图 7-50)可以看出,第 11 个样本的极差距离中心线超过 3 倍标准差,表明该点出现异常,亦即过程中存在异常波动,需要查找原因予以剔除。

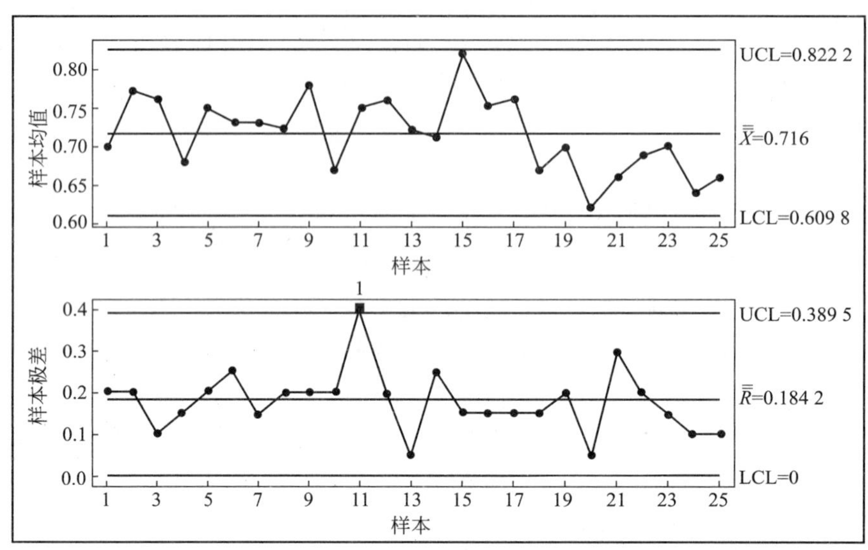

图 7-50　零件间隙$\overline{X}$-R控制图

在$\overline{X}$-S控制图(见图 7-51)中未出现超出控制限的情况,这说明$\overline{X}$-R控制图判定异常方面比$\overline{X}$-S控制图更为灵敏。

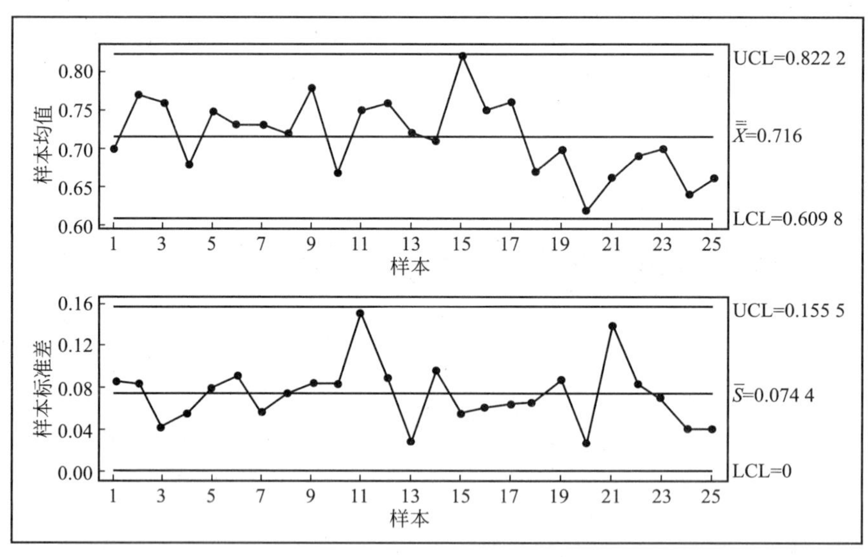

图 7-51　零件间隙$\overline{X}$-S控制图

二、X-R_s 控制图

X-R_s 控制图适用于由于各种原因每次只能测得一个数据或希望尽快发现并消除异常因素的情况。下面结合案例简要介绍 X-R_s 控制图的做法。

【例】某酸洗车间的产品质量与酸洗浓度关系密切,因此控制酸洗浓度不低于 8%是关键,但浓度过高也会增加成本。由于浓度在短时间内不会改变,决定每隔 2 小时测量一次酸洗浓度，共测 24 次，其单值序列如下：

8.0　8.5　7.4　10.5　9.3　11.1　10.4　10.4　9.0　10.0　11.7　10.3
16.2　11.6　11.5　11.0　12.0　11.0　10.2　10.1　10.5　10.3　11.5　11.1

试用 Minitab 软件制作控制图并判定该生产过程是否处于稳定状态。

【解】在输入上述数据后，按“统计→控制图→子组变量控制图”选择单值移动极差控制图(I-MR)，如图 7-52 所示。

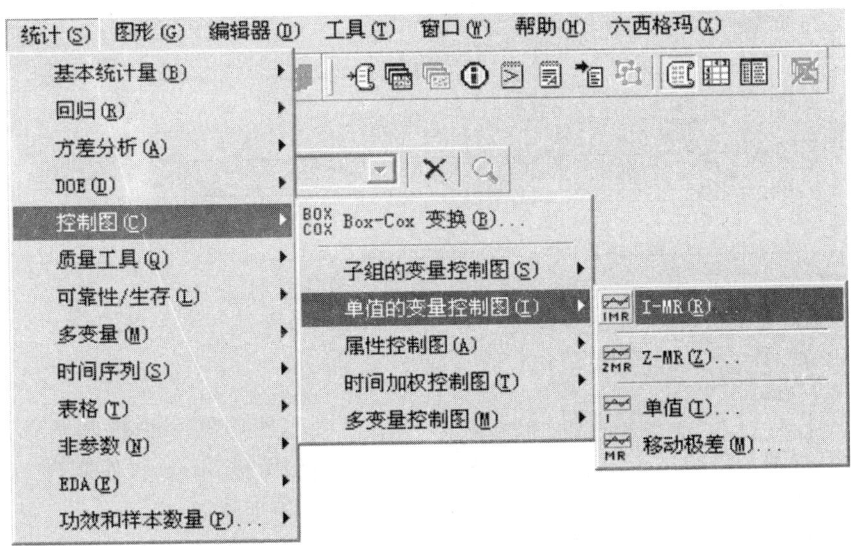

图 7-52　X-R_s控制图操作路径图

随后，在“单值移动极差控制图”选项页选择“变量”数据在数据表中所在的列(如图 7-53 所示)，本例中为 C1 列，单击确定即可得到酸洗浓度的 X-R_s 控制图(如图 7-54 所示)。由该控制图可以看出，在 X 控制图上，第 13 个样本超差，在 R_s 图上，第 13 和 14 两个样本的酸洗浓度超差，即过程不处于控制稳态，需要查找原因，采取措施予以解决。

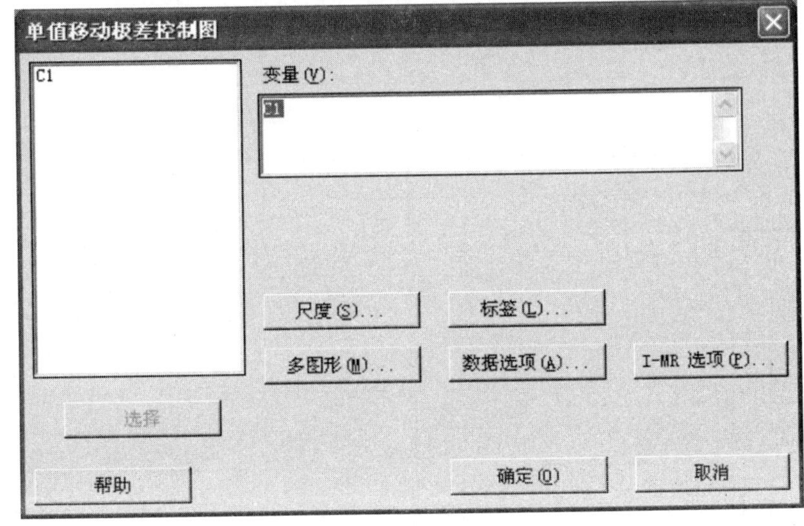

图 7-53　X-R_s控制图选项页

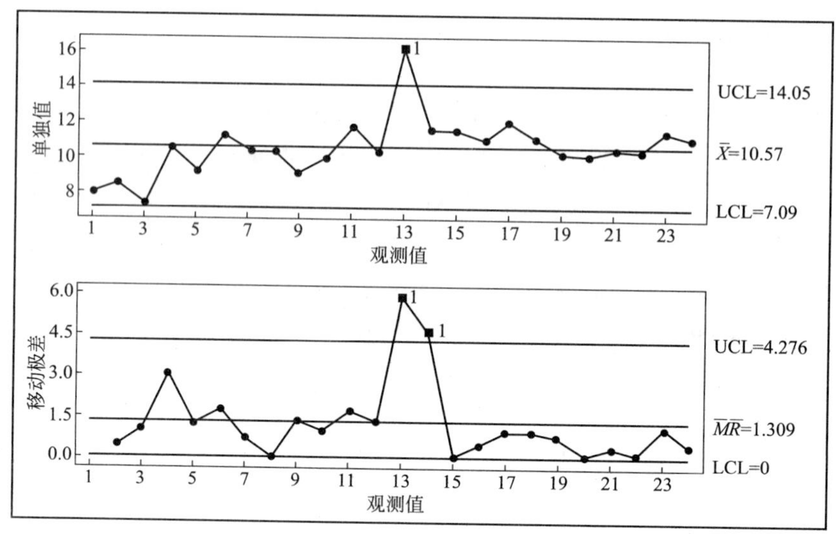

图 7-54 酸洗浓度的 X-R_S 控制图

三、p 图和 np 图

p 控制图是不合格品率控制图，是在样本大小不等时使用的一种控制图；np 控制图是不合格品数控制图，适用于样本大小相等的情况。由于利用 Minitab 软件制作 p 图和 np 图的做法都差不多，下面以例说明制作 p 图和 np 图的方法和步骤。

【例】某厂为考察本厂产品的生产情况，连续 28 天检查所有产品，若有一项产品质量特性不符合规格要求即认为是不合格品，所有检查结果如表 7-6 所示，每日产量不等：最少为 55 件，最多为 99 件，现请用这些数构造一张 p 控制图。

表 7-6 某厂产品情况数据表

序号	样本大小 n	不合格品数	序号	样本大小 n	不合格品数
1	85	2	15	81	0
2	83	5	16	82	7
3	63	1	17	75	3
4	60	8	18	57	1
5	90	2	19	91	6
6	80	1	20	67	2
7	97	3	21	86	3
8	91	1	22	99	8
9	94	2	23	76	1
10	85	1	24	93	8
11	55	0	25	72	5
12	92	1	26	97	9
13	94	0	27	99	10
14	95	3	28	96	2
合计	样本大小	2 315	不合格品数		90

【解】在数据输入数据表之后，按"统计→控制图→属性控制图→P"选择 p 控制图（对于 np 控制图选择，方法类似），如图 7-55 所示。

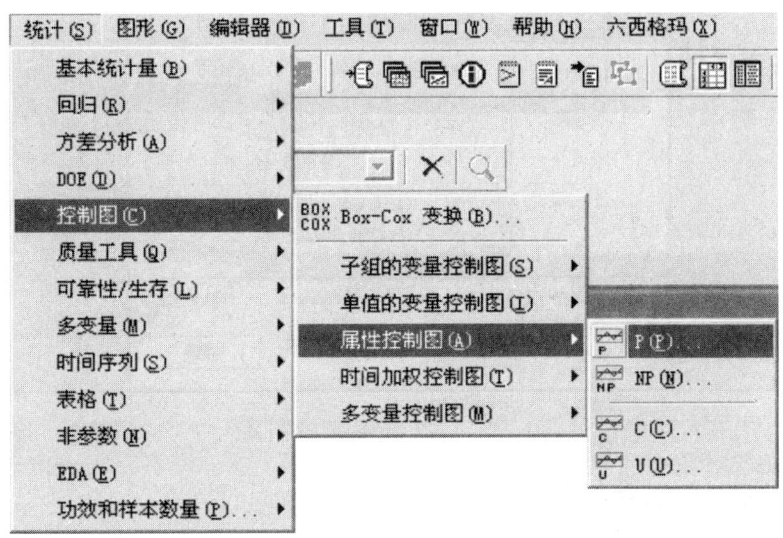

图 7-55　p 控制图的操作路径图

然后，设定 p 控制图的有关参数，"变量"为不合格品数所在列，"子组大小"为样本大小所在列（对于 np 图，"变量"仍为不合格品数所在列，"子组大小"一般为一常数），如图 7-56 所示，点击确定则得到不合格品数控制图，如图 7-57 所示。由控制图可知，第 4 和第 27 两个样本超差，需要采取措施消除产生波动的原因，从而确保生产过程稳定。

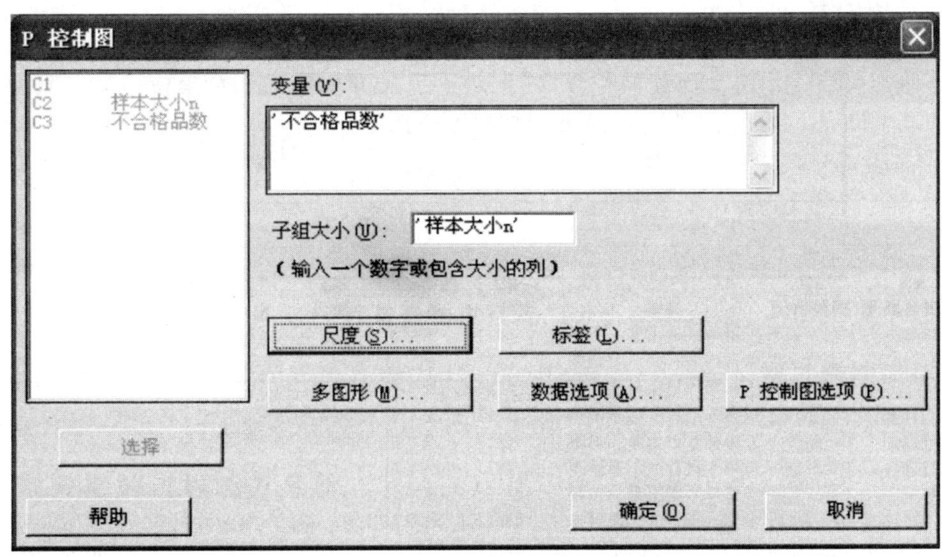

图 7-56　p 控制图选项设定

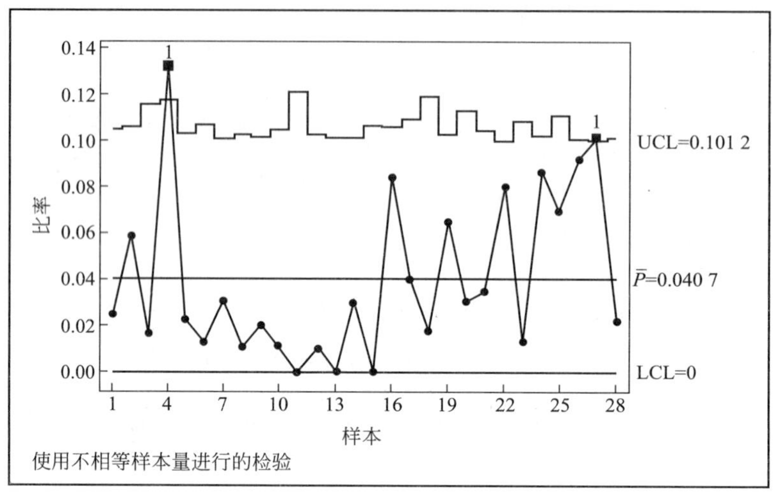

图 7-57　不合格品控制图

四、c 控制图和 u 控制图

c 控制图适用于控制诸如一部机器、一个部件、一定的场地或面积等任何一定的单位中出现的不合格数目，比如布匹上的疵点数、铸件上的砂眼数、机器设备的故障次数等。

u 控制图适用于控制诸如样品规格有变化时的情况，需要把样品规格换算成为平均单位的不合格数，比如在制造厚度为 2 mm 的钢板时，一批样品的面积是 2 m^2，一批样品的面积是 3 m^2，这时应将其换算为平均每平方米的不合格数然后再对其进行控制。

由于在 Minitab 软件中，c 控制图和 u 控制图的使用方法类似，这里以 u 控制图为例，介绍这两种控制图的制作方法。

【例】汽车喷漆工段对各种型号汽车外壳喷漆，现对 20 辆汽车顶盖部分进行检查，发现气泡数 c_i 记于表 7-7。由于顶盖面积不同，把最小顶盖面积作为一个单位产品。其他汽车顶盖面积可折算为不同个数的单位产品 n_i，结果也记于表 7-7。

表 7-7　汽车顶盖气泡数据表

n_i	1.0	1.0	1.0	1.0	1.0	1.3	1.3	1.3	1.3	1.3
c_i	4	5	3	3	5	2	5	3	1	2
n_i	1.3	1.3	1.3	1.3	1.2	1.2	1.2	1.7	1.7	1.7
c_i	5	2	4	2	6	4	0	8	3	8

【解】在将数据按照产品量 n_i 和气泡数 c_i 分为两列输入数据表后，按“统计→控制图→属性控制图→u”选择 u 控制图（c 控制图选择类似），如图 7-58 所示。

然后，在“u 控制图”选项页中选择相应的选项，“变量”选择 C2 列，即气泡数量（不合格数），“子组大小”选择 C1 列，即产品数量，如图 7-59 所示，点击确定得到 u 控制图，如图 7-60 所示。由 u 控制图可以看出，由于产品数量不同，因此控制图的控制限凹凸不平，该生产过程处于控制稳态。

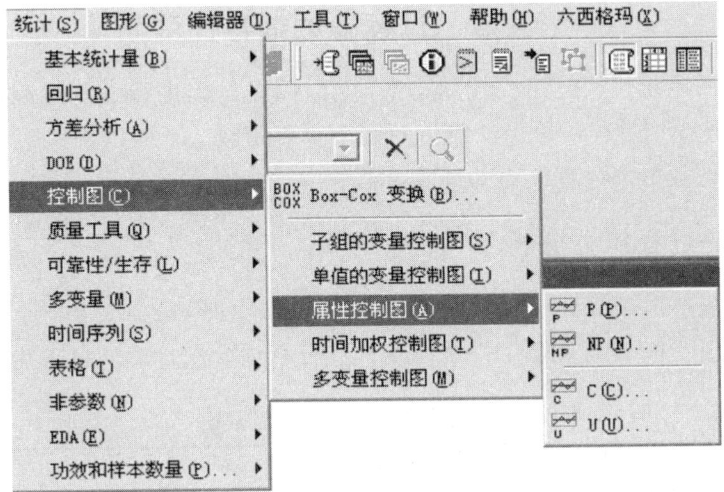

图 7-58 *u* 控制的选择

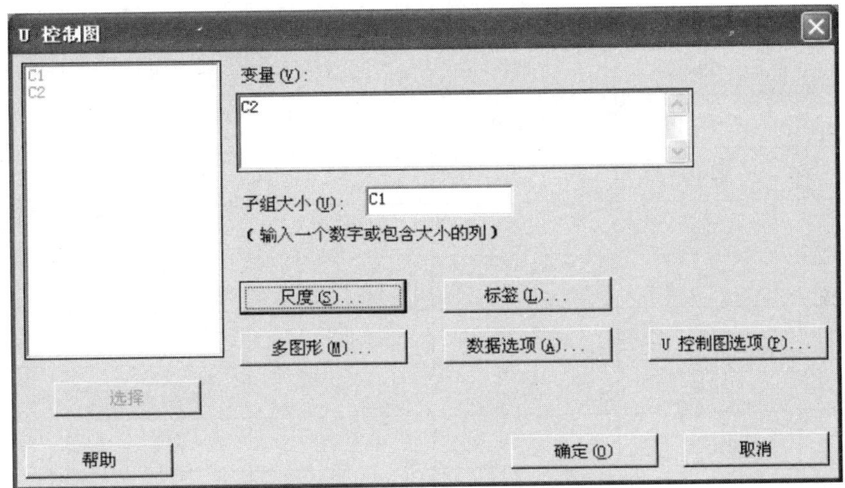

图 7-59 *u* 控制图选项

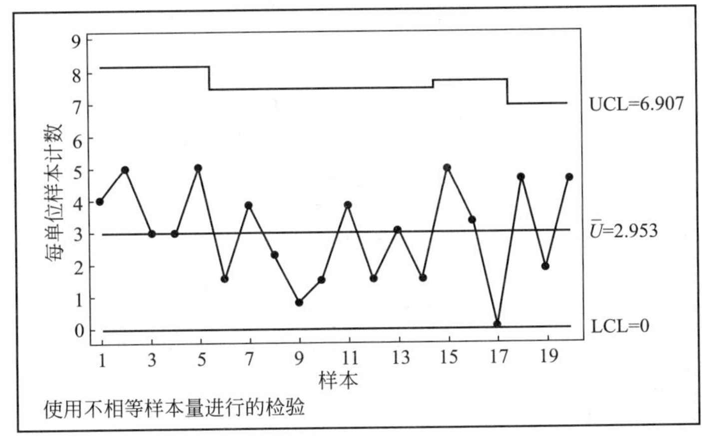

图 7-60 *u* 控制图

第三节　过程能力指数计算

在运用控制图确定过程处于受控状态后，就需要对过程进行一些过程能力的分析。过程能力指数是描述生产过程质量保证能力的一个重要指数。下面以例说明如何利用 Minitab 软件计量数据和计数数据过程能力的计算方法。

一、计量数据的过程能力分析

【例】某机器生产电子盘片。规定厚度为 0.007～0.016 cm。每隔半小时抽取样本量为 5 个样本，记录其中心厚度数据如表 7-8 所示。试计算该生产过程的过程能力。

表 7-8　云母盘片厚度控制数据

序号	厚　度				
	x_1	x_2	x_3	x_4	x_5
1	14	8	12	12	8
2	11	10	13	8	10
3	11	12	16	14	9
4	16	12	17	15	13
5	15	12	14	10	7
6	13	8	15	15	8
7	14	12	13	10	16
8	11	10	8	16	10
9	14	10	12	9	7
10	12	10	12	14	10
11	10	12	8	10	12
12	10	10	8	8	10
13	8	12	10	8	10
14	13	8	11	14	12
15	7	8	14	13	11

【解】数据输入数据表后，可按如下步骤进行过程能力分析。

第一步，按“统计→质量工具→能力分析→正态”（如图 7-61 所示），点击进入下一界面。

第二步，参数设定，如图 7-62。

第三步，点击确定，得到结果如图 7-63 所示。

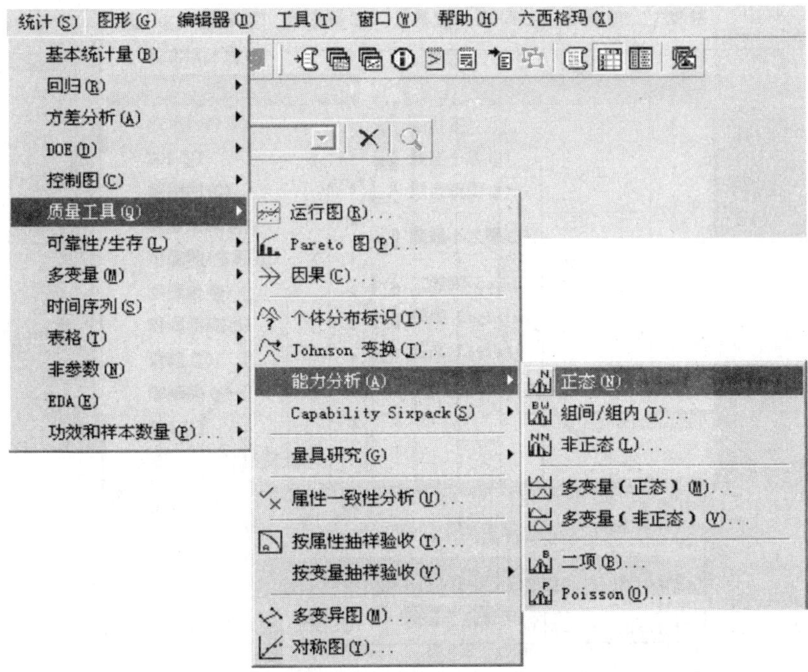

图 7-61　计量数据过程能力分析操作路径图

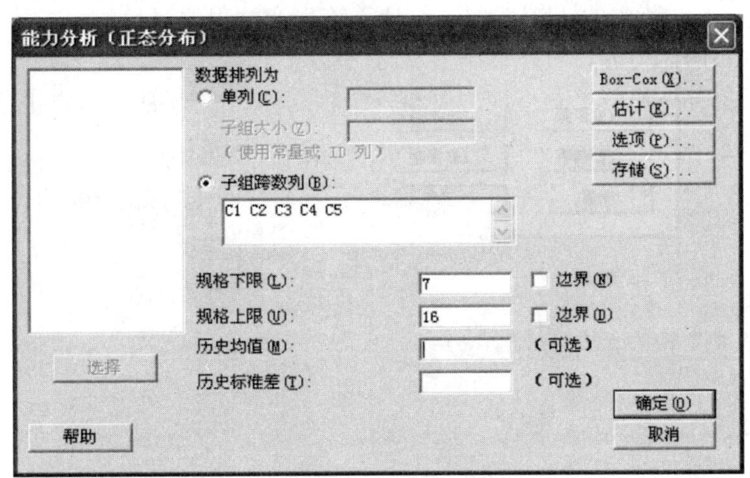

图 7-62　计量数据过程能力分析参数设定

由结果可以看出，该过程的过程能力 $C_p=0.61$，$C_{pk}=0.58$；长期过程性能指数 $P_p=0.58$，$P_{pk}=0.55$。

二、计数数据的过程能力分析

计数数据过程能力的估算方法与计量数据有所不同。对于二项式分布，其过程能力指标主要是百万机会缺陷数 $DPMO$，由此可以估算缺陷率。对于 Poisson 分布，其过程能力指数有单位缺陷数 DPU、直通率 Y_{FT}、缺陷率 p 和西格玛水平 Z 等。

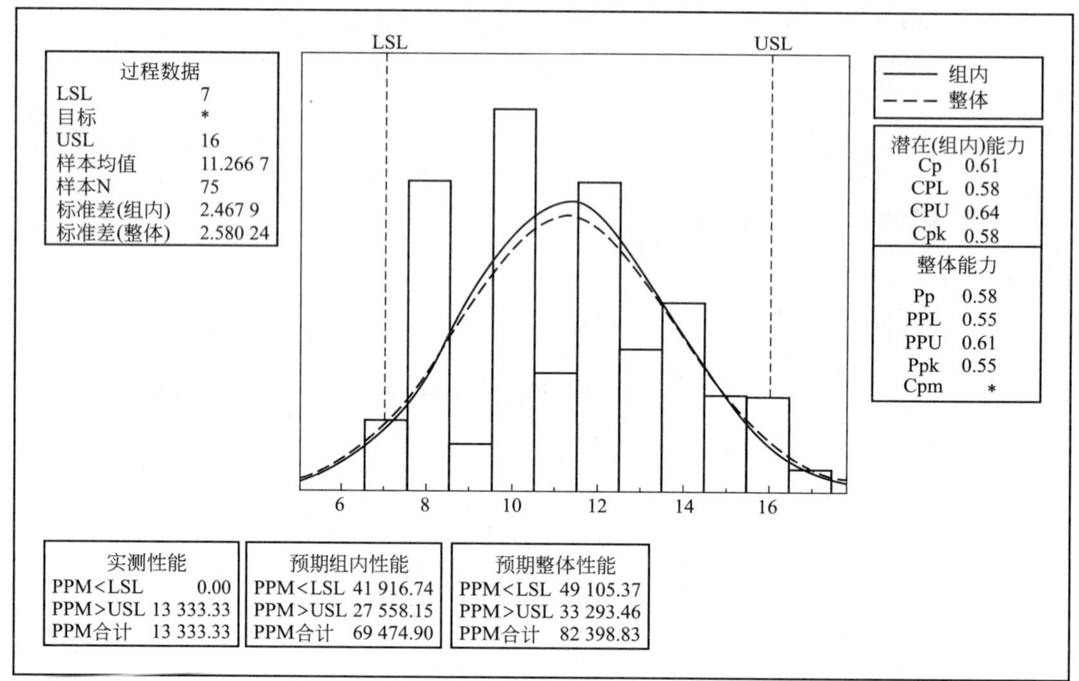

图 7-63 计量数据过程能力分析结果

【例】同 P435 上一节中的 p 图案例。试计算该生产过程的过程能力指数。

【解】二项分布的能力分析可按以下步骤进行。

第一步，按"统计→质量工具→能力分析→二项"(如图 7-64 所示)，点击进入下一界面。

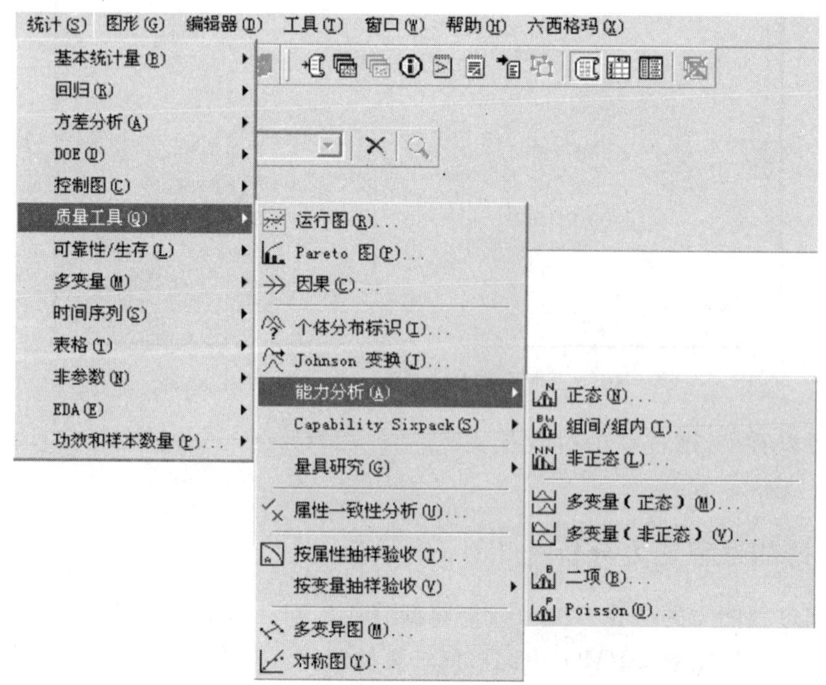

图 7-64 能力分析操作路径图

第二步，参数设定（如图7-65所示），选择“缺陷数”所在列及“实际样本量”所在列。

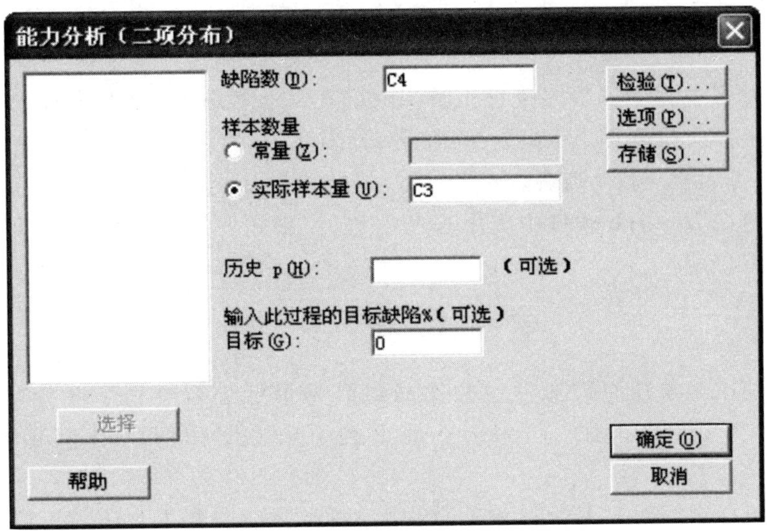

图7-65 二项分布能力分析参数设定

第三步，点击确定，结果如图7-66所示。

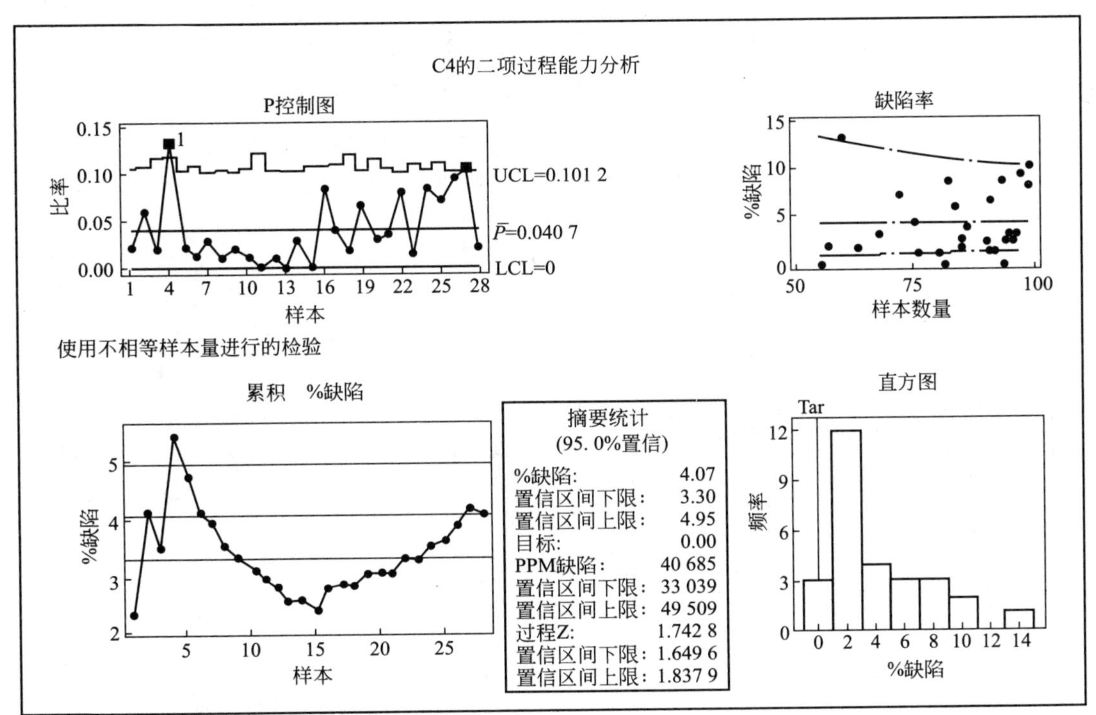

图7-66 计数数据过程能力分析结果

由p控制图可知，第4个样本点失控。根据摘要统计，过程缺陷率为4.07%，过程绩效为40 685 ppm，西格玛水平Z（不计算1.5倍西格玛漂移）为1.742 8。显然，该过程的过程能力属于较低水平。

第五章　Minitab 软件在质量改进中的应用

质量改进过程中会用到很多改进工具，比如直方图、控制图、试验设计、方差分析等。其中最为常用的工具有排列图、因果图、调查表、分层法、直方图、散布图、控制图等，称为质量管理的“老七种工具”。除调查表、分层法外，其余五种工具均可利用 Minitab 软件进行分析。下面就如何在 Minitab 软件中应用这些工具（控制图使用见本部分第四章）进行质量分析做一简要介绍。

第一节　排　列　图

排列图是利用帕累托原理对发生频次从最高到最低进行排列以区分“关键的少数”和“次要的多数”的一种简单图示技术。下面用例子来说明如何利用 Minitab 软件制作排列图。

【例】某建筑材料厂对某月生产的不合格品进行了统计，结果如下：磕伤 78 件、弯曲 198 件、裂纹 252 件、气泡 30 件、其他 42 件。请画出排列图，并指出主要质量问题是什么？

【解】利用 Minitab 软件作图可分为以下 3 步：

第一步：将相应数据输入工作表中，如图 7-67。注意：Minitab 软件中每一列数据的性质必须相同，如本例中，C1 列为不合格项目，C2 列为不合格产品件数。

第二步：选择“统计→质量工具→Pareto 图”，如图 7-68 所示，进入下一界面。

工作表 1 ***

↓	C1-T	C2	C3
	项目	不合格数（件）	
1	磕伤	78	
2	弯曲	198	
3	裂纹	252	
4	气泡	30	
5	其它	42	
6			
7			
8			
9			
10			
11			

图 7-67　排列图数据输入

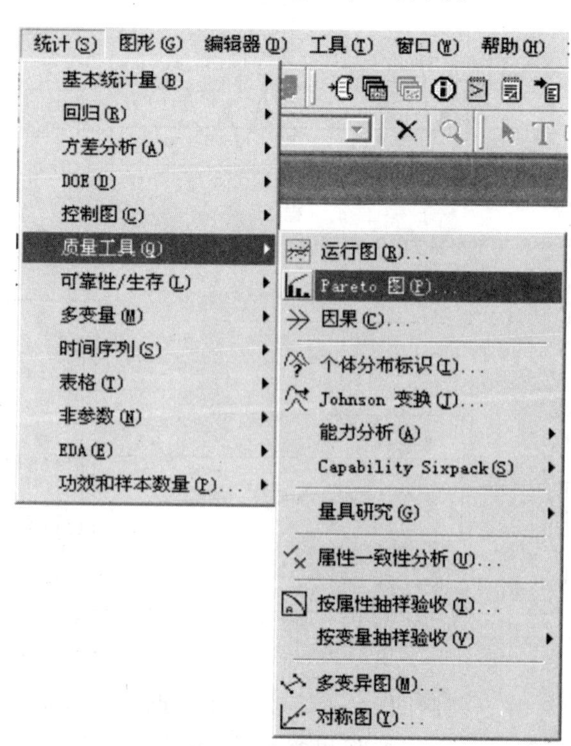

图 7-68　绘制排列图操作路径图

第三步：针对本例，在“Pareto 图”选项页中选择“已整理成表格的缺陷数据”，“标签”选择“项目”栏，“频率”选择“不合格数(件)”栏，如图 7-69 所示。单击确定，输出排列图(如图 7-70 所示)。

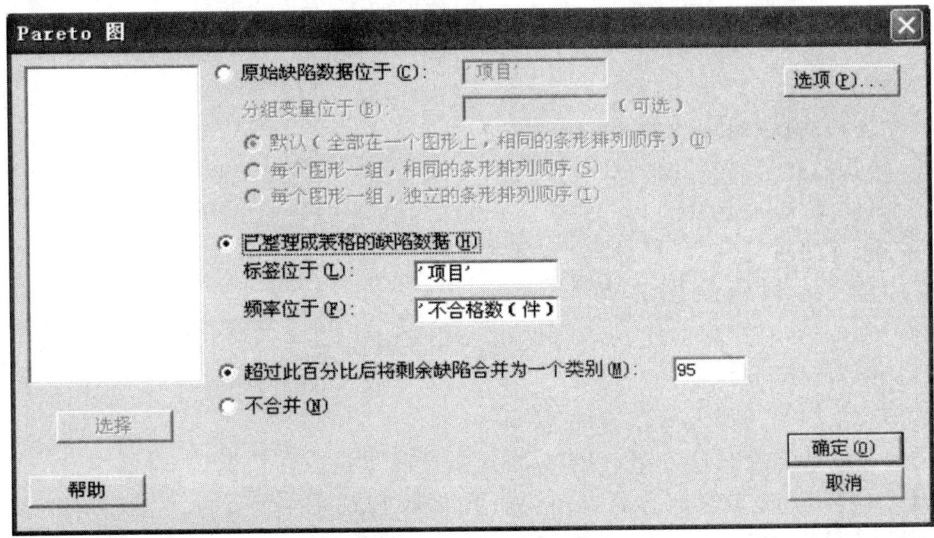

图 7-69 排列图选项

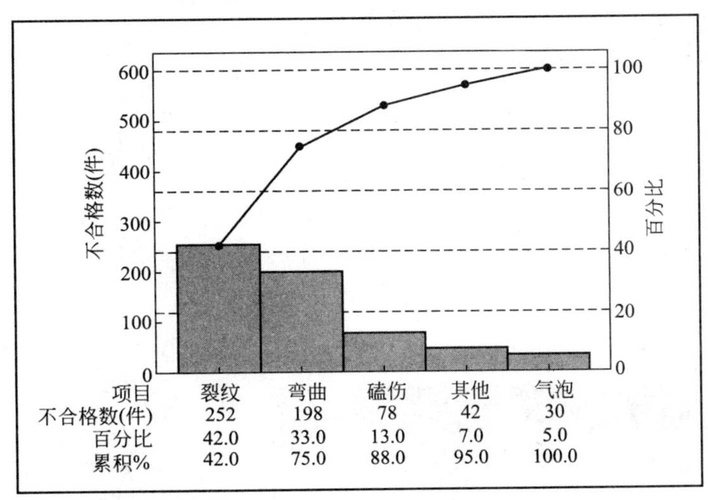

图 7-70 排列图

对于没有整理过的数据，可以直接将原始数据输入数据表中，在“Pareto 图”选项页中“原始数据位于”数据表原始数据列，其他做法同上例。

由图 7-70 可以看出，该批产品存在的主要质量问题是裂纹和弯曲。

第二节 直 方 图

直方图是通过对质量数据的加工和整理，从而分析和掌握质量数据的分布状况和估算过程合格率的一种方法。作图时，将全部数据分成若干等距的组，由一系列以组距为底边，以与该组距对应的频数为高的矩形所构成的图，即为直方图。

下面结合实例介绍如何利用 Minitab 软件制作直方图。

【例】食品厂用自动装罐机生产罐头食品，由于工艺的限制，每个罐头的重量都有所波动，现从一批罐头中抽出 100 个罐头称其净重，数据如下(单位为 g)：

342 342 346 344 343 339 336 342 347 340
340 350 340 336 341 339 346 338 342 346
340 346 346 345 344 350 348 342 340 356
339 348 338 342 347 347 344 343 339 341
348 341 340 340 342 337 344 340 344 346
342 344 345 338 341 348 345 339 343 345
346 344 344 344 343 345 345 350 353 345
352 350 345 343 347 343 350 343 350 344
343 348 342 344 345 349 332 343 340 346
342 335 349 343 344 347 341 346 341 342

试根据上述数据绘制直方图，初步分析这批产品重量分布情况。

【解】利用 Minitab 软件制作直方图按如下步骤进行。

第一步：在 Minitab 软件数据表中输入数据，如图 7-71 所示。

第二步：选择“图形→直方图”，如图 7-72 所示，进入直方图选项页。

工作表 1 ***

↓	C1	C2	C3	C4	C5
	重量				
1	342				
2	340				
3	340				
4	339				
5	348				
6	342				
7	346				
8	352				
9	343				
10	342				
11	342				
12	350				

图 7-71 直方图数据输入

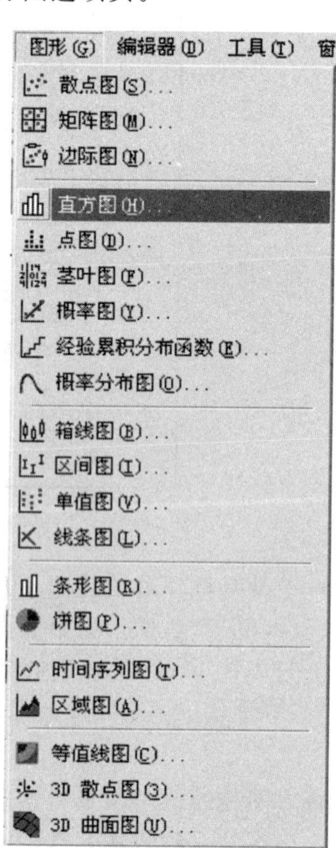

图 7-72 直方图操作

第三步：直方图选项中一般选择“包含拟合”（如图 7-73），然后点击“重量”列作为“图形变量”（如图 7-74 所示）。

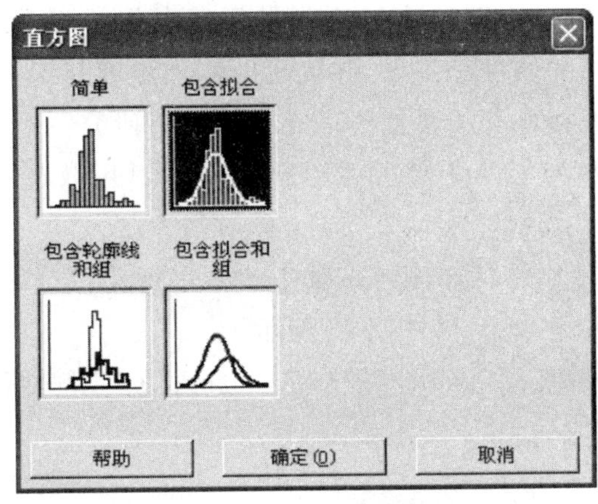

图 7-73　选择直方图类型

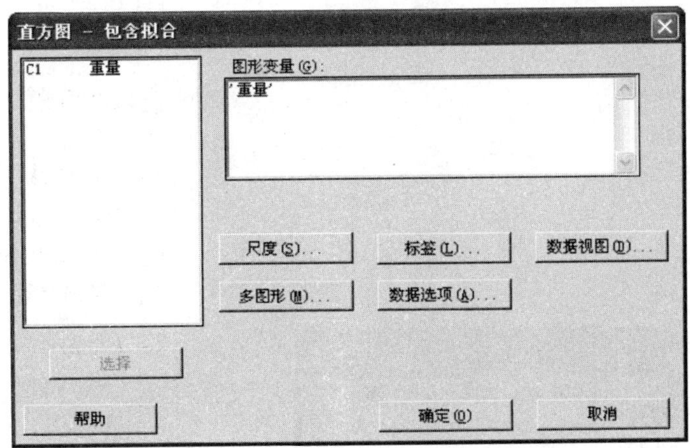

图 7-74　选择直方图图形变量

罐头重量的直方图如图 7-75 所示，其特点是中间高、两边低，左右基本对称，这种样本往往取自“正态分布”的总体，这是质量管理中常见的一种分布。

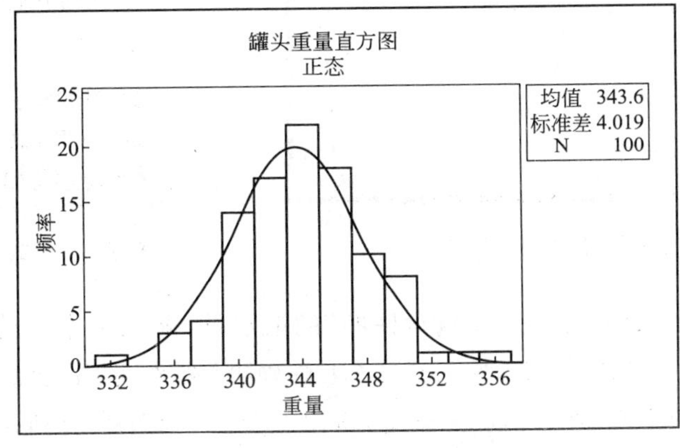

图 7-75　罐头重量的直方图

第三节 散 布 图

散布图是用来分析研究两个对应变量之间是否存在相关关系的一种作图方法。例如，产品加工前后的尺寸、产品的硬度和强度、热处理时淬火温度与工件硬度等都是对应的两个变量，它们之间的变化是否相互有关可通过散布图来分析研究。

【例】已知淬火温度(x)与工件硬度(y)的实测数据。试用散布图分析淬火温度与工件硬度的相互关系。

【解】利用 Minitab 软件制作散布图可按如下步骤进行。

第一步：将数据输入数据表中，如图 7-76 所示。

第二步：选择“图形→散点图”，如图 7-77 所示，进入散点图选项页。

工作表 1 ***

↓	C1	C2	C3	C4	C5
	淬火温度	工件硬度			
1	840	45			
2	880	48			
3	860	48			
4	910	57			
5	850	49			
6	850	51			
7	860	50			
8	890	52			
9	900	53			
10	910	58			
11	830	44			
12	860	51			

图 7-76 散点图数据表

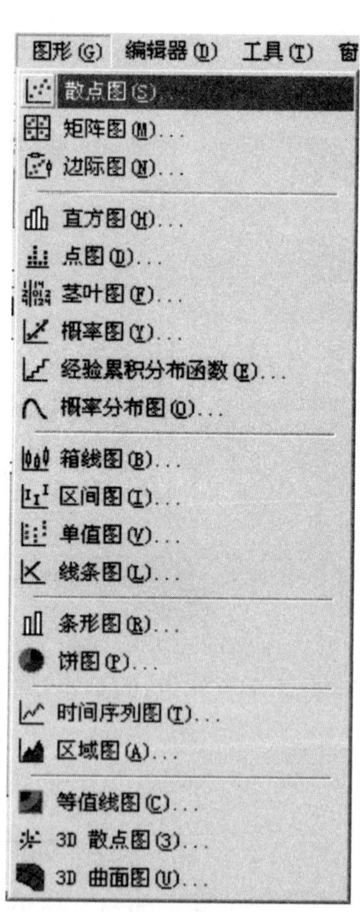

图 7-77 散点图操作路径图

第三步：散点图选项中一般选择“包含回归”的散点图(即在制作出的散点图中包含根据数据计算的回归直线)(如图 7-78)，然后点击“工件硬度”列作为“Y 变量”，选择“淬火温度”列作为“X 变量”(如图 7-79 所示)，点击确定，输出散点图(如图 7-80 所示)。

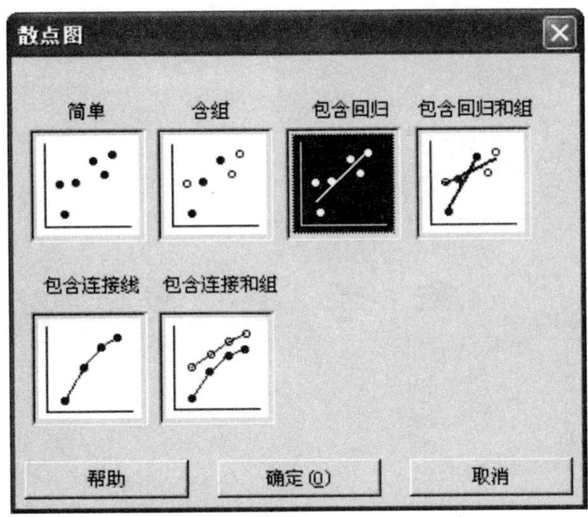

图 7-78　选择散点图类型

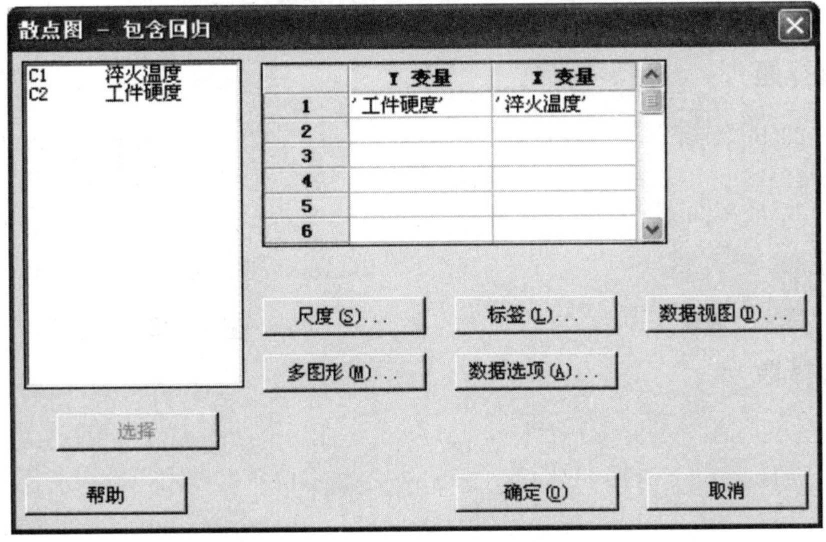

图 7-79　选择散点图变量

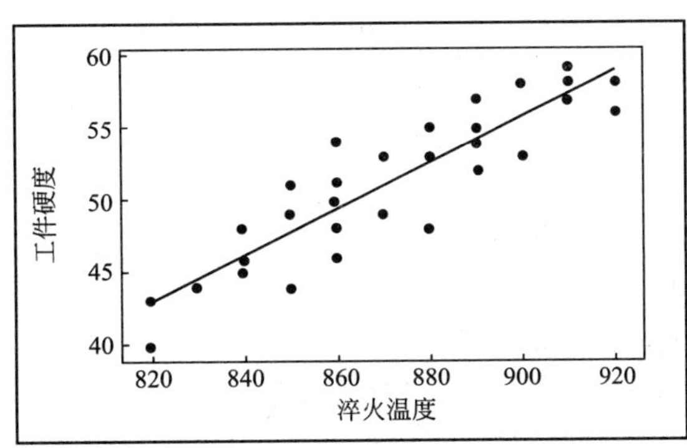

图 7-80　工件硬度与淬火温度散点图

第八部分

参考答案

质量专业综合知识

第一章 质量管理概论

一、单项选择题

1. d 2. b 3. c 4. d 5. a 6. b 7. c 8. d 9. b 10. d
11. a 12. c 13. c 14. b 15. a 16. d 17. d 18. c 19. a 20. d
21. c 22. a 23. b 24. d 25. b 26. a 27. c 28. b 29. c 30. b
31. c 32. c 33. a 34. a 35. c 36. d 37. b 38. b 39. d 40. c
41. d 42. a 43. d 44. b

二、多项选择题

1. bc 2. bcd 3. ab 4. abc 5. acd 6. abd 7. abc 8. abcd
9. acd 10. abd 11. abdef 12. ab 13. abc 14. bc 15. abce 16. ac
17. abc 18. bd 19. abc 20. abd 21. abcd 22. bd 23. bcde 24. bcd
25. bdef 26. abd 27. bc 28. acd 29. adef 30. bcd 31. acd 32. ad
33. abc 34. acd 35. bcd 36. abd 37. abd 38. abc 39. ac 40. abd
41. ad 42. abd

三、综合分析题

(一) 1. abc 2. a 3. b 4. ac
(二) 1. a 2. b 3. b
(三) 1. b 2. abc 3. abd 4. abd 5. d 6. c
(四) 1. abc 2. bcd 3. ab 4. abc 5. abd
(五) 1. abde 2. d 3. c 4. b 5. b
(六) 1. abc 2. ad 3. acd 4. b 5. bc 6. d

第二章　供应商质量控制与顾客关系管理

一、单项选择题

1. c　2. d　3. a　4. d　5. c　6. b　7. d　8. b　9. b　10. b
11. c　12. a　13. b　14. b　15. a　16. b　17. a　18. d　19. a　20. a
21. c　22. c　23. c　24. b　25. b　26. c　27. d　28. a　29. a　30. c
31. d　32. d　33. b　34. b　35. c　36. c　37. c　38. d　39. b　40. a
41. b　42. c　43. b

二、多项选择题

1. abc　2. acd　3. ad　4. abd　5. abc　6. abc　7. bcd　8. ab
9. abc　10. abcd　11. abd　12. ab　13. abde　14. acd　15. bcd　16. ac
17. bcd　18. abd　19. acd　20. abdef　21. acd　22. abc　23. abc　24. bd
25. abd　26. ab　27. abd　28. abc　29. acd　30. abcd　31. acd　32. abd
33. abc　34. cd　35. abc　36. bcd　37. cd　38. abd　39. abcd　40. abcd
41. bcd

三、综合分析题

（一）1. c　2. abc　3. abd
（二）1. bcd　2. abd　3. ab
（三）1. b　2. abd　3. ab　4. ab
（四）1. e　2. abcd　3. e　4. c
（五）1. acd　2. abc　3. abc　4. abd　5. d
（六）1. bc　2. abc　3. abc

第三章　质量管理体系

一、单项选择题

1. b　2. c　3. a　4. c　5. d　6. c　7. b　8. c　9. b　10. b
11. b　12. b　13. d　14. c　15. d　16. b　17. b　18. a　19. c　20. a
21. a　22. b　23. a　24. c　25. a　26. c　27. c　28. b　29. e　30. b
31. b　32. b　33. a　34. a　35. b　36. b　37. c　38. c　39. b　40. c
41. c

二、多项选择题

1. ad　2. abc　3. bc　4. ab　5. ab　6. ab　7. cd　8. abc
9. acd　10. ade　11. cd　12. ab　13. bc　14. ac　15. acd　16. ade

17. bd　18. cde　19. abd　20. bc　21. abc　22. bcd　23. bd　24. abcd
25. abc　26. ade　27. acd　28. bde　29. cd　30. bde　31. abc　32. bde
33. bcef　34. be　35. abc　36. abc　37. cde　38. be　39. bd　40. acde
41. abd　42. abd　43. ad　44. bcd　45. bce　46. ab　47. bcde

三、综合分析题

（一）1. abe　2. c　3. a　4. b　5. abde　6. bcd
（二）1. cde　2. abcdf　3. ac
（三）1. d　2. abd　3. c　4. a
（四）1. c　2. abcde　3. b　4. bcde
（五）1. bc　2. d　3. acd　4. a
（六）1. abd　2. abc　3. a　4. a

第四章　质量检验

一、单项选择题

1. a　2. d　3. c　4. c　5. b　6. a　7. b　8. c　9. c　10. c
11. a　12. d　13. d　14. a　15. d　16. d　17. c　18. c　19. c　20. c
21. b　22. d　23. c　24. d　25. c　26. c　27. b　28. d　29. d　30. c

二、多项选择题

1. acde　2. abd　3. ad　4. ac　5. abd　6. abc　7. abd　8. cde
9. bc　10. cd　11. bc　12. ab　13. abc　14. cd　15. bcd　16. acde
17. acd　18. ace　19. ac　20. ac　21. abcd　22. acd　23. bcd　24. bd
25. acd　26. bcd　27. bc　28. ab　29. ac　30. acd　31. abd

三、综合分析题

（一）1. acd　2. abc　3. ad　4. acd　5. abd
（二）1. ab　2. c　3. d　4. c　5. acd
（三）1. abd　2. bc　3. ac　4. bcd　5. c　6. ac　7. abc

第五章　计量基础

一、单项选择题

1. b　2. c　3. c　4. b　5. c　6. a　7. a　8. b　9. b　10. d
11. c　12. c　13. c　14. e　15. d　16. c　17. a　18. a　19. d　20. d
21. d　22. c　23. b　24. c　25. d　26. a　27. b　28. b　29. a　30. b
31. d　32. c　33. c　34. d　35. b　36. e　37. b　38. d　39. c　40. b
41. a

二、多项选择题

1. ad　2. bcd　3. bdf　4. de　5. cd　6. acde　7. bef
8. dehi　9. abcfghi　10. acdfh　11. bcd　12. adefh　13. ab　14. bd
15. abd　16. acd　17. bd　18. acd　19. acd　20. ad　21. adf
22. acdfg　23. cdf　24. abdef　25. bcd　26. abd　27. abc　28. abcdegh
29. adef　30. cd　31. bc　32. ad　33. abde　34. abdfgh　35. ad
36. bcegh　37. cd　38. abcefgh　39. abc　40. af　41. ad　42. ab
43. adef

三、综合分析题

(一) 1. c　2. b　3. b　4. b
(二) 1. c　2. b　3. d　4. b
(三) 1. d　2. d　3. b　4. c　5. a
(四) 1. b　2. c　3. a　4. c
(五) 1. c　2. abd　3. c　4. c　5. a
(六) 1. b　2. b　3. a

质量专业理论与实务

第一章　概率统计基础知识

一、单项选择题

1. b　2. c　3. b　4. b　5. c　6. b　7. d　8. b　9. b
10. a　11. b　12. c　13. c　14. b　15. (1) a　15. (2) d　16. c　17. d
18. c　19. d　20. b　21. c　22. a　23. c　24. b　25. d　26. c
27. a　28. c　29. b　30. b　31. c　32. c　33. a　34. d　35. a
36. a　37. d　38. d　39. b　40. d　41. c　42. c　43. b　44. c
45. b　46. a　47. b　48. c　49. d　50. d

二、多项选择题

1. ad　2. abc　3. ac　4. ad　5. de　6. bcde　7. bc　8. ad
9. abd　10. ae　11. bd　12. bc　13. ad　14. ab　15. abc　16. ad
17. acd　18. bd　19. abd　20. ac　21. abc　22. abd　23. bc　24. bd
25. abd　26. bd　27. ad　28. ad　29. ac　30. bce　31. bc　32. ad
33. abc　34. ad　35. ad　36. abd　37. cde　38. cd　39. ac

三、综合分析题

(一) 1. b　2. c　3. b

（二）1. d　2. b　3. ad
（三）1. a　2. b　3. a
（四）1. a　2. c　3. ad

第二章　常用统计技术

一、单项选择题

1. c　2. b　3. c　4. c　5. a　6. c　7.（1）b
7.（2）c　7.（3）a　8. a　9.（1）c　9.（2）b　9.（3）b　10. b
11.（1）b　11.（2）b　12. b　13. c　14. a　15. b　16. b
17. d　18. c　19. c　20. b　21.（1）d　21.（2）c　21.（3）a
21.（4）b　22. b　23. c　24. c　25. b　26. b　27. c
28. a　29. b　30. c　31. a　32. b　33. b

二、多项选择题

1. bce　2. bcd　3. bcd　4. ad　5. bc　6. bd　7. be　8. bc
9. acd　10. abc　11. bc　12. be　13. be　14. bd　15. ade　16. ac
17. ac　18. be　19. bc　20. bd　21. bde　22. bc　23. acd　24. ad
25. bcd　26. abc　27. abc　28. bc　29. bcd

三、综合分析题

（一）1. a　2. b　3. ac
（二）1. d　2. b　3. b　4. a
（三）1. a　2. d
（四）1. a　2. a
（五）1. d　2. b　3. c　4. c

第三章　抽样检验

一、单项选择题

1. b　2. b　3. a　4. d　5. d　6. c　7. b　8. c　9. a
10. c　11. b　12. c　13. b　14. b　15. d　16. c　17. b　18. b
19. d　20. d　21. c　22.（1）d　22.（2）a　23. b　24. b　25. d　26. c
27.（1）b　27.（2）a　28. a　29. c　30. c　31. b　32. b　33. c　34. c
35. b　36. b　37. c　38. b　39. d　40. b　41. b

二、多项选择题

1. ace　2. bd　3. abc　4. bcd　5. bc　6. cd　7. bc　8. acd
9. bc　10. acd　11. abc　12. bcd　13. cd　14. abc　15. ac　16. ac

17. ab　18. ae　19. acde　20. abd　21. abde　22. abd　23. acd　24. ce
25. ab　26. bc　27. cd　28. bd　29. acd　30. ce　31. ac

三、综合分析题

(一) 1. a　2. ab　3. bcd　4. bd
(二) 1. b　2. b
(三) 1. b　2. d　3. b
(四) 1. d　2. d　3. c

第四章　统计过程控制

一、单项选择题

1. a　2. a　3. d　4. b　5. c　6. a　7. d　8. d
9. c　10. b　11. c　12. a　13. d　14. b　15. (1) b　15. (2) a
16. d　17. (1) b　17. (2) a　18. a　19. b　20. a　21. a　22. c
23. d　24. b　25. c　26. d　27. b　28. a　29. a　30. d
31. c　32. b　33. d　34. d　35. b　36. b　37. d　38. d
39. c　40. b　41. b　42. b

二、多项选择题

1. cd　2. abcd　3. ade　4. ab　5. bd　6. abd　7. bd　8. bc
9. bcd　10. cd　11. ad　12. cd　13. bd　14. ac　15. bcd　16. acd
17. bce　18. ac　19. ab　20. ace　21. ac　22. bc　23. bd　24. abd
25. abd　26. ad　27. ab　28. bd　29. bc　30. ab　31. abc　32. bc
33. ab　34. bcd　35. cd　36. bcde　37. ab　38. bd　39. ab　40. bcd
41. ab　42. acd　43. bd　44. abc

三、综合分析题

(一) 1. c　2. c　3. d　4. d
(二) 1. a　2. c　3. c　4. b　5. c
(三) 1. c　2. d
(四) 1. b　2. c　3. c

第五章　可靠性基础知识

一、单项选择题

1. c　2. b　3. c　4. c　5. c　6. a　7. b　8. b　9. c　10. b
11. d　12. b　13. b　14. b　15. c　16. c　17. b　18. d　19. a　20. c

21. d　22. b　23. c　24. d　25. a　26. c　27. c

二、多项选择题

1. ace　2. ade　3. abd　4. abe　5. abde　6. ad　7. ab　8. acd
9. cde　10. ab　11. acde　12. ab　13. acde　14. abde　15. acd　16. bc
17. ac　18. abde　19. acd　20. abd　21. abd　22. abd　23. bcd

三、综合分析题

(一) 1. a　2. b　3. b
(二) 1. d　2. b　3. bd　4. b　5. acd　6. ac
(三) 1. b　2. c　3. a

第六章　质量改进

一、单项选择题

1. a　2. d　3. c　4. b　5. c　6. a　7. c　8. b　9. a　10. c
11. a　12. b　13. b　14. c　15. b　16. a　17. d　18. c　19. d　20. d
21. b　22. b　23. c　24. c　25. d　26. b　27. c　28. c　29. b　30. c
31. a　32. c　33. b　34. a　35. c　36. a　37. b　38. d　39. b　40. b
41. d　42. a　43. d　44. c

二、多项选择题

1. bcd　2. ade　3. abc　4. bd　5. abd　6. cd　7. bc　8. ad
9. abcd　10. bcd　11. abc　12. ac　13. abd　14. ab　15. ab　16. bc
17. ab　18. abc　19. acd　20. ad　21. ad　22. abd　23. acd　24. abcd
25. bd　26. ab　27. abc　28. abde　29. ace　30. bcd　31. abd　32. bd
33. bcd　34. acd　35. bcd　36. acd　37. acd　38. abc　39. ac　40. abd
41. abc　42. acd

三、综合分析题

(一) 1. c　2. d　3. c　4. ab　5. ac
(二) 1. a　2. c　3. d　4. abc
(三) 1. d　2. abc　3. acd　4. abc　5. bc
(四) 1. d　2. b　3. c　4. abd　5. c　6. c　7. c
(五) 1. b　2. ab　3. de　4. ad　5. b
(六) 1. c　2. c　3. bd

模拟试题参考答案

质量专业综合知识

一、单项选择题

1. c	2. d	3. a	4. c	5. c	6. b	7. c	8. c	9. c	10. b
11. c	12. b	13. a	14. b	15. c	16. a	17. b	18. d	19. c	20. c
21. d	22. b	23. d	24. c	25. d	26. b	27. d	28. b	29. b	30. c

二、多项选择题

1. abde	2. abce	3. ace	4. de	5. ace	6. abc	7. abce	8. acd
9. abce	10. abce	11. ab	12. bde	13. acde	14. ac	15. bcd	16. acde
17. abc	18. ab	19. ad	20. abc	21. abcd	22. abde	23. ac	24. de
25. abd	26. bd	27. abc	28. bcde	29. abce	30. abc	31. abde	32. ad
33. bcde	34. ade	35. bd	36. abe	37. abcd	38. cd	39. cd	40. abde

三、综合分析题

(一) 1. cd	2. ad	3. d	4. abd
(二) 1. bc	2. a	3. ab	4. ab
(三) 1. c	2. b	3. a	
(四) 1. ad	2. b	3. d	4. bcd
(五) 1. d	2. abc	3. ad	4. abd
(六) 1. c	2. a	3. acd	
(七) 1. c	2. acd	3. ad	4. acd
(八) 1. b	2. c	3. a	4. c

质量专业理论与实务

一、单项选择题

1. c	2. c	3. a	4. d	5. b	6. d	7. b	8. a	9. c	10. c
11. a	12. b	13. b	14. c	15. c	16. b	17. a	18. a	19. a	20. c
21. c	22. d	23. d	24. b	25. a	26. a	27. d	28. a	29. c	30. a

二、多项选择题

1. acde	2. ad	3. acd	4. ade	5. bce	6. ac	7. abe	8. bde
9. ac	10. bc	11. bd	12. bd	13. abc	14. ce	15. ad	16. be
17. abe	18. bcd	19. bcde	20. bce	21. abde	22. bce	23. bd	24. ad

25. bde　26. bc　27. be　28. abde　29. acd　30. ace　31. cd　32. ade
33. acde　34. abe　35. abd　36. bcde　37. ace　38. ace　39. ac　40. cd

三、综合分析题

(一) 1. b　2. c　3. acd　4. c
(二) 1. d　2. b　3. c　4. b　5. b
(三) 1. c　2. d　3. d　4. b　5. a
(四) 1. ab　2. abd　3. ac　4. a
(五) 1. b　2. b　3. c　4. b
(六) 1. d　2. d　3. b　4. a
(七) 1. c　2. d　3. d　4. abc